# Memorie Delle Famiglie Nobili Delle Province Meridionali D'italia, Volume 6...

Berardo Candida-Gonzaga (conte)

# MEMORIE

## DELLE

# FAMIGLIE NOBILI

# MEMORIE

DELLE

# FAMIGLIE NOBILI

DELLE PROVINCE MERIDIONALI

D'ITALIA

RACCOLTE DAL

## CONTE BERARDO CANDIDA GONZAGA

VOLUME SESTO ED ULTIMO

NAPOLI

COMM. G. DE ANGELIS E FIGLIO TIPOGRAFI DI S. M. IL RE D'ITALIA

PORTAMEDINA ALLA PIGNASECCA, 44

MDCCCLXXXII

Ridotta la Nobiltà per l'abolizione di ogni suo dritto e prerogativa una semplice e storica ricordanza, e venuta meno perciò quella costante tradizione che teneva sempre desti in essa i sagrosanti principii del dovere e dell'onore, mi sembrò opportuno raccogliere, evocandole dai documenti e dagli antichi autori, le memorie delle nobili famiglie di questa meridionale parte d'Italia, perchè affidate all'imperitura custodia della storia potessero in ogni tempo servir di sprone ai nepoti onde emulare le virtù dei loro antenati, e di giusta stregua alla patria per vagliare esattamente le preclare e magnanime azioni degli antichi e benemeriti suoi figliuoli.

Ispiratomi quindi al solo interesse istorico, e bandita interamente dall'animo mio ogni idea di lusingare l'altrui vanità, cercai di eliminare dal mio lavoro tutto ciò che, non trovando fondata giustificazione nei documenti, e che non reggendo alle esigenze della moderna critica, reputai accettato dagli antichi autori o per soverchia credulità o per proprio tornaconto, e non poche volte mi accadde di avermi a dispiacere con amici miei carissimi e con altri, che interessati, e talora in tutta buona fede, a ritenere inesatte tradizioni per verità indiscutibili, non dubitarono di farmi appunti gravissimi per non avere quelle riprodotte.

Ciò malgrado procedetti oltre e col presente volume vengo a compiere gl'impegni assunti. Se non che, siccome le notizie raccolte superarono di molto le mie previsioni e a trattarle tutte col sistema fin qui seguito mi sarebbe oc-

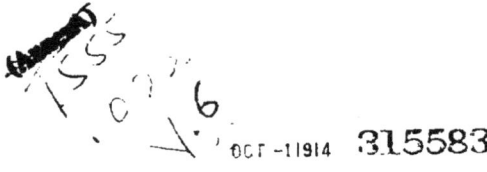

corso uno spazio di gran lunga maggiore; e meglio studiando le cose già riferite ebbi talvolta a convincermi che alcune di esse avrebbero meritata una qualche aggiunzione o rettifica, sagrificando al culto della verità ogni mio privato interesse, e quel che è più ogni malinteso principio di amor proprio, aggiunsi a quest'ultima parte del mio lavoro un capo speciale, nel quale nel riparare a qualche involontaria omissione, e nel rettificare le precedenti inesattezze, riportai sommariamente alcune notizie di molte famiglie, delle quali e di altre, se non mi fu possibile pel momento parlare più diffusamente, m'imprometto, ove il tempo e la volontà non mi mancheranno, di farlo in altro mio lavoro, che del presente potrà considerarsi seguito ed appendice.

Nel ringraziar in ultimo tutti coloro che accolsero con qualche favore queste mie povere fatiche mi auguro che in difetto di ogni altro merito, valessero almeno a far comprendere ai discendenti delle antiche famiglie la grande responsabilità che pesa su loro dal portare un nome illustre, ed il conseguente dovere che ànno di mostrarsene degni per le vie della virtù, perchè non potesse dirsi di loro ciò che il padre della latina eloquenza disse ad un vanaglorioso Patrizio: **Nobilitas tua in te deficit, mea a me incipit.**

# CAPECELATRO o LATRO

Discende questa famiglia da *Stefano* vivente nel 1107, signore di Civitavecchia ed Alatro il quale si disse *di Alatro*, nome ritenuto da'suoi discendenti; e siccome la signoria di Alatro si possedeva da un Giacomo Capece nel 1057, così alcuni autori ritennero che questa famiglia fosse discesa dalla casa Capece. Valse ad aumentare questa credenza il ritrovarsi nel 1217 un documento riguardante una Maria Cacapice detta *de Latro* moglie di Guidone Filangieri signore di Pozzuoli — Fece parte questa famiglia del Monte Capece istituito nel 1584.

La famiglia *Capecelatro* ha goduto nobiltà in Napoli nel Seggio di Capuana ed in Caserta (1), ha vestito l'abito di Malta nel 1581; ha avuti anche gli Ordini di Calatrava, S. Giacomo, Montese e del Nodo, e trovasi ascritta al Libro d'Oro.

Da *Pietro Latro* che viveva nel 1155 discese *Ragone* e *Pietro*. Dal primo, signore di Fraina, Torrebruna e Guardiabruna discesero tre rami cioè i Duchi di Nevano, i Duchi di Morrone ed i Marchesi Capecelatro; dal secondo discese *Giovanni* Signore di Ardore, Pazzigno e Roccabasciarana dal quale vennero i Duchi di Castelpagano ed *Ettore* Marchese del Torello che diede origine a' Duchi di Siano.

I *Capecelatro* Duchi di Siano si estinsero ne' Perez Navarrete Duchi di Bernalda.

Il ramo dei Duchi di Nevano e Marchesi di Lucito si è estinto in *Francesco*, ultimo Duca di Nevano, la cui primogenita, *Carolina*, è maritata a Vincenzo Canofari.

La famiglia Mormile Duchi di Castelpagano, Duchi di Campochiaro, Marchesi di Ripalimosano e Baroni di Albidona, S. Angelo Radicinosi, Macchiagodena, S. Lucia, S. Angelo in grotte e Bottoni si estinse in Marianna sposata a *Michele Capecelatro* de' Signori di Roccabasciarana. Di tal ramo de' *Capecelatro* la linea primogenita si estingue in *Alessandrina* sposata al Marchese Michelangelo Mastelloni.

---

(1) Fecero parte della nobiltà di Caserta anche le famiglie: d'Alois—Amato—Ambrosio—D'Amico—Basso — Caffarelli — Caprio — Casella — Cifoli — Clemente — Comunale — Elena—d'Errico—Fiorillo—de Franciscis — Giaquinto — Guido — Maielli — Marcelli — Marotta — Mazzia — Migliaresi —Pagano—Perreca — della Ratta — Ricci — Ricciardi — Santoro — Sasso — Sifola — Trotta — Vivaldi.

La famiglia Moccia Duchi di Scarfizzi e Marchesi di Casabona si estinse in Maddalena sposata nel 1680 circa a *Carlo Capecelatro.*

La famiglia Mauro Duchi di Morrone si estinse in Mariantonia sposata a *Scipione Capecelatro* Duca di Scarfizzi.

La famiglia Brunassi Duchi di S. Filippo si estinse in Nicoletta sposata a *Carlo Capecelatro* Duca di Scarfizzi e Duca di Morrone.

MONUMENTI — *Napoli*: Chiese dell' Annunziata, del Duomo e degli Alcantarini a Chiaia.

FEUDI—Ardore—Alatro—Bagnara—Caivano—Cancelleria—Cardito—Casalvolgare — Casotta—Castelgionata—Castelguidone —Castelluccia — Cerro — Chere—Chianca — Civitavetere — Donzelli — Eboli — Fiorentino — Fragnito — Fraina—Gambatesa — Getone — Golita — Grumo — Guardiabruna — Loreto — Malamerenda — Montecapraro—Monteforte — Nocera — Olibano — Parete—Pazzigno—Pennone—Rimano — Roccabasciarana —Rocca del Vescovo—S. Angelo in Altissimo—Massa superiore ed inferiore — Santadiutore—Satriano— Torrebruna—Trecchina.

CONTEA — Alvito 1210.

MARCHESATI — Casabona — Lucito — Ripalimosano — Torello.

DUCATI — Campochiaro — Castelpagano — Morrone — Nevano—Sanfilippo—Scarfizzi — Siano 1680.

PARENTELE — Abenavolo — Acciapaccia — Afflitto — Aiala—Alemagna—Aquino Castiglione — Balbano—Balzo (del) — Baraballo—Belli — Blanch- di Bologna—Brancaccio — Canofari — Capano — Capece — Caracciolo—Carafa—Ceccano—Cito — Colonna—Evoli — Fasanella — Ferrigni Pisone — Filangieri — Filomarino — Galeota — Galluccio — Giovene — Grassi — Isola (dell') — Maio — Mastelloni — Medici — Milano — Molina — Monasterio — Orsino — di Palo—Perrelli—Pierleoni — Pignatelli — Pignone —Piscicelli— Pitti —Quarto — Recco—Ruffo — Salvo — Sangro—Santorelli — Scaglione — Seripando—Sersale—Spinelli — Torriani—Tufo (del) —Turbolo — Velluti — Zurlo ed altre.

AUTORI — Aldimari (Fam. nob.) — Alfano (Descr.) — Almagiore (Giunte al Summonte)—Aloe (Tes. lapid.)—Ametrano (Fam. Capece)—Araldi (Ital. nob.)—Baronio (De Maj. Panorm.) — Borrello (Nob. nap.) — Borrello (M.S. nella Bibl. naz.)—Campanile Filib. (Ins. dei nob.)—Campanile Gius. (Not. di nob.)—Ciacconio—Ciarlante (Il Sannio)—Filamondo (Genio bellicoso) — Galleria Bio grafica d' Italia—Galluppi (Arm. it.) — Giustiniani (Mem. stor. degli scrittori)—Lellis (de) (Fam. Nob.) — Leontino — Lellis (Nap. sac.) — Lumaga (Nob. d'Europa) — Marra (della) (Fam. nob.) — Mazzella (Descr. del reg.) — Monteleone (Giornali)—Mugnos (Nob. di Sicilia) — Muratori (Uom. illus.)—Pacicchelli (Regno di Nap. in prosp.) — de Pietri (Storia) — Pozzo (del) (Ruolo gen. dei cav. geros.)—Recco (Not. di nob.)—Ricca (La nobil. delle Due Sicilie)—Rossi (Teat.

della nob.) — Sacco (Dig. geogr.) — Toppi (Bibl. napol.) — Torelli (Splend. della nob.) — Tutini (Orig. dei Seggi) — Ughelli (Ital. sac.) — Volpicella (Della vita e delle opere di Francesco Capecelatro) — Zazzera (Fam. illus.)

## MEMORIE ISTORICHE

*Stefano* — Senatore di Roma nel 1190.

*Goffredo* — Cardinale nel 1261, edificò e dotò in Roma la Chiesa di S. Stefano, detta di Alatro.

*Salmonese* — Condottiero della Cavalleria di Federico II svevo, dal quale ottenne la Contea di Alvito, per aver valorosamente combattuto i genovesi.

*Parisio* — Vicerè di Sardegna nel 1239.

*Germondo* — Capitano della Città di Napoli, 1286.

*Riccardo* — Vescovo di Montecorvino.

*Giovanni* — Fu armato cavaliere dal Re Carlo I d'Angiò.

*Anfuso* — Fu tra' Baroni di Abbruzzo nel 1270.

*Marino* — Si legge tra' feudatarii napoletani nella inquisizione fatta per ordine di Carlo I d'Angiò.

*Tommaso* — Familiare di Carlo II d'Angiò, dal quale fu armato cavaliere.

*Giovanni* — Milite, Capitano di Re Roberto e suo Vicario in Anagni.

*Paola* — Sposò Giovanni d'Angiò de'Principi di Taranto.

*Pandolfo* — Cimiliarca della Chiesa di Napoli e Vescovo di Pozzuoli 1300.

*Pietro* — Edificò una cappella nella Chiesa dell'Annunziata in Napoli.

*Roberto* — Cavaliere dell'Ordine del Nodo, Ciamberlano di Giovanna I.ª e suo Castellano in più fortezze.

*Bartuccio* — Consigliere di Giovanna I.ª

*Floridasso* — Cavaliere dell'Ordine del Nodo, signore di Nocera, Maresciallo del Regno e Vicerè di Napoli per Giovanna I.ª, alla quale fu carissimo.

*Errico* — Governatore di Gaeta. Fu tra' Baroni che andarono con Carlo III di Durazzo ad assoggettare la Sicilia.

*Cardillo* — Fu tra gli Ambasciatori mandati dai Seggi di Napoli ad interporsi nelle quistioni tra Papa Urbano VI e Re Carlo di Durazzo.

*Giacomo* — Cameriere e familiare di Re Ladislao.

*Biagio* — Consigliere di Giovanna II.ª

*Galeotto* — Luogotenente del Grande Almirante nel 1420.

*Latro* — Fu tra' Baroni che tennero lance in servizio della R. Corte nel 1437.

*Pietro* — Consigliere di Stato di Re Alfonso I d'Aragona.

*Antonio* — Consigliere di Stato di Re Ferrante I d'Aragona.

*Francesco* — Marchese di Lucito e Cavaliere dell'Ordine di S. Giacomo fu Maestro di Campo, ebbe il governo di varie province del Regno, e molto si adoperò per reprimere le sollevazioni popolari degli anni 1647 e 1648. Scrisse parecchie opere intorno alla storia del Regno e della Città di Napoli le quali sono tenute da' dotti in grandissimo pregio.

*Ettore* — Marchese di Torello e Duca di Siano, Reggente soprannumerario della G. C. nel 1630, sostenne varie ambascerie e nel 1638 fu destinato a verificare i danni cagionati alle Calabrie dal tremuoto ed a ripararli. Diede alle stampe due volumi di Consultazioni legali e due altri volumi di Decisioni; opere che riscossero gli applausi de' giuristi.

*Carlo* — Duca di Siano, Cavaliere dell'Ordine di S. Giacomo e Maestro di Campo della Fanteria napolitana nel 1633.

*Francesco* — Marchese di Lucito e Preside delle Calabrie nel 1649.

*Carlo* — Prese parte al torneo fatto dai cavalieri napolitani, in occasione delle nozze di Carlo II. di Spagna con Maria Luisa di Borbone.

*Giuseppe* — Fu nominato nel 1778 Arcivescovo di Taranto, ebbe nel 1808 il grado di Dignitario dell'Ordine delle Due Sicilie, e venne elevato a Ministro dell'Interno ed all'Ufficio di Consigliere di Stato e di primo Elimosiniere della Regina Carolina Annunziata Bonaparte. Fu uomo assai dotto, pubblicò per le stampe varie opere, tra le quali è a ricordarsi quella intitolata *De antiquitate et varia Capyciorum fortuna.* Fu socio dapprima della Reale Accademia di Belle Lettere e poi della Reale Accademia Ercolanese.

*Francesco* — Duca di Nevano Gentiluomo di Camera con esercizio dei Re Ferdinando II. e Francesco II. di Borbone.

ARMA — Fusato in banda d'argento e di rosso.

ARMA — Fusato in banda di argento e di rosso, calzato di nero con due leoni di oro.

Lo scudo in cuore dell'aquila bicipite.

CIMIERO — Pegaso fusato di argento e di rosso.

Questa famiglia è rappresentata in Napoli pel ramo di Nevano dal Cavaliere

### LUIGI CAPECELATRO

Patrizio napoletano, già Colonnello nell'Esercito napoletano.

Il ramo secondogenito de'Duchi di Castelpagano è rappresentato da' fratelli.

### Cav. ETTORE CAPECELATRO

Capo del Genio Civile e Comm. della Corona d'Italia.

### Monsignor ALFONSO Arcivescovo di Capua, chiarissimo scrittore, e Cav. ANTONIO

Direttore Generale delle R. Poste dello Stato, Commendatore Mauriziano, e della Corona d'Italia e d'Isabella la Cattolica, Grande Ufficiale del Nitscham Iftikar e Cavaliere Ufficiale degli Ordini di Federico di Vurtemberg e di S. Stanislao di Russia.

~~~~~

# COPPOLA

Questa famiglia detta pure *Coppolata* e *Coppa* è originaria della costiera di Amalfi. Si hanno di essa sicure notizie all'epoca della dominazione normanna. Alcuni autori vogliono che fin dai tempi di Giovanni Porfirogenito, Imperatore greco, e del suo figliuolo Alessio, *Giovanni* e *Marino Coppolati* avessero posseduto alcuni poderi in Napoli presso la Chiesa di S. Agrippina, ed in Pozzuoli.

Si divise questa famiglia in due rami principali. Il primo da Scala passò in Napoli, ed il secondo in Salerno. Quello di Napoli si suddivise nei Conti di Sarno e Principi di Gallicchio che furono ascritti al Seggio di Portanova, e nei Duchi di Canzano, Grandi di Spagna ascritti al Seggio di Montagna e poi al Libro d'Oro.

I primi si estinsero in *Carlo* Generale dell'Ordine dei Teatini in tempo di Papa Innocenzo XII: i secondi si sono estinti ai nostri giorni, in *Giovanni*, ultimo Duca di Canzano, al quale è successa la sorella *Beatrice* sposata ad Antonio Andreotti, nobile di Cosenza. Dei Duchi di Canzano un ramo si stabilì in Nicotera, e diramatosi in Tropea fu ascritto al seggio di Portercole.

Il ramo principale de' *Coppola* di Tropea si estinse in *Antonio*, Cavaliere dell'Ordine di Francesco I, la cui unica figliuola, *Maria*, fu maritata al Cavaliere Francesco Toraldo ed un altro ramo si estinse nel 1830 in Scilla nel Barone *Antonio Coppola*.

I *Coppola* di Salerno, si divisero in tre rami, il primo si estinse nella famiglia Ruggio; il secondo finì nel 1598 in *Decio*, che fu marito di Vittoria Galliciano, al quale successe la famiglia Grillo, patrizia Salernitana, ed il terzo ebbe fine in *Giovan Battista*, chiaro giureconsulto.

La famiglia Gattola, signori di Gallicchio e di Messanelli si estinse in Francesca, maritata a *Filippo Coppola* patrizio napolitano.

Da Tropea un ramo si stabilì nella città di Erice in Sicilia portatovi da *Pietro Coppola*, che coi suoi fratelli *Nicolò* e *Giovanni* seguì la Corte di Federico III di Aragona. Dalla Sicilia si diramò in Lecce.

Questa famiglia ha goduto nobiltà in *Napoli* ne' Seggi di Portanova, e di

Montagna, in *Salerno* nel Seggio di Portaretese, in *Tropea* nel Seggio di Portercole in *Amalfi*, *Scala* (1), *Lettere* (2), *Nicotera* ed in Sicilia; ha vestito l' abito di Malta nel 1470, ed ha ottenuto il Grandato di Spagna.

MONUMENTI —Napoli: nelle Chiese di S. Domenico maggiore, S. Giorgio maggiore, del Carmine, S. Arcangelo a Baiano, S. Maria la Nuova, S. Agostino. Scala: nelle Chiese di S. Andrea e di S. Lorenzo.

PARENTELE — Acconciaioco — Afflitto — Aiello — Ancora (d') — Andrea (d') — Andreotti — Attanasio — Augustariccio — Bacio — Barbaro — Barone — Barrile — Barta — Beaumont — Boccadifuoco — Boccatorto — Bonito — Bozzuto — Brancia — Caputo — Caracciolo — Carafa — Castaldo — Castriota — Castrocucco — Cesareo — Comite — Costanzo (di) — Crispano — Crispi — Dentice — Doce (del) — Fabario — Fisaula — Frezza — Gagliardi — Galeota — Galliciano — Gattola — Gennaro (de) — Giffone — Giudice (del) — Griffo — Grisone — Imperiali — Lannoy — Liguori — Linguini — Liquartieri — Longobardi — Messanelli — Milano — Moccia — Mormile — Muscettola — Offieri — Origlia — Pacifico — Palear — Pando — Pandone — Parone — Piergiovanni — Pironti — Ponte (de) — Quesada — Raho (de) — Rinaldo (de) — Rogadeo — Ruggi — Ruffo — Rufolo — Sangro — Sanseverino — Santomango — Sbano — Serluco — Sersale — Severino — Siscar — Taccone — Talac — Tocco (di) — Toraldo — Tufo (del) — Valguarnera — Venato — Vicariis (de) — Vicedomine — Vulcano ed altre.

FEUDI — Casapesenna — Castellammare — Castiglione — Cerigliano — Fiscali di Marigliano — Galdo — Montenutro — Ripalta — Roccanivaro — Sanfelice — Vallecilento — Vallelonga — Villa.

CONTEE — Cariati — Martino — Priego — Sarno 1464.

MARCHESATI — Messanello 1591 — Robreto.

DUCATI — Canzano 1646 — Castelluccio 1646 — Sicignano 1609 — Vietri.

PRINCIPATI — Gallicchio 1620 — Montefalcone.

AUTORI — Adilardi (Stor. di Nicotera) — Albini (de Rebus gestis Alph.) — Aldimari (Fam. imp. con casa Carafa) — Alessandro (d') (Giorni geniali). — Almagiore (Giunte al Summonte) — Ammirato (Fam. nob.) — Araldi (Ital. nob.) — Argentone (Mem. stor.) — Avati Carbone (Pel sedile chiuso di Tropea) — Bacco Descr. del regno) — Bonazzi (I reg. delle nob. delle prov. nap.) — Bonfiglio (Stor. di Messina) — Borrello (MS. nella Bib. Naz.) — Borrello (Nob. nap.) — Buonfiglio (Stor. di Messina) — Camera (Stor. di Amalfi) — Campanile Fil. (Insegne dei nobili) — Cam-

_____

(1) Nella Città di Scala hanno goduto del Patriziato le famiglie: d'Afflitto, Alfano, Bonito, Bonifacio, Bonelli, Frisari, Grisone, Manzella, Marano. Marciano, Pando, Ristaldo, Rufolo, Sandella o Sannella, Sasso, Sebastiani, Spina, Sorrentino, Staibano, de Tara o Trara.

(2) Hanno goduto anche del Patriziato di Lettere le famiglie: d'Afflitto, d'Antonio, Aprea, Argenzio, Armanzio, Bonito, Cavallari, Fattorusso, de Filippo, Flammanzio, Fontana, di Fusco, Gagliardo, Hurtado, di Lettere o Lottieri, de Liguoro, Maranci, Mastroflasso, Mastromiro, di Miro, Palombi, Pintangelo, de Riso, di Roberto, Rocco, Romano, Rapicani, Salerno.

panile Gius. (Not. di nob.)—Capaccio (Il Forestiero)—Capecelatro (Diario)—Capitolazioni di Tropea del 1567—Capitoli del Montegrande—Caracciolo (Varietà della fortuna)—Cemblacense (De ill. Scrip. Ecclesiae)—Costanzo (Storia)—Costo (Apologia)—Costo (Memorie)—Engenio (Nap. sac.)—Filamondo (Genio bellicoso)—Fiore (Calab. ill.)—Galluppi (Arm. ital.)—Galluppi (Nob. di Messina)—Gatti (Elogi)—Gimma (Elogi)—Giustiniani (Diz. geog.)—Granito (Cong. del P. di Macchia).—Guicciardini (Stor. d'Italia).—Lellis (de) (Fam. nob.)—Lellis (Nap: sacra)—Lumaga (Teatro della nob. d'Europa)—Marchese (Dif. della nob.)—Marra (della) (Fam. nob.)—Mongitore (Bib. Sic.)—Monteleone (Giornali)—Mugnos (Nob. di Sicilia)—Muratori (Uom. illust.)—Normandia (Not. stor. di Sarno)—Pacicchelli (Regno di Napoli in prosp.)—Palizzolo (Il Blasone in Sicilia)—Panza (Stor. di Amalfi)—Passaro (Annali)—Perocades (Elogio di Andrea Coppola)—Perrotta (Descr. di S. Dom. magg.)—Piccinini (Diz. univ.)—Pietri (de) (Stor. nap.)—Porzio (Cong. dei Baroni)—Pozzo (del) (Ruolo gen. dei Cav. geros.)—Prignano (Fam. nob. di Salerno MS.)—Raho (de) (Peplus neap.)—Recco (Not. di fam. nob.)—Repertorio di S. Lorenzo di Amalfi MS. nella Bibl. Brancacciana — Ricca (La nob. delle Due Sicilie)—Roseo (Storia)—Sacco (Diz. geog.)—Sergio (Cron. di Tropea) MS. presso il Dottor Pontorieri in Tropea.—Terminio (Apologia)—Torelli (Splend. della nob.)—Troyli (Stor. del Reame)—Tutino (Orig. dei Seggi)—Toppi (Bibl. nap.)—Toppi (De orig. trib.)—Ughelli (It. sac.)—Ventimiglia (Uom. illus. del Carmine)—Villabianca (Sicilia nobile)—Vincenti (I Protonotari)—Zurita (Annali di Aragona).

## MEMORIE ISTORICHE

*Giovanni, Nicola, Cesario, Marino* e *Giacomo*—Furono tra' Baroni che seguirono Re Manfredi nella guerra contro la Chiesa e Carlo d'Angiò. Lo stesso *Nicolò* fu Ambasciadore al Re Pietro d'Aragona quando la Sicilia era oppressa dalle armi francesi.

*Tommaso, Guglielmo, Rinaldo, Matteo* e *Gualtieri*—Si leggono tra quelli che prestarono danaro a Carlo I. d'Angiò.

*Ligorio*—Soccorse con vistose somme il Re Roberto, e fu Vicario del Gran Camerlengo nella provincia di Principato.

*Taddeo* e *Bernardo*—Senatori di Messina nel secolo XIII.

*Pietro*—Milite e familiare di Re Roberto.

*Giacomo* e *Francesco*—Cortigiani e Consiglieri di Giovanna I.

*Filippo*—Fu tra gli otto cavalieri che la città di Napoli inviò in Ungheria al Re, cognato della Regina Giovanna I., per far revocare l'ordine che i cittadini dovessero ricomprare le loro proprietà, che contro ogni giustizia, erano state donate ai soldati. Avuta risposta negativa, i napolitani presero le armi e scacciarono l'esercito ungherese.

*Matteo*—Capitano della città di Lanciano, Maestro Razionale e Luogotenente del Gran Camerario nel 1353.

*Giovannello*—Maestro Razionale e familiare di Re Ladislao, e Provveditore delle fortezze di Calabria.

*Luigi*—Maestro Portulano e Segreto di Terra d'Otranto nel 1424.

*Bernardo*—Governatore di Bari per la Regina Giovanna II.

*Sergio*—Avendo armato delle galere a proprie spese per Giovanna II fu esonerato dai pagamenti delle collette.

*Bartolomeo*—La Regina Giovanna II per sicurezza della sua vita, gli affidò la custodia dei suoi cibi.

*Francesco*—Conte di Sarno e Grande Ammiraglio del Regno, unitosi ad Antonello Petrucci, ordì la famosa congiura dei Baroni, descritta nel primo volume di quest'opera, nella famiglia Caldora. Fu giustiziato il giorno 11 maggio 1487 e sepolto nella sua cappella nella Chiesa di S. Agostino.

La città di Sarno concessa in feudo a Lucrezia d'Alagno da Alfonso I d'Aragona, passò a Daniello Orsino e nel 1464 la ottenne *Francesco Coppola*, il quale con la vita perduti anche i feudi, fu Sarno data a *Girolamo Tuttavilla* dal quale passò a' Colonna di Zagarolo, e finalmente ai Barberini Principi di Palestrina, dai quali la acquistò la famiglia Medici Principi di Ottaiano.

*Filippo* (figliuolo del precedente) — Fu decapitato per la suddetta congiura. Aveva egli sposata Francesca Gattola Signora di Gallicchio.

*Marco* (figliuolo del precedente)—Dopo la morte del padre si fece monaco Olivetano e fu Vescovo di Montepeloso.

*Giacomo* (altro figliuolo di *Francesco*) — Fu fedelissimo alla dinastia aragonese ed Ambasciatore ai Re di Francia. Stipulò il contratto nuziale tra Carlotta d'Aragona, figliuola di Federico, Principe di Altamura e Luogotenente del Regno, ed il Re di Scozia.

*Coluccio* — Fu Consigliere di S. Chiara nel 1497. Di lui rimangono alcune glosse alle Consuetudini Napoletane.

*Orazio*—Sindaco dei nobili di Tropea 1508.

*Antonio* e *Vespasiano*—Servirono valorosamente nella guerra di Malta contro i Turchi nel 1565.

*Giov. Battista*—Principe di Gallicchio e Cavaliere dell'Abito di S. Giacomo.

*Coluccio*—Avendo ucciso in duello Giov. Antonio Mastrogiudice, si partì da Napoli e si stabilì in Milano.

*Giov. Andrea*—Dottore in legge e Preside della provincia di Salerno.

*Donato*—Duca di Canzano nel 1646 e Cavaliere d'Alcantara, fu Consigliere e Giudice di Vicaria, e Segretario del Regno. Fu tra' fondatori del Monte grande dei maritaggi.

*Marzio*—Nel 1647 prese parte alla rivolta di Masaniello, comandando i popolani del Vomero.

*Ercole*—Vescovo di Nicotera nel 1651.

*Orazio*—Duca di Canzano, Maestro di Campo del Re Filippo IV di Spagna.

*Tiberio*—Presidente della Regia Camera in tempo di Filippo IV.

*Andrea*—Duca di Canzano e Capitan generale alla presa di Orano nel 1693.

*Gaetano*—Principe di Montefalcone, Marchese di Robreto, Cavaliere degli Ordini di S. Giacomo e di Alcantara, Comandante in capo della Cavalleria nello Stato di Milano, Sergente generale di battaglia e Colonnello di Corazze. Fu inviato in Napoli a reprimere il movimento causato dalla congiura del Principe di Macchia.

*Nicola*—Duca di Canzano e Maestro di Campo.

*Cesare*—Presidente della Camera della Sommaria e del Tribunale della Regia Zecca nel 1780.

*Andrea*—Dotto giureconsulto, morì ucciso dalla plebe in Nicotera nel 1799.

*Cesare* (Conte)—Erudito avvocato, fu magistrato integerrimo nel 1831.

*Nicola*—Fu Arcivescovo di Bari nel 1818 e Vescovo di Nola nel 1823.

*Francesco* — Vescovo di Oppido nel 1822.

*Andrea*—Principe di Montefalcone, Duca di Canzano, Conte di Priego, Direttore delle acque e foreste nel 1830, è annoverato tra' i Grandi di Spagna del Regno delle Due Sicilie verso la fine del secolo XVIII, col Gran Contestabile Colonna , Marchese del Vasto d'Avalos , Duca di Monteleone Pignatelli, Principe di Roccella Carafa, Principe di Tarsia Spinelli, Duca d'Atri Acquaviva, Duca di Gravina Orsini, Principe di Torella Caracciolo, Duca di Maddaloni Carafa, Principe di Cariati Spinelli, Principe di Stigliano Colonna, Principe di Sannicandro Cattaneo, Principe della Rocca Filomarino, Duca di Mondragone Grillo, Principe di Montemiletto di Tocco, Principe di S. Buono Caracciolo, Marchese di Oria Imperiale, Duca di Tursi Doria, Duca di Castropignano Evoli, Principe di Colobrano Carafa, Principe di Butera Branciforte, Principe di Mirto Filangieri, Principe di Cattolica Bonanno, Principe di Paternò Moncada, Marchese di Geraci Ventimiglia, Principe di Palagonia Grifeo, Principe di Villafranca Alliata, Marchese della Terza Perez Navarrete, Principe di Monforte Moncada, Principe di Resuttana di Napoli, Principe di Lampedusa Tomasi, Principe di Raffadali Montaperto, Principe di Belmonte Ventimiglia, e Marchese della Sambuca. Avevano il trattamento di Grandi di Spagna, ossia erano Grandi di Spagna onorari, il Principe di Montevago Gravina, il Duca di Castellana, il Duca di Laurenzana Gaetani, il Principe di Leporano Muscettola, il Marchese di Santeramo Caracciolo, il Principe di Ottaiano Medici ed il Marchese di Spaccaforno Statella.

ARMA *de' Coppola* di Napoli del Seggio di Montagna, Scala, Tropea, Nicotera e Sicilia: Di azzurro alla coppa di oro circondata da cinque gigli dello stesso.

ARMA *de' Coppola* di Salerno e di Napoli del Seggio di Portanova: Di azzurro alla coppa di oro sostenuta da due leoni del medesimo.

Questa famiglia è rappresentata in Napoli dal Cavaliere

### FRANCESCO COPPOLA de' Duchi di Canzano

Patrizio napoletano.

In Nicotera da

### GIOVANNI COPPOLA

Giudice al ritiro.

da Monsignor

### D. ANDREA COPPOLA

Vicario Generale e da

### VINCENZO COPPOLA

Avvocato e Cavaliere di S. Gregorio Magno.

# DE GENNARO

Questa famiglia, detta prima *Januario* e *Janara* vuolsi sia di origine romana, e fiorita in tempo di quella Repubblica.

Nel Regno trovasi feudataria fin dal 1239, e fu una delle sei famiglie Aquarie del Seggio di Porto.

Questa famiglia ha goduto nobiltà nella città di *Napoli* ne'Seggi di Porto, Capuana e Montagna, *Nola, Lucera, Capua, Benevento, Somma, Vico, Pozzuoli*(1), *Amalfi e Roma*.

Fu ricevuta nell'Ordine di Malta nel 1563 e trovasi ascritta al Libro d'Oro.

Il ramo de' *de Gennaro* Baroni di Guardia Campochiaro si estinse nella famiglia de' Marchesi Cimaglia Baroni di Bojano nobili in Foggia.

Il ramo dei *de Gennaro* Principi di Sirignano, Baroni di S. Elia, Monacilioni, Starza, Correto e Frusarello, si estinse nella famiglia Caravita nobile di Eboli (2).

Il ramo dei *de Gennaro* Duchi di Belforte e Cantalupo e Principi di S. Martino si estinse in due fratelli ed una sorella. I primi morirono celibi e la seconda maritossi nella famiglia Morra Principi di Morra.

Sorgono *Monumenti* dei *de Gennaro* in Napoli nelle Chiese di S. Maria a Cappella, S. Domenico, S. Pietro Martire, Monteoliveto, S. Pietro a Fusariello, S.Giovanni Maggiore e Santa Restituta; in Roma nel Museo Carpense, e nelle Chiese di S. Cecilia e S. Anastasia, in Nicotera nella Chiesa di S. Maria delle Grazie.

Feudi posseduti da questa famiglia — Baranello — Cardito — Carrara — Castelfratte — Castelmuzzo — Castro di Croce — Civitate — Confluente — Conoc-

---

(1) Hanno goduto anche nobiltà in *Pozzuoli* le famiglie: Aquileri — Arzani — Balzo (del) —Barrile— Boffa — Borrelli — Bozza — Buonomo — Capomazza — Cioffi — Composti — di Costanzo — Damiani — Fraia — Migliarese — Pesce — Russo — Vecchione.

(2) Anche le seguenti famiglie hanno goduto nobiltà in *Eboli* — Abignente — Caputo — Caravita — Clario (de) — Console — Corcione — Crispi — Cristofaro — Cupiti — Favale — Fiorenza — Folgione — Gentilcore — Giuliani — Landolfi — Liguoro — Loisio — Malacarne—Marcangione — Milone — Mirto— Monaco — Novelli — Orso — Paganetta — Perretta — Rago — Ragone — Russo — Sacco (del) — Troiano — Umbriano — Veritate.

chiola — Crispano — Croce — Cunicolo — Dogana di Sorrento — Ginestra — Girifalco — Giurlani — Grimaldo — Guardiaregia — Manupello — Marzanello — Marzano — Massa Inferiore — Monacilioni — Montefusco — Motta s. Lucia — Musciano — Petruro — Roccabalzorana — Sanpaolo — Santelia — Scigliano — Serico — Torello — Turano.

Contadi — Martorano 1490 — Nicotera.

Marchesati — Auletta — S. Angelo le Fratte — S. Massimo 1626.

Ducati — Belforte 1647 — Cantalupo — Montesardo.

Principati — S. Martino 1630 — Sirignano.

I *de Gennaro* hanno imparentato con le seguenti famiglie: — Afflitto — Agnese — Aiossa — d'Alessandro — Almagiore — Angelo — d'Anna — Aquino Castiglione — Bellante — Beltrano — Blanch — Bonifacio — Cantelmo — Capece — Capece Piscicello — Caputo — Caracciolo — Carafa — Caravita — Castagnola — Castriota — Cavaniglia — Cesarini — Cicinelli — Coppola — Correale — Dura — Ferrillo — de Ferrante — Marchese — Filangieri — Frangipane — Frezza — Gaeta — Gattola — Gironda — Gramatico — Griffo — Iaccarino — Liguoro — Loffredo — Lucarelli — Ludovisio — Lupolo — Macedonio — Manoccio — Marotta — della Marra — Marullo — Moccia — Monforte — Monsolino — Morra — Ordognes Ortis — Origlia — Pagano — di Palma — Pappacoda — Pepi — Petralbis — de Raho — Ravaschieri — Recco — Recuperantia — Ronchella — Ruffo — Sabariano — de Santis — Scassa — Scrignario — Seripando — Sellaroli — Severino — Sgarrea — Sicola — Siscar — Sorgente — Strambone — Teodoro — Tuttavilla — Valletta — Venato — Vespolo — Visconti — Zifre — Zunica ed altre.

Autori che parlano di questa famiglia — Agostino — Alfano — Almagiore — Aloe (Tes. lap.) — Amely — Ametrano — Ammirato (Il Rota) — Ammirato (Famiglie Napolitane) — Appiano — Bacco — Borrello — Capaccio (Storia) — Capaccio (Il forestiere) — Capaccio (Vir. ill.) — Capaccio (Famiglie) — Capecelatro (Annali) — Capecelatro (Diario) — Caracciolo (Varietà della Fortuna) — Cautillo (Famiglie Aquarie) — Cerillo — Ciaccone — Contarino — Costanzo — Costo — Donnorso — Engenio (Napoli Sacra) — Fiore (Calab. ill.) — Filamondo (Genio Bellicoso) — Galluppi (Armerista Italiano) — Giovio — Giustiniani — Gualdo (Uom. ill.) — Guazzo — Iacovo — de Lellis (Famiglie) — de Lellis (Napoli sacra) — Lipsio — Lumaga — Marchese — della Marra — Mazzella — Mazzeo — Morigia — Mugnos (Nobiltà del Mondo) — Muratori (Uomini illustri) — Nicastro — Paglia (Storia di Giovinazzo) — Notar Pacca (Notam. man.) — Notar Giacomo (Cronaca) — de Petris (Storia nap.) — Smeti — de Stefano — Terminio — Tettoni e Saladini — Torelli — Troyli — Vincenti (Vite dei Protonotarii) — Vipera (MS. sulle fam. nob. beneventane) — Volaterrano — Volpi (Storia di Visconti) — Zazzera — Zurita (Ann. d'Arag.).

## MEMORIE ISTORICHE

*Adinolfo* — Ebbe in custodia dall'Imperatore Federico II Ubertino degli Avogadri guelfo fatto prigioniero in Piacenza.

*Alessandro* — Conducendo una galera napolitana con gran numero di prigionieri fatti da Federico II Imperatore, fu preso da' Guelfi nel tragitto.

*Giacomo* e *Pandolfo* — Prestarono danari a Carlo I d'Angiò.

*Mario* ed *Andrea*—Trovansi trai feudatarii napolitani nell'inquisizione fatta per ordine di Carlo I d'Angiò nel 1275, con Landulfo Pignatelli, Petrino, Tomasello e Riccardo Caracciolo, Sergio Terula, Pietro e Giovanni d'Afferio, Matteo e Pietro Brancaccio, Sergio Muccula, Giovanni Brancaccio Brielis, Marinello e Corradello Brancaccio, Andrea e Simonello Scondito, Letizia Rumbo, Landolfo Poderico, Giovanni Dentice, Matteo e Giovanni Brancaccio, Truda di Nocera, Pietro Medico, Pandolfello e Ruggiero Pignatelli, Giacomo Caracciolo, Tommaso Medico, Adenolfo di Nocera, Giacomo Filippo e Allegrima Brancaccio, Filippo Brancaccio Impellone, Giovanni Brancaccio Guzus, Pietro e Giovanni d'Acerra, Nicolò Favilla, Petruccio Guindazzo, Matteo Brancaccio, Paolo Cafatino, Marino e Tommaso Rumbo, Filippo, Ligorio e Grusa Vulcano, Giovanni Boccapianola, Giovanni, Ligorio e Nicolò d'Arco, Alessandro Gruzalma, Iacopo Rumbo, Cesario de Crescenzo, Martuccio Vulcano, Martuccio Lamberto, Tommaso, Giovanni e Paolo Pignatelli, Giovanni Siginulfo, Federico Spinelli, Ligorio Caracciolo, Enrico de Castro ed altri.

*Menelao* — Presidente della Regia Camera della Sommaria e Ciambellano di re Ladislao.

*Mario* --- Tenne lance in servizio della R. Corte nel 1437.

*Giorgio* — Milite, e Maestro Razionale della Gran Corte ossia della Regia Zecca e Consigliere di Ferrante I nel 1459.

*Mazzeo* — Capitano di re Alfonso d'Aragona nella presa di Napoli, entrò nella città con Diomede Carafa per gli acquedotti di S. Sofia.

*Andrea* — Fu trai Cavalieri e Corteggiani del Duca di Calabria, con Giovanni, Tommaso, Girolamo e Cola d'Alagno, Ettore Carafa, Antonello d'Errico, Raniero di Lagni, Arturo e Jacopo Pappacoda, Ciarletta Caracciolo. Raniero Gualano, Vittorio Ruffo, e Galeotto Pagano nel 1481. Ebbe gran parte nella cacciata de' Francesi da Napoli nel riconquistare il Regno il Re Ferrante.

*Ferrante* — Vice Protonotario, ed Ambasciadore ai Veneziani ed al Duca di Milano pel re Alfonso II d'Aragona.

*Giorgio* — Razionale della Gran Corte e Consigliere di re Ferdinando I di Aragona con Goffredo di Gaeta, Tommaso Tomacello milite, Palamede Macedonio milite, Nicola Berardi milite, Gio. Scannasorice, Luigi Pagano ed altri.

*Antonio* — Ambasciatore a Milano pel re Ferdinando I d'Aragona. A lui scrive il Re della Lega fatta tra il Papa la Repubblica di Venezia e Milano, e del danno che questa lega portava all'Italia e dice essersi cooperato a far terminare la quistione tra il Papa e Virgino Orsino facendo sposare la figlia di questo ad un figlio del Papa, 1493 — Fu Presidente della Regia Camera.

*Leone* — Tenne lance in servizio di Alfonso I. Fu Senatore di Roma nel 1462 (1) e Capitano di Aquila nel 1470, nonchè Maestro Razionale e Presidente della Regia Camera.

*Bartolomeo* — Procreò *Andrea* e *Princivalle*. Il primo fu fatto Conte di Martorano dal Re Ferrante II, ed il suo ramo si estinse nella famiglia d'Aquino. Dal secondo discesero i Conti di Nicotera che si estinsero ne' Ruffo Conti di Sinopoli.

*Carlo* — Presidente della Regia Camera.

*Pier Giacomo* — Trovasi arruolato con Camillo di Gaeta, Giannangelo Caracciolo, Marcantonio Mormile tra' cento Continui italiani, ossia Guardie del Corpo, nel 1556.

*Giosuè* — Ciamberlano di Ferrante I di Aragona.

*Pietro* — Presidente della Regia Camera.

*Orazio* — Preside delle Calabrie nel 1595.

*Annibale* — Grande di Spagna e Conte di Nicotera valoroso Capitano sotto Carlo V ebbe privilegio di usare l'aquila imperiale nello scudo.

*Fra Francesco* — Cavaliere Gerosolimitano, Capitano di Fanti alla conquista di Maurelles in Spagna sotto gli ordini del Vicerè di Catalogna Francesco Tuttavilla Duca di S. Germano.

*Pompeo* — Maestro di Campo di un Terzo di Fanti napoletani alla battaglia di Tornavento.

*Orazio* — Fu tra' fondatori del Monte Grande di Maritaggi, 1638.

*Matteo* — Vescovo di Reggio nel 1660.

*Geronimo* - Paggio del Re 1496.

*Simonetto* — Valoroso condottiere di fanti nel 1582.

*Ferrante* — Con sette cavalli combattè contro i Turchi alla guerra di Otranto.

*Emilio* — Combattè contro i Turchi all'assedio di Malta nel 1565.

*Giulio Cesare* — Vescovo di Nicotera nel 1530

*Princivalle* — Vescovo di Nicotera nel 1531.

*Camillo* — Vescovo di Nicotera nel 1542.

*Giov. Tommaso* — Consigliere della regia Camera di S. Chiara nel 1503.

*Antonio* — Presidente e Vice Protonotario del Regno nel 1511.

*Scipione* — Dotto Giureconsulto, e Vice Protonotario del Regno nel 1518.

*Cesare* — Giustiziere delle Province di Lecce e di Bari nel 1530.

*Felice* — Teologo ed autore di più opere, 1620.

*Giuseppe* — Teologo insigne, 1681.

*Pompeo* — Presidente e Governatore delle Armi nelle Province di Principato Citra, Basilicata e Calabria Ultra, 1636.

*Gennaro e Paolo* — Capitani nel Terzo di tremila fanti napoletani con Cerardo

(1) Altri individui delle Provincie meridionali d'Italia che hanno avuto la carica di Senatore Romano: 1269 Giacomo Cantelmo —1274 Ruggiero Sanseverino Vicario di Roma — 1275 Pandolfo di Fasanella — 1280 Guglielmo Stendardo — 1317 Rinaldo Beletto — 1333 Simone di Sangro milite — 1369 Ludovico di Sabran Conte di Ariano ed Apice — 1379 Guglielmo Maramaldo — 1390 Nicolò di Diano—1400 Bartolomeo Carafa milite —1403 Riccardo d'Agello—1408 Giannotto Boccatorto pel Re Ladislao — 1408 Cristofaro Gaetani Vice Senatore pel Re Ladislao — 1413 Nicolò di Teano Vice Senatore — 1414 Giannotto Boccatorto — 1414 Antonio de Grassi milite — 1427 Giovanni di Paola di Caivano — 1428 Nicolò d'Alagno — 1446 Giovanni Filangieri milite — 1478 Frannesco Scannasorice milite — 1493 Giulio Bozzuto — 1512 Giulio de Scortiatis — 1512 Alcarino Marzano.

Gambacorta, Lucio di Sangro, Michele e Camillo Blanc, Mario ed Alfonso Carafa, Carlo della Gatta, Gian Domenico de Michele, Francesco Filangieri, Mario Caracciolo, Giovanni Capano, Mario Albertino, Antonio Paleologo, Giovan Battista Suardo, Annibale Filangieri, Matteo de Ponte, Francesco Donato, Fra Orazio Minutolo, Vincenzo La Lama, Giovan Tommaso e Giambattista Blanc.

*Felice* — Preside di Calabria nel 1605.

*Pompeo* — Duca di Belforte, Preside di Calabria nel 1660.

*Vincenzo* — Valoroso Capitano di Cavalli si trovò alla presa di Nizza, alla conquista del Monferrato all'assedio di Casale e ad altri fatti d'arme col Terzo di fanti napoletani comandati dal Principe di Satriano. Fu poi Sergente Maggiore di un Terzo di fanti.

*Andrea* — Reggente del Collaterale Consiglio d'Italia nella Spagna, 1640.

*Sperone* — Presidente della regia Camera nel 1642.

*Nicolò* — Principe di Sirignano, Cavaliere della Chiave d'oro e Gentiluomo di Camera del Serenissimo Infante D. Filippo di Spagna.

*Marcantonio* — Maestro di Campo e Luogotenente Militare delle Calabrie nel 1675, fu poi Capitan Generale.

*Fulvio* — Duca di Montesardo e Reggente della Vicaria nel 1732.

*Giuseppe Antonio* — Regio Consigliere nel 1757.

*Giuseppe Aurelio* — Letterato insigne, fu Segretario del Regno e Consigliere del S. R. Consiglio.

*Giuseppe* — Principe di Sirignano ebbe due figli, il primo procreò Ottavio Principe di Sirignano morto nel 1774 senza prole, ed *Emilia* sposata al Marchese Tommaso Caravita Presidente della Suprema Corte di Giustizia, ed il secondo *Andrea* Marchese di Auletta procreò *Raimondo* la cui unica figlia *Emanuela* sposò Antonio Castriota Scanderberg.

ARMA — Spaccato: nel 1.° d'oro al leone uscente di rosso; nel 2.° di rosso al capriolo d'oro.

ARMA — Di rosso al leone d'oro attraversato dal bastone azzurro.

*Cimiero* — Due ali aperte con una spada sguainata in centro con la punta in alto.

*Motto* — *Chi fermo spera.*

# GRIMALDI

Varie sono le opinioni circa la origine di questa famiglia che alcuni autori dicono discesa da Grimoaldo, Conte di Fiandra, fratello di Carlo Martello, o da Pipino suo figliuolo, ed altri vogliono di origine Normanna, uscita dalla famiglia dei Crespini.

Di essa si hanno notizie nel decimo secolo, e fin dall'anno 1070 si trova in Genova, ove fu una delle quattro principali famiglie, tenne pei Guelfi ed ebbe Albergo nel 1528.

Questa famiglia che si diramò in Italia, Francia e Spagna, si divise in vari rami de' quali uno giunse ad avere in libero dominio il Principato di Monaco, ed ebbe l'Ordine del Toson d'Oro ed il titolo di Pari di Francia.

In Genova questa famiglia ebbe i seguenti Dogi di quella Repubblica: *Cristofaro* nel 1535, *Gaspare* nel 1549, *Alessandro* nel 1671, *Antonio* nel 1703, *Luca* nel 1728, *Giovan Battista* nel 1752, *Giovan Giacomo* nel 1756, *Pietro Francesco* nel 1773.

Da Genova, i *Grimaldi*, si diramarono in Napoli, ove furono ascritti al Seggio di Montagna, in Sicilia, in Catanzaro, in Lucera, in Aversa ed in altre città, nelle quali vennero ascritti alla nobiltà.

Da *Giovanni Grimaldi* Barone di Missimeri e da Laura Carafa, nacquero *Luca* e *Nardo*. Questi si stabilì in Catanzaro, e da *Luca*, Barone di Missimeri e di Crepari discese un ramo che stabilitosi in Seminara si diramò poi in Lucera.

Le famiglie genovesi Ceva, Taschifelloni, Crispini e Castro, appartenenti allo Albergo *Grimaldi*, aggiunsero al proprio il cognome di questa famiglia.

La famiglia Oliva, Principi di Gerace (1) lasciò il cognome proprio e prese quello dei *Grimaldi*, e si estinse in Antonia, Principessa di Gerace, Marchesa di Gioia Contessa di Montesantangelo e Duchessa di Terranova, la quale

(1) Tolta la contea di Gerace a Tommaso Caracciolo per delitto di fellonia dal Re Alfonso I e ricaduta al fisco, fu concessa per breve tempo a Marino Correale col titolo di marchese, e poi ad Enrico d'Aragona figlio del Re Ferdinando. Invaso il Regno dalle armi francesi e spagnuole e fuggitone il Re Federico tal marchesato fu dato alla famiglia di Cordova la quale estinta in Elvira morta nubile, ritornò Gerace alla Regia Corte dalla quale fu venduta alla famiglia Oliva Grimaldi col titolo di principe.

sposò Giovan Battista Serra, nobile genovese. Usò lo stemma dei *Grimaldi* con la giunta di due rami di ulivo intorno allo scudo.

Un ramo dei *Grimaldi* di Napoli, ascritto al Monte Manso, si estinse nei Ruffo Principi di Scilla.

Il ramo principale dei *Grimaldi* di Sicilia, si estinse nel 1802 nella famiglia Giardina.

I *Grimaldi* di Calabria, che per real concessione usavano l'aquila bicipite nello scudo, si estinsero nella famiglia del Barone Rossi:

Il ramo della famiglia Rosso di Sicilia, vissuto in Castrogiovanni, si estinse in Geronima, che sposò *Giovanni Grimaldi* Barone di Sangiovanni.

Il ramo della famiglia Romano Colonna, Baroni di Niscima e Serravalle, si estinse nel 1800 nei *Grimaldi* nobili di Catania, i quali ottennero il titolo di Principe, per privilegio dato da Madrid nel 1692.

Questa famiglia fondò in Cava la Cappella di S.ᵗ M.ᵗ della pietà, di S.ᵗ Margherita ed alcune altre Cappelle e Benefici.

I *Grimaldi* vestirono l'abito di Malta nel 1403.

MONUMENTI — *Napoli*: Chiesa di S. Severino — *Cava*: Chiesa di S.ᵗ Maria a Toro — *Genova* — *Catania*.

FEUDI — Agropoli — Altavilla — Antipoli — Antonimina — Artesina — Avellino — Baronessa—Belforte — Benille — Biscalla — Boncamelo—Borrile — Bosco—Bues—Buonabitacolo — Buzzetta — Cadenetta — Calamezzano — Calise—Calvinet—Candida—Canolo—Carranciana—Carri—Caropipi—Casalnuovo di Melito — Castelluzzo — Castrogiovanni — Castroguarino—Cefalonia — Chateauneuf—Chiusano — Cicerano — Dangu — Delia — Favaria—Ficilino—Foresta—Frezzolino — Galatona — Gallizzi — Garri — Gasba — Genzano — Geracello — Geriglione — Gutierrez — Intrinoli — Isca Comoni — Isca Sanfèlice — Isca Sannicola — Lagopesole — Lagopiccolo — Lavenzio — Leocata — Macchia —Macchia Valfortore — Manicapo — Marans — Massoins — Matinata — Menelao — Missimeri — Montagna — Montecorvino — Montella — Montesano —Monteverde — Mentone — Morrone — Niscima — Padula — Palazzo — Pasquasia—Passarella — Piombo — Pizzicore — Poggiorosso — Policastro — Policoro — Pollicarini — Portigliola — Radicena — Raimpla — Rapolla — Ravecanina —Revesto — Ripacandida — Risicalla — Rizzicone — Roccabruna — Sabuci—Sandemetrio — Sanfele — Sangiovanni Randelli — Sanmartino — Sanmauro — Sanpotito — Sanremigio — Scrofario — Serravalle — Sirumi — Sittibellino — Spoto — Telese — Todone—Vallecompara — Vallelonga — Zacinto.

CONTEE — Boleo —Canosa—Capaccio—Carladez—Montesantangelo—Polla—Sanvalentino — Torretto.

MARCHESATI — Antibo — Bovese — Campagna — Canna —Civitasantangelo—Diano — Gioia — Labosse — Modugno — Montepeloso — Penerano — Pietravairana — Santaninfa — Teano — Terlizzi — Vardey.

DUCATI — Evoli — Molocchio — Terranova — Valentinois.

PRINCIPATI — Castelgrimaldo 1692. — Ficarazzi — Gerace 1609—Monaco (libero stato) 1395 — Salerno 1528 — Santacaterina 1625.

PARENTELE — Albertini — Anna (d') —Arcamone — Ardoino —Balzo (del) — Beccadelli—Borbone (Real Casa) —Bragamonte — Brancaccio — Buonaccolti— Campitelli — Cananea — Candido — Caracciolo — Carafa — Cattàneo — Ceva — Chislaine — Cybo — Colonna — Doria — Evoli — Fieschi — Filangieri — Gagliardi — Gambacorta — Giardina — Gioeni — Gironda — Grifeo — Grillo — Guevara — Landi — Lanza — Longo — Maggiore—Matignon — Mattei — Mirabelli—Naselli — Notarbartolo —Oliva — Pallavicino — Passano (di) —Pitara — Pollini — Renda — Rossi — Rosso — Rostagni —Rovere (della) — Ruffo —Salonia — Sanseverino — Savoia (Real Casa) — Spadafora — Spinola — Tolfa (della) — Trigona ed altre.

AUTORI — Accattatis (Biog. degli uom. illus. delle Calabrie). — Aleoron de Antignoles (Oraz. fun. di Girol. Grimaldi) — Aldimari (Fam. nob.) — Alfano (Descriz. del Regno) — Almagiore (Giunte al Summonte) — Amato (Mem. di Catanzaro) — Amato (Pantop. Calabra) — Amely (Storia di Lucera) — Ammirato (Fam. nob.)—Ansalone (Sua de fam. opp. rel.)—Araldi (It. nob.)—Bacco (Descr. del Regno)— Bonazzi (I reg. della nob. delle prov. nap.) — Campanile Gius. (Not. di nob.) — Campano (Fam. Ital.) — Candido (Comm.)— Capaccio (Il forestiere) — Capecelatro (Diario) — Ciacconio (Vite de' Pont.) — Ciarlante (Il Sannio)—Confuorto (Giunte al de Lellis)—Crescenti (Corona della nob.)— Delfico (Elogio di Franc. Grimaldi) — Dizionario biogr. univ.— Dolfi (Famigl. nobil. di Bologna)—Eleutio (Giornali) —Falconio (Stor. Benev.) — Filamondo (Genio bellicoso)—Fiore (Calabria illust.)—de Franchis (Avellino illus.)—Franzone (Fam. nob. genovesi) — Galluppi (Arm. ital.) — Galluppi (Geneal. de 'Guzzaniti)—Galluppi (Nob. di Messina) — Garubba (Serie critica dei Vescovi Baresi) — Giustiniani (Annali di Genova) — Giustiniani (Mem. stor. degli scrittori) — Grimaldi (Vita di Ansaldo Grimaldi) — Gris de guerre et divises — Inveges (Sicilia nob.) — Lellis (de) (Fam. nob.) — Lombardi (Pastori Baresi)— Lumaga (Nob. di Europa) — Marra (della) (Fam. nob.) — Minutolo (Priorato di Messina) — Molina (De nobilitate) — Mongitore (Bibl. sicula)—Moreri (Dict. hist.) — Mugnos (Nob. di Sicilia)— Muratori (Uom. illus.) — Napoli Signorelli (Vicende della coltura nelle Due Sicilie) — Nostradamo (Stor. di Provenza)— Nuova situaz. de' pag. fisc. — Pacca (MS.) — Pacicchelli (Regno di Napoli in prospettiva) — Pansa (Stor. di Salerno) — Palizzolo (Il Blasone in Sicilia)— Petris (de) (Stor. Nap.) — Pietrasanta (Tesserae gentilitiae) — Platina (Vite dei Pontefici) — Polverino (Descr. della Cava)—Pozzo (del) (Ruolo gen. dei cav. geros.)—Prignano (Fam. nob. di Salerno, MS.) — Recco (Not. di fam. nob.)— Rossi (Teatro della nob.) — Sacco (Diz. geog.) — Salazar (Arboles) — Sansovino (Fam. ill. d' Italia)—Sperone (I sovrani del mondo)—Spinelli (Giornali)— Summonte (Storia) — Tamburini (Cenni stor. crit. delle fam. antiche)—Tamburini (Necrologia del principe Girolamo Grimaldi)—Tettoni e Saladini (Nob. d' Italia) — Toppi (Bibl. univer.) — Troyli (Storia del Regno vol. 3.°) — Venasque (Geneal. dei Grimaldi) — Villabianca (Sicilia nob.) — Vipera (della) (MS. sulle Fam. nob. beneventane) — Volpi (Storia dei Visconti) — Zazzera (Fam. ill. d'Italia).

## MEMORIE ISTORICHE

*Grimaldo* — Signore di Antibo, dopo aver espugnato Lione e liberato dalla prigionia il Re. Luigi IV di Francia, fu dallo Imperatore Ottone I. creato Principe e Signore assoluto dello Stato di Monaco. Da lui discese una linea di Principi e Signori di Monaco estinta in *Antonio*, morto nel 1731. Egli ebbe una sola figliuola, *Luigia,* che portò in dote il detto Principato a Giacomo Francesco Goyon de Matignon Conte di Thovigny con l'obbligo di assumere il cognome e le armi dei *Grimaldi.*

*Principalle* — Generale dello esercito del Papa contro Manfredi, dal quale fu sconfitto in Capitanata nel 1253.

*Antonio* — Generale della Repubblica di Genova, sconfisse i Catalani nel 1290.

*Raimondo* — Ammiraglio di Francia nel 1304.

*Errico* — Figliuolo del Principe di Monaco, valoroso cavaliere al servigio di Federico II Re di Sicilia, stabilì in quella isola la sua famiglia la quale si diramò in Messina, Palermo, Catania, Castrogiovanni e Lentini.

*Bertone* — 3.° genito del Principe di Monaco, fu Generale delle galere mandate in soccorso della guerra di Sicilia nel 1310. Quindi fu creato Vicerè di Calabria, ove stabilì la sua famiglia sposando Costanza del Balzo.

*Gabriele* — Giustiziere di Abruzzo e Reggente della G.C. della Vicaria nel 1315.

*Antonio* — Ammiraglio di Genova nel 1333.

*Rainiero* — Capo della flotta Genovese, con 80 navi sconfisse i Flamminghi nella Zelanda. Fu Vice Ammiraglio di Luigi d'Angiò e Giustiziere del Regno nel 1368.

*Luciano* — Ciambellano del Re nel 1381.

*Errico* — Ciambellano e Consigliere del Re Martino I di Sicilia.

*Giorgio* — Capitan generale del Principe di Monaco.

*Raffaele* — Capitano di gente d'armi nel 1403. Stabilì la sua famiglia in Cava.

*Giovanni* — Ammiraglio di Genova, sconfisse i Veneti nel 1430.

*Giovannello* — Fu valoroso soldato, e nel 1460 combattè presso Sarno pel Re Ferrante I d'Aragona, il quale con suo diploma lo riconobbe discendente della famiglia *Grimaldi* di Genova. Fondò egli in Cava la Cappella di S. Michele Arcangelo nella Chiesa di S. Maria a Toro.

*Angelo* — Nel 1487 fece parte del Magistrato che la Repubblica di Genova creò per provvedere alle cose del Comune perchè non era contenta del reggimento del Cardinale Fregoso. Gli altri componenti furono, Ettore Fiesco, Francesco Lomellino, Stefano Cigala, Girolamo Palmaro, Pietro Battista di Guiza, Cristofaro di Davagno, e Francesco di Camogli. Il Cardinale sdegnato contro il *Grimaldi,* perchè questi si era mostrato nemico di Tommaso Fregoso, Presidente dell'Ufficio di Podestaria, mise l'opera sua per farlo uccidere. Infatti una sera, in contrada della Chiavica, il *Grimaldi* fu aggredito da Baldassarre di Vernaza e da altri servitori del Fregoso, restando gravemente ferito.

*Jacopo* — Ambasciatore per la Repubblica di Genova a Papa Clemente VII.

*Francesco* — Difese valorosamente Genova nella congiura dei Fieschi.

*Onorato* — Capitano delle galere genovesi nella guerra di Africa.

*Ansaldo* — Ambasciadore per la Repubblica di Genova a Carlo V. Donò

90 mila ducati al popolo genovese, il quale per gratitudine gli eresse una statua.

*Agostino* — Cavaliere gerosolimitano morì combattendo valorosamente contro i Turchi.

*Girolamo* — Cardinale ed Arcivescovo di Bari nel 1529, fu Legato Apostolico nella Liguria.

*Leonardo* — Nel 1531 fu creato Cavaliere a Spron d'oro, con Francesco Maurelli, Ferrante Zaccone, Gerardino Ferrari, Francesco Antonio Serra e Giacomo Summonte.

*Nardo* — Governatore dello Stato di Bari per la Regina Bona Sforza di Polonia, e Podestà delle Romagne nel 1536.

*Gregorio* — Nel 1552 passò con la sua famiglia a stabilirsi da Genova in Sicilia — Era egli nipote di *Rabello Grimaldi*, che fu Ambasciatore per la Repubblica al Papa Giovanni XXII, ed allo imperatore Sigismondo. Il detto *Gregorio* diede origine al ramo dei Principi *Grimaldi* diramato in Siracusa, Modica e Trapani. Fu Governatore e Capitano Giustiziere di Siracusa.

*Domenico* — Cardinale di S. Chiesa nel 1571.

*Nicolò* (dei Principi di Monaco) — Nel 1564 comprò il Ducato di Eboli e lo Stato di Diano da Ruiz Gomez de Silva Duca di Pastrana, e dalla Regia Corte acquistò la Contea di Capaccio, e fu anche Principe di Salerno.

*Lucio* — Primo Balio di Cremona nel 1578.

*Angelo* — Nel 1604 istituì in Cava un monte di maritaggi o monacazioni di ducati 100 per ogni donna della sua famiglia.

*Giovanni* — Senescalco del Piemonte, Generale e poi Maresciallo del Re di Francia.

*Girolamo* — Balio di Cremona dell'Ordine gerosolimitano e Capitano di galera nel 1668.

*Nicola* — Cardinale di S. Chiesa nel 1706.

*Costantino* — Regio Consigliere e Caporuota del S. R. Consiglio nel 1712.

*Gregorio* — Letterato e giureconsulto, diede alle stampe parecchi componimenti in versi ed una storia delle Leggi e Magistrati del Regno di Napoli della quale furono pubblicati quattro grandi volumi. Morì nel 1767.

*Genesio* — Continuò la cennata istoria cominciata dal suo fratello *Gregorio* pubblicandone altri otto volumi.

*Antonio* — Nel 1731 s'intitolava per la grazia di Dio, Principe Sovrano di Monaco Mentone e Roccabruna, Pari di Francia, Duca di Valentinois, Conte di Carladez, Barone di Bues, Calvinet, S. Remigio, Marchese di Terlizzi, Marchese di Campagna e Marchese di Canna. Sposò Maria della Real Casa di Lorena e fu l'ultimo de' *Grimaldi* Signori di Monaco.

*Domenico* (Marchese) — Uomo insigne ed istruitissimo, nato in Calabria nel 1735, si recò in Genova, ove reintegrato in quella nobiltà ottenne la Magistratura della Repubblica. Appartenne all'Accademia dei Georgiofili di Firenze, alla Società Economica di Berna, alla Società Reale di Agricoltura di Parigi ed alla Reale Accademia di Scienze e belle Arti di Napoli — Fu autore di moltissime opere.

*Francesco Antonio* (Marchese) — Nato in Seminara fu illustre letterato ed autore di più opere tra le quali la vita di Ansaldo Grimaldi e gli Annali del Regno di Napoli.

*Giovanni* (Principe) — Barone di Serravalle, del Piombo di S. Giovanni, di Sirumi, del Bosco, di Castelluzzo, di Carri, di Poggiorosso, di Niscima, di Montagna, patrizio di Catania, fu cultore di scienze e Socio delle principali Accademie — Fu altresì Ciambellano del Gran Duca di Toscana e Gentiluomo di Camera con esercizio della Real Corte di Napoli.

ARMA de' *Grimaldi* Signori di Monaco: Fusato di argento e di rosso di trenta pezzi.
MOTTO — *Deo juvante.*
*Sostegni* — Due monaci al naturale impugnanti ciascuno una spada.
*Mantello* e *Corona* reale.

ARMA de'*Grimaldi* di Sicilia: Inquartato; nel 1° e 4.° fusato d'argento e di rosso di trenta pezzi, nel 2° e 3° di oro all'aquila spiegata di nero, imbeccata di rosso e coronata di oro, e sopra il tutto d'azzurro a tre gigli di oro.
CIMIERO — Un'aquila spiegata uscente di nero.
MOTTO — *Deo juvante.*
Lo scudo accollato all'aquila bicipite al volo abbassato di nero, linguata ed armata di rosso, coronata all'imperiale.

Questa famiglia è rappresentata in Catania dal Principe

### ANTONINO GRIMALDI

Patrizio di Catania, Barone di Serravalle ecc.


*N. B.* Un' altra famiglia *Grimaldi*, ora estinta, trovavasi in Benevento fin dall'anno 1137 originata dai Duchi longobardi di quella Città, ricordata dal Falcone (Cronaca) e dal della Vipera (MS. sulle famiglie nob. beneventane).
Usò per arme: Di nero, pieno di merli di argento con la banda rossa attraversante sul tutto.

Vivono in Calabria alcune famiglie dello stesso cognome *Grimaldi* le quali non hanno nulla di comune con quella di cui si è discorso.

# LAMBERTI

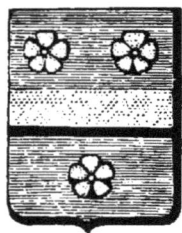

Questa famiglia detta pure di *Lamberto* e *de Amberta* è originaria della Città di Bologna, e fu portata nel Reame da un *Amberto*, di parte guelfa, il quale seguì Carlo d'Angiò nella spedizione contro Re Manfredi nel 1266. Egli, non potendo più ritornare in patria, per il dominio che ne aveano i ghibellini, si stabilì nella Città di Bari.

Il Polverino nella Descrizione Storica di Cava dice esser questa famiglia di origine francese, venuta in Italia con gli Angioini, e che stabilitasi in Napoli si diramò poi in Cava ed in Bari.

Questa famiglia ha goduto nobiltà nelle Città di *Bologna, Napoli* nel Seggio di Fontanola, *Cava, Milano, Rimini, Lucca, Lodi, Bari* (1), *Nocera, Aversa, Stilo* ed in *Sicilia*. Ha vestito l'abito di Malta nel 1597 e trovasi attualmente ascritta al Registro delle Piazze Chiuse.

Nei *Lamberti* si sono estinte; la famiglia de Corticiis nobile di Bari, un ramo della famiglia Colaianni nobile di Molfetta, ed un ramo della famiglia Tassis nobile spagnuola.

MONUMENTI — *Napoli;* Chiesa di S. Domenico Maggiore—*Bari;* Chiese di S. Nicola, di S. Domenico con Cappella gentilizia, di S. Maria della Misericordia, che era di patronato dei *Lamberti* e nella Cappella di S. Michele, che è di questa famiglia, della quale porta il nome una via della Città di Bari.

PARENTELE — Abbruzzese — Affaitati — de Alcubierre — de Angelis Effrem— Anzani — Arcamone — Boccapianola — Calio — Capobianco — Caracciolo —

(1) Hanno goduto Nobiltà in Bari anche le famiglie seguenti, delle quali quelle precedute da asterisco si trovano notate nel Registro delle Piazze Chiuse. — Affaitati — Alagno — Alemagnis — de Alifio —° d'Amely — Amerusi —° de Angelis Effrem — Angiola — Arcamone—° Attolini—° Avati —° Bianchi — Bisanzii —° Boccapianola —° Bonazzi — Buttari —° Calò Carducci — Carafa — Carducci — Carofigli — Carrettoni — ° Casamassimi — Celentano — Charis — Cherardini — de Chiurico — Comite — de Corticiis — ° Chyurlia — Dalfio — ° Dottula—Effrem — Eustachii — Fanelli—° Ferrigni Pisone — Filioli Effrem — Filippucci — Gargani — ° Gironda — Gizzinosi — Gliri — Grisoni — ° Guidotti —Iannaci — Incuria — Lampugnani — Marsilia — Marziotti — Massilla — ° Mazzaccara — Nai — Nolfi — Opulo —° Orlando — Palumbo — ° Pappalepore — ° Pasqualini — ° Pedrinelli — ° de Petris Fragianni—Pietravalida — Pignatelli — de Pirro — Protospata — Protospatarii — ° Puoti — Reina — ° Rinaldi — ° de Riso — Risone — Romualdi — de Roselli — de Rossi— Sagarriga—Sergii—de Simone—Siripandi—Stella —°Tanzi— Taurisano — ° Tresca — ° Venturi — de Vicarlis — Volpi — ° Zeuli.

Carafa — Carducci — Carrattoni — Celentano — Chiurlia — Colaianni — Corticiis (de) — Doppulo — Dottula — Effrem — Fanelli — Galeota — Garbinati — Gaudio — Gentile — Gironda — Giudice (del) — Frisari — Ildaris — Indelli — Lampugnani — Marsilia — Marzano — Monte (del) — Milella Cafiero — Noya — Ragone — Riso (de) — Rodriguez — Rossi (de) — Saluzzo — Spanò — Stanga — Sagarriga Visconti — Tamburrini — Tanzi — Tarsia — Tassis—Tresca — Vezzani ed altre.

AUTORI — Aldimari (Famiglie nobili imparentate con la casa Carafa)—Alfano (Descrizione del Regno) — Almagiore (Giunte al Summonte) — Apollinare (Il Cavalier Romito) — Araldi (Ital. nob.) — Bacco (Descr. del regno) — Beatillo (Storia di Bari) — Beatillo (Storia di S. Nicolò) — Beltrani (Descr. del Regno) — Bonazzi (I reg. della nob. delle prov. nap.) — Bonazzi (Statuti intorno all'ant. gov. mun. di Bari) — Bonazzi (Elenco delle fam. ricevute nell'Ord. geros.) — Bonazzi (Cron. del Massilla) — Borrelli (Vindex neap. nob.) — Borrello (App. hist. MS. nella Bibl. nazion.) — Brunetti (Serie cronol. dei gran Priori di S. Nicola) — Campanile Gius. (Not. di nob.) — Cardassi (Cron. di Bari MS.) — Crescenti (Cor. della nob. di It.) — Effrem (La nob. ital.) e (Not. della Basilica di S. Nicola ecc. MS. nella Bibl. d'Addosio in Bari) — Engenio (Nap. sac.) — Engenio (Descr. del regno) — Fiore (Calab. ill.) — Galluppi (Nob. di Messina) — Garrubba (Serie critica dei Past. Bar.) — Giannone (Storia di Napoli) — Gravier (Racc. degli Scritt. Ital.) — de Lellis (fam. nob.) — Lombardi (Geneal. della fam. Lamberti, MS.) — Lombardi (Comp. cronologico degli Arcivescovi Baresi) — Lumaga (teatro della nobiltà d'Europa) — della Marra (Famiglie nobili) — Monteleone (Giornali) — Mugnos (Nobiltà di Sicilia) — Muratori (Uomini illustri) — Orlandi (Descrizione delle città d'Italia) — Pacichelli (Regno di Nap. in prosp.) — Petroni (Stor. di Bari) — de Pirris (Mem. della sollev. di Bari del 1647) — Pietrasanta (Tess. gentil)— del Pozzo (Ruolo gen. dei Cav. geros.) — Ridola (Mem. geneal. della fam. Gattini) — Toppi (Bibl. Nap.) — Tutino (Orig. de' Seggi) — Veniero (Disavventure di Bari) — Volpi (Storia dei Visconti) ed altri.

## MEMORIE ISTORICHE

*Bernardo* — Familiare di Carlo I nel 1269.

*Petrillo* — Milite e familiare del Re Roberto nel 1335.

*Nicolò* — Fu familiare della Regina Giovanna II e Giustiziere di Agnone, ove la Regina si recò per cambiare aria, soggiornando in casa di lui.

*Pietro Ligorio* e *Francesco* — Militi nel 1335.

*Antonio* — Dottore in Legge ed Arcivescovo di Trani nel 1383.

*Mazzeo* — Legato Apostolico in Polonia per Innocenzo VII.

*Nicolò* — Gran Priore della R. Basilica di S. Nicolò, ed Arciprete mitrato di Rutigliano.

*Enrichetto* — Maestro Razionale della Regia Corte nel 1422.

*Giovanni* — Tesoriere della R. Basilica di S. Nicolò di Bari nel 1442.

*Antonio* — Deputato della Nobiltà di Bari nel 1450 per presentare l'annua strenna che la città pagava al Principe di Taranto.

*Bernardino* — Cortigiano di Re Alfonso II d' Aragona:

*Spinello* — Combattè nella Guerra di Otranto nel 1480 contro le armi di Maometto II.

*Marcantonio* — Regio Consigliere di Ferrante I, ottenne annue once cinquanta.

*Filippo* — Regio familiare e Governatore di Terracina per Giovanna II.

*Pier Giacomo* — Prode guerriero, fu spedito con una brigata di cavalieri da Isabella d' Aragona Duchessa di Bari in soccorso di Consalvo di Cordova, presso Corato. Morì combattendo nella invasione francese comandata da Lautrec, avendo avuto l'ordine da Carlo V di sottomettere alcune città che avevano inalberata la bandiera francese.

*Eufrasia* — Damigella d' onore d' Isabella d' Aragona, figliuola d' Alfonso II.

*Tommaso* — Fece parte del general parlamento tenuto da Isabella d'Aragona Duchessa di Milano e di Bari per la sovvenzione da darsi pel maritaggio di Bona Sforza sua figliuola, per la quale la sola Università di Bari contribuì per ducati 18 mila. Fu poi Governatore di Modugno per Bona Sforza, Regina di Polonia nel 1529.

*Nicola Maria* — Fu capo del movimento della città di Bari, quando questa, lasciando le parti di Spagna, innalzò il vessillo francese, sicché n' ebbe copiose lodi dal Re Cristianissimo.

*Cesare* e *Nicola* — Militarono per Carlo V, dal quale ottennero privilegio di poter portare armi e servi armati e furono nominati familiari e commensali dalla Imperiale Casa e dichiarati esenti dalla giurisdizione delle Corti ordinarie, 1552.

*Nicolò* — Tesoriere della R. Basilica di S. Nicolò nel 1619.

Fra *Giovan Battista* — Cavaliere Gerosolimitano nel 1597.

*Bernardo* — Valoroso capitano, pe' servigi resi all' Imperatore Carlo V. ottenne il perpetuo governo di Otranto. Morì alla battaglia di Pavia sotto il comando del Marchese di Pescara d' Avalos.

Fra *Giovanni Antonio* — Cavaliere e Commendatore gran Croce dell'Ordine gerosolimitano e Balio di S. Eufemia.

*Giuseppe* — Priore dei Benedettini in Novara e poi in Torino.

*Giovan Battista* — fu Dottissimo Teologo. Visse nel 1716.

*Carlo* — Insigne letterato, filosofo e matematico, Consigliere degli Ospizi e Vice presidente della Società Economica della provincia di Bari e Socio dell' Istituto Archeologico di Roma.

Fra *Cesare* — Cavaliere Gerosolimitano nel 1768.

*Giovanni Antonio*—Colonnello del Reggimento Calabria per Carlo III Borbone.

ARMA — D' azzurro alla fascia di oro accompagnata da tre rose del medesimo poste 2, 1.

CIMIERO — Una fenice che brucia.

MOTTO — *Semper eadem.*

Questa famiglia è rappresentata in Bari dal

## Cav. FERDINANDO LAMBERTI

Patrizio di Bari, già Consigliere Provinciale della Provincia di Bari.

# PAGANO

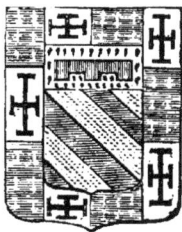

È opinione che due fossero state le famiglie di tal nome. La prima nobile in Salerno, creduta Longobarda ed originata da Landone figliuolo di Landulfo, nato da Cioffo detto Pagano figlio del Conte Landone, e l' altra credesi che avesse avuta origine da Albertino cavaliere di Brettagna, il quale portò la sua famiglia nel napoletano, seguendo i Normanni, ed avendo edificate alcune case presso Nocera nel sito donde avea scacciati i Saraceni, quelle si dissero dei Pagani, qual nome fu preso e ritenuto dai discendenti di lui.

Pare però che una fosse la famiglia *Pagano*, e che la seconda opinione sia da ritenersi.

Questa famiglia trovasi feudataria fin dal 1187.

Ha goduto nobiltà nelle città di *Napoli* ne' Seggi di Porto, Portanova, e Montagna, *Nocera, Lucera, Reggio, Cotrone, Caserta, Salerno* ne'Seggi di Portanova e Portaretese, ove un ramo passò da Lucera nel 1741, *Messina*, ove fu ascritta alla Mastra nobile, *Milano, Genova*, dove fu ascritta agli Alberghi Fieschi e Giustiniani ed in altre città.

Vestì l' abito di Malta nel 1550.

Il ramo nobile a *Lucera*, ora estinto, fu graduato delle 60 some di terraggio solite a darsi alle nobili famiglie, che stabilivansi in quella città (1).

(1) La grande estensione di terre demaniali nel tenimento di Lucera fu dall'Imperatore Federico II concesso a'Saraceni che egli aveva chiamati in quella città, la quale assoggettata dalle armi di Carlo I d'Angiò ottenne da questi e dal suo successore Carlo II di poter disporre delle dette terre in vantaggio de'Cittadini che vennero divisi in tre classi cioè Nobili, Civili e Plebei. Roberto d'Angiò, e Giovanna I riconfermarono tali concessioni apportando delle modifiche, e quest' ultima dispose che fossero i cittadini divisi in quattro classi cioè *Nobili di sangue* che percepivano some sessanta di territorio, *Nobili viventi* chè percepivano some cinquanta, *Civili* che avevano some ventinove e Plebei capaci di ottenerne some dodici. Ogni soma era di moggia dieci. Ladislao e poi Giovanna II riconfermarono modificando tali concessioni e così fecero il Re Renato d'Angiò, Alfonso I e Ferrante II d'Aragona il quale rinunziò in vantaggio della città di Lucera qualsiasi dritto che sulle terre demaniali potesse vantare la R. Corte. Consalvo di Cordova in nome del Re Cattolico riconobbe tutte tali concessioni e così Carlo V e gli altri che a lui successero; e solo furono portate a sei le classi de' cittadini cioè *Nobili* con some sessanta, *Nobili viventi* con some 50, *Civili* con some 30 fino a 45, *Meno Civili* con some 30, *Massari e Camerieri* con some 12 fino a 29 e *Bracciali ed Artieri* con some 5 fino a 12.

I beni passavano da una generazione all'altra per successione di primogenitura ed allorquando estin-

Il ramo dei *Pagano*, nobile in Lombardia si estinse.

Il ramo dei *Pagano* Duchi di Terranova nobile in Lucera si estinse in *Pella*, che sposò Mario Rossi, al quale il Ducato di Terranova fu cambiato in quello di Castelluccia restando estinto il primo titolo.

Il ramo principale de'*Pagano* di Sicilia, Principi di Ucria, si estinse nel 1730 in *Antonio Filiberto*, la cui unica sorella *Flavia*, Dama della Croce Stellata, sposò Vincenzo di Giovanni Principe del S. R. I. e Duca di Saponara, col quale ebbe una sola figliuola, Vittoria, maritata a Domenico Alliata Principe di Villafranca.

Il ramo della famiglia Capece Minutolo Principi di Canosa si è estinto a'nostri giorni in Rosalia sposata al Marchese di Melito *Gaetano Pagano*.

Un ramo della famiglia d'Avanzo nobile di Gaeta e Teano si estinse nel 1640 ne' *Pagano*.

La famiglia *Valloni* nobile di Giovinazzo e di Messina si estinse nel 1700 ne' *Pagano*.

Un ramo della famiglia de' Marchesi Arrighetti nobili di Firenze e Palermo si estinse nel 1790 ne' *Pagano*.

MONUMENTI — *Napoli*: Chiesa di S. Pietro Martire — *Lucera*: Chiesa dei Carmelitani — *Salerno*: Chiesa di S. Maria della Porta.

FEUDI — Avetrano — Bacucco — Bagliva di Manco — Bagliva di S. Paolo di Napoli — Bottone — Briciglia — Buccone — Calano — Camposano — Cantalupo — Casalotto — Casalvieri — Castrignano — Cesena — Collangelo — Cortimpiano — Dentiferro — Duetorri — Faenza — Flavaterra — Floria — Forenza — Forli — Fumarà — Ginestra — Giusta — Gualdo — Imola — Lanciari — Loregnano — Lotino — Mancusi — Maratea — Marchiafava — Montebovaro — Montesilvano — Moscuso — Pagani — Pietrastornina — Pistigliano — Porrito — Pozzolano — Prata — Pratella — Procida — Regina — Sala — Sandomenico — Sangiovanni in Carico — Sanpatre — Sanresta — Santagiusta — Santangelo in altissimo — Santeramo — Santostefano — Sanvalentino — Serpico — Somma — Sorbo — Spoltore — Starza — Strutà — Tonnara di Pozzuoli — Torreannunziata — Tropea — Valmaggiore — Vetrana — Viatto — Vicolo — Villanova — Zoppi.

MARCHESATI — Bracigliano — Melito.

DUCATO — Terranova o Fossacieca, 1621.

PRINCIPATI — Ucria 1650 — Canosa.

FAMIGLIE imparentate con la *Pagano* — Abbadessa — d'Alessandro — de Angelis — Antinori — Aquilone — de Avitaya — Auria — Bovio — Buccino — Campana — Candida — Cantelmo — Capassino — Caracciolo — Carafa — Carapresa —

guevasi una famgilia, ritornavano al Comune che ne faceva una novella ripartizione quando aveva da dividere almeno some duecento, col consiglio formato da' Deputati de'ceti de'cittadini — Pe'non domiciliati nella città eravi la pena della devoluzione — Alcune volte però o per litigi sorti o per altre cause le ripartizioni venivano fatte dagli stessi Re o da'regi ufficiali.

Cessa — Cioffi — Colonna — Corigliano — di Costanzo — Cristofaro — Cuzzaniti — Falcone — Fieschi — Frezza — Galeota — Galluppi —de Gennaro—Giovine — di Giovanni — Gironda — Giustiniani — Granito — Grigis — Grimaldi— Guarna — Langellotti — Lembo — Liguoro — Lombardo — Longo — Marquet— Marulli — Massa — Mele — Migliarese — Miroballo — Montefusco — Morra — Naccarella — Nicastro — Pagliara — Palagano — Palma — Pandone — Pappacoda — Perrucci — Pignone — Poppa — Procida — Rama — Ricca —de Risi— Risicato — Rogadeo — Rusca — Sabariano — Saliceto — Santomango — Scassa — Sclano — Seripando — Sifola — Sipio — Sorgente — Sorrentino—del Tufo — Ubaldino—del Vecchio — Ventura — Villano—Vitale ed altre.

AUTORI che parlano di questa famiglia — Accattatis (Biogr. degli uomini illus. delle Calabrie) — Alberti (Descr. d' Italia) — Aldimari (Fam. nob.) — d'Alessandro (Pietra di paragone) — Alfano (Descr. del Regno) —Almagiore (Giunte al Summonte) — Amely (Stor. di Lucera) — Ammirato (Il Rota) — Ansalone (De sua familia) — Araldi (It. nob.) — Bacco (Descr. del Regno) — Baronio (Ann. eccles.) — Beatillo (Stor. di Bari) — Beltrano (Descr. del Regno) — Bianco Lattanzio (Contro Flam. Rossi) — Bonazzi (I reg. della nob. delle prov. nap.) — Borrello (Vindex neap. nob.) — Borrello (App. hist. MS. nella Bibl. Naz.) — Camera (Annali delle Due Sicilie) — Camera (Mem. stor. diplom. di Amalfi)— Campanile Gius. (Notizie di nobiltà) — Campanile Filib. (Insegne dei nobili)— Capaccio (Il forestiere) — Capecelatro (Annali) — Capecelatro (Diario) — Capecelatro (Storia) — Ceva Grimaldi (Mem. della città di Napoli) — Ciarlante (Il Sannio)—Confuorto (Giunte al de Lellis)—Contarino (Ant. e nob. di Nap.)— Crescenti (Anfiteatro romano) — Crescenti (Corona della nob. di Italia) — Domenichi (Detti e fatti degni di memoria) — Engenio (Descr. del Regno) — Engenio (Napoli Sacra) — Filamondo (Genio bellicoso) — Fiore (Calabria illustrata) — Fuscolillo (Cronache) — Galluppi (Arm. ital.) — Galluppi (Geneal. della fam. Cuzzaniti) — Galluppi (Nobiliario di Messina) — Gesta Dei per francos — Gamurrini (Fam. nob. di Toscana ed Umbria) — Garubba (Serie critica dei Pastori baresi) — Del Giudice (Codice diplomatico) — Giucci (Iconog. degli Ord. rel. e cav.) — Giustiniani (Scrittori legali del Regno) — Il dritto e il torto della nob. nap. (MS.) — de Lellis (Fam. nob.) — de Lellis (Not. div. di fam. della città e regno di Napoli, MS. nella Bibl. Naz.) — Lombardi (Compendio cronologico dei Vescovi di Bari) — Lumaga (Teatro della nob. d' Europa) — Marchese (Nob. nap.) — della Marra (Fam. nob.) — Mazza (Stor.' di Salerno) — Mazzella (Descr. del Regno) — Michaud (Stor. delle Crociate) — Minieri Riccio (Studii stor. sui fasc. Ang.) — Mongitore (Bibl. Sic.) — Moreri (Diction. histor.)— Mugnos (Nob. di Sicilia) — Muratori de Fortis (Uom. illus.) — Pacca (Notam. man.) — Pacichelli (Regno di Nap. in prospettiva)—Padiglione (Tavole storicogenealogiche della casa Candida già Filangieri) — Padiglione (La Bibl. del Museo Naz.) — Palizzolo (Il Blasone in Sicilia) — Pietrasanta (Tesserae gentilitiae) — de Pietri (Stor. nap.)—del Pozzo (Ruolo gen. dei Cav. geros.) — Prignano (MS. sulle famiglie salernitane) — Recco (Notizie di famiglie nobili) — Rietstap (Arm. général) — Rossi ( Teatro della nobiltà d'Italia) — de Ruggieri (Istoria della imagine di S. Maria di Pazzano) — Sacco (Dizionario geografico) — Sigonio ( De reb. Ital. ) — Sponde (Epistole) — Summonte (Storia) — Tafuri (La nob. sue leg. ed istit.) — Tafuri (Scrittori del Regno) — Terminio (Apol. dei tre Seg. illus.) — Tirio (Guerra di Gerusalemme) — Toppi (Bibl. nap.) — Toppi (Orig. Trib.) — Torelli (Splendore della nobiltà) — Torremuzza (Fasti di Sicilia) — Troyli (Storia) — Tutino (Origine dei Seggi) — Ughelli (Italia Sacra) — Villabianca (Sicilia nobile) — Villano (Storia) — Vitale (Storia di Ariano) — Volaterrano (Geogr. stor.) — Zazzera (Fam. illus. d'Italia).

## MEMORIE ISTORICHE

*Pagano* — Signore di Forensa in Basilicata nell'anno 1084, fece alcuni doni al Monastero della Trinità di Venosa.

*Ugone* — Figliuolo del precedente, e di Emma, nacque in Nocera nell'anno 1070, fu tra' cavalieri che presero parte alle Crociate, e da Balduino II fu adoperato in missioni difficili contro i Musulmani. Da quello fu anche inviato presso vari Potentati d'Europa per chiedere aiuto contro le minacce dei Turchi, i quali si erano imbaldanziti per la diminuzione dello esercito cristiano. *Ugone* unitosi ad altri otto illustri personaggi istituì nel 1119 l'Ordine dei Templari, che avea per iscopo di proteggere e curare i pellegrini che portavansi in Palestina. Furono detti Templari perchè aveano residenza nel Tempio di Gerusalemme. Il *Pagano* ne fu il Gran Maestro, e nel Concilio di Troyes chiese al Papa Onorio II una regola per l'Ordine, la quale fu dettata da S. Bernardo Abate di Chiaravalle. Morì *Ugone* in Terrasanta, e con lui i seguenti Principi, Prelati e Militi riportati nel libro « Gesta Dei per francos, 1611 », Alberedo di Cagnano, Alessandro di Conversano, Alessandro di Gravina, Almerico Conte di Monforte, Andrea Conte di Rupecanina, Ansaldo, genovese, Arnulfo Vescovo di Cosenza, Balduino de Insula, Balduino de Mares, Visconte di Belmonte figlio di Gualtiero e Camerario del Re di Francia, Bonifacio de Molinis, veneto, Visconte di Castiglione, fratello del Conte Canulfo, Conte Cuno di Montaguto, Dodo di Chiaromonte, Everardo Capecelatro fratello della moglie di Guidone Filangieri signore di Pozzuoli, Goffredo di Montescaglioso, Gilberto di Montechiaro, Luca Grimaldo, genovese, Milo di Chiaromonte, Ottone di Castiglione, Uro di Montescaglioso, Pietro di Castiglione Visconte, Filippo di Monfort, Rainaldo de Insula, Rainaldo di Castiglione, Ranulfo fratello di Riccardo di Principato, Riccardo Filangieri Maresciallo Legato e Balio di Federico II Imperatore, Riccardo di Principato figlio di Guglielmo Ferrebrachi, Riccardo figlio del Conte Rainulfo, Ruggiero Conte di Sanseverino, Ruggiero cognato e successore di Tancredi, Guido di Monforte, Guido Ruffo, Guglielmo di Sabrano ed altri.

*Stullo* — Familiare del Re Tancredi Normanno nel 1191.

*Giovanni* — Cardinale nel 1228.

*Giovanni* e *Guglielmo* — Furono tra i Baroni, a cui lo Imperatore Federico II nel 1239 diede a custodire i prigionieri lombardi. — Il primo fu Castellano di Cosenza e Maestro dei Balestrieri del Regno.

*Ruggiero* — Valoroso guerriero, s'impossessò d'Imola, combattendo nelle guerre tra' Guelfi e Ghibellini.

*Pietro* — Signore d'Imola nel 1272, stabilì nelle Romagne la sua famiglia.

*Machinardo* — Valoroso Cavaliere, fu signore d'Imola, Faenza, Forlì e Cesena.

*Tommaso* — Gran Ciambellano della Regia Maresciallia nel 1280.

*Giovanni* — Castellano di Salerno, e poi di Foggia nel 1290.

· *Turlino* — Combattè valorosamente allo assedio di Milazzo — Il Re Roberto d' Angiò premuroso di soggiogare la Sicilia, e volendo abbattere l' audacia dell' Ammiraglio Aragonese Raimondo di Peralta Conte di Caltabellotta, che avea tentato di assalire il porto di Napoli con sei galere, allestì una flotta di 45 navi, con gran numero di truppe da sbarco e la inviò in Sicilia sotto il comando di suo nipote Carlo Duca di Durazzo e di Francesco della Ratta Conte di Caserta. La flotta approdò nelle vicinanze di Milazzo e le truppe, sbarcate, assediarono la città. Respinte tre vol e dal Re di Sicilia, il quale aveva quasi sbaragliate le truppe napoletane prive di munizioni e vettovaglie, un valido ajuto portato da Roberto Sanseverino Conte di Corigliano decise le sorti in favore de' napoletani che presero Milazzo il 15 settembre del 1341 dandone il comando a Filippo di Castropignano. — La conquista di quella città costò a Roberto d'Angiò 50 mila once d' oro e la morte di Federico di Antiochia suo principal Capitano.

*Arrigo* — Capitano a guerra di Castellammare pel Re Roberto.

*Eustachio* — Consigliere del Re Roberto, Giustiziere di Calabria, e Governatore e Capitan generale in Acaia.

*Galeotto* — Consigliere del Re Roberto. Fu molto caro a Ludovico d'Angiò, marito di Giovanna I dal quale ottenne di poter aggiungere al suo stemma le insegne reali di Angiò — Fu Castellano perpetuo di Maratea e Capitano della città di Reggio, e fu Maggiordomo del Re.

*Filippo* — Ciambellano della Regina Giovanna I.

*Simone* — Cameriere e familiare di Re Andrea d' Ungheria e Governatore di Città di Penne.

*Tommaso* — Castellano di S. Elmo e Maresciallo del Re Carlo III di Durazzo.

*Nicolò* — Arcivescovo di Napoli nel 1399.

*Renzo* — Giustiziere degli Studii e Scolari di Napoli, Castellano di S. Elmo, Capitano perpetuo di Reggio e Maggiordomo di Re Ladislao, dal quale ottenne in feudi la Tonnara di Pozzuoli, la Bagliva di S. Paolo in Napoli e la Torreannunziata.

*Nicolò* — Arcivescovo di Bari nel 1400 e di Otranto nel 1424.

*Giovanni* — Insigne Dottore e Vescovo di Nicastro nel 1431.

*Pietro* — Pei servigi resi ebbe in feudo il castello di Cortimpiano nel 1433.

*Giov. Battista* — Consigliere del Re Alfonso I d' Aragona.

*Paduano* — Maestro della Cavallerizza e Scuderia di Re Alfonso I.

*Colantonio* — Familiare del Re Alfonso I dal quale ottenne in feudi il Castello di Pistigliano e la Starza di Somma.

*Paolo* — Capitano a guerra di Sorrento e Consigliere dei Re Alfonso I e Ferdinando I d' Aragona. Tenne lance in real servizio.

*Carlo* — Presidente della Regia Camera della Sommaria, Consigliere e familiare della Regina Isabella moglie di Ferdinando I d'Aragona.

*Simonino* — Montiero maggiore del Re Ferdinando I d'Aragona.

*Francesco* — Presidente della regia Camera della Sommaria e Commissario generale di Tagliacozzo nel 1464.

*Matteo* — Capitano delle squadre di Ferdinando I d'Aragona.

*Galeotto* — Cortigiano e Cavallerizzo maggiore del Duca di Calabria nel 1481, ottenne le terre di Serpico, Sorbo e Santostefano. Fu Condottiero di gente d'armi e Comandante degli Armigeri, unitamente al suo fratello *Pietro.*

*Ferrante* — Cavallerizzo maggiore di Ferdinando I d'Aragona.

*Tommaso* — Capitano di cavalli pel Re Alfonso II d'Aragona.

*Nicola* — Governatore di Bari nel 1495.

*Ferrante* — Seguendo la sorte di Ferrante Sanseverino Principe di Salerno, portò la sua famiglia in Avignone nel 1555.

*Cesare* — Uomo dottissimo ed autore di più opere. Visse nel 1599.

*Pirro* — Regio Consigliere nel 1606.

*Alberto* — Cavaliere Gerosolimitano, servì con molto valore nel Terzo Napoletano del Marchese di Torrecuso, sotto gli ordini del Maestro di Campo Scipione Brancaccio, nella squadra comandata dal Generale Francesco Ribera, e si segnalò alla presa di un galeone turchesco nel 1623.

*Vincenzo* — Vescovo di Acerra nel 1627.

*Pietro* — Consigliere e Presidente della Camera di S. Chiara nel 1630.

*Muzio* — Colonnello di 1200 cavalli nelle guerre di Piemonte e di Fiandra.

*Vincenzo* — Generale della squadra di galere veneziane.

*Cesare* — Prode soldato, combattè nelle guerre di Lombardia e di Tunisi.

*Paduano* — Cavallerizzo del Re nel 1648.

*Nicola* — Generale dei reali Eserciti nel 1770.

*Filippo* — Capitano del Genio, Socio di varie Accademie scientifiche, fu autore di un pregevole lavoro sulle fortificazioni nel 1797.

*Gaetano* — Marchese di Melito e Gentiluomo di Camera di S. M. il Re di Napoli nel 1826.

*Nicola* — Sotto Brigadiere delle R. Guardie del Corpo a cavallo nel 1844.

*Leopoldo* — Uomo dottissimo, insigne predicatore e quaresimalista. Nel 1846 fu Canonico della Cattedrale di Bisignano. Fu Socio dell'Accademia Cosentina, dalla Florimontana di Monteleone, della Società Economica di Calabria Citeriore, degli Affaticati di Tropea, degli Zelanti di Acireale, dell'Arcadia di Roma, degl'Industriosi d'Imola e della Società Aretina di Arezzo. Fu autore di moltissime opere e morì in Napoli nel 1862.

ARMI — *Pagano* di Napoli, Lucera, Nocera e Pagani : Bandato di oro ed azzurro col capo di armellino caricato dal lambello a tre pendenti di rosso, e la bordura alternata e raddoppiata dieci volte di Angiò e di Gerusalemme, cioè d'azzurro e d'argento, l'azzurro seminato di gigli d'oro caricati dal rastello di rosso, e l'argento caricato dalla croce potenziata di oro cantonata da quattro crocette del medesimo.

MOTTO — *Fortior pugnavi.*

*Pagano* di Salerno: Di rosso con quattro fasce ondate d'argento, col capo pieno di oro.

*Pagano* di Sicilia : 1.° D'argento al leone di rosso — 2.° D'oro al pavone rotante di azzurro.

Questa famiglia è rappresentata in Napoli
dal Cavaliere

### CARLO PAGANO

Capitano di Artiglieria
e dal signor

### ALFREDO PAGANO

in Firenze dal Cavaliere

### EMILIO PAGANO

Colonnello del Genio, Comandante il Collegio Militare di Firenze, Cavaliere
Mauriziano e della Corona d'Italia,
in Nocera da Monsignor

### NICOLA PAGANO

Provicario Generale Apostolico a Bombay
e da

### FRANCESCO PAGANO

Barone di S. Valentino,
in Torre del Greco dal Principe di Canosa e Marchese di Melito

### ANDREA PAGANO

Il ramo di Sicilia è rappresentato dal Regio Procuratore Cavalier

### FRANCESCO PAGANI e Vitali

# QUARANTA

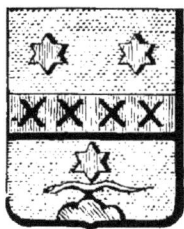

La famiglia *Quaranta* fu originata da un cittadino salernitano, il quale avendo capitanati i Normanni chiamati in aiuto da Guaimario Principe di Salerno assediato dai Saraceni, pei servigi resi fu rimeritato con alcune terre presso il Castello di S. Adiutore, dove, edificato in prosieguo il casale dei Santi Quaranta, il possessore come era consuetudine di quei tempi, ne prese il nome, che tramandò ai suoi discendenti. Dal nome ebbe origine lo stemma.

Da Cava questa famiglia si diramò in Napoli, ed in Salerno nel 1514.

Un altro ramo si stabilì in Genova e possedette i feudi di Garlenda e Laigueglia. Ad esso appartenne: *Carlo* Vedore di Corte nel 1623, Prefetto di Cuneo e Consigliere di Finanza: *Gio. Lorenzo* Segretario di Finanza nel 1733: *Giuseppe* Uditore generale di Corte e Senatore nel 1799: *Lorenzo*, Senatore nel 1818: *Felice*, Intendente di Oneglia nel 1821: *Filippo*, Senatore nel 1831: *Lorenzo* Senatore, Presidente e Consigliere di Stato, ottenne il titolo di Conte nel 1833.

La famiglia *Quaranta* ha goduto nobiltà in *Cava, Salerno* nel Seggio di Campo, in *Lucera*, dove nel 1661 fu graduata dalle 60 some di terraggio (1): *Venosa, Gaeta* (2), *Amalfi* e *Napoli*, ove venne ascritta al Seggio di Forcella nel 1270, a quello di Porto nel 1309, ed a quelli di Portanova e Montagna nel 1544.

Ha vestito l'abito di Malta.

Il ramo di Lucera si estinse nel 1738 in *Saveria*, che sposò Ottavio Candida patrizio di Lucera.

(1) Oltre delle famiglie ricordate nel volume V p. 127, furono graduate delle 60 some di terraggio come appartenenti alla prima classe di nobiltà in Lucera anche le famiglie: Ardoino, Arminio Monforte, Belvedere, Bruno, Calenda, Califani, Cicolini, Cimino, Enriquez, Fedataria, Fiani, Formica, Frezza, Gargano, Giordano Lanza, Griffo, Grigis, Larocca, di Leo, Liguori, Mazzaccara, Milano, Navarra, Palombari di Roma, Patrizi, Pellegrini, Pignatelli, Rocco, Scarangella, Tauro, Tedeschi, del Tufo, Valletta, Villano, Zunica.

(2) In *Gaeta* hanno goduta nobiltà anche le famiglie: Alvito—Avanzo — Avvera — Castagna — Cavalcanti — Falangola — Gaetani — Gattola — Gazzella — Guastaferro—Laudato—Lumbolo—Manganella — Mattei — Montaquila — Rossi — Sieri e Sigheri — Spataro — Squacquaro — Storrente — Transo — Vio o de Vio.

Il ramo di Salerno si estinse in *Antonio* Canonico di quella Cattedrale.

Di questa famiglia eravi in Cava un Monte beneficiale, istituito da *Liҳiano Quaranta*. L'ultimo amministratore di quel Monte fu *Giuseppe Quaranta* nel 1810, nel qual tempo fu quello annullato dal Consiglio di Stato.

MONUMENTI — *Napoli*, Chiesa di S. Maria delle grazie, Oratorio al Borgo di Loreto: *Lucera*, Chiesa S. Domenico: *Casal Quaranta*, Chiesa di S. Michele di Dupino, con Cappella Gentilizia: *Amalfi* nel Duomo: in *Barra* ed in *S. Giovanni a Teduccio* due strade portano il nome di *Quaranta*.

FEUDI — Casal Quaranta — Fossalupara — Fusara — Garlenda — Laiqueglia — Sanseverino — Santadiutore.

CONTEA — Barigazzo 1742.

PARENTELA — Abenante — Alessio (d')—Anno (dell')—Atenolfi — Baglivo (del) — Belvedere — Borrello — Caccavale — della Calce—Candida — Caravita—Cavaselice — Cunto (de) — Dolce — Ferrara — Gagliardi — Galdo—Genovese—Ghezzi — Granito — Grillo — Grimaldi — Guardati — Guarinelli — Hesler — Locascio—Longo — Marino (de) — Mascabruno — Mascara — Massara Pisa — Mazzaccara — Mirabelli Centuriore — Monica (della) — Natale — Olay — Pagano — Pannola — Pietri (de) — Pinto — Porta (della) — Positano — Punzo — Queva (della) — Roscio — Scannapieco — Severino — Stendardo — Tresca — Vecchio (del) — Viti ed altre.

AUTORI — Aldimari (Fam. nob.) — Alfano (Descr. del Regno) — Almagiore (Giunte al Summonte) — Amely (Stor. di Lucera) — Bolvito (MS.) — Bonazzi (Cronaca di Massilla) — Borrello (App. hist. MS.) — Camera (Stor. d'Amalfi)— Campanile Filiberto (Ins. dei nob.) — Crollalanza (Giorn. arald. geneal). — Galluppi (Arm. ital.) — de Lellis (Fam. nob.) — Lumaga (Teatro della nob.)— Magny (Hist. du Blason) — della Marra (Fam. nob.)—Mazza (Stor. di Salerno) — Mazzella (Descr. del Regno) — Minichini (Elogio stor. del Comm. Bernardo Quaranta) — Padiglione (Mem. stor. di S. M. delle grazie) — Padiglione (La Bibl. di S. Martino) — Padiglione (Tav. stor. gen. della casa Candida già Filangieri) — Palizzolo (Il Blasone in Sicilia) — Prignano (MS. sulle famigl. di Salerno) — Rossi (Teatro della nobiltà) — de Santis (Rivoluz. di Masaniello) — Summonte (Storia) — Toppi (Bibl. nap.)—Toppi (Orig. trib.)—Troyli (Stor. del Regno)—Tutino (Orig. dei Seggi) — Ventimiglia (Uom. illus. del Carmelo)—Villabianca (Sicilia nobile).

## MEMORIE ISTORICHE

*Angelo* — Signore di Fossalupara e Credenziere del Sale della città di Napoli nel 1270. È il primo in un albero genealogico di questa famiglia rilasciato in copia legale dal P. Qualdel archivista dell'archivio di Montecassino. In linea retta dal detto *Angelo* discese *Domenico* al quale il Re Filippo di Spagna fece una concessione nel 1663, come in appresso è detto.

*Benvenuto* — Collettore della città di Napoli.

*Sergio* — Fu tra' fondatori della Chiesa di S. Agrippina.

*Orazio* — Ambasciadore a Madrid ed in Polonia, fu tra quelli a cui Re Roberto commise il reggimento della città.

*Renzo* — Valoroso soldato e Castellano di Traetto.

*Giacomo* — Regio notaio nel 1315.

*Nicolò* e *Marcello*—Contro di essi fu ordinata informazione dal Re Roberto, perchè la loro famiglia era tra quelle del seggio di Porto, che faceva guerra ai Griffi e ad altri di quel Sedile. Il primo ottenne once 10 di oro annue sulle gabelle di Capua.

*Biagio* e *Piano* — Familiari e scudieri della Duchessa di Calabria nel 1336.

*Giovanni* — Maestro Razionale nel 1409.

*Matteo, Giannotto* ed *Antonello*—Nel 1415, fondarono una cappella gentilizia in S. Nicola Dupino.

*Anselmo* e *Pier Luigi*—Continui Commensali di Ferdinando Re di Sicilia.

*Francescantonio* — Assessore di Barletta.

*Benuccio* — Giudice e giurisperito nel 1449.

*Ferrante* — Ambasciatore al Re di Tunisi per Alfonso I d'Aragona, dal quale ottenne la Mastrodattia delle città di Cava e Foggia. Fu poi Ambasciatore, pel Re Ferdinando I d'Aragona al Pontefice Innocenzo VIII, ed a vari principi italiani. Ottenne l'ordine dell'Armellino e combattè con proprii cavalli alla guerra d'Otranto.

*Giov. Tommaso* — Paggio della Regina Giovanna II di Napoli.

*Colantonio*—Dottissimo in legge ed Auditore generale dello Stato di Bernardino Sanseverino Principe di Bisignano,

*Bernardo* — Dottore in Legge ed insigne giureconsulto. Per la fedeltà mostrata a Ferdinando I d'Aragona, durante la congiura dei Baroni, fu armato Cavaliere e nominato Uditore della città di Bari.

*Barnaba* — Dottore in legge, Giudice di Barletta, Luogotenente in S. Pietro di Cerviglione e Capitano e governatore di Lucera.

*Nicola* — Assessore di Nocera nel 1509.

*Pirro Luigi*—Familiare e continuo commensale del Cardinale Giovanni d'Aragona, fu Governatore della città di Vico ed Ambasciatore al Papa nel 1510.

*Venuto* — Giudice della G. C. della Vicaria e regio ministro della Udienza di Salerno nel 1541.

*Landolfo* — Ottenne dallo Imperatore Carlo V, la baronia di Fusaro e nel diploma fu chiamato *nobile*.

*Benedetto* e *Giov. Tommaso*—Cavalieri Aurati nel 1541. Ottennero dallo Imperatore Carlo V la concessione di aggiungere allo stemma l'aquila bicipite.

*Stefano* — Dotto canonista ed autore di più opere.

*Nicola* — Nel 1555 fu inviato al Pontefice, con Raimondo Tosone, per la spedizione delle bolle del Vescovo di Cava.

*Francescantonio* — Dottore in Legge e Visitatore delle province di Calabria, nel 1608.

*Carmelo* — Fu tra'fondatori del Monte di Misericordia in Napoli, nel 1610.

*Troiana* — Fu madre di Ettore della Calce, che avendo provata la nobiltà dei suoi quarti, fu dal Re Filippo di Spagna nominato Cavaliere dell'Ordine di S. Giacomo nel 1637.

*Stefano* — Arcivescovo di Amalfi nel 1649. Egli e suo fratello *Aniello*, come discendenti di *Ferdinando Quaranta*, Ambasciatore dei Re Aragonesi, domandarono la reintegra al Seggio di Campo in Salerno, che ottennero il 23 Agosto dell'anno 1670.

*Annibale* — Avvocato fiscale della regia Udienza di Salerno nel 1662.

*Domenico* — — Nel 1663 il Re Filippo IV di Spagna, convalidando la vetusta nobiltà di questa famiglia, ed enumerando le diverse cariche insigne occupate da alcuni iudividui di essa, riconobbe l'antica arma gentilizia al detto *Domenico*, dichiarandolo discendente da *Ferdinando*, Ambasciatore degli Aragonesi, da *Pier Luigi* familiare e continuo commensale di Re Ferdinando di Sicilia e dal giureconsulto *Bernardo*. Dal sudetto *Domenico*, cominciò le sue prove di nobiltà il vivente Fra *Federico Quaranta* Commendatore dell'Ordine gerosolimitano.

*Giov. Battista* — Governatore di Stigliano.

*Agostino* — Dottore in Legge, nel 1743 pei servigi resi al Duca di Modena Francesco III d'Este, gli fu da questo concesso la Contea di Barigazzo, quale concessione gli fu vidimata dal Re Cattolico nel 1744.

*Onofrio* — Sindaco di Cava, acquistò nel 1794 la baronia di Sanseverino.

*Federico* — Combattè alla guerra di Russia nel 1812, ed ottenne la Legion d'Onore.

*Michele* — Vicario generale degli Agostiniani.

*Francesco Saverio* — Cavaliere dell'Ordine di Francesco I, Socio dell'Accademia Ercolanese, Professore di Diplomatica nella Università di Napoli e Capo Divisione dell'archivio generale del Regno.

*Bernardo* — Letterato ed archeologo insigne, Segretario perpetuo dell'Accademia Ercolanese e Socio di moltissime Accademie italiane e straniere. Autore di pregiatissimi scritti di archeologia e scienze diverse dati alle stampe, oltre a varii altri inediti, Membro della Giunta di pubblica istruzione, e della Biblioteca Reale, Sopraintendente del Real Museo Borbonico, ed interprete dei papiri ercolanesi. Commendatore degli Ordini di Francesco I (1), di S. Michele di Baviera, di S. Ludovico di Parma (2), di S. Giuseppe di Toscana (3) e di S. Silvestro (4), Ufficiale dell'Ordine del Belgio, Cavaliere dell'Ordine Costantiniano (5), della Legion d'Onore, dell'Aquila del Belgio, d'Isabella di Spagna, di Francesco Giuseppe d'Austria, dell'Ordine Piano (6), di S. Sepolcro, di S. Gre-

(1) Ordine istituito dal Re Francesco I di Borbone nel 28 settembre 1829 per ricompensa alle scienze lettere arti ed esemplare amministrazione civile.

(2) Ordine fondato dal Duca di Parma Don Carlo Ludovico di Borbone pel merito civile nel 22 dicembre 1836.

(3) Ordine fondato nel 9 Marzo 1807 di Ferdinando Gran Duca di Wurtzbourg e dallo stesso introdotto in Toscana nel 19 Marzo 1817 quando acquistò la sovranità di detto paese.

(4) Ordine istituito nel 1841 dal Pontefice Gregorio XVI in rimpiazzo dell'Ordine dello Speron d'oro.

(5) Ordine fondato nel 1190 dall'Imperatore Isacco Angelo Comneno. Aveva facoltà di concederlo il Duca di Parma Farnese e per successione i Borboni Re di Napoli.

(6) Ordine istituito nel 17 giugno 1847 dal Pontefice Pio IX per ricompensare i servigi prestati in vantaggio della Chiesa.

gorio Magno (1), del Cristo di Portogallo, della Rosa del Brasile, dell'Aquila Rossa di Prussia, di S. Stanislao di Russia, del Leone dei Paesi Bassi, e del Saxe Meiningen. Il suo nome è stato dato ad una via di Barra, ove era la sua casa.

*Camillo* — Commissario Generale della R. Marina, fu Direttore delle Scogliere e Petriere ed Ispettor generale de'porti e fari del Regno, Commendatore degli Ordini di Francesco I, Carlo III, della Corona d'Italia (2) e di S. Maurizio e Lazzaro. Morì nel 1878.

Arma — Di oro alla fascia di rosso caricata da quattro *X* di nero, accompagnata da tre stelle di argento due nel capo ed una nella punta, e sotto di questo tre monticelli di verde sormontati dalla vipera del suo colore.

Motto — *Per quadraginta pugnat et vincit.*

Lo scudo in cuore dell'aquila Imperiale austriaca.

Questa famiglia è rappresentata in Napoli dal Barone di S. Severino, Cavaliere della Corona d' Italia

### FRANCESCO SAVERIO QUARANTA

e dai suoi zii :

### Fra FEDERICO QUARANTA

Commendatore dell'Ordine di Malta, e Membro del Consiglio dell' Ordine in Roma e Segretario della Lingua d' Italia, Bibliotecario della Biblioteca Reale di Napoli, Membro della R. Accademia di Storia di Madrid, Cavaliere di Giustizia dell'Ordine Costantiniano, Commendatore degli Ordini di Carlo III, d'Isabella la Cattolica, del Piano Pontificio, di S. Gregorio Magno, del Cristo del Brasile con placca, di S. Anna di Russia, ed Ufficiale dell'Ordine di S. Michele di Baviera.

E da

### GIOVANNI ONOFRIO QUARANTA

Cavaliere di devozione dell' Ordine di Malta.

---

(1) Ordine fondato dal Pontefice Gregorio XVI nel 1° settembre 1831.
(2) Ordine istituito nel 20 febbraio 1868 dal Re Vittorio Emmanuele II.

# SELVAGGI

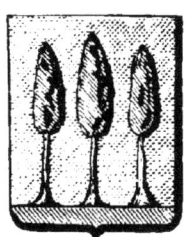

Questa famiglia, detta pure *Salvatico*, *Selvagio* e *Salvago*, è di origine Longobarda. Di essa si hanno le prime memorie in Milano all'epoca di Federico II Imperatore, perchè tra' prigionieri da questo fatti si ricordano *Raniero* ed *Ubertino Selvagio* milanesi, i quali furono mandati in Napoli, e vi stabilirono la loro famiglia, che poi si diramò in Genova, ove tenne Albergo, in Firenze ed in Sicilia, donde un ramo passò in Calabria, pel matrimonio di *Margherita Selvagio* con Francesco Ruffo Presidiario del castello di S. Marco Argentano, come raccontano il chiaro ed erudito Davide Andreotti nel N. 5 del giornale, il *Calabrese*, il *Galluppi* nel *Mobiliario* di Messina ed altri autori.

Il ramo di Calabria fu detto simultaneamente *Selvago*, *Selvaggio* e *Selvatico*, e possedè i feudi di Castronuovo, Cavallerizzo, Cerviati, Corleto, Mongrassano, Serra di Leo, Corleto e Valle del Sovero.

Un altro ramo nel secolo XIII, passò da Mantova in Salerno, ove fu ascritto al Seggio di Campo e possedè i feudi di Alfano, Castelluccia e Castelnuovo.

Il ramo di Sicilia ebbe Giurati e Senatori nobili in Siracusa, Palermo e Messina, possedendo i feudi di Chimato, Licata, Miligi e Prato.

Questa famiglia in Milano fu di parte Ghibellina, in difesa di Giov. Maria Visconti contro i Rusca ed i Casati.

Ha goduto nobiltà in *Genova*, *Milano*, *Firenze*, *Salerno*, *Manfredonia* (1) ed in Sicilia.

Vestì l'abito di Malta nel 1517 il ramo di Genova.

MONUMENTI — *Cosenza*: Chiesa di S. Francesco di Paola. *S. Marco*: Duomo e Chiesa dei Riformati, S. Giovanni e S. Caterina, nel Monistero delle Clarisse e nel convento dei Francescani. *Mongrassano*: Chiesa maggiore: *Cavallerizzo*: Chiesa maggiore.

---

(1) In *Manfredonia* hanno goduta nobiltà anche le seguenti famiglie: Aprile — Avantaggio — Baccarino — Calvano — Capuano — Celli — Celsi — Cerri — Cessa — Festa — Florio (de) — Geliberti — Gentile — Georgio (de) — Mottola — Minadois — Morelli — Muzio—de Nicastro — Palombi—Perrucci—Raso (del) — Santi (delli) — Sereno — Stellatello — Tontoli — Torre — Vischi.

PARENTELE — Abatelli — Abenante — Alimena — Bruno — Campolongo — Candela — Castello — Castiglione — Catalano Gonzaga — Compagni — Cottone — Dattoli — Fera — Ferrari Epaminonda — Gentile — Granata—Guidi—Lombardi — Maiorana — Mancini — Mirabelli — Amodei— Pasquali — Pellegrino — Roselli — Ruffo — Santis (de) — Severino — Spina (della) — Vercillo ed altre.

AUTORI — Accattatis (Biografia degli uomini illustri delle Calabrie) — Alfano (Descrizione del Regno) — Almagiore (Giunte al Summonte) — Amato (Pantop. Cal.) — Andreotti (Stor. di Cos.) — Ansalone (Sua de fam. opport. rel.) — Araldi (Ital. nob.) — Araldo (Alm. nob.) — Anzia (hist. cron. dei Vicerè di Sicilia)—Beltrano (Descrizione del Regno) — Bollettino feudale 1810 — Borrello (App. hist.: MS. nella Biblioteca Nazionale) — Candela ( Carme ) — Carcani (Cost. Reg.) — Castellano (Vite di med. illust.) — Cristofaro (In morte di Vinc. Selvaggi) — Fiore (Cal. illus.) — Fontana (Teatro Bibl.) — Galluppi (Nob. di Messina) — Ghilini (Uom. lett.) — Ginanni (Arte del Blasone) — Giustiniani (Ann. di Genova) — Giustiniani (Diz. geog.) — Grossi (i Lomb.) — Julia (Stud. crit. su Vinc. Selvaggi) — Iulia (Vinc. Selvaggi) — Iulia (Vinc. Selvaggi e la Calabra poesia)—Ladvocat (Dizion.)—Lumaga (Teatro della nob. d'Europa)—Mauro (Poema) — Maurolico (Cron. Sic.) — Mecatti (Nob. di Firenze) — Minieri Riccio — Mongitore (Bibl. Sic.)—Moreri (Diction. hist.)—Maresti (Teatro gen. di Ferrara) — Morigia (Nob. di Milano) — Mugnos (Nob. di Sic.) — Mugnos (Il vespro) — Muscia (Sicilia nobile) — Nuova situaz. pagam. fisc. — Pacicchelli (Regno di Nap. in prosp.)— Del Pozzo (Stor. della sacra Rel. di Malta) — Prignano (MS. sulle fam. nob. di Sal.)—Ricca (Stor. dei feudi)—Rittersusio (Geneal.)—Santanna (Vita di S. Gennaro)—Selvaggio (La casa rel. di S. Chiara in S. Marco)—Sersale (La casa rel. di S. Marco)—Summonte (Storia) — Toppi (Bibl. Nap.) — Ughelli (Italia Sacra) — Villabianca (Sicilia nobile) — Zaccaria (Diss. di stor. eccles).

## MEMORIE ISTORICHE

*Pietro*—Con Ottone Visconti ed altri Signori fu all'impresa di Terrasanta, seguendo Goffredo di Buglione.

*Roberto*—Suffeudatario di Roberto Sanseverino, fu tassato di tre militi a' tempi de' Re Normanni.

*Matteo* (di Calabria) — Castellano di Scaletta, chiamato da Federico II Imperatore, *Fidelis Noster*, nel 1240. Il detto Imperatore ordina a Giovanni Vulcano di pagare a *Matteo*, l'onorario di tre mesi, essendo stato soddisfatto pel passato da Giordano Filangieri, Provveditore dei Castelli di Calabria e di Sicilia.

*Giovanni* (di Calabria)—Castellano del Castello di S. Marco ed Ambasciatore pei Messinesi al Re Corrado, dal quale ebbe il cingolo militare.

*Calcerano* (di Sicilia) — Governatore di Siracusa nel 1282.

*Rainiero* — Nel 1320 fu dato in ostaggio ad Anselmo Lombardo Barone nel Giustizierato di Val di Crate.

*Ruggiero* — Signore di Castelluccia, fu tra' Baroni chiamati da Re Roberto per la custodia del Regno in Calabria nel 1324.

*Bertrando* — Armigero provinciale nel 1324.

*Giacomo* (di Sicilia) — Senatore di Palermo nel 1329.

*Matteo* (di Salerno) — Autore di pregiate opere e medico illustre nel 1334 — Scrisse le Pandette di medicina, che offrì al Re Roberto d'Angiò, e che furono poi stampate sotto il regno di Ferrante d'Aragona.

*Agostino* (di Genova) — Domenicano, fu Arcivescovo di Genova.

*Pandolfo* (di Sicilia) — detto dal Mugnos nobile lombardo, fu creato Barone da Re Pietro I d'Aragona. Nel 1343 gli fu intimato di contribuire cavalli per militar servizio, con altri nobili di Siracusa.

*Giovan Galeazzo* e *Vittore* — Cavalieri sotto il comando di Gian Paolo Spinelli in Cosenza. Nel 1381 ebbero l'rdine di approvigionare le truppe.

*Giacomo* (di Sicilia) — Senatore e Giurato di Siracusa nel 1398.

*Benedetto* (Marchese) — Balio dell'Ordine Gerosolimitano, Maestro di Camera e Consigliere di Stato del Duca di Ferrara.

*Carlo* — Si legge tra gli uomini illustri di Terranova.

*Aram* (di Genova) — Commissario di sei galere, che nel 1427 combatterono a Vernaza ed a Monteroso, contro Tommaso Fregoso ed i suoi compagni che volevano togliere la signoria della città al Duca Filippo Visconti.

*Gregorio* — Nel 1450 tenea lance in regio servizio.

*Matteo* (di Sicilia) — Autore della Cronaca « *Opus pulchrum et Veneria* » nel 1542.

*Porchetto* (di Genova) — Scrisse « *Vinctoria Porcheti adversus impios haebreos.* »

*Vincenzo* (di Genova) — Da questa città portò nel 1564 la sua famiglia in Messina, ove si estinse.

Fra *Raffaele* (di Genova) — Cavaliere Gerosolimitano e Commendatore di Troja nel 1580. Edificò in Malta l'arsenale.

Fra *Girolamo* (di Sicilia) — Balì di Venosa dell'Ordine Gerosolimitano ed Ammiraglio nel 1643. Fu alla impresa di Santo Mauro.

*Giuseppe* — Portò da Firenze la sua famiglia in Napoli, essendo Garzon maggiore nelle Guardie del Corpo del Re nel 1754 — Così racconta il Mecatti, il quale aggiunge che dalla stessa famiglia di Firenze un ramo passò a stabilirsi in Lisbona.

*Giovanni* — Commentò le opere di fra Paolo Sarpi nel 1789.

*Giulio Lorenzo* — Autore delle « *Institutionum Canonicorum* » delle quali nel 1772 fu fatta una seconda edizione. Pubblicò due altre opere. Di lui il Calefati pubblicò la vita nel 1775.

*Carlo* (di Calabria) — Canonico in S. Marco, fu erudito teologo ed insigne filosofo.

*Caccianemico* ed *Aufremo* (di Genova) — Padroni di galere in servizio della Repubblica.

*Vincenzo* (di Calabria) — Poeta celebratissimo. Della età di 15 anni scrisse versi bellissimi sul tema dei più chiari poeti. Ebbe a sorella *Beatrice*, che monacossi col nome di *Suor Clarice*, e scrisse versi molto stimati — Morì *Vincenzo* nel 1845 di età giovanissima.

ARMI — Ramo di Salerno: Di azzurro al leone di oro tenente una spada sostenuto da due onde acute di rosso poste in fascia.

Ramo di Genova: Di oro alla rotella di nero caricata da un leone di argento con la coda biforcata.

Ramo di Sicilia: D' argento al leone di nero.

Ramo di Calabria: Di oro a tre pini di verde nascenti su di un piano nudrito di verde.

SOSTEGNI — Due selvaggi.

MOTTO — *Semper silvaticus, semper indomitus.*

Questa famiglia è rappresentata in S. Marco Argentano dal Barone di S. Giorgio e Cavallerizzo

## FRANCESCO SELVAGGI

e dal suo primogenito

## GIOVANNI SELVAGGI

accurato raccoglitore di patrie memorie.

# TESTAFERRATA

Questa famiglia trae la sua origine dalla famiglia Capo di Ferro di Roma, dalla quale furono pure originate le famiglie Orsini, Crescenti, Massimi, Capranica, Ricci, Spada ed altre.

Ai Capo di Ferro appartennero: Pandolfo Principe di Capua e di Benevento e Marchese di Camerino: Girolamo Cardinale nel 1554: Paolo Cavaliere gerosolimitano: Romano Arcivescovo di Benevento.

I Capo di Ferro di Roma si estinsero nel secolo XVIII.

Arfio Capo di Ferro portò la sua famiglia da Roma in Malta nel 1498. Egli nei documenti esistenti nell'archivio di governo di Malta, è indistintamente detto « *Magnifico Arfio de Capoferro, e Nobile Arfio de Testaferrata.* »

*Mariano Testaferrata* stabilì la sua famiglia in Messina, e nel 1553 fu ascritta alla Mastra nobile, avendo provato nel processo la sua discendenza dai Capo di Ferro. Il detto *Mariano* ebbe tre figliuoli, *Giacomo Antonio* e *Pietro*, dei quali i primi due formarono due linee: 1. Marchesi di S. Vincenzo e Marchesi sul cognome: 2. Baroni di Gomerino.

Questa famiglia nobiltà ha goduto in *Malta* ed in Messina, in *Città di Castello* ed in *Roma* nel 1590, e vestì l'abito di Malta.

MONUMENTI — *Malta:* Chiese del Gesù, della Ghalia, di S. Paolo Naufrago e dei Carmelitani, e nella Piazza della Vittoria: *Pisa:* Chiese di S. Michele e del Camposanto. *Napoli:* Chiesa di S. Maria degli Angeli a Pizzofalcone: *Casal Lia* Chiesa della Beata Vergine dei Miracoli. *Gomerino.*

FEUDI — Cicciano — Gomerino — Marsa — Tabria.

MARCHESATO — Sanvincenzo.

PARENTELE — Amico (d') — Apap — Assensa — Attard Comneno — Barbara — Branchefort — Busuttil — Betigieg — Buzi Ranieri — Cagnano — Carnana—Casolani — Cassar Dessain — Cassar Falcone — Cassia — Castelletti — Cavarra—

Cilia — Coremasco — Cumbo — Darmanin — Delicata — Fallanca — Falsone—
Fitemi — Galea — Galizia — Gallo—Gatt—Gauci — Giappone — Goff — Grech
Delicata — Guevara — Lauron — Lazzarini — Lodini Claudi — Mallia Iabone—
Manduca — Maroni — Mazaria — Menati — Nava — Navarra — Noto (de) —
Norvel — Olivier de Pougget — Pace — Perdicomati — Platamone — de Piro
Gurgion — Robertis (de) — Sand — Sceberras—Scifo—Spiteri — Slyte Abela—
Tagliaferro — Teuma Castelletti — Vaccaro — Vassallo—Vella Abela—Viani—
Zabone — Zara ed altre.

AUTORI — Abela (Malta illus.) — L' arte (periodico 1865) — Biographie des
hommes viventes, 1819 Paris— Contarino (Dial. delle antichità di Roma)—Ferres
(Storia delle Chiese di Malta)—Galluppi (Nobiliario di Messina)—Galluppi (Stato
presente della nob. Messinese) — Palizzolo (Il Blasone in Sicilia)—Salelles —Villabianca (Sicilia nobile) — Zazzera (Fam. illus. d'Italia).

## MEMORIE ISTORICHE

*Antonio* — Depositario del S. Ufficio dell'Inquisizione in Malta nel 1578. Tal
carica fu tenuta in prosieguo dai suoi successori.

*Giov. Domenico* — Protonotario Apostolico, ed Arcivescovo del S. Ufficio.

Fra *Giovan Battista* — Cappellano conventuale dell'Ordine Gerosolimitano
nel 1579.

*Mariano* — Deputato del S. Ufficio dell' Inquisizione in Malta.

*Salvatore* — Maestro di Sanità in Malta nel 1581. Tale ufficio fu in seguito
affidato sempre a due Cavalieri gerosolimitani.

*Giacomo* — Ufficiale di Cavalleria dell'Ordine gerosolimitano in Malta nel 1588.

*Gaspare* — Giurato della Valletta nel 1609.

*Giuseppe* — Giurato della Valletta, e fondatore della Chiesa di S. Maria ad
Nives.

*Pietro* — Depositario del S. Ufficio nel 1611.

*Giov. Tommaso* — Giurato di Malta, Ambasciatore, Sindaco e Procuratore
di Malta in Sicilia pel G. Maestro Vignacourt dal 1610 al 1630 — Dotò in Valletta la Cappella di S. Trofino nella Chiesa di S. Maria di Gesù.

*Aldovrandino* — Cavaliere magistrale dell' Ordine gerosolimitano nel 1631.

*Eugenio* — Canonico della Cattedrale di Siracusa, ed Arcivescovo di Malta.

*Giacomo* — Dottore in legge, Capitano di Verga o Governatore dell' Isola di
Malta pel G. Maestro Lascaris nel 1636. Fu poi Segreto Magistrato e Giudice
delle cause civili — Per la sua dottrina e personali qualità, lo Imperatore Ferdinando III di Germania gli concesse il titolo di Cavaliere del S. R. I. trasmes-
sibile ai suoi discendenti, ed il privilegio di aggiungere nello scudo il capo del-
l'impero — I governatori di Malta erano detti anche Capitani di Verga, perchè
erano seguiti da un paggio con una verga in mano sormontata dalle armi del
Sovrano, in segno di giurisdizione.

*Paolo* — Dottore, nel 1689 fu ascritto con la sua famiglia al patriziato
Romano.

*Paolo* — Depositario del S. Ufficio nel 1697 e Segreto del Serenissimo G. Maestro Perellos, dal quale fu nominato Barone di Gomerino unitamente alla

moglie — Era detto Segreto lo esattore dei beni stabili, dei censi e dei dritti pertinenti al Principe.

*Fabrizio* — Barone di Cicciano, Patrizio romano e messinese, Capitano di Verga o Governatore di Malta, e Segreto magistrale nel 1714.

*Mario* — Capitano di cavalli dell'armata dell'Ordine di Malta, Capitano a guerra di Licata e Giurato di Malta. Dal G. Maestro Carafa fu nominato Governatore dell'Isola ed Ambasciatore in Sicilia e primo Giurato della Valletta, e dal G. Maestro Vilhena ottenne per sè, e pei suoi il titolo d'Illustrissimo. Nel 1715 ebbe concesso dal Re Filippo il titolo di Marchese di S. Vincenzo, e passato poi in Savoia ottenne dal Re Vittorio Amedeo II. il titolo di Marchese per sè e tutti i suoi discendenti legittimi e naturali successivamente. Fu il primo che di famiglia maltese avesse ottenuto il titolo di Marchese.

*Pier Giacomo* — Prelato in Roma, Commendatore dell'Ordine gerosolimitano. Legato in Ravenna e Governatore di Ascoli pel Papa Clemente XII nel 1730, e poi di Città di Castello, ove fu aggregato alla nobiltà.

*Ercole Martino* — Barone di Gomerino. Giurato della Notabile nel 1740.

*Enrico* — Giurato di Valletta e Capitano di Cavalleria nel 1735. Edificò la Chiesa di Maria SS. del Buon Consiglio al Zeitum.

*Daniele* (Marchese) — Dal G. Maestro Pinto fu nominato Magistrato della Grascia di Malta. Egli ed i suoi fratelli, *Pandolfo*, *Mario* e *Pietro*, furono reintegrati nella nobiltà messinese.

*Pandolfo* (Marchese) — Maggiore di Cavalleria di Malta. Mutato il governo dell'Isola, fu nominato Colonnello del Reggimento dei Veterani per sua Maestà Britannica. Nel 1775 sposò Rosa, ultima della famiglia Olivier Conti di Pouget. Il suo figliuolo, *Salvatore*, eredità la proprietà dello zio Giov. Battista Cassar Desain, con l'obbligo di assumerne il cognome e le armi.

*Gilberto* — Paggio della Regina di Spagna Elisabetta Farnese, ebbe concesso dal Re 3000 pezze annue e fu Giurato della Valletta nel 1776.

*Giuseppe* — Autore di pregiate poesie nel 1791, e Dottore in legge.

*Pietro* — Prelato in Roma, Governatore di Città di Castello e Legato in Ravenna.

*Giuseppe Errico* — Capitano dei Cacciatori, e Maggiore del reggimento Re Malta.

*Mario* (Marchese) — Luogotenente delle milizie urbane in Malta, e Soprantendente della Grascia. Fu uno dei firmatarii dei patti stipulati tra la Repubblica Francese ed il Governo dell'Ordine Gerosolimitano nel 1798. Imperocchè venutosi a conoscenza di una congiura per far entrare segretamente i francesi in Malta, alcuni notabili maltesi, fra cui il *Mario*, ne riferirono al G. Maestro, che, ad evitare il pericolo di una invasione, mandò i suoi rappresentanti sulla fregata *Orient* a stipulare una capitolazione col Generale Bonaparte. Il detto *Mario* fu poi inviato alla Corte di Londra per gravi interessi dell'Isola.

*Giuseppe Giacomo* — Patrizio messinese, Canonico in Malta, teologo e leggista, fu autore di una lodata opera su d'una Epigrafe del Tempio di Proserpina e di una dissertazione « La Croce di S. Giovanni di Gerusalemme » di un epigramma sul dotto Saverio Mattei, di una orazione in onore di Carlo III di Borbone e di altre opere nel 1799.

*Filippo* (Marchese) — Luogotenente della Cavalleria dell'Ordine Gerosolimitano e poi Capitano nel Reggimento Nazionale. Fu a Milazzo ed a Capri nel 1808, ove combattè valorosamente per difendere l'isola contro i francesi.

*Gilberto* (Marchese e Barone) — Lord Luogotenente del Curmi.

*Giuseppe Vincenzo* — Giurato di Malta dal 1809 al 1818 — Lord Luogotenente del Distretto di Malta, Cavaliere dell' Ordine dei SS. Michele e Giorgio. Ottenne il distintivo di *Sir* da anteporlo al suo nome.

*Pietro Paolo* (Barone) — Patrizio di Messina e di Malta, Colonnello dei Veterani e Lord Luogotenente del Gozo nel 1815.

*Gregorio Augusto* (Marchese) — — Nel 1823 albergò in sua casa il Duca d'Orleans, che fu poi Re Luigi Filippo di Francia.

*Antonio* — Ufficiale nello esercito di Francia nel 1824.

*Nicolò* — Rappresentante del popolo maltese in Londra nel 1830.

*Ettore* (Barone) — Cavaliere di devozione dell'Ordine Gerosolimitano nel 1852.

ARMA — D'argento col toro furioso di rosso, al capo d'oro con l'aquila uscente spiegata di nero linguata di rosso imbeccata d' oro.

*Cimiero* — Un volo spiegato di nero.

*Divisa* — *Non nisi per ardua.*

Questa famiglia è rappresentata in Malta dal Marchese

### EMMANUELE TESTAFERRATA

Cavaliere del S. R. I. Patrizio Messinese.

dal Marchese

### LORENZO ANTONIO TESTAFERRATA CASSAR DESAIN

Patrizio Messinese, Cav. del S. R. I. e del S. M. O. Gerosolimitano.

Il ramo secondogenito è rappresentato dal Marchese

### PIETRO PAOLO TESTAFERRATA

~~~~~~~~

# CORREZIONI ED AGGIUNTE

**Abbreviature** { C significa *correggi*  
v. » *volume*  
p. » *pagina*  
vs. » *verso* }

**ABBADESSA.** — Famiglia originaria di Capua donde si diramò in Sicilia regnando Federico III d'Aragona. Prese nome dal feudo Abbadessa presso Sanseverino. Hà goduto nobiltà in *Firenze* ed in *Sanseverino.* — FEUDI: Abbadessa, Galdo. — La famiglia Galluccio, Duchi di Tora, si estinse in Giovanna che nel *1770* sposò Giovan Francesco Filangieri Principe di Arianello, il quale cedette alla sua figliuola Ippolita sposata a *Filippo dell'Abbadessa* il titolo di Duca di Tora. Tal ramo degli *Abbadessa* si estingue in *Irene* sposata nella famiglia Imperiali del ramo secondogenito de' Principi di Francavilla e Marchesi di Latiano. — AUTORI: Mugnos, Leontino, Mazza — ARMI: 1. Trinciato di oro e di rosso: — 2. Di argento con tre cerchi di nero uno nell'altro.

**ABENAVOLO.** — v. I° p. 51. — FEUDO: Amendolea. — PARENTELE: Franco (del) — AUTORI: Damiani, Fiore (Cal. illus.), Galluppi — *Berardino* Barone di Montebello fu privato dei suoi feudi e perseguitato dalla Regia Corte per aver distrutta nel 1686 la famiglia Alberti Marchesi di Pendidattilo, della città di Messina, imperocchè essendosi innamorato di Antonia Alberti la domandò in moglie e ne ottenne formale rifiuto. Morto il Marchese Alberti, il di lui figliuolo Lorenzo sposò la figliuola del Consigliere Cortez, ed in seguito Pietro Cortez, altro figlio del Consigliere ottenne la mano dell'Antonia Alberti. Saputo ciò *Berardino*, la sera del 16 aprile 1686, con 40 scherani entrò nel castello di Pendidattilo per una postierla che gli fu aperta da un servo degli Alberti, ed assassinò il Marchese Lorenzo e la moglie, facendo prigionieri Antonia ed il marito Pietro, che si vuole venissero dallo stesso uccisi. — ARMI: 1. Di argento con due pesci di azzurro posti in croce di S. Andrea, accantonati da quattro conchiglie di rosso. — 2. Di argento con due fasce di azzurro col rastello a tre pendenti di rosso nel capo. — 3. Di argento a tre pali di rosso caricati nel capo da un rastello a tre pendenti di oro. — 4. Di oro alla banda di azzurro caricata da tre gigli di oro.

**ACCIAJUOLI.** — v. I° p. 54. — *Alemagno* Milite e Giustiziere di Terra di Lavoro nel 1330. *Raniero* usurpò la signoria di Atene e ne prese il titolo di Duca, avendo saputa la morte della Regina Giovanna I. — ARMI: 1. Di argento al leone di azzurro, tenente una bandiera di azzurro seminata di gigli di oro caricati da un rastello di oro. — 2. Di azzurro al leone di argento tenente una bandiera di argento seminata di gigli di azzurro caricati dal rastello di oro. — 3. Di argento al leone di azzurro tenente un giglio di oro.

**ACCIAPACCIA.** — v. I° p. 57. — C. *Pietro* Reggente della Vicaria e *Pietro* Consigliere e Ciambellano de' Re Renato era lo stesso individuo. Egli, nobile di Sorrento, edificò il castello di Massalubrense, ed essendo Castellano di Sorrento tenne queste due città alla obbedienza di Re Luigi d'Angiò, nè volle cederle al partito di Re Ladislao, quantunque gli venissero fatte ampie promesse. *Benzo* e *Pietro* perchè ribelli furono da Giovanna II spogliati de'feudi e delle Gabelle e Fondaco di Sorrento che furono dati a Damiano Caracciolo. — ARMA: Di argento al leone di rosso con la banda di azzurro, caricata da tre accie o ascie di oro, attraversante sul tutto.

**ACCONCIAIOCO.** — Famiglia originaria di Ravello, ora estinta. Nobile in *Ravello, Bari, Bar-*

*letta* e *Monopoli*. Nel 1343 possedette la Baronia di Castrignano. — *Coletta* con Stefano Pappalettere fu mandato dalla città di Barletta a prestare omaggio a Re Manfredi. *Nicolò* Segreto e Portolano di Puglia prestò danaro a Re Carlo I, d'Angiò. *Errico* ed *Andrea* Vice Protonotarî. *Leone* Regio procuratore dei Sali in Puglia. *Angelo* Segreto di Principato e Terra di Lavoro.—MONUMENTI: Chiesa di S. Maria delle Grazie a Caponapoli.—PARENTELE: Braida, Bonito, Carafa, Coppola, Muscettola, di Palma, Rogadeo.—AUTORI: Aldimari, de Lellis, Engenio, Mazzella, Camera, Mugnos, Toppi, Vincenti, de Pietri, Padiglione.—ARMA: Di argento al palo di rosso caricato da tre verghette di argento, accostato da due leoni contro-rampanti, sostenenti uno scudetto scaccato di sedici pezzi di argento e di rosso.

**ACCROCCIAMURO.** — v. I° p. 59. — *Rinaldo*, signore di Castelcoriano , prestava servizio militare di due militi (1) — ARMA: D'argento fusato di nero.

**ACERNO.** — Famiglia originaria di Tarascona detta anche Belcadro. Si estinse nel 1300.— BARONIE: Belcadro, Canonico, Castelnuovo, Celenza, Cazicaco, Cuccurullo, Licinoso, Rocca-dinolfi, Tortorella, Vietri — CONTEA: Acerno — AUTORI: Galluppi, Marra (della), Mugnos — *Guidone* Barone di Acerno, mandò nel 1187 sei soldati a prestare servizio militare. *Filippo* ebbe in custodia Anselmo Trivulzio fatto prigioniere a Milano dallo Imperatore Federico II. *Ganselmotto* Giustiziere di Principato e Terra Beneventana 1260. *Giovanni* fu dato in ostaggio dal suo zio Bartolomeo del Balzo, in cambio di suo figlio Raimondo, che era prigioniero di Ruggiero di Loria Grande Ammiraglio di Sicilia e di Aragona nel 1289. *Tommaso* rinomato scrittore, Vescovo di Lucera e Nunzio in Boemia pel Papa Urbano VI. — ARMA : Partito di rosso e di nero alla foglia di sega di argento posta in banda.

**ACQUAVIVA.** — v. I° p. 61. — Un ramo di tal famiglia godette nobiltà in Mirandola — FEUDI: Andria, Campiglia, Cardito, Castelvecchio, Cervellina, Contraguerra, Falciano, Frasso, Melissano, Monteroseto, Serre, Turano — C. CONTEA: Palena 1467. — p. 61 C. Per una speciale concessione, e non per parentela con la Real Casa di Aragona, ottenne la famiglia *Acqua-viva* di aggiungere al proprio il cognome Aragona. — vs. 29 C..... in loro casa perchè la Strozzi non ebbe figliuoli. — AUTORI: Maffei (Fam. nob. della Mirandola), Petroni (Stor. di Bari), Ventrelli (Cenni monogr. della città di Bari), Gioja (Conferenze ist. sul comune di Noci). — *Gualtiero* con Gualtiero d'Aversa, Gualtiero di Sangro e Gualtiero di Rocca Barone di Trifone e Rocchetta erano tra' Baroni del Regno del 1288. — *Ottone* Cardinale nel 1290. *Giangirolamo* Conte di Conversano soprannominato il *Guercio di Puglia*, le cui prepotenza e crudeltà sono rimaste leggendarie in tutto il Pugliese fu uno dei più potenti Baroni dei suoi tempi. Despota assoluto nelle sue numerose terre spingeva le sue ambiziose mire anche sulle vicine grandi città, e la città di Bari fu una di quelle che ebbe a provar maggiormente la tristissima influenza per le fazioni nelle quali mercè sua si vide divisa, e per tutti gli altri danni che sono la necessaria conseguenza delle civili discordie. Chiamato ai tempi della rivoluzione di Masaniello a prestare il feudale servizio menò seco 600 cavalli e molti fanti e tutta quella parte della nobiltà barese che era a lui devota e che lo fornì di altri 600 combattenti di tutto punto armati. Ma se in tale spedizione non ebbe molto a far mostra dèi suoi meriti militari essi ben si appalesarono più tardi nella guerra di Toscana del 1650 diretta dagli Spagnuoli al riconquisto dell' Isola dell' Elba occupata dai Francesi, perchè chiamatovi con altri feuda-tarii dal Vicerè Conte di Ognatte egli non solamente vi si recò menando a sue spese 300 fanti, 80 cavalli e sei tartane, ma molto vi si distinse col grado di Generale Capitano della Cavalleria specialmente nella espugnazione della città di Piombino, che dopo lungo assedio da lui esclusivamente diretto prese di viva forza nel giorno del Corpo di Cristo dello istesso anno 1650 mantenendo così la promessa precedentemente data ai suoi soldati di far loro celebrare in tale giorno i divini uffici nella maggiore Chiesa della città.—ARMA: Di oro al leone di azzurro linguato di rosso.

(1) Il servizio militare costringeva non solo i feudatarî ma anche le Università demaniali, i militi ed i vassalli regi e baronali e gli ecclesiastici che possedevano feudi. I quali erano dati o diretti ed al-lora il feudatario era il solo godente ed era tenuto direttamente al servizio militare, o in suffeudo dal feudatario assoluto, ed i suffeudatari dovevano in tal caso riconoscer quello come loro diretto inquirente con pesi e servizio militare.—Tenere in feudo si diceva *Tenere in demanio*, e Tenere in suf-feudo si diceva *Tenere in servizio*. — I Commendatarios erano uomini liberi che vivevano nel feudo altrui ed erano quelli che da' feudatari erano assoluti e dispensati da qualsiasi servizio.

**AFAN DE RIVERA.** — v. I° p. 66. — Questa famiglia trovasi aggregata attualmente al Monte Manso tra le famiglie nobili in Napoli fuori Piazza. — Il ramo dei Marchesi di Villanueva de las Torres si estinse in *Francesca* maritata al Principe di Avellino Ambrogio Caracciolo. Ebbe *Francesca* due fratelli *D. Pietro* e *D. Carlo* morti celibi — p. 68 C. *Pietro* non fu Vicerè di Sicilia. — ARMA: Di oro a tre fasce di verde.

**AFELTRO.** — Famiglia originaria di Gragnano, ove ha goduto nobiltà. Se ne hanno memorie fin dal 1269 — MONUMENTI: *Napoli,* nelle Chiese di S. Agnello e di S. Maria la Nuova — AUTORI: Aldimari, Engenio, Giovio, de Lellis, Lumaga, Mugnos, Ritonio, De Stefano, Summonte — *Andrea* Segretario di Re Renato d'Angiò. *Marco* Presidente della R. Camera — ARMI: 1. Di azzurro alla croce patente di argento accompagnata da quattro rose di rosso, col capo di rosso, con due rose di argento. — 2. Di argento a tre cuori di rosso.

**AFFAITATI.** — v. IV° p. 15. — AUTORI: Fiore (Cal: illus:), Bonazzi (Cronaca di Massilla), Bonazzi (Elenchi dell'Ord. Geros.), Nardelli (La Minopoli).

**AFFLITTO.** — v. I° p. 69. — Cancellare il vs 6 per la ragione addotta nella famiglia Pellic cia nel v. V° p. 137. — p. 70. Erroneamente fu attribuito a questa famiglia il Principato di Roccagloriosa come del pari inesatta la notizia riportata da qualche autore che *Leone* fu Doge della Rep. Amalfitana nell'anno 800. — Il ramo della famiglia Gargano Principi di Durazzano si estinse non lasciando eredi successibili nel titolo, per lo che ricadde questo alla R. Corte. — La famiglia Evoli Duchi di Castropignano, Marchesi di Frignano, Duchi di Campomele e Marchesi di Agropoli, si estinse in Luisa che sposò *Pantaleone d'Afflitto* di Ariano, padre del vivente *Mariano* Duca di Castropignano ecc. — ARMI: 1. Vaiato di oro ed azzurro. (Ramo napoletano). — 2. Vaiato di oro ed azzurro con lo scudetto di oro al palmizio di verde accostato da due pavoni rivoltati sopra il tutto (Ramo di Sicilia).

**AGNESE.** — Famiglia di origine Normanna, feudataria fin dal tempo di Re Carlo I d'Angiò. Ha goduto nobiltà in *Napoli* nel Seggio di Portanova ed in Benevento. Un ramo di questa famiglia si disse Pomarice dal possesso del feudo di tal nome — MONUMENTI: *Napoli* nelle Chiese di S. Agostino, S. Severino, del Carmine, di S. Giorgio maggiore, di S. Maria a Portanova, di S. Paolo e di S. Maria della Stella: *Benevento* nel Duomo: *Roma* nella Chiesa della Minerva. — AUTORI: Aldimari, Almagiore, Bacco, Borrello, Contarino, Engenio, de Lellis, Lumaga, della Marra, Mazzella, Mugnos, Platina, Summonte, Terminio, Ughelli, della Vipera — FEUDI: Ambrifico, Piro, Pomarice, Roccaguglielma, Rocchetta, Rotondella, S. Giovanni in Longano. MARCHESATO: Castropalva — *Mario* e *Marino* presero parte alle diverse giostre tenute in Napoli regnando Carlo I. d'Angiò. *Simone* Maestro razionale della regia Corte nel 1296. *Mignanello* valoroso capitano della Regina Giovanna Iª. *Giacomo* cavaliere della Corte di Re Roberto. *Lancillotto* Governatore di Gaeta ed Ambasciatore al Re Renato d'Angiò. *Astorgio* Vicario generale in Benevento e poi Cardinale. *Luzio* Capitano di fanti allo assedio di Napoli nel 1574. *Camillo* fu incaricato dal Vicerè Principe di Pietrapersia di raccogliere la somma di un milione e duecentomila ducati che la città offeriva *spontaneamente* al cattolico Re di Spagna. *Astorgio* ultimo di sua famglia, fu tra i fondatori del Monte della Misericordia e non avendo avuto figliuoli dalla moglie Claudia Capece Piscicelli, istituì suoi eredi i Chierici regolari di S. Paolo. — ARMA: Di azzurro con due stocchi passati in croce di S. Andrea con la filiera di rosso — CIMIERO: Un caprone nero uscente.

**AYERBO.** — v. II° p. 5. — FEUDI: Mileto, Puglisi. — AUTORI: Fiore (Cal. illus.). — ARMA: Di Aragona (cioè di oro con quattro pali rossi), con la bordura di azzurro caricata da otto scudetti di argento con la fascia di rosso.

**ALAGNO.** — v. I° p. 72. — CONTEE: Boiano 1442, Manfredonia — *Andrea* Vescovo di Mileto 1396. C. *Marino* non *Mariano* tenne lance sotto il Re Alfonso I, fu Senatore di Roma e nel 1442 ottenne la Contea di Boiano. — AUTORI: Fiore (Calab. ill.) — ARMA: Di oro alla croce di rosso caricata da cinque gigli di oro.

**ALBERTINI.** — Famiglia originaria di Majorica, detta *Albertin.* Si hanno memorie di essa nella seconda metà del secolo XIII. Un ramo passò in Sicilia nella metà del secolo XV, ed un altro si stabilì in Taranto. Ha goduto nobiltà in *Napoli* nel Seggio di Portanova, *Nola, Taranto, Catanzaro* e *Palermo.* Ha vestito l'abito di Malta nel 1647, e trovasi ascritta al Libro d'Oro. — MONUMENTI: *Napoli* nella Chiesa di S. Severino ed in *Nola* nelle Chiese della Salute e di S. Francesco. — FEUDI: Amorana, Chianca, Cigala, Franchino, Galdo, Grottola, Matonti, Montecorice, Portolania e Grascia di Nola, Sanbarbato, Sangiorgio, Sessa, Summonte, Usito. — MARCHESATO: Sanmarzano. — DUCATO: Carosino. — PRINCIPATI: Cimitile, Faggiano 1610. Sanseverino 1625. — AUTORI: Aldimari, Alfano, Almagiore, Beltrano, Crescenti, Engenio, Fiore, de Lellis, Lumaga, Mugnos, Recco, Rota, Sacco, Toppi, Zurita — *Albertino* Priore di Capua dell'Ordine Gerosolimitano. *Arnaldo* Vescovo e Presidente del Regno di Sicilia nel 1538. *Girolamo* Vescovo di Avellino, Reggente della Cancelleria e Presidente della regia Camera nel 1541. *Albertino* Barone di Usito, Governatore di Catanzaro. Il suo ramo si estinse nella famiglia Maiorano. — ARMA: Di azzurro all'aquila spiegata di argento, coronata di oro, attraversata da una fascia di rosso, caricata da cinque gigli di oro. È rappresentata in Napoli questa famiglia da ALBERTO ALBERTINI Patrizio Napoletano, Principe di Cimitile, Principe di S. Severino e Marchese di S. Marzano.

**ALDANO** — vol. I° p. 74. — FEUDI: Aldano, Fagnano, Maderale, Sobradillo, Poza. MARCHESATO: Gardegnosa. — PARENTELE: Acugna, Luca, de Luna, Navarrete, Sotomajor, Texada, Toledo. — *Scipione* Vice Almirante del Duca di Sessa e Capitano della guardia del Vicerè Cardinal della Queva, fu tra' fondatori della Chiesa di S. Anna di Palazzo. — Fra *Diego* Ambasciatore a Malta per D. Giovanni d'Austria al Gran Maestro dell'Ordine Gerosolimitano per chiedergli ajuto di galere per una spedizione in Barberia nel 1572 — *Bernardo* Maestro di campo di Carlo V nelle guerre di Transilvania contro i Turchi Capitan Generale dell'artiglieria d'Italia e Castellano di Civitella del Tronto — *Bernardo* Vescovo di Gadia in Granata—*Pietro* Capitano di fanteria e castellano di Gaeta.—C. p. 75 vs. 5. Perù e non Persi— AUTORI: Capaccio (il Forest.) — ARMI: 1. Di rosso alla spada di oro con la punta in alto accompagnata da tre corone antiche di oro.— 2. Di rosso con tre monti di oro cimati da tre gigli del medesimo.

**ALEMAGNA.** — v. I° p. 76 — FEUDI: Apricena — CONTEE: Capaccio, Casalnuovo — AUTORI: Pacicchelli, Sacco — *Drogone* Giustiziere di Terra d'Otranto, 1304. — ARMA: Di rosso con due fasce di oro con nove uccelletti del medesimo posti 3, 3 e 3, e sul tutto di Durazzo.

**ALEMANNI.** — v. IV° p. 20.—Il ramo di Calabria fu colà stabilito da *Giovanni Alemanni* U. I. D. Luogotenente e giudice di Taverna nel 1505, il quale portò la sua famiglia in Tiriolo e Gimigliano, ove fondò il beneficio di S. Andrea nella Chiesa di S. Antonio Abate nel 1601, e quello di S. Giovanni Battista nella Chiesa madre nel 1707, corredando quegli altari ed arredi portanti lo stemma degli *Alemanni*, cioè: Di rosso con tre fasce di oro caricate nel capo da tre stelle a sei punte del medesimo; come rilevasi da attestati autentici.

**ALESSANDRO** (d'). — v. I° p. 80. — FEUDI: Coccociola, Tabella.—AUTORI: Garubba (Serie crit. dei past. Baresi). — *Luigi* Vescovo di Alessano 1749. C. p. 81, *Antonio* non fu Gran Protonotario ma bensì Vice Gran Protonotario del Regno. — ARMA: Di oro al leone di rosso con la banda nera caricata da tre stelle di oro attraversante sul tutto. C. Il Duca di Pescolanciano ha nome GIOVANNI e non *Giuseppe*.

**ALIMENA.** — v. V° p. 23. — A questa famiglia erroneamente fu attribuito il Ducato di Castrofilippo. — AUTORI: Fiore (Cal. illus.). — *Albino* e *Luzio* valorosi cavalieri alla guerra di Fiandra. *Girolamo Giacomo* e *Gaetano* valenti in dritto. *Antonio* edificò la terra di Alimena e vi ottenne il titolo marchesale nel 14 settembre 1628.

**ALITTO.** — v. III° p. 20. — Da questa famiglia discende anche la famiglia de Leto o de Lieto Marchesi di Roccaspromonte. Un ramo de' de Leto Marchesi di Casalcipriani si estinse nei di Palma de' Marchesi di Pietramelara.

**ALLIATA.** — v. I° p. 82. — C Principato di Buonfornello 1654. Il Principato del S. R. I. fu conceduto a Vincenzo di Giovanni e Napoli Duca di Saponara, la cui figliuola sposò *Domenico Alliata* Principe di Villafranca. — ARMA: Di oro a tre pali di nero. — È rappresentata questa famiglia in Palermo pel I° ramo, dal Principe di Villafranca, di Buccheri, di Trecastagne, di Meria, di Castroreale, di Montereale, di Valguarnera, di Gangi, di Gravina, Duca di Salaparuta e di Saponara, Conte di Asaro, ALESSANDRO ALLIATA e VALGUARNERA: pel 2° ramo dal Duca di Pietratagliata PIETRO ALLIATA e MONCADA.

**AMALFITANI.** — Di questa famiglia si trovano le prime memorie nella costiera di Amalfi in tempo di Re Guglielmo il Buono, leggendosi tra le feudatarie del Regno.—Ha goduto nobiltà in *Cotrone* nel Seggio di S. Dionigi (1) ed ha vestito l'abito di Malta nel 1723. — La famiglia della Porta Marchesi di Episcopia. si estinse negli*Amalfitani*. — BARONIA:˙ Casabona. — CONTEA: Sevallo. — MARCHESATI: Crucoli 1580. Episcopia. — PARENTELE: Abenante, Alimena, Aquino, Besler de Wattingen, Cuffari Ristori, Dolci, Giannuzzi Savelli, Giordano, Minieri, Mondola Cortese, Muscettola, Nola, Pescara, Porta (della), Sambiase, Spinelli, Taranto ed altre. AUTORI: Araldo Alm. nob. 1881. Borrello (App. hist. MS. nella Bibl. Naz.). Bonazzi (Elenchi delle famiglie). Campanile Gius. (Notiz. di nobiltà), Campioni (Stemmi delle fam. di Napoli MS.), Fiore (Calab. illus.), Giustiniani (Dizionario geogr.), Nola Molise ( Storia di Cotrone ), Piccinini (Diz. univ.), Ruolo gen. di Malta 1789, Sacco (Dizion. geog.), Zazzera (Fam. illus. d'Italia). — *Giovanni*, feudatario ai tempi di Guglielmo il Buono, dava un soldato armato pel servizio militare, come rilevasi nel Catalogo riportato dal Borrello, nel quale veniva determinato il servizio militare dovuto dai feudatari. *Pietro* Capitano di Capua nel 1306. *Jacopo* Arcivescovo di Capua nel XIII secolo, fu uomo dottissimo ed autore di molte opere, che andarono tutte perdute, meno che solo quattro epistole da lui dirette a Pier delle Vigne ed inserite da Michele Morano nel suo *Santuario Capuano*. Fra˙ *Giov. Battista* Balio di S. Eufemia ed Ammiraglio dell'Ordine gerosolimitano, fu ricevuto di giustizia nel 1723. *Pietro* uomo eruditissimo e Vescovo di Atri. *Carlo* Marchese di Crucoli e cavaliere Costantiniano studiò e coltivò la letteratura e specialmente la poesia, di cui nel 1822 pubblicò una pregevole raccolta. *Francesco Saverio* Marchese di Episcopia Sottintendente del Distretto di Paola. — ARMA: Di oro a due bande di rosso accompagnate da due leoni rivolti dello stesso. — Questa famiglia è rappresentata in Napoli dal Marchese di Crucoli, Marchese di Episcopia e Conte di Sevalle VINCENZO AMALFITANI patrizio di Cotrone.

**AMMONE.** — v. v° p. 25. ARMA *C.* — Il campo azzurro è caricato da un' A in mezzo.

**ANFORA.** — v. 1° p. 85. — BARONIE: Capograssi, Licignano, Serramezzana. — ARMI: 1. Di rosso all'anfora di oro accompagnata nel capo da due stelle dello stesso. — 2. Di oro con nove punte di lancia di rosso poste 5, 3, 1, col capo di oro, caricato da due rose di rosso sostenuto da una fascia del medesimo.

**ANGELIS** (de). — v. v° p. 33. — La famiglia *de Angelis* ha goduto nobiltà anche in Molfetta.

**APRANO.** — Famiglia diramata dalla Piscicelli, prese nome dalla signoria di Aprano. Se ne trovano le prime memorie all'epoca di Re Manfredi, e fu aggregata alla famiglia Capece. Ha goduto nobiltà in *Napoli* al seggio di Capuano. — MONUMENTI: *Napoli* nelle Chiese di S. Lorenzo e di S. Maria la Nuova. — BARONIE: Andretta, Aprano, Ortona, Pietrapertosa, Rose, Sanmartino, Sanmarzano. — PARENTELE: Aldano, d'Alemagna, Caputo, Crispano, Galeota, Galluccio, Latro, Sangro, del Tufo. — AUTORI: Ametrano, Borrello, Engenio, de Lellis, Lumaga, Marchese, Mazzella, Recco, Terminio—*Giovanni* ed *Angelo* prestarono danari a Re Carlo I d'Angiò. *Arrigo* si legge trai Baroni del Regno in tempo di Re Carlo I, e fu Consigliere e familiare di Carlo II. *Giacomo* Regio Consigliere, Giustiziere di Capitanata e Terra di Bari e poi Governatore della Repubblica di Genova pel Re Roberto. *Pietro* Giustiziere di Abruzzo nel 1314. *Roberto* Cameriere familiare e Scudiere di Re Roberto. *Carlo*, si legge tra'feudatari di Re Roberto. *Giacomuccio* seguì il Re Roberto alla impresa di Toscana e fu messo a guardia di Aquila con molti armati. *Arrigo* Consigliere e familiare di Re Roberto e poi Maestro Razionale nel 1381. *Filippo* Maestro Razionale della Regina Giovanna II. *Nicola*, fu tra' rappresentanti dei Seggi a prestare omaggio alla Regina Isabella. *Marino* Console in Roma nel 1487. *Fabio* Colonnello del Re Filippo II di Spagna sotto il comando del duca d'Alba. — ARMA: Di rosso alla banda di argento caricata da un girello di azzurro, accompagnata nel capo da un bisante di oro.

**AQUILA.** (dell') — v. 1° p. 87. — ARMA: Di azzurro all'aquila di argento coronata di oro.

**AQUINO** (d'). — v. 1° p. 90. — FEUDI: Andretta, Carbonara, Castrocieli, Castizio, Decollatura, Liuni, Marafioti, Nicastro, Nusco, Palazzolo, Pescosolido, Petralcina, Roccabasciarana,

---

(1) Hanno goduto anche nobiltà in Cotrone le famiglie — Aierbo — Albano — Antinori — Assognés — Baglioni — Barone — Barricelli — Berlingieri — Bernallo — Campitelli — Cannizzani — Caponsacco—Carafa — Catizzone — Crescenti — Galluccio — Giuliano — Labruto — Lapiccola —Leone— Lit aprò — Lopez — Lucifero — Mangione — Marzano — Mazza — Moncada — Montalcino — Nolamolise — Ormazzarà — Pagano — Pelusio — Perrone — Piccola —Pipino—Pirotta—Pisciotta—Ponzetta — Presterà — Protospataro —Rota — Scillano'— Suriano — Susanna — Verri.

Saurello, Scigliano. — CONTEA: Montemarano, Sanvalentino — C. Principato di Castiglione 1602 — p. 93. C. *Aimone* non fu Vicerè di Sicilia, in quel tempo occupò tale posto Corrado Gaetani — Fu nobile la Casa *Aquino* anche in Salerno nel Seggio di Portanova ed in Brindisi. — *Adinolfo* Consigliere di Re Carlo I. Egli e suo fratello *Cristofaro* ebbero nel 1278 il cingolo militare. *Antonio* Vescovo di Sarno, 1595. — ARMA: Bandato di oro e di rosso. Inquartato con lo stemma della famiglia del Borgo, cioè: Spaccato di argento e di rosso col leone dell'uno nell'altro.

**AQUINO CARAMANICO.** — Famiglia originata da *Bartolomeo Aquino* negoziante in Napoli alla Loggia di Genova nel 1600. — Ha goduto nobiltà in *Napoli* al Seggio di Portanova e trovasi ascritta al Libro d'oro. — BARONIE: Altino, Cambrisco, Lama, Lettopalena, Montecorvino, Pizzone, Taranta. — CONTEA: Palena. — MARCHESATO: Torrefrancolise. — DUCATI: Casarano, Casoli 1650. — PRINCIPATO: Caramanico 1644. — PARENTELE: Acquaviva, Avalos, Barracco, Brancaccio, Carafa, Caravita, Dura, Filo, Guevara, Milano, Piscicelli, Stampa, Tocco, del Tufo. — AUTORI: Aldimari Alfano, Campanile Gius., Capecelatro, Confuorto (MS. sulle fam. popolari ecc.), de Gregorio, Sacco. — *Francesco* Vicerè di Sicilia nel 1786. — ARMA: Inquartato: nel 1° e 4° bandato di oro e di rosso; nel 2° e 3° spaccato di argento e di rosso al leone dell'uno nell'altro. È rappresentata questa famiglia in Napoli dal Principe di Caramanico, Duca di Casoli, Marchese di Torrefrancolise e Conte di Palena GIUSEPPE AQUINO Patrizio Napoletano.

**ARCAMONE.** — v. 1° p. 95 — BARONIE: Gioja, Rosarno, — *Alessandro* Capitano di fanti, 1557. *Giovanni* Giudice delle appellazioni. — ARMA: Di azzurro a tre fasce abbassate sotto una porta coronata ed accompagnata da due bisanti, il tutto di oro.

**ARCUCCIO.** — v. 1° p. 97. — FEUDI: Canosa, Taranta — *Giacomo* Segretario della Regina Giovanna I fu Conte di Minervino e signore di Altamura nel 1375 e Gran Camerlengo. — ARMA: Di oro alla fascia di rosso accompagnata da tre archi di freccia dello stesso posti 2. 1.

**ARNONE** — Famiglia creduta di origine fiorentina. Ha goduto nobiltà in *Cosenza*. — MONUMENTI: *Cosenza* nella Chiesa di S. Francesco d'Assisi e nel Palazzo di Giustizia. — BARONIE: Campolana, Castelluccia, Leofreni, Ospanesco, Pace, Pescorocchiano, Pietropesca, Ramota, Roccaberardi, Sanlorenzo, Santalucia, Toniccoda, Tufo, Villaboccareccia, Villaofreno, Villasecca. — PARENTELE: Battimelli, Bellini, Caselli, Mattei, Pandolfelli, Sambiase. — AUTORI: Accattatis, Aceti, Alfano, Almagiore, Amato, Andreotti (Stor. de'Cosentini), Bacco, Campanile Giuseppe, Castiglion Morelli, Laconio, Lumaga, Mugnos, Sacco. — *Bartolo* Regio Questore di Cosenza. *Girolamo* Generale dei Minimi 1556. *Cesane* Tesoriere generale di Cosenza. *Marco* Capitano di Fanti italiani in Fiandra 1594. *Giacinto* Autore del poema in 8ª rima le Disgrazie e gli Scherzi del Negroni 1661. *Ausipio* Generale di Cavalleria in Fiandra 1694. — ARMI: 1. Pieno di onde marine — 2. Di azzurro alla fascia di oro accompagnata nel capo da una stella ad otto raggi del medesimo.

**ARTUS.** — v. 1° p. 99. — FEUDO: Giurisdizione criminale di Aversa e Manfredonia. — CONTEA: Lentace — ARMA: Di azzurro al leone di oro, e nel canton destro 11 gigli di oro posti 3, 2, 3, 2, 1.

**AVALOS.** — v. 1° p. 101. — Godette nobiltà anche in Salerno nel Seggio di Portanova — C. Carlo V nel 28 luglio 1532 concesse ad *Alfonso* d'*Avalos* Marchese del Vasto molte signorie tra le quali il Principato di Montesarchio ed il Marchesato di Pescara già devoluto al Fisco per ribellione della città di Chieti dalla quale dipendeva, mentre era posseduto dalla famiglia d'Aquino. È erroneo quindi di aver noi attribuito il titolo di Marchese di Pescara ad alcuni individui della famiglia d'*Avalos* anteriormente all'epoca di sopra citata. — FEUDI: Ischia, Bagnoli, Entrate di Procida, Cropani. — CONTEE: Archi, Castellazzo, Castelleone. — PRINCIPATI: Torrebruna, Montercole. — *Alfonso* Conte d'Archi, Comandante della R. Armata contro Bartolomeo Coglione, 1468. — *Francesco Ferdinando* Stratigò e poi Vicerè di Sicilia, 1570. Il ramo primogenito dei Principi di Torrebruna e Marchesi di Celenza si estinse in una femmina maritata nella famiglia de Lerma Duchi di Castelmezzano. *Gaetano d'Avalos* de' principi di Torrebruna, padre del fu *Carlo* e del vivente *Francesco* ottenne nel 2 agosto 1813 il titolo di Duca sul cognome spettante ora alla minorenne *Regina d'Avalos*, figliuola del fu *Gaetano*, unico maschio del detto *Carlo*. — p. 103 vs. 46. C. *Ferrante* non fu Vicerè di Sicilia. Tal carica fu occupata da *Francesco Ferdinando d'Avalos* segnato al vs. 47. —

ARMA: Di azzurro alla torre merlata di oro: con la bordura composta di argento e di rosso di sedici pezzi.—MOTTO: *Pariter renovantque labores.*

**AVELLA.** — Famiglia normanna originata da *Arnaldo Siginolfo* Conte di Avella, dalla quale terra i suoi discendenti presero nome. Altri credono che fosse originata dai Duchi d'Austria. Per aver seguito le parti degli Svevi, fu spogliata dei suoi feudi da Carlo I d'Angiò.—MONUMENTI: *Napoli* nella Chiesa di S. Lorenzo. — BARONIE: Castellammare, Cotona, Palma, Saponara, Torricella. — CONTEE: Alife 1250, Avella, Ponza. — PARENTELE: Alemagna, Aquino, del Balzo, Gesualdo, della Marra, Sanseverino, Stendardo. — AUTORI: Ammirato, Campanile Giuseppe, Ciarlante, Collenuccio, Crescenti, della Marra, Tutino — *Arnaldo* detto anche *Corrado* essendosi impossessato di gran parte della provincia di Terra di Lavoro, e saputo della venuta di Re Manfredi gli oppose resistenza. Costretto poi a fuggire si rinchiuse nel castello di Aversa, donde tentando di mettersi in salvo fu ucciso. *Guglielmo* Segretario di Stato e Consigliere di guerra di Re Manfredi. *Riccardo* detto anche *Rinaldo* Maestro Razionale della Regia Corte e Consigliere di Re Carlo II di Angiò, e suo Ambasciatore a Roma, Capitan generale e Grande Almirante del Regno. Comandò 50 galere e combattè con Arrigo de Mari contro Re Giacomo di Sicilia. Prese Augusta ove fu assediato da Ruggiero di Loria, e dopo viva resistenza fu costretto a rimbarcarsi. Ebbe, *Rinaldo,* due sole figliuole, *Margherita* che sposò Filippo Stendardo e non ebbe eredi, e *Francesca* che fu moglie di Amelio del Balzo, dal quale discesero i Duchi di Alessano. Essa successe nei feudi di sua famiglia, che si estinse in lei. — ARMA: Di rosso alla fascia di argento.

**AVEZZANO** (d'). — Famiglia originata dai Conti dei Marsi, che prese nome dalla signoria di Avezzana nel 1040. Si estinse nella casa Sanseverino Conti di Tricarico nel 1300. — Ha goduto nobiltà in Napoli nel Seggio di Nido. — BARONIE: Abriola, Avezzana, Muro, Salandra, Tricarico. — PARENTELE: Aquino, Artus, Marra (della), Polliceno. — AUTORI: Almagiore, Ammirato, Lumaga, Marra (della), Ostiense ed altri. — *Taddeo, Gualtiero, Baldassarre* ed *Ettore* si trovano tra' baroni del Regno nel 1187. — ARMA: Di argento alla banda di rosso accompagnata da tre uccelli di nero senza becco e senza piedi due nel capo ed uno nella punta.

**BACIO TERRACINA**. — v. I° pag. 105 — Ha goduto nobiltà anche in Sessa,—p. 105 vs. 26 C. Capaccio (Storia napoletana), della Chiesa (Teatro delle Donne lett.). — ARMA: Di azzurro al leone di argento, col capo d'oro caricato da un giglio di rosso accompagnato da due rocchi o da due bicchieri del loro colore naturale.

**BALBANO o VALVANO**. — Famiglia originata da'Conti di Marsi, che prese nome dalla signoria di *Balbano* o *Valvano*. Si estinse il ramo principale in *Raone,* che morendo senza eredi lasciò i suoi beni a Federico II Imperatore. Il ramo di signori di Balbano si estinse verso la metà del secolo XIV in una donna maritata nella famiglia Ruffo Conti di Sinopoli. Un ramo della famiglia *Balbano* dal possesso del feudo di Dragoni si cognominò *Dragone* o *di Dragone.* — BARONIE: Armatera, Balbano, Cairano, Calobietto, Calitri, Capossele, Castiglione, Cedogna, Cisterna, Diano, Dragone, Liceto, Monterisi, Monteverde, Pescopagano, Rocca, Sansevero, Santangelo, Valva, Vitalba. — CONTEE: Apice, Conza. — AUTORI: Campanile, Ciarlante — *Gilberto* Giustiziere di Capitanata pel Re Ruggiero. *Riccardo* Barone in tempo di Re Guglielmo II e Gran Contestabile del Regno. *Gionata* Conte di Conza fu tra' congiurati per uccidere l'Ammiraglio Majone. — ARMA: Di oro alla fascia di nero accompagnata da tre api di azzurro, due nel capo affrontate ed una rivoltata nella punta.

**BALDACCHINI**. — v. III° pag. 31. — *Giovanni* Milite e Regio Familiare del Re Roberto nel 1307.

**BALSORANO**. — Famiglia di origine normanna, che prese nome dal feudo di Balsorano. Ha goduto nobiltà in *Avellino* ed in *Sarno* e si estinse nella famiglia dei Marchesi Cammarota.— BARONIE: Acquamagna, Balsorano, Bellizzi, Capurso, Massafra, Stigliano. — PARENTELE: Abignente, Aiello, Atricia, Boccafinga, Cammarota, Cappellano (del), Cardoino, Leone, Minutolo, Normandia, Pandone, Pisanelli, Pinto, Russo, Sanfelice, Spada, Stefanellis, Ventimiglia, Villano. — AUTORI: Alfano, Almagiore, Bacco, Beltrano, Lumaga, Mazzella, Toppi — *Giov. Paolo* Dottore in legge ed Avvocato primario dei suoi tempi, stampò un dotto Commentario circa la proibizione della vendita dei feudi e scrisse anche sulle Costituzioni del Regno. *Rinaldo* Milite e signore di Massafra sotto Carlo I d'Angiò. *Giacomo* Milite e signore di Stigliano nel 1278. *Adinolfo* Barone di Capurso ed Acquamagna presso Sarno nel 1289, dal Re Carlo I fu creato Balio dei figli di suo fratello *Matteo. Ponzio* Capitano in servizio di Re Roberto d'Angiò, e Scudiere della Duchessa di Calabria. *Gentile* e sua moglie *Perna* nel 1357 fondarono presso la loro casa in Sarno la Cappella di S. Caterina, costituendola padronato della loro famiglia e dotandola di beni, con l'obbligo al Reverendo Capitolo di Sarno di celebrarvi una messa solenne nel giorno di S. Caterina. Questa Cappella si è posseduta fino agli ultimi tempi del Barone di Bellizzi *Giovanni Balsorano. Cobella* possedendo nel 1398 alcuni beni feudali in Sarno fu in lite col Conte di Sarno. Nel 1598 la Gran Corte della Vicaria ordinò al Conte di Sarno di rispettare i dritti della nobiltà di detta Città la quale aveva la facoltà di eligere per maestro di fiera un nobile. *Rodino* General Sopraintendente di Raimondo Orsino Principe di Salerno. *Angelo Vincenzo* stabilì la sua famiglia in Danzica nel 1600. *Baldassarre* Cavaliere Gerosolimitano di Giustizia nel 1651. *Giovanni* comprò dalla famiglia Caracciolo Principi di Avellino la terra di Bellizzi con titolo di Barone e con tutti i dritti feudali e stabilì in Avellino la sua famiglia, che fu aggregata a quella nobiltà. — ARMA: Di oro al grifo alato di azzurro, linguato di oro con la banda di rosso attraversante sul tutto.

**BALZO (del)** — v. II° p. 8. — FEUDI: Asnello, Golisano, Polizio. — DUCATI: Schiavi 1681, Caprigliano 1696, Presenzano 1734 — Il ramo de' Duchi di Schiavi si estinse in *Eleonora* che sposò Francesco Muscettola Principe di Leporano e Conte di Picerno. — Il ramo de'Duchi di Caprigliano si estinse in due femmine che non lasciarono discendenti — *Vespasiano* signore di Pomigliano e di Schiavi, sperimentato condottiero di gente d'armi, molto si distinse nelle guerre dello Stato di Milano e nel Regno, epperciò ottenne il titolo di Duca di Schiavi nel 1681.—AUTORI: Summonte, C. Il ramo dei *Del Balzo* Conti di Castro e di Ugento si estinse in *Antonia* sposata al Principe di Butera Branciforte, la quale fu dotata da D. Ferrante Gonzaga Vicerè di Sicilia, perchè il di lei padre *Francesco* per aver parteggiato pei francesi fu spogliato dei suoi feudi. Il ramo dei *Del Balzo* Conti di Alessano si estinse in *Antonicca* che fu moglie di Ferrante di Capua Duca di Termoli, il quale nel 1521 comprò dal Regio Fisco la Città di Molfetta e quella di Giovinazzo e procreò Isabella che fu sposa a D. Ferrante Gonzaga Vicerè di Sicilia. — ARMA: Di rosso alla stella crinita di argento di sedici raggi.

**BARABALLO, FARAFALLO o VARAVALLO.** — Famiglia di cui si hanno memorie nel 1200. Alcuni la vogliono originata da Giacomo Capece signore di Baraballo, ed altri la dicono originaria di Gaeta e che la vogliono aggregata alla famiglia Capece. Si divise in due rami, l'uno goduto nobiltà in *Napoli* nel Seggio di Capuano e l'altro in *Gaeta*. — MONUMENTI: *Napoli* nel Duomo e nelle Chiese dei SS. Apostoli e di Donnaregina.—BARONIE: Baraballo, Castrocucco, Cesa, Dagazano, Giugliano.—PARENTELE: Aiossa, Alitto, Aversana, Azzia, Barrile, Biscia, Bozzuto, Brancaccio, Brancia, Capece, Caracciolo, Cortese, Crispano, Dentice, Filangieri, Gattola, Giner, Guindazzo, Latro, Minutolo, Pasca, Piscicelli, della Posta, Protonobilissimo, Scannasorice, Seripando, Siginulfo, Tomacelli, Torres.—AUTORI: Aldimari, Bacco, Borrello, Campanile Filib., Capaccio, Chioccarello, Engenio, de Lellis, Lumaga, Marchese, della Marra, Pacicchelli, de Pietri, Summonte, Terminio. — *Pietro* feudatario sotto Re Manfredi andò in Roma ad aiutare il popolo romano ribellato a Papa Alessandro IV. *Giovanni* Capitano di Napoli, sovvenne di danaro il Re Carlo I d'Angiò pel matrimonio della figliuola Beatrice, Imperatrice di Costantinopoli, e con lui prestarono danaro Paolo Siginulfo, Nicolò Monforte, Giovanni Alopa, Marino Ruffo ed altri. *Nicolò* prestò danari a Carlo I. *Sinibaldo* fu tra' feudatarî inquisiti da Carlo I. *Pietro* scudiero di Re Roberto. *Giovanni* Ciambellano e Consigliere di Re Roberto. *Agnello* Straticò di Salerno, Giustiziere di Terra d'Otranto, di Calabria e di Capitanata, Secreto e Maestro Portulano nel 1320. *Lisolo* Ciambellano del Re nel 1384. *Agnello* Maestro Ostiario nel 1427. *Nicolò* Maestro Razionale nel 1471. *Giacomo* medico del Re nel 1600. — ARMA: D'argento con due fasce di azzurro.

**BARONE.** — Diverse sono le opinioni degli autori circa la origine di questa famiglia. Alcuni dicono che sia originaria di Napoli e propriamente di Gragnano, per lo che si disse anche *de Gragnano*, asserendo che il primo di cui in Napoli si ha memoria fu *Giovanni Barone*, milite ed amministratore del fondaco e della Dogana del Sale in Castellammare nel 1270. Altri la vogliono venuta di Scozia nell'anno 820 con Carlo Magno, e che in Italia si propagò in diverse Città e specialmente in Napoli ed in Sicilia. Altri infine ritengono che ebbe origine da un *Giracio Barone*, guerriero provenzale, venuto con Carlo I d'Angiò, e che avendo valorosamente combattuto alla battaglia di Benevento, fu carissimo al Re, che lo decorò del cingolo militare e nel 23 luglio 1279 gli concesse il feudo nobile La Cattiva in Calabria, il quale fu riconfermato alla famiglia da varî Sovrani successi nel Regno a Carlo I. Questa famiglia ha goduto nobiltà nelle città di *Napoli*, *Messina*, *Reggio* (1), *Tropea*, *Lecce, Cosenza, Amalfi, Nola* (2), *Bitonto, Aquila, Stigliano, Gragnano* (3), *Sorrento, Catanzaro, Nicotera, Montelcone, Lucera* ed in Toscana. È però da osservarsi che non tutte le famiglie *Barone* nobili nelle sudette Città derivano dal medesimo stipite ed ancorchè 'ciò fosse, mancano documenti che lo dimostrino chiaramente. I rami di Catanzaro, Cosenza, Lucera e Bitonto sono estinti. I *Barone* vestirono l'abito di Malta nel 1487. Il ramo *Barone* Duchi di Frisia nobile di Capua, si estinse in *Beatrice* che sposò Francesco Marulli di Barletta nel 1650. Il ramo de'*Barone* Baroni di S. Demetrio si estinse nella famiglia Capitaneo di Modugno. Il ramo della famiglia Abenavolo Marchesi di Montebello, nobile a Reggio si estinse nei *Barone* nobili di Messina.—MONUMENTI: *Napoli* nelle Chiese di S. Domenico maggiore e S. Agostino: *Tropea* nella Cattedrale: *Reggio* nella Chiesa dei Carmelitani: *Nola* nel Duomo e nella Chiesa della Immacolata: *Livari* nella Chiesa di S. Francesco ed in *Gragnano*.—FEUDI: Alife, Amendolara, Bagliva di Trani, Baranello, Bisenti, Borgonegro, Bosio, Calimera, Campostella, Cancellara, Castrense, Cavalleria, Collalto, Desideraini, Disi, Dogliola, Fara, Gariti, Gioia, Iannulise, La Cattiva, Laurenzana, Mesiano, Morula, Mottolia, Oria, Ortona, Padula, Potomia, Pozzomauro, Rignano, Ritella, Sacchi, Sandemetrio, Sanmichele, Scarpasecca, Sora, Tancrise, Vignanello.—CONTEA: Casoli.—MARCHESATI: Livari, Montebello.—DUCATO: Frisia.— PARENTELE: Abenavolo, Adesi, Adilardi, Afflitto, Aiello, Aiossa, Alagno, Alagona, Alfano, Aliprandi, Appendicario, Aquino, Arduino, Bacio Terracina, Bagno (del), Baldacchini, Barrile, Bonito, Braccio, Brancia, Cafaro, Calò, Capitaneo, Caracciolo, Carafa, Castelle (delle), Coppola, Cotinelli, Diano, Fazzari, Filomarino, Foro, Francia, Francoperta, Frezza, Gaetani, Galluppi, Gambacorta, Gatta (della), Genovese, Geria, Giudice (del), Guevara, Lancellotto, Latro, La Via, Leonessa (della), Mallano, Martirani, Medici, Miroballo, Monforte, Morra, Napaldo, Notariis (de), Onofrio, Pagano, Pallavicino, Pando, Papalia, Parisio, Pignatelli, Poderico, Protospataro, Rivera, Rogadeo, Sambiase, Sersale, Settis (de), Soriano, Spadafora, Spina, Telesio, Tocco (di), Toraldo, Tranfo, Ulloa, Valuto ed altre.—AUTORI: Accattatis, (Biog. degli Uom. illus. delle Calabrie), Aldimari (Fam. imp. coi Carafa), Alfano (Diz. geog.), Almagiore (Giunte al Summonte), Amari, Ammirati (Fam. nob.), Amely, Ansalone (de sua fam.), Apollinare (il Cav. Romito), Araldi (Ital. nob.), Avatf Carbone (Difesa del sedile chiuso di Portercole in Tropea), Baronio, Bartolomeo da Nicastro (Stor. Mess.), Bisogni, Camera (Annali), Campanile Gius. (Fam. nob.), Capecelatro (Diario), Capialbi (Mem. della Chiesa Tropeana), Castiglion Morelli, Coninger, Crescenti (Cor. della nob. d'It.), Donstero (Stor. di Scozia), Engenio (Nap. Sacra), Fiore (Cal. illus.), Galluppi (Arm. Ital.), Galluppi (Nob. di Messina), Galluppi (Stato presente della Nob. Messinese), Granata (Stor. civ. di Capua), Labini (Della fam. Barone), Lellis (de) (Disc. delle Fam. Nob.), Lellis (de) (MS.), Lesleo (Vita di Re Giacomo III.), Lumaga (Nob. dell'Europa), Maldacea (Stor. di Sorrento), Marra (della) (Fam. Nob.), Maurolico (Comp. della Storia di Sicilia), Mazzella (Descrizione), Minutolo (Priorato di Messina), Mongitore (Bibl. Sicula), Monteleone (Giornali), Mugnos (Nob. di Sicilia), Muratori (Uom. Illus.), Pacicchelli (Reg. di Nap. in prosp.), Paglia (Stor. di Giovinazzo), Palizzolo (Il Blasone in Sicilia), Polidori, Pozzo (del) (Ruolo gen. dei Cav. geros.), Recco (Not di nob.), Sacco (Diz. geogr.), Simone (de) (Lecce e contorni), Situaz. dei pagam. fisc. 1652, Summonte

(1) Hanno goduto anche del patriziato di Reggio in Calabria le famiglie: Abenavolo, Alagona, Barilla o Barrile, Bosurgi, Bozzetta o La Boccetta, Burza, Campagna, Campolo, di Capua, Carbone, Castelli, Ciriaco, di Diano, Falletti, Ferrante, Filocamo, Francoperta, Furnari, Genovese, di Giovanni, Giovene, Geria, Iodice o del Giudice, Latomia, Logoteta, Maiorana, Malgeri, Mari, Mazza, Melissari, Melito, Monsolino, Parisio o Parrasio, Patomia, Pitali, Ricca, Riccoboni, Spanò, Suppa.

(2) In Nola ànno anche goduto del patriziato le famiglie Albertini, Alfano, Candida, Cesarini, Cocozza, Fellecchia, Fontanarosa, Frezza, di Gioseppe, del Giudice, Longo, Marifeoli, Mastrilli, Mazzei, Monforte, Morra, de Notariis, di Palma, Piergiovanni, de Riso, Santoro, Supino, Scrignario, Tansilli, de Tetis, Trara.

(3) Le altre famiglie che hanno goduto nobiltà in Gragnano sono: d'Afflitto, Amato, Attanagi, Auria, Comparato, de Conciliis, Dommarino, Giuliano o Giulianova, Golano, Marchese, Marini, Martini, Medici, de Miro, de Rimini, Sicardi.

(Storia) Toppi (Bibl. Nap.) Toppi (Orig. Trib.), Villabianca (Sicilia nobile), Zazzera (Famiglie Illus.)—*Giracio* nel 1282 quando avvenne il Vespro Siciliano, con Pietro Pelliccia, Pretore della Città di Reggio, furono destinati a difesa della Città di Nicotera contro Ruggiero di Loria, dal quale assalita di notte tempo, fu presa dopo lunga e valorosa resistenza; *Giracio* e Pietro fatti prigionieri e condotti in Messina, vennero decapitati. *Comito, Filippo e Matteo* (figli di *Giracio*) pei meriti del padre fu loro concesso da Re Carlo II un feudo nel quartiere Carbonara. *Goffredo* Giudice della Gran Corte nel 1381 fu destinato ad inquirire in Valdicrate e Terra Giordana molti ufficiali e nobili. *Pietrocola* familiare della Regina Giovanna II, dalla quale ottenne il padronato della mercatura delle monete, pesi e misure della Città di Amalfi, ove nel 1421 stabilì la sua famiglia. *Antonello* prode guerriero, militò per la Regina Giovanna II, fu Castellano della Città di Trani e di Acerra. Quando gli acerrani si resero al Principe di Taranto, ad *Antonello* fu dato il Castello di S. Elmo, tolto a Ciarletta Caracciolo, ma andando in rovina le cose di Renato d'Angiò, aderì agli Aragonesi. Fu *Antonello* Tesoriere generale del regno, Consigliere e Presidente della Regia Camera. *Iacopo* Familiare della Regina Giovanna II, nel 1463 fu tra' Baroni di Terra d'Otranto, che prestarono giuramento di fedeltà nel castello di Lecce al Re Ferdinando I d'Aragona. *Carlo* nel 1443 serviva con 4 lance proprie. *Argenzio* nel 1465 fu tra' 450 Cavalieri delle Gramaglie così detti perchè vestivano di nero per la morte del Re. *Francesco* autore dell'opera *De Panormitana Maiestate* ecc. *Guglielmo* Regio Consigliere nel 1467. *Vincenzo* Maestro portulano di Puglia, Terra di Bari e Capitanata. *Tommaso* Maestro di Campo, Consigliere, Presidente della Regia Camera e Procuratore regio nelle province di Capitanata, Basilicata e Terra di Bari. *Gabriele* Familiare e Continuo del Re, Giustiziere di Terra d'Otranto e Bari e poi Presidente della Regia Camera—Formavano i Continui una Compagnia alla quale era commessa la guardia del Re, i quali in prosieguo furono detti Guardie del Corpo; mentre nei primi tempi degli Angioini si chiamavano Stazionarii. Una Compagnia di Continui era anche tenuta in Napoli da' Vicerè. — *Pietro Giovanni* Maestro Razionale della Regia Zecca. *Luzio* Maggiordomo di Re Ferdinando I. *Francesco* Luogotenente delle Dogane nelle provincie di Puglia, ottenne da Re Alfonso II la riconferma degli Uffici di Maestro portolano, Maestro dei sali, Procuratore e Segreto di Terra d'Otranto e Basilicata, che gli erano stati concessi da Re Ferdinando I. Fra *Emilio* Predicatore e Teologo insigne. *Berengario* Scudiere di Ferdinando I d'Aragona. *Nicola* nel 1491 sottoscrisse una convenzione fatta tra il Re e Gabriele Castelletto per le miniere di ferro in Calabria per Consigliere e poi Presidente della Regia Camera, ed ottenne il dritto dell'acqua di Gragnano in feudo e la esenzione di tutti i pagamenti fiscali. Concesse il corso dell'acqua ai cittadini ed ai monasteri di Gragnano, i quali per gratitudine gli eressero un monumento. *Laura* fu tra le dame che accompagnarono Isabella d'Aragona, che andò sposa a Galeazzo Sforza Duca di Milano. *Berardino, Geronimo, Iacobello e Bartolomeo* (fratelli) militarono valorosamente pel Re Ferdinando II. d'Aragona, ed alla invasione di Carlo VIII. di Francia, presidiarono la terra di Mesiano in Calabria con 400 soldati a proprie spese. Espugnata però quella città, essi passarono in Messina e, discacciati i francesi dal Regno, vennero col Re in Napoli e con molto valore presero tre castelli, che erano ancora tenuti da quelli; ed in compenso il Re, chiamandoli suoi familiari e fedeli dilettissimi, concesse loro la esenzione dei pesi fiscali ed il permesso di mettere nello stemma tre castelli d'argento, in memoria di quelli da essi espugnati. *Maurizio* autore di un Trattato Apologetico circa la vera patria di Santa Domenica. *Antonio* gesuita pubblicò la vita di Santa Domenica ed altre molte opere. *Ignazio* celebre poliglotta, uomo dottissimo, filosofo, matematico e giurista, fu Presidente dell'Accademia degli Affaticati di Tropea sua patria. *Annibale* Giudice di Vicaria e Regio Consigliere nel 1510. *Paolo* Vice-Segreto di Reggio nel 1529. *Silvio* Sindaco di Reggio ed Ambasciatore a D. Giovanni d'Austria nel 1565. *Antonio* Maestro portulano di Puglia e Basilicata. *Ottavio* Sindaco di Tropea nel 1616. *Giuseppe* Arcivescovo di Reggio nel 1729. *Domenico* Conte di Casoli, stando in Livari, si portò in sua casa il Re Carlo III perchè l'aria di quei luoghi era confacente alla salute della Regina. Ebbe perciò dal Re il titolo di Marchese di Livari, ove egli edificò nella Chiesa di Santa Maria della Neve la Cappella della Vergine. Fondò in Casoli una Cappella dal titolo di S. Gregorio Papa. Diede alle stampe e fece recitare varie commedie, per le quali acquistò non poca rinomanza, epperciò gli Accademici oziosi in lode di lui pubblicarono nel 1735 una raccolta di componimenti tra'quali avvi un sonetto di Giambattista Vico. *Carlo Alfonso*, del ramo di Messina, Marchese di Montebello e Retro Ammiraglio della Real Marina Italiana. — ARMI: Ramo di Messina e Reggio di Calabria: D' argento a tre fasce ondate d' azzurro col capo del medesimo sostenuto da una trangla di oro e caricata da tre stelle dello stesso—Ramo di Napoli, Capua e Nola: D'azzurro alla croce d' oro cantonata da quattro rose dello stesso—Ramo di Tropea: Di rosso a tre fasce ondate d' oro caricate da due stelle del medesimo. — CIMIERO: Tre torri d' argento—Rappresentano questa famiglia pel ramo di Nola il Marchese di Livari PASQUALE BARONE, Patrizio di Nola, pel ramo di Sicilia ALFREDO BARONE, Patrizio di Messina e di Reggio, e pel ramo di Tropea PASQUALE BARONE, Patrizio di Tropea.

**BARRILE.** — v. I° p. 107. Ha goduto nobiltà in Pozzuoli. — C. Capri fu posseduto da questa famiglia senza il titolo di Principe. — ARMA: Di azzurro al grifo rampante di oro attraversato da un rastello di tre pendenti di rosso.

**BECCADELLI.** — v. I° p. 109. — FEUDI: Ardore, Cattura, Fontanamurata, Roccadevandro, Sannicola. C. Dai Principati togliere Sabuci. *C. Antonio* Consigliere di Re Ferdinando I. *Antonio* Segretario di Alfonso II d'Aragona ed *Antonio* detto il Panormita sono un solo individuo.— *Domenico* Principe di Camporeale, Capo di Corte soprannumerario 1834. — ARMI: 1. Di azzurro al piede di aquila alato d' oro. — 2. Spaccato: nel 1° di Aragona e Calabria inquartato a croce di S. Andrea; nel secondo di azzurro a tre piedi di aquila alati d'oro.

**BELPRATO.** — Famiglia originaria della Spagna. Se ne hanno memorie fin dall' anno 1080. *Simonetto Belprato* portò da Valenza la sua famiglia in Napoli seguendo il Re Alfonso I di Aragona. Ha goduto nobiltà in *Napoli* fuori Seggio, e si estinse nella famiglia di Capua. — MONUMENTI: *Napoli*, nella Chiesa di S. Pietro Martire. — BARONIE: Campogiove, Canzano, Oria, Villalago. — CONTEA: Anversa. — PRINCIPATI: Crucoli, Santovito.—PARENTELE: Afflitto, Arena, Capua (di), Carafa, Colonna, Dentice, Garofalo, Grappina, Lannoy, Manso, Marchese, Marra (della), Orsino, Sangro, Tolfa. — AUTORI: Aldimari, Bacco, Contarini, de Lellis, della Marra, Muratori (Uom. ill.), Mazzella, de Pietri.—*Simonetto* Capitano a guerra di Brindisi ed Ambasciatore a Milano pel Re Ferdinando I nel 1482. *Vincenzo* Conte di Anversa Cortigiano del Re e Socio dell'Accademia degli Ardenti nel 1488.—*Berardino* Presidente del S. R. Consiglio nel 1663.—ARMA: Spaccato di rosso e di verde con la fascia in divisa d'oro; nel 1° un giglio d'argento; nel 2° seminato di fiorellini di rosso gambuti e fogliati d'oro.

**BILOTTA.** — v. I° p. 112.—FEUDI: Faiano. — ARMA: D'oro alla serpe di nero terminata da due teste linguate di rosso.

**BLANCH.** — v. I° pag. 114. — *Luigi* Deputato dell' Assemblea legislativa, fu esimio scrittore di cose militari e filosofiche. Scrisse opere pregevolissime e tra le altre rinomatissima quella « Della Scienza Militare considerata nei suoi rapporti con le altre scienze e col sistema sociale ». Tale lavoro gli meritò l'ammirazione di tutti. Avea egli fatta la campagna di Russia e combattuto sotto Murat nel 1815. Morì nel 1870 e fu l'ultimo maschio della sua famiglia. — ARMA: Di azzurro con nove stelle d'oro. poste 3, 3, 3.

**BLASIO (de) o BLASIIS (de)** — Famiglia creduta di origine romana. Ha goduto nobiltà in *Benevento*, il cui ramo si estinse, in Sulmona, in Reggio di Calabria ed in Sicilia. — MONUMENTO: *Benevento* nella Chiesa di S. Francesco. — BARONIE: Cavarretto, Diesi, Guardialfiera. Mondola, Molise, Palezzi, Pietrapennata, Raopinella, Roio, Sanblasio, Sparacia—CONTEA: Vasto falcone.—PARENTELE: Aquila (dell'), Caldora, Candida, Capasso, Capoferro, Capua (di), Collevaccino, Lagonessa, Latino, Marzano, Mastrogiudice, Orsino, Pantasia, Sellaroli, Sindico.— AUTORI: Alfano, Confuorto, Mazzella, de Nicastro, Sacco, della Vipera.—*Alfonso* Principe dell' Accademia dei Ravvivati. *Gabriele* Consigliere di Re Ferdinando il Cattolico. *Giovanni Battista* celebre guerriero e Consigliere di Re Ferdinando il Cattolico. *Filippo* prode capitano di Re Filippo III e del Duca di Savoia, e Condottiero di 4 Compagnie di fanti nel Milanese.—ARMA: D'azzurro al libro aperto d'oro caricato nella pagina a destra del nome Blasiis, sormontato nel capo da una cometa d'oro.

**BOCCAPIANOLA.** — v. IV° pag. 36. — *Pietro* Arcivescovo di Cosenza 1293.—AUTORE: Bonazzi.

**BOMBINI.** — v. V° pag. 45. — *Bartolomeo*, nel 1510 fu Giudice della G. C. della Vicaria, con Annibale Macedonio di Napoli, Simone d'Apuzzo di Castellammare, Giovan Pietro Cataldi di Angri, Filippo Carmignano di Napoli, Gentile Albertini e Annibale Barone di Nola, Goffredo Cappella di Teano, Annibale de Luca di Airola e Pietro Cirino di Cosenza. *Nicola* Regio Governatore di Frosolone nel 1751.

**BONANNO.** — v. I° p. 117.—*C. Placido* non fu Cavaliere Gerosolimitano. Tale onorificenza si appartiene al suo fratello *Girolamo*. — ARMA: Di oro al gatto passante di nero.

**BONAZZI.** — v. III° p. 34.—C. vs. 2. Della Città di Brescia in Lombardia leggi Lombarda, vs. 2. Brescia, leggi Bologna, vs. 12, 1788, leggi 1796—vs. 17. un altro venne con sovrana risoluzione dell' Imperatore d' Austria del 5 maggio 1820, riconfermato nell' antica nobiltà ed ascritto ai registri della nobiltà Lombarda—vs. 21. ed è stata per decreto 13 Dicembre 1881 pure ascritta con detto predicato ex feudale di S. Nicandro e co' titoli e qualifiche di nobile e di patrizio delle Città di Bergamo e di Bari ne' Registri della Consulta araldica del Regno—vs. 22, nella Chiesa di S. Tommaso, leggi, nella Chiesa e nel Chiostro di S. Martino, e nel Coro di S. Francesco; in Parma nella Chiesa della Steccata, in Pisa nell' antico Camposanto Pisano — vs. 23. e ne sorgevano in Bologna nell' abolita Chiesa di S. Tommaso del Mercato, ed in Bergamo nell' abolita Chiesa di S. Agostino, le cui lapidi sepolcrali, fra cui quella dei *Bonazzi* del 1512, trovansi oggidì nell' Ateneo della stessa Città. — PARENTELE: Benagli, Capitano di Mutio, Dolfi, Malvasia, Marescotti, Marsigli, Passi, Pepoli, Zambeccari, Zoppi,—p. 35, vs. 8, Mazzolla, leggi Marzolla.—AUTORI: Alidosi (Cataloghi dei Confalonieri, Anziani ecc.), Almanacco della nobiltà Italiana anno II, Angelini (Bergamo a Musaico), Bonazzi (La cronaca di Vincenzo Massilla), Bumaldi (Bibl. Bolognese), Bombaci (I Bolognesi Illustri), Fantuzzi (Scrittori Bolognesi), Fattorini (de Claris Arc. Bonon. Professoribus), Gherardelli (Il memorando contagio), Gherardacci (Istoria di Bologna), Grimaldi (Uom. Illus. Pisani) de Gubernatis (Dizion. biograf.), Mazzetti (Profess. di Bologna), Muratori (Rerum Italicarum), Mozzo (Antichità Bergamasche MS.), Mazzucchelli (Scrittori italiani), Verri (Storia degli Ezzellini), Vaerini (Scrittori Bergamaschi) — p. 35, vs. 14, 1277 leggi 1217 — p. 36, vs. 42, Marcantonio leggi Pietro Dionisio.

**BONIFACIO.** — v. I° p. 120. — Questa famiglia trovasi detta alle volte anche Panella.— AUTORI: Ughelli (Italia sacra), Volpi (Cronol.). — *Roberto* fu incaricato dal Seggio di Portanova, al quale spettava, di aver cura delle esequie della Duchessa Ippolita Sforza moglie di Alfonso d' Aragona Duca di Calabria, la quale nel 21 agosto 1488 fu interrata nella Chiesa della SS. Annunziata. *Berardino* ed i suoi figliuoli, per gli abusi che commisero nei loro feudi nella Provincia di Lecce, furono trucidati dal popolo. — ARMI: 1. Di azzurro alla banda scaccata di oro e di rosso accompagnata da due leoni di argento—2. Di oro con quattro pali di rosso, con la banda di argento attraversante sul tutto.

**BONITO.** — v. I° p. 123. — Questa famiglia, fu detta prima anche *Benct*.—FEUDI: Grazzanise, Porcile, San Marcellino, Starza. — Il feudo di Bonito fu posseduto da questa famiglia senza il titolo di Duca. Fu devoluto al fisco per la morte senza eredi di *Andrea Bonito* ultima Duca dell' Isola nel 1757. — *Alessandro*, Patrizio di Amalfi e Cavaliere Gerosolimitano nel 1577. Fra *Filippo* Cav. Geros. 1651, Fra *Domenico* Cav. Geros. 1671. Fra *Filippo* Cav. Geros. 1691. — ARMA: Di azzurro alla banda d' oro con sei mezzi gigli d' oro partenti dalla banda 3 di sopra e 3 di sotto.

**BORGIA.** — v. I° p. 125.—FEUDI: Carra, Olivadi, Palagonia, Sanliguoro. — CONTEA: Carinola—MARCHESATI: Alcagnices, Oropesa. — DUCATI: Spoleto, Vallemezzana.—PRINCIPATI: Chiaromonte, Lauria, Tricarico che furono concessi da Re Alfonso II d' Aragona col Contado di Carinola a questa famiglia. — La famiglia Loyola, Marchesi di Oropesa si estinse in Anna Maria sposata a *Giovanni Errico Borgia*. Era essa figliuola di Martino di Loyola e della Infante Beatrice Incay, figlia del Principe D. Diego Ingo XVI Re del Perù. *Domenico* Reggente del Collaterale Consiglio. *Giuseppe* Regio Consigliere. — C. p. 128. Non ritrovandosi regio assenso alla cessione fatta dalla prima sorella del Duca *Alessandro Borgia* Balio dell'Ordine di Malta, alla seconda sorella, così alla famiglia Primicile non passò il titolo baronale su Montejase. — ARMI: 1. Di oro al bue di rosso posto su di un terreno di verde con la bordura di verde caricata da otto spighe di grano d'oro.—2. Di azzurro al bue d'oro.

**BORRELLO.** — v. I° p. 129.—FEUDI: Molognise. — ARMI: 1. Di rosso alla banda di argento caricata da tre cornette di rosso.—2. Di azzurro a tre bande d'oro col capo cucito di azzurro caricato da tre gigli d'oro.—3. Di azzurro seminato di gigli d'oro alla fascia d'oro abbassata sotto due chiavi similmente d'oro poste in palo.

**BOZZUTO.** — v. I° p. 131, C *Giacomo* Cardinale Arcivescovo di Napoli non è mai esistito ed è erroneamente citato da alcuni autori.—vs. 12, C. *Luigi* o *Ludovico*, fu Arcivescovo di Napoli nel 1378, ma non Cardinale.—*Andrea* Capitano di Barletta nel 1239. *Achille* Capitano di Fanti nella guerra tra Paolo IV e Filippo II. *Giovanni* ed *Alfonso* Militi di Re Alfonso I d'Aragona. — ARMA: Di oro alla banda di azzurro caricata da tre conchiglie di rosso.

**BRACAMONTE.** — Famiglia originaria di Francia, che passò in Aragona, portatavi da *Mosè Rubin de Bracamont* Almirante maggiore di Francia, in tempo che regnava Don Pedro I. Egli assicurò la conquista delle Canarie ai Re Giovanni I. ed Errico III. Per tale impresa ottenne molti privilegi questa famiglia che si stabilì poi in Avila, ove si divise in varii rami, uno dei quali passò nel nostro Regno. Ha goduto nobiltà in *Napoli* nel Seggio di Porto ed in *Lucera* ed ottenne il Grandato di Spagna di 1ª classe.—BARONIE: Bergia, Cespedosa, Fuente el Sol, Mugnoz, Naharrò, Puebla, Villarubia. — CONTEA: Pennaranda.—PARENTELE: Aldano, Avila, Candida, Enriquez, Galisano, Leiva, Montijo, Navarro y Roccufull, Toledo, Toraldo, Ybanes de Murcia, Saavedra, Valdebarano, Zuniga. — AUTORI: Amely, Cascales (Nobil. del regno di Murcia), Mozzogrugno (MS. sulla fam. della Candida nella Bibl. Com. di Lucera), Padiglione (Tav. stor. general. della casa Candida già Filangieri), Parrino, Salazar (Arboles de los costados ecc.), Troyli, Varron (Stor. gen. di Casa Leyva). — *Gonzalo* Cavaliere di S. Iago e Maestro di Campo in Fiandra. *Gasparo* Vicerè e Capitan Generale del Regno di Napoli, ebbe un solo figliuolo, *Gennaro*, Conte di Pennaranda e Grande di Spagna che morì senza lasciar figliuoli. — ARMA: Di nero al capriolo di argento sormontato da un bastone dello stesso, posto in fascia. — MOTTO: *Frustra qui non utitur.*

**BRANCACCIO.** — v. I° p. 134. — Ha questa famiglia anche goduto nobiltà in Sorrento, ove vedesi un monumento nel Duomo. — FEUDI: Amorosi, Cercemaggiore, Corropoli, Crecchio, Grisolia, Pacichello, Pago, Pistaso, Sanmauro, Satriano, Serpiodìruto, Spineta. — MARCHESATO: Montesilvano. — AUTORI: Capaccio (Stor. di Napoli), Confuorto (Stor. della famig. Ceva Grimaldi), Fiore (Cal. illus.), Granata (Stor. civ. di Capua), Gris de guerre et devises Paris 1852, Maldacea (Stor. di Sorrento), Strozzi (Oraz. fun. del Cardinale Brancaccio), Volpi (Cronol.)—MONUMENTI: Capaccio nella Chiesa principale—p. 138, vs. 12, C. *Nicolò* Cardinale e Protonotario della Santa Sede fu prima Arcivescovo di Cosenza. Per aver seguito le parti di Papa Clemente contro Giovanna II fu spogliato dall'Arcivescovado, ma recatosi in Avignone fu creato Cardinale. Egli edificò in Cosenza il Monastero di S. M. di Costantinopoli. *Marino* fu Capitano dell'Isola d'Ischia, 1395. *Leone* fu Ufficiale della Regia Corte di Lecce, 1492. *Marino* nel 1494 rappresentò il Seggio di Nido al Parlamento generale ordinato da Re Alfonso II. *Tiberio* Capitan generale della Cavalleria in Catalogna e Maestro di Campo generale di Re Filippo IV. Fra *Giuseppe* Cav. geros. e Generale di Artiglieria nel Milanese, Fra *Giovan Battista* Generale delle galere di Malta. *Rinaldo* Marchese di Montesilvano, Avvocato fiscale della Provincia di Lecce, 1630. *Desio* Capitano di Fanti, 1630. *Giovanni* (Marchese), fu nel 1734 Consigliere di Stato col Principe Corsini, Duca di Castropignano, Marchese Tanucci, Marchese Fogliani, Principe di S. Nicandro, Michele Reggio, Principe d'Aragona e Marchese Gaetano Maria Branconi.—ARMI: 1. Di azzurro con quattro branche di leone di oro moventi dai lati dello scudo divise da una fascia d'argento—2. Di azzurro con sei branche di leone d'oro moventi dai lati dello scudo divise da un palo d'argento caricato da quattro punte di rosso—3. Di azzurro con sei branche di leone di oro divise da un palo di argento caricato da tre aquile rosse al volo spiegato—4. Di rosso con quattro branche di leone di oro divise da un palo di argento caricato da tre torri di rosso. — MOTTO: Di fuor le leggi.

**BRANCIA.** — v. I° p. 140. — Monumento nella Chiesa di S.ª Maria delle Grazie in Nicotera. — FEUDI: Bulcenora, Cavigli, Sanleucio, Schifara o Vulcano.—MARCHESATO: C. Larino e non Laurino.—AUTORI: Fiore (Cal. ill.) — *Raffaello* fu Consigliere di Re Ladislao e Barone di Tortora, Aieta e Torre di Nava. *Ferdinando* Duca di Belvedere e Cavaliere di Calatrava, fu reintegrato nel Seggio di Capuana. *Tommaso* fu uno dei Deputati del Seggio di Capuana. *Francesco* Giustiziere in Calabria e familiare di Re Ladislao. *Ferrante* Governatore della città di Agnone. *Ferrante* Cavaliere di S. Giacomo e Menino della Regina di Spagna. *Francesco* fu Vescovo di Nicotera nel 1462. *Giovanni* Vescovo di Molfetta 1401. — Il ramo della famiglia Brancia passato in Nicotera ed aggregato colà alla nobiltà nella separazione di ceto eseguita nel 1649 è ora rappresentata in detta città dal Cav. FRANCESCO BRANCIA, fu Diego. — ARMA: Di azzurro alla branca di leone di oro movente dal lato sinistro dello scudo.

**BRANCIFORTE.** — v. I° pag. 142, v. 22, *C· Giuseppe*, non fu Cavaliere della SS. Annunziata, v. 24, *Nicolò Placido*, Duca di Santalucia ecc.: v. 26, *Ercole* non fu Cavaliere della Ss. Annunziata. C. v° 41, Pietro di Bologna, Principe di Camporeale. — ARMA: 1. Di rosso con tre leoni di oro posti 2 e 1. — 2° Di azzurro al leone di oro con le zampe anteriori mozzate, li quale tiene stretta una bandiera di argento, alla croce di rosso avente a'piedi uno scudetto con le due zampe tagliate, poste in croce di S. Andrea. — MOTTO: *Dominus fortitudo*.

**BRAYDA.** — v. I° p. 146.— ARMA: Di azzurro a tre caprioli di argento.—I titoli di Marchese di Soleto e Conte di Serramezzana si appartenevano ad un ramo ora estinto de' *Brayda*. L'attuale rappresentante Cav. *Giovanni* Presidente del Tribunale Correzionale di Messina discende da un ramo che nella metà del secolo XVI si stabilì in Giovinazzo staccandosi dal ramo che godeva i suddetti titoli.

**BUCCA.** — v. I° p. 148. — FEUDI: Malacocchiara. — ARMA: 1° Partito nel 1° di argento con cinque fascie ondate di nero, nel 2° palato di quattro pezzi di rosso e di oro, col capo di oro caricato da un'aquila nera al volo spiegato.

**BUDETTA.** — Questa famiglia dicesi originata da *Wirifrider* cavaliere normanno, che seguì le armi di Roberto Guiscardo. Da lui nacque *Guglielmo*, siccome risulta da un documento, che si conserva nello Archivio della SS. Trinità di Cava, nel quale si dice: « *Willelmus filius quondam nobilis Wirifrider Normanni, qui se vocabat Budecta, Anno 1118.* » — Questa famiglia fu cospicua ed illustre sotto le dinastie Sveva ed Angioina. — Ha goduto nobiltà nelle città di *Napoli* al Seggio di *Nido, Amalfi, Aversa, Nocera, Troia* (1), *Cittadducale e Montecorvino Rovella.* — La famiglia Damolodede nobile di Montecorvino, si estinse nei [*Budetta.* — MONUMENTI: *Napoli* nella Chiesa di S. Domenico Maggiore, ed in *Montecorvino*, nelle Chiese di S. Tecla, di S. Berardino, della Misericordia, dei Cappuccini e di S. Maria della Pace.— FEUDI: Bagliva di Calvi, Buccino, Budetta, Castelsangiorgio, Centoria, Pugliano, Ripacandida, Carbonara, Pedimonte in Capitanata, Casamesola. — PARENTELE: Agostino (d'), Angelis (de), Aragona (d'), Bevagna (de), Brancaccio, Caracciolo, Cavaliere, Corrado ed altre. *Guglielmo* fu tra' feudatarii, che nel 1269, prestarono il servizio militare, per la spedizione in Romania ordinata da Carlo I. *Bartolomeo* ebbe affidata la custodia dei passi in Calabria nel 1271. *Gentile* Milite e Governatore della città di Gaeta nel 1292. *Guglielmo* Milite e Governatore della città d'Aversa nel 1303 e poi di Gaeta nel 1307. *Goffredo* Capitano e Governatore della città d'Aversa nel 1305. *Mazziotto* Gentiluomo di Re Carlo II dal quale nel 1306 ottenne la concessione dei beni feudali di Calvi, che erano posseduti dal Milite Tommaso da Presenzano. *Francesco* Giustiziere di Val di Crate e Terra Giordana, nel 1309. *Filippo* Milite e Ciambellano di Re Roberto d'Angiò e Giustiziere di Calabr'a. *Rinaldo* Giudice e Portolano delle province di Principato e Terra di Lavoro, e Governatore della città di S. Maria di Foggia nel 1313. *Perrotto* fu tra' feudatarii, che prestarono il servizio militare per combattere in Cala- bria Federico II d'Aragona Re di Sicilia nel 1313. *Tommaso* Governatore della città di Aversa nel 1319 trovasi tra' feudatari di questa città e Capitano di Cittaducale nel 1330. *Matteo* Giustiziere di Principato Ultra nel 1323 e Capitano delle Montagne di Abbruzzo. *Matteo* Milite e Ciambellano di Re Roberto, e Governatore di Cittaducale, di S. Angelo e di Montereale. *Lirello* Vescovo di Gravina nel 1328. *Pietro* Elemosiniere e Cappellano maggiore di Re Roberto d'Angiò. *Carlo* Milite e Consigliere di Re Roberto d'Angiò. *Filippo* (detto Monaco) con Tommaso Pignatelli detto Iacono, Tommaso, Maffeo e Florimonte Brancaccio, detti Imbriaco e Maffusio, Sersale, tutti Cavalieri del Seggio di Nido, seguirono il partito del Duca d'Angiò nel 1382, e per tal delitto di ribellione furono esiliati in Melfi da Re Carlo III di Durazzo, e i loro beni confiscati. Al *Budetta* fu poi concessa l'amnistia ad intercessione del Luogotenente del Regno Napoleone Orsini. Nel 1383 Corrado Caracciolo espose al Re Carlo III che su i beni dei detti Brancaccio e *Budetta*, erano garantite le doti di sua sorella Marietta Caracciolo, e perciò ne chiese la restituzione, che gli venne fatta per ordine del Giustiziere del

---

(1) Hanno anche goduta nobiltà in *Troia* le famiglie: Afflitto, Baldi, Claritiis o Chiarizia, Eustachio, Gioiosa, Girardi, Lombardi, Rubeis (de), Saliceti, Singro, Sansone, Sassone, Siliceo, Tancredi, Tutiis (de), Vasto (del)·

Regno nel dì 17 gennaio dello stesso anno. *Giacomo* unitamente agli altri gentiluomini di Montecorvino, Cesare, Scipione e Francesco di Aitoro, Alessio e Bernardo de Alesiis, Antonio de Nigris, Leone de Cupetis, Carlo de Arminio, Vito, Matteo e Gigante de Sparano, Giulio Damolodede, Marcello e Macorino, Matteo de Giudice, Matttei, Achille e Pico de'Pichi, Marcantonio, Francesco ed il Dottore in legge, Carlo de Franchinis, Eustachio, de Oliverio, Clemente Piccolo e Fioravante Meo ed altri di Pugliano e Santa Tecla, quali furono: Agostini de Agostini, Geronimo, Antonio, e Giacomo Carrara, Cesare de Cesariis, Giacomo, Sanfilippo, Battista Morese e Didaco e Pietro de Cavaleriis, nel 24 giugno 1494, ottennero dal Re Alfonso II d'Aragona, un diploma di riconoscimento e riconferma della loro nobiltà, perchè discendenti da uomini illustri e per vari fatti d'arme sostenuti presso il Castello Nubolano in servizio di Re Alfonso I. Tal privilegio, che accordava alle loro famiglie molti privilegi e prerogative, è conservato nello Archivio di Stato in Napoli. Registrum Regis Ferdinandi 1491-1495, N. 58 fol. 65. *Pompeo* feudatario di Budetta e della Bagliva di Calvanico nel 1585. *Matteo* strenno guerriero, militò sotto Carlo V. Fondò un beneficio e cappellania gentilizia sotto il titolo di S. Maria della Pietà nel 18 luglio 1594. Finì i suoi giorni in santa vita. Il suo figliuolo *Matteo* portò la sua famiglia da Pugliano in Montecorvino. *Berardino* con Giovan Francesco Majorino, Capitano Antonio d'Enza, Matteo Serfilippo, Francesco de Simone, Vitantonio Pico, gelosi della libertà della loro patria Montecorvino nel 1638 la riscattarono dal giogo baronale, al quale era stata sottoposta dal Re Filippo IV di Spagna che l'aveva concessa alla famiglia Pignatelli Principi di Noja. *Paolo Antonio* Vice Ammiraglio delle marine di Montecorvino e sue pertinenze in provincia di Salerno nel 1791, Governatore e giudice della città di Campagna. — ARMA: D'argento all'aquila di nero coronata di oro al volo spiegato, sostenuta da una fascia arcata di azzurro caricata da tre stelle di oro a sei raggi, e nella punta da 14 piccole stelle di nero, poste 5, 4, 3, 2.—MOTTO: Volando coedo. — CIMIERO: Cinque penne di rosso. — Questa famigla è rappresentata in Napoli dal signor CARLO FEDERICO BUDETTA. Patrizio di Montecorvino.

**CALDORA** — v. 1° p. 150. — DUCATI: Pontadera.—AUTORI: Porzio (Cong: dei Baroni), p. 125, vs. 2° *C. Antonio* fu anche Duca di Bari, Conte di Trivento, Barone di Gesso, Campogiove, Montenegro, Villaregia, Palena, Letto, Lama, Pacentro, Cansano, Anversa, Taranto. — *Oristanio* Paggio di Re Alfonso I nel 1443. — ARMA: Inquartato di oro e di azzurro—Vive in Marsiglia un ramo di questa famiglia detta *Candol.*

**CALENDA.** — Le prime notizie di questa famiglia rimontano all'anno 982 come si ha nella storia di Amalfi; e nell'Archivio della Trinità di Cava si trovano documenti intestati a *Sergius Amalfitanus filius Stephani Calenda qui appellatus est Calendola.* Passò in Salerno nel 1181, ed ha goduto nobiltà nelle città di *Napoli* nel Seggio di Capuana, Salerno nel Seggio di Campo, *Benevento, Amalfi* (1), *Lucera, Nocera,* e *Roccapiemonte.* Un ramo della Famiglia Roscigno Baroni di Sanseverino si estinse ne' *Calenda* nel 1643. — MONUMENTI: *Benevento* nella Chiesa di S. Maria degli Angeli, di Materdomini e di S. Lucia a Malloni, *Roccapiemonte* nella Parrocchia di S. Giovanni. — FEUDI: Casali, Monteleoni, Petruro, Sanseverino, Santamaria a Tambella, Tavani. — PARENTELE: Ancora (d'), Bozzuto, Bruni, Candida, Caracciolo, Cardona, Comite, Correale, Ferrara, Fiumi, Flecthnood, Fusco, Galeota, Gallo, Giovene, Guarna, Mascambruno, Mazzacane, Mensiger, de Pressenthal, Pagano, Ponte (de) Primicerio, Procida, Rascica, Roscigno, Ricci, Saja, Santomango, Scillato, Stefano (de), Teodoro, Tufo (del), Tsereo, Vincentiis (de), — AUTORI: Beltrani (Descriz. del Regno), Borrello (App. hist: MS. nella Bibl. Naz.), Campanile Gius. (Not. di nob.), Capaccio (il Forest.), Colletta (Storia), Giannone (Storia), Lellis (de) (Fam. nob.), Lumaga (Nob. d'Europa), Mazza (Stor. di Salerno), Mazzella (Descriz. del Regno), Moreri (Dict. histor.), Prignano (MS. sulle fam. nob. Salern.), Sacco (Dis. geog.), Summonte (Storia), Toppi )Bibl.), Toppi (Orig. trib.), Tutini, (Orig. dei Seggi), Vipera (della) (MS.). — *Leone* Monaco Benedettino nell'anno 989. *Landulfo* Protontino ed Ammiraglio di Salerno in tempo di Re Ruggiero Normanno. *Nicola*

---

(1) Hanno goduto anche del Patriziato di Amalfi le famiglie: Acconciajoco, d'Alagno, de Angelis, d'Afflitto, d'Ancora, d'Alemagna, d'Arco, Bonito, Brancia, Budetta, Cappasanta, Capuano, Casamarte-Castriota, Citarella, Comite. Coppola, Dentice, del Doce, Gallo, del Giudice, Grifo, de Ligorio, Maramaldo, Manzo, Mezzacapo, Molignano, de Monte, Muscettola, Orefice, Pardo, del Pezzo. Pisanelli, Pisano, de Ponte, de Riccardis, Rogadeo, Romano, Sorrentino, Staibano, Vitolo ed altri.

Straticò di Salerno 1274. *Jacopo* essendo parente di Giovanni da Procida, prese gran parte al Vespro siciliano. *Salvatore* Priore del Collegio medico di Salerno il quale fu istituito da Giovanna II sottoponendolo alla giurisdizione del Gran Cancelliere. Gli altri componenti del Collegio furono Benzo Artaldo di Aversa, Raffaele Maffei di Amatrice, Antonio Mastrilli di Nola, Battista dei Falconi di Napoli, Nardo di Gaeta di Napoli, Loise Trentacapilli di Salerno, Maestro Paolo di Mola di Tramonti, Roberto Grimaldi di Aversa e Paolino Caposcrofa di Salerno. Fu uomo eruditissimo e celebre in medicina. Nel 1415 la Regina Giovanna II in un diploma lo chiama nobile e suo familiare e fedele, nominandolo *Expensor pecuniae juris utriusque sigilli nostri*. E quando ristabilì il Collegio medico di Napoli a simiglianza di quello di Salerno lo nominò Priore, con facultà di farsi sostituire, occupando lui lo stesso posto nel Collegio di Salerno. *Costanza* (figliuola del precedente) fu donna eruditissima laureata in medicina, ed ebbe Cattedra nel Collegio di Salerno. *Marino* fu armato Cavaliere nel XV secolo. *Giuseppe* Governatore delle Saline di Calabria nel 1643. *Francesco* Capitano di Cavalli in Lucera, ove nel 1694 ottenne le 60 some di terra, che solevansi accordare ai nobili che in quella città si stabilivano. *Domenico* Dottore in legge fondò in Rocca una Badia gentilizia nel 1696. *Colantonio* Dottore in legge e Capitano d'Ischia. Egli ed i suoi fratelli *Gregorio* e *Domenico* nel 1732 fondarono un maggiorato nobile, perpetuo, primogeniale col feudo di Tavani ed altri beni allodiali posseduti in Nocera e Roccapiemonte, Con bando 28 marzo 1732 rilasciato dal Vicerè Don Cesare Michele d'Avalos, furono riconosciuti nobili napolitani, con il godimento di tutti i privilegi a quelli devoluti. *Giuseppe* fu tenuto a cresima dal Re Carlo III di Borbone e pel suo attaccamento alla dinastia fu dato il sacco e fuoco alla sua casa dai francesi nel 1799. *Dionisio* Abate benedettino di Montevergine. *Saverio* Abate benedettino di ·Montevergine. *Pasquale* Consigliere della Suprema Corte. *Michele* Abbate Commendatario dell'Ordine di S. Basilio Magno. *Luigi* Regio Procurator Generale presso la Corte Criminale di Salerno nel 1811. *Pasquale* Consigliere della Corte Suprema di Giustizia di Napoli; nel 1832 fu fatto Cav. di Grazia dell'Ord. Costantiniano. *Francesco Saverio* Canonico Teologo e Vicario Capitolare di Nocera. — ARMA: D'azzurro alla fascia sormontata da un crescente montante accompagnato da due stelle a sei raggi, il tutto di argento. Tale arma con R. Decreto del 15 Luglio 1881 fu riconosciuta alla nobile famiglia Calenda che vive in Nocera divisa in tre rami i cui rappresentanti sono: ALFONSO CALENDA, cultore delle lettere classiche e delle scienze amministrative. CARLO CALENDA ed i fratelli VINCENZO CALENDA, Procuratore Generale presso la Corte di Cassazione di Torino Grande Uffiziale della Corona d'Italia e Commendatore di SS. Maurizio e Lazzaro, ed ANDREA CALENDA Prefetto della Provincia di Messina, Commendatore Mauriziano.

**CALVELLO.** — Famiglia originaria Alemanna, detta corrottamente *Caravelli*. Fu portata in Milano da *Arnaldo Calvello* che era ai servizî di Errico VI Imperatore. Il fratello di lui, *Luigi*, stabilì la sua famiglia in Sicilia nel 1195 acquistando i castelli di Greci e Gangi. Questa famiglia avea il privilegio di porgere il Real Diadema ai Sovrani di Sicilia quando s'incoronavano. Ha goduto nobiltà in *Aragona, Milano, Venezia, e Palermo.* — MONUMENTI: *Palermo* nella Chiesa di S. Francesco — BARONIE: Arenella, Bucca, Fitalia, Gangi, Greci, Mechilchemi, Melia, Menglanisi, Panta, Pantano, — CONTEA: Buscemi. — DUCATO: Ossada cambiato in quello di Calvello. — PARENTELE: Aragona, Cardona, Castello, Colonna, Evoli, Garofalo, Liguoro, Lofano, Maletta, Paternò, Vanni. — AUTORI: Baronio, Buonfiglio, Carrara, Cascales, Crescenti, Fazzello, di Giovanni, Inveges, Lumaga, Mugnos, Palizzolo, Pirri, Sacco, Villabianca — *Giovanni* Stratico di Messina nel 1200. *Errico* Cameriere dello Imperatore Federico II, *Luigi* Cameriere di Re Manfredi. *Giovanni* ed *Errico* furono tra' principali, che stanchi delle soverchierie e spavalderie dei Francesi, che eransi resi odiosi ai Siciliani, organizzarono il famoso Vespro. *Giovanni* Baglivo di Palermo nel 1300. *Giovanni* signore di Bucea, Mechilchemi e Melia, Gentiluomo della Regina Costanza nel 1371. *Roberto* Pretore ed Ambasciatore al Re nel 1409. *Carlo* Cavaliere Gerosolimitano nel 1485. *Antonio* Governatore della Tavola e Console del Commercio di Messina nel 1715. *Goffredo* Primo Duca di Calvello nel 1771 e Governatore della Compagnia della Pace. *Roberto* Gentiluomo di Camera di Re Ferdinando II di Borbone e Cavaliere Costantiniano ebbe una sola figliuola, *Rosa*, sposata al Cavaliere Achille Liguoro. — ARMA: Diviso: nel 1° di argento; nel 2° di nero col capriolo di argento.

**CANDIDA o DELLA CANDIDA.** — Questa famiglia è una diramazione della casa Filangieri. Fu originata da *Aldoino Filangieri* Barone della terra di Candida, dalla quale presero nome i suoi discendenti. La famiglia *Candida* ha goduto nobiltà nelle città di *Napoli* fuori Seggio, *Trani* nel Seggio dell'Arcivescovado, *Nola, Benevento, Molfetta* (1) ed in *Lucera* dove fu graduata delle 60 some di terraggio (2). Dei detti rami non vivono che quelli di Lucera e di Trani. Il primo verso la metà del secolo XVII si suddivise in due rami de'quali uno vive in Napoli e l'altro in Lucera. Il secondo che in Trani si trasferiva nel 1762 da Corato, dove trovavasi, perchè fuggito da Benevento all'epoca della peste. Trovasi ascritta al Registro delle Piazze chiuse ed a quello dell' Ordine di Malta, nel quale fu ricevuta nell'anno 1424. — Il ramo de' *Candida* ora vivente in Napoli, per essere succeduto al ramo del Marchese Ferdinando Gonzaga Principe del S, R. I. e Grande di Spagna, ottenne, con Real Decreto del 15 dicembre 1859, di potere aggiungere al proprio il cognome Gonzaga. Il ramo dei *Candida* Baroni di S. Nicola dei Carcisi e nobili in Benevento, si estinse in Antonia nel 1600 circa. Il ramo della famiglia Frezza Baroni di Costignano e nobile di Nola si estinse in Sista che nel 1522 sposò *Alessandro Candida* patrizio di Benevento e Governatore di Amatrice e di Civitella del Tronto, il quale stabilì in Nola la sua famiglia, che si estinse alla fine del secolo XVI in *Faustina* Baronessa di Cotignano, di Sansilvestro e de' Drappi dl S. Cipriano, sposata nella famiglia Laudisio nel 1571. Il ramo della famiglia Aldano Maldonado di Spagna, nobile di Lucera, si estinse in Caterina maritata nei *Candida* nel 1559. La famiglia Piccinini nobile di Perugia che si era stabilita in Matera, si estinse in Livia sposata ad *Alvaro Candida* nel 1698. Il ramo della famiglia Quaranta patrizia di Lucera si estinse in Saveria, maritata nel 1738 ad *Ottavio Candida*. La famiglia Roverella patrizia di Cesena si estinse ne' *Candida* di Napoli imperocchè da Carlo Roverella, Conte e Barone del S. R. I. e Conte di Sorrivoli e di Polenta, nacquero Aurelio, che fu Cardinale, la Contessa Chiara ed il Conte Ippolito. Sebbene quest' ultimo avesse avuti tre figliuoli, cioè Pietro, Giovanni ed Elena, pure essendo costoro morti senza discendenza, ai medesimi successe nei mentovati titoli nobiliari la Contessa Chiara, loro zia che nel 1756 avea sposato *Diego Candida* patrizio di Lucera. L' ultimo ramo rimasto in Trani della famiglia de Angelis patrizia di detta città si estinse in Ippolita, che sposò *Nicolò Candida* nel 1831, patrizio Tranese e Barone di Cancellara e di Santacroce. — MONUMENTI: *Napoli* nelle Chiese di S. Maria delle Grazie a Caponapoli, di S. Maria di Costantinopoli e dello Spirito Santo, con Cappella gentilizia: *Roma* nella Chiesa de' Centopreti a Ponte Sisto: *Trani* nel Duomo e nella Chiesa di S. Domenico con Cappella gentilizia: *Avellino* nella Chiesa di Montevergine: *Nola* nella Chiesa del Collegio: *Benevento* nelle Chiese di S. Spirito e di S. Agostino, a dire di della Vipera: *Bovino* nel Duomo: *Lucera* nella Parrocchia di S. Matteo, che fu fondata e dotata dalla famiglia, e nella Chiesa di S. Francesco. In quest'ultima città due vie portano il nome *Candida*. FEUDI: Abriola, Acqualonga, Arianello, Atripaldà, Campolattaro, Cancellara, Candida, Cannicchio, Castelvetere, Chiusano, Cotignano, Cortimpiano, Drapperie S. Cipriano, Fragnitello, Fragnito, Frigento, Lapio, Lentacc, Lisano, Mancusi, Matrice, Montaperto, Montemarano, Petruro, Pietraperciata, Pietrariccarda, Sanbiagio, Sannicola dei Carcisi, Sanprimo, Sansilvestro, Santacroce, Santamaria in Vulcano, Santomango, Sarcone, Solofra, Soloni, Sorbo, Tito, Trefeudi, Tufara, Villamaina, Viticio.—CONTEA: del Sacro Romano Impero.—CONTEE: Barete

---

(1) In *Molfetta* hanno anche goduta nobiltà le famiglie: Agni, Andreola, de Angelis, de' Angileis, Azzariti, Benegassi, Bottoni, Brayda, Caccavo, Cavalletti, Chiury Leoni, Ciani Passeri, Colaianni, Colletta, Consilii, Eccelsi, de Electis, Episcopi, Esperti, Falconi, Fenice, Filioli, Forleo, Fragiacomo, Gadaleta, Gauscenzia, Gentili, Giovene, de Iacob, Ioannoccari, de Iudicibus, de Laertis, Lanza, Lepore, de Luca, Lupis, Maggiora, Maiorano, Maranta, Marinelli, de Martino, Mele, Micchielli, Mincio, Monna, Muscato, Nesta, Pascale, de Pascasiis, Passeri, Pepe, Pesce, Pica, Porticella, Prassio, Regina, Rufoli, Sagarriga, Santoro, Saraceno, Scaturro, Sclavi, Simeoni, Sprivinello, Tattoli, Urbano, Uva, Vecchi, Vernice, Volpicella.

(2) Qualche autore confonde questa famiglia *Candida* con la Candido di Siracusa creduta di origine romana, alla quale appartennero i Cardinali Ugo nel 1073 ed Ottone nel 1227 che possedette alcuni feudi e si diramò in diverse città d'Italia, e finalmente fu portata in Gerace da Andrea Vescovo di questa città nel 1552 che erroneamente è detto Cavaliere di Malta dal Fiore nella Calabria illustrata. Usano per arma: Di oro con tre stelle di rosso sormontate da tre fiamme del medesimo.

1404, Bolignano 1404, Polenta, Sorrivoli—PARENTELE: Aldano, Angelis (de), Arena, Azzariti, Bilotta, de Blasio, Bovio, Bracamonte, Brancia, Calenda, Capasso, Capece Galeota, Capece Minutolo, Capua (di), Caputo, Caracciolo, Carafa, Caramanno, Carapreso, Castelli, Cimaglia Cicinelli, Codignac, Crispano, Cuncto (de), Danese, Falcone, Ferrante (de), Frezza, Gagliani, Gagliardi, Gallo, Gambacorta, Gattola, Giovene, Lombardi, Maiora (de), Marra (della), Mastrilli, Ma sola, Mattei, Mazzaccara, Monforte, Molignani, delli Monti, Nicastro, Noya, Pagano, Piccinini Posta (della), Prignano, Quaranta, Regna, Ristariis (de), Roverella, de Ruggiero, Sanseverino, Santomango, Scassa, Serena, Spadafora, Spitameta, Tirelli, Tontoli, Toraldo, Tufo (del), Vasto (del), Vecchio (del), Vetro (de), Vipera (della), Zunica ed altre. — AUTORI: d'Alessandro (Pietra di paragone), Alfano (Descr. del reg.), Almagiore (Giunte al Summonte), Amato (Brevi di Montev.), Amely (Stor. di Lucera), degli Angeli (Oraz. fun.), Araldi (It. Nob.), d'Avino (Stor. delle Chiese), Bacco (Diz. geog.), Beltrano (Desc. del Reg.), Bonazzi (Cron. del Massilla), Bonazzi (I reg. della nob.), Bonazzi (Elenchi dell' Ord. geros.), Borghi (Notiz. del Card. Salluzzo), Borrello (Vindex Neap. nobil.), Borrello (App. hist. MS. nella Bibl. naz.), Bosio (Stor. di Malta), Bresson (Precis histor.), Camera (Annali), Cabany (Notice necrol. sur le Bailli Carlo Candida ), Camera (Mem. di Amalfi), Campanile (Inseg. dei nob), Capaccio (Il Forest.), Coettingen (Bibl.), Ceva Grimaldi (Notiz. dell' Ord. geros.), Chiarini (Notiz. della città di Napoli), Ciarlante (Il Sannio), Cibrario (Ord. eques.), Coda (Dif. della nob. di Foggia), Contarini (Storia), Corrado (MS. sulla fam. Filangieri della Candida nella Bibl. Brancacc.), di Costanzo (Storia), Crollalanza (Giorn. arald. geneal.), Danza (Cronol. di Montefuscolo), Engenio (Nap. sac.), Eschavannes (Dict. de la noblesse), Gaddi Hercolani (Stor. degli Ord. eques.), Galluppi (Arm. ital.), Galluppi (Nob. di Messina), Giaccheri (Comm. degli Ord. eques.), de Giorgio (Cerim. pubb.), del Giudice (Cod. dipl.), Giustiniani (Diz. geog.), Gizzio (MS. sulle fam. nob. Nella Bibl. Brancacciana) de Gubernatis (Diz. biogr.), Guillaume (Ess. histor. de Cava), Lancia (dei Lancia di Brolo), Laviano (Del patr. e bar.), de Lellis (Fam. nob.), de Lellis (MS. sulla fam. Filangieri nella Bibl. Naz.), Lombardi (Stor. di Molfetta), Lumaga Teatro della Nob.), de Magny (Arch. de la noblesse), de Magny (Livre d' Or.), de Magny (Le Roy d'armes), MS. sulla fam. Filangieri nella Bibl. Nazionale, Marinelli (Sacco di Molfetta), della Marra (Fam. nob.), de Mascellis (l'Ord. di Malta), Mazzella (Descr. del Reg.), de Meo (Annali). Montagnon (Hist. des Chev- de Malte), Monteleone (Giorn.), Moroni (Dizionario storico ecclesiastico), Mortuario di S. Spirito di Benevento. MS. Mozzogrugno (MS. sulla fam. della Candida nella Bibl. Com. di Lucera), de Nicastro (Pinac. Benev.), Nuova sit. pag. fisc., Olivieri (Atti della Società Ligure), Pacca (Not., MS.), Pacicchelli (Reg. di Nap. in pros.), Padiglione (Tav. stor. gen. della casa Candida già Filangieri), Padiglione (Della vita del cav. Serena), Padiglione (Vita del Maresciallo Ciccone), Palizzolo (Il Blasone in Sicilia), Parrilli (Per lo Gran Priore di Barletta), Piccinini (Diz. stor.), de Pietri (Storia), del Pozzo (Ruolo gen. dei Cav. geros.), Radogna (Monog. di S. Giov. a mare), Recco (Not. di fam. nob.), Ricca (La nob. delle Due Sicilie, disc. geneal. della Casa Candida), Rietstap (Arm. gen.), Rigault y Nicolas (Dicc. hist.) Romano (Stor. di Molfetta), Rossi (Teatro della nob.), Sacco (Diz. geog.), Saint Allais (Ord. de Malte), Salvemini (Stor. di Molfetta), Schulze (Chronik), de Stefano (Nap. sac.), de Sterlich (Cron. delle Due Sicilie), Storia d' incerto autore, Summonte (Storia), Terrinoni (Resa di Malta), Tettoni e Saladini (Stor. della nob. d' Italia), Toppi (MS. nella Bibl. Naz.), Toppi (Bibl. nap), Toppi (Orig. Trib.), Torremuzza (Fasti di Sicilia), Toulgoet (Noblesse et Blason), Troyli (Storia del Regno), Ughelli (It. sac.), Villarosa (Not. di Cav. geros.), della Vipera (MS. sulle fam. Benev.), Volpicella (Statuti di Molfetta), ed altri. —*Alduino* Barone di Candida Lapio ed Arianiello si trova segnato nel catalogo de' feudatarii delle Province Napoletane, compilato poco prima del 1161. Fu gran Senescalco del Re Guglielmo II e fu tra'testimoni, che firmarono i capitoli matrimoniali del detto Re con Giovanna figliuola del Re d' Inghilterra, insieme ad Ugo Conte di Catanzaro, Roberto Conte di Caserta, Riccardo Conte di Fondi, Ammiraglio, e Romualdo di Monteforte, Maestro Giustiziere. *Guglielmo* Barone di Cortimpiano Camerario dei Re Ruggiero e Guglielmo II, fu tra' i Legati di Re Guglielmo che nel 1187 firmarono una convenzione conchiusa col Comune di Genova , unitamente ad Errico Ansaldi, Simone Doria, Jngo della Volta, Guglielmo ed Ottobono Visconti, Amico Grillo Gionata di Serra di Mari, Errico Giudice ed altri. *Alduino* Barone di Candida, Solofra, Abriola, Arianiello, Lapio, Sorbo, Villamaina, Trefeudi ed Atripalda, fu tra' Baroni del Regno, che aiutarono il Re Carlo I a preparare le navi da guerra per andare a rimettere sul trono di Costantinopoli Filippo di Curtenay, marito di sua figlia. Ottenne il cingolo militare dal Re Carlo sebbene prima con tutti i suoi avesse parteggiato per gli Svevi. Tenne a sue spese una galera in regio servigio e fu Giustiziere della provincia di Bari e Maestro Razionale della regia Corte (1). Sposò Giordana Sanseverino dei Conti di Tricarico, nipote di Giacomo e di Albiria figliuola del Re Tancredi. Egli tra gli altri figliuoli procreò *Riccardo* dal quale discesero i Filangieri di Napoli Principi di Arianiello e di Satriano Duchi di Cardinale, di Tora e di Taormina, e *Giordano* che divisa l'eredità della madre con gli altri fratelli si stabilì in Benevento dando origine a *Giacomo de Candida* che portò la sua famiglia in Lucera diramata poi in Molfetta, a *Pietro* dal quale fu seguitata la famiglia in Benevento che si diramò poi in Nola, ed a *Samuele* dal quale discesero i *Candida* di Trani. Sebbene il Ricca, il Padiglione e le prove presso l'Ordine di Malta, fatte da *Alfonso Candida* nel 1701, e da *Alvaro Candida* nel 1745, dicessero che questo secondo *Alduino* fosse stato il primo de'Filangieri che si cognominò *de Candida*, crediamo che al primo *Alduino* devesi ciò attribuire, il quale, già possessore del feudo di Candida, è detto semplicemente *De Candida* in più documenti. *Lottiero* Giustiziere della provincia di Bari pel Re Carlo I (2). *Giovanni* avendo parteggiato pel Re Manfredi, fu la sua moglie, per ordine di Carlo I spogliata dei beni nel 1271. *Adamo* consigliere e familiare di Re Carlo I. *Riccardo* fu tra' Baroni del Regno, che il Re Carlo II invitò nel 1290 al Parlamento di Melfi. Essendo stato fatto prigioniero dai siciliani, il Re lo riscattò dando in cambio Riccardo di Tortorella ed altri prigionieri siciliani. Fu poi tra' Baroni che nel 1310 il Re Roberto volle che assistessero il figliuolo, Carlo Illustre, che lasciò Vicario del Regno unitamente a Giovanni Sanframondo Conte di Cerreto, Giovanni della Marra, Rostaino Cantelmo, Odorisio di Sangro, Matteo Aiello, Matteo di Gesualdo, Giovanni Ruffo Ruggiero Galluccio, Tommaso d'Aquino, Marino d'Eboli, Loffredo Gaetani, Romano Orsino, Raimondo del Balzo ed Ermengano di Sabrano Conte di Ariano. Ad istanza di *Riccardo* gli abitanti di Candida ottennero di tenere una fiera nella festa di S. Angelo. *Ruggiero* combattè valorosamente contro gli Aragonesi in favore di Re Carlo II. Egli e *Palermo de Candida* furono tra' militi che ebbero ordine di presentarsi al Re Roberto. *Giovannello* rinomato Capitano di Re Carlo II. *Pietro* Giudice assessore presso lo Straticò di Salerno nel 1335. *Giacomo* Scudiere della regia Maresciallia (3), Ciambellano, fedele, diletto e familiare di Re Roberto, donde nel 1324 portò la sua famiglia in Lucera, ed ottenne le 60 some di terraggio, che si davano ai nobili. Nel 1328 riceve ordine di provvedere di vettovaglie le truppe che difendevano il Regno contro Ludovico il Bavaro. *Angelo* pei servigi resi dal padre suo *Giacomo de Candida* fu nominato da Re Roberto Cavaliere stipendiario del Giustizierato di Bari. *Dilettusio* milite e Maestro Ostiario di Giovanna I. Segreto di Terra Giordana e Val di Crate, pei servigi resi gli fu concesso dalla Regina il feudo di Campolattaro. *Giacomo de Candida* in molti documenti, fu fatto Conte di Avellino dal Re Ladislao, fu tra' Baroni che seguirono le parti di Re Carlo III di Durazzo, combattendo contro Ludovico d'Angiò. *Filippo* milite e Giustiziere di Basilicata nel 1381. *Giacomo* familiare e Falconiere di Re Ladislao, che gli concesse i feudi Barete e Bolignano col titolo di Conte e lo creò Giustiziere di Abbruzzo e Castellano di Cancello, chiamandolo Segreto, milite, fedelissimo e familiare regio, lo creò Cavaliere dell'Argata. *Cesare* Dottore in legge e Consigliere della Regina Giovanna II. Fra *Andrea* insigne letterato, fu regio Consigliere e Presidente della R. Camera della Sommaria, Cavaliere di Rodi e Gran Priore di Barletta nel 1424. Fu tra Cavalieri Gran Croce, che intervennero al grande Capitolo dell'Ordine gerosolimitano tenuto in Roma nel 1446, e poi al Capitolo generale in Rodi celebrato sotto il Gran Maestro de Milly nel 1454. Fu tra quelli che nel 1442 sottoscrissero la ca-

---

(1) Il tribunale della Regia Corte, il quale fu poi dal Re Alfonso primo di Aragona unito a quella della Regia Camera della Sommaria, era composta di trentacinque Maestri Razionali, che posteriormente furono detti Presidenti di Camera e vennero ridotti solo ad otto. Essi prendevano cura dell'amministrazione delle rendite dello Stato ed avevano grandi privilegi e prerogative.

(2) In prosieguo colui che aveva tale attribuzione fu detto Governatore, Intendente, Prefetto—Erroneamente da alcuni genealogisti sono i Giustizieri detti Vicerè.

(3) Tal carica equivaleva a quella che posteriormente è stata detta Cavallerizzo di Campo, mentre il Maestro Maresciallo era il Cavallerizzo Maggiore.

pitolazione di Lucera col Re Alfonso I d' Aragona, con Francesco, Giovanni ed Antonio Sanseverino, Ursillo Carafa, Antonello Brancaccio, Girolamo Spinelli, Pietro, Francesco e Floridasso Seripando ed altri. Fu sepolto nella Chiesa di Montevergine- *Giovanni* cortigiano ed uomo d' armi di Re Alfonso I con Diomede Carafa, Carlo della Ratta, Marino Brancaccio, Sforza Gambacorta, Antonio Perez, Paolo Pagano, Loise Marchese, Ettore Caracciolo, Oliviero Carafa, Giovanni Capano, Alfonso d' Avalos, Raimondo Centelles, Fasanino Milano, Cola di Toraldo, Giorgio di Capua e Loise Capece. Fu *Giovanni* Sopracimbliero ossia Somigliere e familiare del Re, Segretario della Duchessa di Borgogna e Consigliere del Regno di Sicilia, e tenne lance in regio servigio. Pei servigi resi al Re Ferdinando I durante la congiura dei Baroni, fu nominato suo Segretario ed ottenne il feudo di Tufara ed alcuni privilegi, tra' quali quello di potere estrarre, annualmente e sua vita durante, quaranta carri di sale dalle saline di Barletta senza alcun pagamento. *Pietro* milite, fu Segretario del Papa Callisto III e di Re Alfonso I. Familiare e Consigliere di Ferdinando I Capitano a guerra d' Isernia e della provincia di Principato e Commissario per le esazioni delle Collette nella stessa provincia, Castellano di Montesarchio, Monteleone ed Antrodoco nel 1442, ottenne once cento annue nel 1456. *Berardino* Capitano molto rinomato sotto il comando di Braccio Fortebraccio fui lasciato a guardia di Napoli con Giacomo Caldora con mille fanti e milledugento cavalli dal Re Alfonso I quando partì per Castiglia. *Luca* familiare di Re Ferdinando I, pei servigi resi all' Ordine gerosolimitano ottenne nel 1457 dal G. Priore di Barletta Sergio Seripando il casale di Sanprimo. *Giacomo* Regio familiare e valoroso soldato, fu Castellano di Cancello, d' Ischia e di Reggio nel 1460. *Giovanni* insigne letterato e leggista, fu Vescovo di Bovino nel 1477. Morto nel 1494 fu sepolto in quel Duomo, *Alfonso* prestò 800 ducati al Re Ferdinando I il quale lo creò suo Cortigiano e Castellano di Antrodoco. *Nicolò* celebre nelle armi, tenne 5 lance in regio servigio, fu familiare della Regina Giovanna II e Scudiere di Re Ludovico, e Consigliere e Scudiere di Alfonso I. *Fusco* Castellano d' Ischia nel 1491. *Giovanni* Segretario di Re Carlo VIII nel 1495. *Carlo* Castellano di Monteleone nel 1508. *Alfonso* regio familiare. *Cesare* patrizio di Benevento, familiare e continuo commensale dal Cardinale Alessandro Farnese, fu creato Conte del S. P. Lateranense nel 1544 ed ottenne il privilegio di aggiungere alle proprie armi l' aquila bicipite imperiale. *Giovanni* Segretario del Re nel 1566. *Giovanni* nel 1680 fu nominato Capitano di una delle compagnie di 500 napoletani formati sotto il comando del Maestro di Campo Marchese di Grottola per ordine del Viceré di Napoli Marchese de los Velez. *Alvaro* Capitano delle milizie di Lucera nel 1680. Fra *Alfonso* ricevuto nel 1701 fu Balio dell'Ordine di Malta e Luogotenente del Baliaggio di S. Stefano di Fasano e di Putignano. Fra *Alvaro* Cavaliere gerosolimitano nel 1745. *Lorenzo* valoroso nelle armi, servì lo Imperatore Carlo VI. *Riccardo* nel 1762 stabilì in Trani la sua famiglia, che nel 1799 fu ascritta a quella nobiltà nel Seggio dell'Arcivescovado. *Vincenzo* sposò Maddalena Mazzaccara de'Duchi di Ripacandida. Nel 1799 avanzandosi sopra Lucera le armi francesi capitanate da Duhesme per vendicare lo assassinio di un Quartiermastro con decisione di mettere a sacco e fuoco la Città, sebbene fosse stato emanato un bando che proibiva, pena la vita, di implorare perdono, Maddalena accompagnata dal marito e dal cognato *Giovanni Candida* mettendo a rischio la vita perorarono talmente la causa dei loro concittadini, da piegare l'animo del Duhesme a miti proposti. In memoria di tal fatto una via di Lucera fu chiamata *Candida Mazzaccara*. Fra *Carlo* Luogotenente del Gran Magistero dell'Ordine di Malta, ricevuto nel 1787, andò in Malta ove fece i quattro anni di noviziato sulle galere. Fatto Commendatore e Capitano di galera, combattette valorosamente in più rincontri, ed andato Napoleone ad assediare Malta, gli fu commesso di armare l'isola, e comandando la flotta mise più volte a rischio la propria vita. Caduta Malta in mano dei Francesi e stabilitosi l'Ordine in Catania, fu egli dal Gran Maestro nominato Ministro Plenipotenziario presso la Santa Sede, carica che sostenne per 15 anni, e fu colui che patrocinò la causa dell'Ordine, il quale perdute le commende per essersi ridotti a scarso di Cavalieri per essersi ridotti a due i 22 Priorati, cioè di Roma e di Boemia, dallo stesso Luogotenente Gran Maestro Busca si chiedeva venisse abolito. Salito il *Candida* al supremo grado di Luogotenente nel 1834, tanto si adoperò che le commende furono ridonate all'Ordine dai Sovrani d'Italia e dallo Imperatore d'Austria, ed a tanto valse che il Pontefice Gregorio XVI fu largo di concessioni e privilegi nei suoi Stati e massime in Roma, donando case, Chiese, ed ospedali. Meritò il *Candida* le lodi e lo affetto di tutti, ed il Priorato di Napoli fecegli fare un ritratto in litografia con lo scritto « *Questi all'Ordine* dìè *novella vita* » portò egli molte modificazioni al reggimento dell'Ordine, istituì la classe delle Dame e varie altre cose che prima non esistevano. Morto nel 1845 fu sepolto con gli onori cardinalizî nella Chiesa dei Centopreti a Ponte Sisto in Roma, la quale venendo distrutta per aprire una nuova via, l'Ordine, immemore di quanto erasi da *Carlo* operato in suo vantaggio, ha fatto allogare una modestissima memoria di lui nella Cappella dell'Ordine a Campo Varano. *Alfonso* Abbate dell'Ordine Benedettino. *Andrea* volontario nello esercito di Murat, Maresciallo nei Cavalleggieri della Guardia, militò con gran valore, riportando varie ferite. Fra *Andrea* Guardia del Corpo a cavallo nel 1816, e poi Brigadiere ed Esente della detta Compagnia, Presidente del Consiglio di guerra in Capitanata, Commendatore dell'Ordine di Malta e Ricevitore della Ricetta del G. Priorato di Napoli. Fra *Salvatore* Commendatore dell'Ordine di Malta nel 1826. *Berardo* (Conte) Cavaliere dell' Ordine di Malta e Reggente della Ricetta di Napoli nel 1840. *Pietro* Abbate del monastero della S. Trinità di Cava dal 1844 al 1849. *Antonio* (Conte) Cavaliere gerosolimitano, Eletto della città di Napoli, Ciambellano di S. A. R. Don Ludovico di Borbone Duca di Parma, Sottintendente di varii Distretti e Segretario Generale di Terra di Bari ed Intendente funzionante di Terra d'Otranto. Ebbe altri uffici e fu versatissimo negli studî archeologici e nelle lingue. Dal Municipio di Lecce gli fu offerta una grande medaglia di argento fatta coniare in testimonianza di affetto per avere saviamente e con cura e rettitudine amministrata quella Provincia, con lo scritto « *Al Conte Antonio Candida il Municipio di Lecce 1860.* » — ARMI: Di argento alla sirena di carnagione, coronata di oro nuotante su di un mare di verde. — CIMIERO: una sirena—Ramo di Napoli. Inquartato: nel 1° e 4° d'argento alla sirena di carnagione coronata di oro nuotante su di un mare di verde: nel 2° e 3° d'argento alla croce di azzurro.—CIMIERO: una sirena—MOTTO: Fides—Lo scudo accollato dalla Gran Croce di Malta e timbrato dalla collana dello stesso Ordine ed accostato con l'arma de'Gonzaga — *Corona e Mantello Ducale* — Ramo di Trani. Di azzurro con due colonne di argento sormontate da due leoni di oro affrontati e tenenti con le zampe superiori un maschio di fortezza del medesimo ed un giglio al naturale gambuto e fogliato di argento che muove in palo dalla punta, Lo scudo in cuore dell'aquila bicipite imperiale—Questa famiglia è rappresentata in Napoli dal Conte BERARDO CANDIDA GONZAGA: in Lucera dal Cavaliere VINCENZO CANDIDA patrizio di Lucera: in Trani dal Barone di Cancellara e Santacroce GIUSEPPE CANDIDA patrizio di Trani.

**CANTELMO.** — v. 1° p. 156. — Questa famiglia ebbe il trattamento di Grande di Spagna con mercede perpetua, con le seguenti famiglie: Medici Principi di Ottaiano , Carafa Duchi di Maddaloni, Gaetani, Caracciolo di Santobuono e Giudice Principi di Cellamare. — FEUDI: Cervellino, Viano. — CONTEA: Roccavalloscura. — DUCATO : Belvedere. — AUTORI: de Capua (Vita di Andrea Cantelmo), Gimma (Elogi), Maresti (Teatro geneal. istor. di Ferrara), Vincenti (Stor: dei Cantelmo), Maresti (Fam. nob. di Ferrara), p. 159, vs. 15. C...... di Roccella, ed i soli primogeniti, p. 159 vs. 4. C.*Jacopo* Cardinale è lo stesso di *Giacomo* che segue. *Raimondo* Conte di Alvito, e Goffredo Marzano Conte di Alife, furono mandati Ambasciatori dal Re Ladislao a Papa Bonifacio IX Tomacello, acciò ottenessero per lui la investitura del Regno, che non avea potuto ottenere da Urbano VI. — ARMA : Di oro al leone di rosso attraversato da un lambello a tre pendenti di azzurro.

**CAPANO.**—v. 1° p. 160.—FEUDI: Antignano, Mianella, Miano, Barrile, Serre, Montaperto. — CONTEA: Pacentro cambiata in Celso.—DUCEE: Cancellara, Civitasantangelo.—PRINCIPATO: Frasso cambiato in Polvica. — La famiglia Orsini Conti di Pacentro si estinse ne' *Capano*.— La famiglia Figliola Duchi di Civitasantangelo si estinse ne'*Capano*. — Il ramo della famiglia *Capano* Principi di Polvica e Conti di Celso si estinse in *Carmela* monaca in Sorrento, la quale ottenne dal Re che i suoi titoli passassero al suo parente Raimondo de Liguori Direttore del Ministero di Stato delle Finanze. — È rappresentata questa famiglia in Napoli dal Cav. MICHELE CAPANO Patrizio Napoletano, Duca di Civitasantangelo già Guardia del Corpo a Cavallo. — ARMA: Di argento alla banda di rosso caricata da tre gigli di oro.

**CAPASSO.** — v. V° p. 60. — FEUDO: S. Andreolo.

**CAPOGRASSO o GRASSO** — Famiglia che prese nome dalla terra di Capograssi nel Cilento e che da alcuni è creduta di origine romana. Si trovano memorie di essa ne'primi anni della dominazione normanna. Ha goduto nobiltà in Salerno nel Seggio di Portanova, in **Somma** dove si portò da Salerno nel 1413, nel Cilento, in Roma, ed in Sulmona dove fu stabilita da *Andrea* Vescovo di quella città nel 1319 — BARONIE: Acquavella, Cosentini, Capograssi, Fornilli, Fontecla, Gracigliano, Grottolelle, Marigliano, Serramezzana — MARCHESATO: sul cognome — MONUMENTI: Salerno nelle Chiese di S. Matteo e di S. Francesco. Ha vestito l'abito di Malta — PARENTELE: Acquaviva, Afflitto, Barrera, Capasso, Cesarano, Conte, Cor-reale, Cursaria, Flores, Issapica, Gargano, Granito, di Gioseppe, Guarna, Galeato, Guidomanso, Lembo, Longo, Longobardi, Macedonio, Orsino, Ossorio, Pagano, Pappacarbone, del Pezzo, Picadoca, Polichetti, Prignano, Pinto, della Porta, di Roggiero, Ruggi, de Santis, Saraceno, Senerchia, Signorile ed altri — AUTORI: Campanile (Not. di nob.), Caravita (Riti della Vicaria), de Lellis (Fam. nob.), de Marinis (Risoluzioni), Mazza (Stor. di Salerno), Pacichelli, Majone (Desc. di Somma), Mazzella, Prignano (MS. sulle fam. Salern.), Summonte, Toppi (Bibl.), Toppi (Orig. Trib.), Ughelli (Ital. sac.) — *Pandolfo* Giudice di Salerno e Sindacatore del Giu-stizierato di Principato citra nel 1284. *Ruggiero* Scudiero del Re e Castellano d'Ischia, 1279. *Giacomo* Capitano di Gaeta, 1327. *Pandolfo* con altri di sua famiglia ed altri 40 cittadini avendo ferito in Chiesa un tal Marco Donnapenta sacerdote, mentre celebrava la messa, fu-rono per ordine del Re sottoposti a giudizio nel 1305 e fu commessa la causa a Nicola di Somma. *Ruggiero* Ciambellano del Re Roberto. *Francesco* Vescovo di Policastro, 1356. *Pie-tro* governatore di Sulmona, 1393. *Giacomo* Regio Consigliere e Giudice della Gran Corte della Vicaria nel 1340. *Simone* prese parte alla guerra civile tra Ajello ed i Santomango che divise Salerno in due fazioni per aversi un Ajello fuggita Bianca da Procida sposa di un Santomango. *Paolo* fondò la Cappella di S. M. del Pozzo. *Roberto* Capitano di Principato citra nel 1417. *Tommaso* Capitano di Abbruzzo, 1415. *Giovanni* Capitano di Barletta. *Nicola* Regio Consigliere. *Guglielmo, Nicola,* e *Pietro* autori di opere legali. *Barnaba* Domenicano Inquisitor Generale del Regno contro gli eretici nel 1507. *Giuseppe* Cavaliere dell' Ordine Gerosolimitano nel 1584 — ARMA: Spaccato nel 1.° di azzurro al grifo uscente di oro; nel 2.° di argento con tre bande di rosso.

**CAPECE.** — v. I° p. 163. — FEUDI: Celso, Gaude, Giordignano, Castro di Valle, Clausura, Defensa-rustica, Verruto — Togliere il Ducato di Siano, che è de' Capecelatro. — AUTORI: Sum-monte, pag. 165 vs. 27 C . . . . . . Biancofiore, ossia Beritola Caracciolo. Questa famiglia avendo parteggiato pel Re Manfredi prese per arma il leone nero in oro, essendo l'arma de-gli Svevi: Di oro con tre leoni neri passanti, messi l'uno sopra dell'altro. Un ramo della famiglia Capece al dire del Crescenti (Anfiteatro Romano, Milano 1647) verso la fine del secolo XIII si trapiantò in Milano dove si disse Capeci e Capece, possedè varie signorie ed ottenne da Bernabò Visconti nel 1371 la contea della Somaglia e la contea di Sena. Si diramò in Pia-cenza ed ebbe più privilegi ed onori e più volte vestì l'abito di Malta e si disse *della Soma-glia.* — ARMA: 1° Di nero al leone di oro. — 2° Di argento al leone fasciato di oro e di ne-ro coronato di oro con la bordura dentata di rosso.

**CAPOSCROFA.** — Famiglia originata da un tal *Pietro,* rinomato medico, che nel 1272 il Re Carlo I° mandò in Sicilia a curare suo zio il Conte Pittarense. A lui fu dato il soprannome di *Caposcrofa,* che i suoi discendenti ritennero per cognome. Ha goduto nobiltà in *Salerno* al Seggio di Portaretese. — MONUMENTI: *Salerno* nella Chiesa di S. Francesco. — BARONIA: Orta. — PARENTELE: Cicinelli. — AUTORI: Mazza, Prignano (MS.). Summonte, Tappia (Diritto), Toppi (Orig. trib.) — *Petrone* milite e Capitano di Sulmona, 1312. *Nicola* Avvocato fiscale della Vicaria e Maestro Razionale della G. Corte. *Giovanni* Giustiziere di Principato e Maestro Ostiario, 1322. *Angelo* Segretario del Re in assenza di Donato d'Arezzo nel 1400. *Nicola* com-mendatore delle Istituzioni del Regno. *Felice* Vice Cancelliere del Regno, 1445. — ARMA: Di azzurro alla testa di porco di nero sormondata da tre stelle di argento con la bordura com-posta di sedici pezzi di argento e di rosso.

**CAPPABIANCA.** — Questa famiglia è originaria della città di Aversa, ove ha goduto nobiltà (1).

_____

(1) Hanno goduto anche nobiltà in *Aversa* nel Seggio di S. Luigi le famiglie: Abenavolo, Altomare, Aurineta, Catalano, Cutinario, Finelli, Folgori, Gargano, Grimaldi, Landulfo, Lucarelli, Macedonio, Marco (di), Masola, Mauro (di), Monticelli, della Valle, Nisi (de), Pacifici, Pignatelli, Rebursa, Ric-ciardi, Rossi, Sarriani, Scaglione, Silvestri, Simonelli, Tufo (del), Valle (della).

Passò all'Ordine di Malta come quarto del Cav. Prospero Ammone, patrizio di Sorrento, di Gaetano Vespoli e di Francesco della Valle. Il ramo primogenito Baroni di Ventignano, Ventignanello, e Giurisdizione di Aversa si estinse in *Vittoria*, sposata nel 1694 ad Onofrio della Valle. Il ramo secondogenito de' *Cappabianca* si estinse in *Scipione* marito di Vittoria Galeota nel 1642, che ebbe una sola figliuola *Eleonora* sposata ad Aniello Ammone. — MONUMENTI: *Aversa*, Chiesa dell' Annunziata, Chiesa di S. Nicolò, con Cappella gentilizia: *Trentola* Chiesa di S. Angelo. — BARONIE: Giurisdizione di Aversa, Ventignano 1574, Ventignanello, Territorio feudale di S. Eustachio. — PARENTELE: Ammone, Capponi, Carafa, Correale, Forgione, Galeota, Latilla, Luca (de), Marinis (de), Marzati, Mazzei, Monticelli, Novello (di), Pagano, Rossi, Sellitto, Sforza, del Tufo, Valle (della), Vespoli ed altre. — AUTORI: Confuorto (Giunte al de Lellis), Danza (Cronol. di Montefuscolo), Donnorso (Storia di Sorrento). — *Giovanni* nel 1307 fu dichiarato nobile dal Re Ferdinando il Cattolico, che lo creò suo Commensale e familiare domestico. *Ettore* Capitano di fanti nello stato di Milano e nelle Fiandre. Dal Vicerè Conte di Lemos ricevette l'ordine il 22 novembre 1600 di trasferire la sua compagnia di 163 uomini da Pomarico in Salsa, Sorbo e S. Stefano, ordinando che queste terre, qualunque privilegio o immunità si avessero, doveano alloggiare per una notte i soldati, e dare ad essi il vitto, prescrivendo che ogni soldato doveasi avere le seguenti cose senza pagare dazio alcuno: cioè 24 once di pane, due caraffe di vino, mezzo rotolo di carne, e nei giorni che non dovea mangiarne, un companaggio dello stesso valore. Ai caporali, tamburini e piffari due razioni, al sergente tre, all'alfiere quattro ed al Capitano sei. *Decio* fedele diletto e familiare del Re Filippo III di Spagna, il quale nel 1608, considerata la nobiltà ed antichità della famiglia *Cappabianca* ed i servigi da lui prestati, gli concesse il titolo di Marchese per sè, suoi eredi e successori per ordine di primogenitura da metterlo su di un feudo da acquistarsi da lui o dai suoi. *Cesare* Cavaliere di devozione dell'Ordine gerosolimitano nel 1794. — ARMA: Di azzurro alla fascia di oro sormontata da tre stelle ed accompagnata nella punta da una vipera al naturale.—Questa famiglia è rappresentata in Aversa dalla Marchesa di S. Eustachio OLIMPIA CAPPABIANCA sposata al Cavalier Carlo Carafa dei Principi di Sanlorenzo.

**CAPUA (de).** —v. I° p. 167.—FEUDI: Caianello, Cantalupo, Casalanguida, Casalberardino, Castelgiovanni, Castiglione, Colledimezzo, Galluccio, Guilme, Latina, Lentella, Lisia, Mignano, Nicotera, Notaresco, Pizzo, Pollastro, Torredileppe, Tripalme, Villacupella, Villalfonsina. — Devesi togliere il Principato di Orchi, erroneamente a questa famiglia da noi attribuito. *Giulio Cesare* ebbe mozzata la testa con Pandolfello Alopo nel 6 dicembre 1416, per aver sparlato con Giovanna II del Re Giacomo di Borbone Conte della Marca, suo marito. *C. Andrea* non è stato mai Arcivescovo di Napoli, sebbene da qualche autore fosse così ricordato.— ARMA: Di oro alla banda di nero caricata da una banda più piccola di argento. — MOTTO: *Negligit ima.*

**CAPUTO.** — v. I° p. 171. — I Marchesi di Cerveto erano anche Marchesi di Petrella, il quale ultimo Marchesato avevano venduto alla famiglia Pulce. I Marchesi di Cerveto si estinsero in *Salvatore* che ebbe due figliuole, di cui *Anna* nel 1839 sposò Biagio Palamolla Marchese di Poppano, e *Vincenza* fu maritata nella famiglia Rorhlac. La famiglia Mariconda Principi di Ottati e Duchi di Perralise si estinse nel ramo principale della famiglia *Caputo*, che ora è rappresentato da D. GIOVANNI CAPUTO de' Gerolamini, p. 172 C. La famiglia *Caputo* ora vivente in Tropea, non possiede il titolo di Principe di Calopezzati. —FEUDI: Rocchetta. — ARMA: Di rosso alla testa di leone posta in maestà coronata di oro.

**CARACCIOLO.** — v. III° p. 41. — CONTEE: Bastia, Cimorisco. Togliere il Principato di Ginnetti, perchè Ginnetti era una famiglia decorata de' titoli di Principe sul cognome e di Marchese di Lauro estinta nei *Caracciolo* di Avellino. La famiglia *Caracciolo* Duchi di Feroleto e Zonti di Nicastro si estinse in *Isabella* che sposò *Marino Caracciolo* Principe di S. Buono, Marchese di Bucchianico e Conte di Serino il quale ultimo titolo fu nel 1626 mutato in Conte di Schiavi. *Ferdinando Caracciolo* Principe di S. Buono ecc. ascritto al libro d'Oro, con Mariantonia Filomarino procreò solamente *Teresa* che andò sposa al Duca di Andria Francesco Carafa. Ebbe *Ferdinando* un fratello, *Baldassarre*, nato nel 1768 che con Maria Luisa Carafa procreò cinque figliuoli di cui il primo, *Francesco*, con Marianna Loffredo procreò tre figliuole delle quali la prima Maria Luisa fu sposata a Francesco Sanfelice di Bagnoli, ed il secondo, *Riccardo*, che usa dei titoli di Principe di S. Buono, Duca di Casteldisangro ecc. i quali spettano al vivente Duca di Andria Ferdinando Carafa della Stadera. Il ramo de'Capece Duchi di Rodi si estinse ne' *Caracciolo* a' quali è succeduta nel titolo la famiglia Sarriano Duchi di Ponte e Conti di Casalduni. — AUTORI: Infantino (Lecce Sacra), Pezzullo (Stor. di Teano), de Sosa (Not. des Alvarez).— MONUMENTI: *Lecce* Chiesa di S. Francesco — p. 58, vs. 48. *Petraccone* fu Conte di Buccino per aver sposato Isabella Diascarlon Contessa di Buccino. *Marcantonio* edificò il Monastero dell'Annunziata in Nicastro nel 1502. *Luigi* Duca di S. Teodoro fu tenuto al fonte Battesimale dal Re Carlo di Spagna ed ebbe l'ordine del Toson d'Oro. *N.* Duca di Nocera edificò in Filogaso la Chiesa di S. Maria di Loreto nel 1523. *Giov. Antonio* Vescovo, edificò in Oppido il Monastero della Concezione nel 1530. *Marino* Marchese di Cervinara e di S. Eramo, General Maresciallo per Sua Maestà Cattolica in Ispagna, ottenne per sè e pe' suoi il trattamento di Grande di Spagna e fu alla battaglia di Almanza nel 1731.

**CARAFA.** — v. I° p. 173.— FEUDI: Bisanti, Caporciano, Casalicchio, Casalsiderone, Castelgrandine, Centola, Cerasole, Collepietro, Entrate feudali di Piedimonte, Macherate, Molinara, Paldella, Poerio, Pomenaco, Pontelandolfo, Riodivalle, Rodio, Sanpietro a Scafati, Scisciano, Siderno, Tornillo.— CONTEA Marigliano 1495. — AUTORI: Fiore (Cal. illus.), — Il ramo *Carafa* Conti di Soriano, Conti di Nocerà, Signori di Belforte, Rimbario, e S. Demetrio si estinse senza lasciare eredi, sicchè i titoli e feudi ricaddero alla Regia Corte, che vendè Belforte al Convento di Soriano dei PP. Domenicani. —I *Carafa* Conti di Forli aveano anche i titoli di Conti del S. R. I. Duchi di Traetto e Signori di Cerro e Montenegro. — La famiglia de Cardines o de Cardenas Marchesi di Laino si estinse in Maria Giuseppa, sposata nei *Carafa* di Maddaloni. Sciolto però il matrimonio, si maritò a Francesco Pignatelli Principe di Strongoli, e non avendo avuto prole le successe la zia sposata ne' Spinelli Principi di Scalea. *Andrea* Conte di Santaseverina ed Ambasciatore in Ungheria, pagò nel 1496 Ducati undicimila per la terra di Santaseverina col titolo di Conte, e quelle di Capracotta, Roccabernarda e Policastro *N.* Principe di Roccella nel 1581 fondò in Roccella il Monastero di S. Vittore. *Diomede* Conte di Cerreto, Cacciatore maggiore del Regno nel 1510. p. 183, vs. 2. si unì con Duhesme contro le bande che infestavano...—*Luigi* dei Duchi di Traetto, incaricato d'Affari a Vienna nel 1834, Il ramo di Policastro è rappresentato dal Duca di Forli e Conte di Policastro NICOLA CARAFA della Spina. *C.* il ramo di Montecalvo è rappresentato dal signor GIOVAN GIUSEPPE CARAFA fu *Emmanuele* — ARMI: 1. Di rosso a tre fasce di argento con la spina di verde posta in banda. — 2. Di rosso a tre fasce d'argento.

**CARAVITA.** — v. V° p. 63. — C. Il padronato della Dignità di Primicerio del Duomo di Napoli spetta anche la famiglia Castriota Marchesi di Auletta come successori de' de Gennaro. — *Caravita Giovanni* di Eboli, uomo d'arme nella Compagnia di Fabrizio Colonna nel 1510, con Giov. Battista Pica di Aquila, Marino della Cappuccia di Aquila, Gizzo di Atessa, Antonello Petrucci di Chieti, Francesco Guascone, Carlo d'Evoli, Tiberio d'Ugno, Colantonio Longo di Capua, Marino Vallerigio e Girolamo de Simone.

**CARBONE.** — Famiglia di origine normanna. Trovasi feudataria fin dal tempo dei Re Svevi, in persona di *Armando Carbone*. Da Roma passò in Sorrento e poi in Napoli. Ha goduto nobiltà in *Napoli* al Seggio di Capuano, *Reggio*, *Stilo*, *Messina* e *Genova*. — MONUMENTO: *Napoli* nel Duomo, — BARONIE: Atena, Atripalda, Giugliano, Melito, Montecalvo, Montemilone, Montesanpaolo, Peschi, Pietrapalena, Pietrapulcina, Pozzano, Pugliese, Roccaimperiale, Sanmaurobileati. — MARCHESATI: Padula, Prignano, — PARENTELE: Accrocciamuro, Aiossa, Arcuccio, Boccapianola, Borgia, Bozzuto, Brancaccio, Brancia, Capece, Capua, Caracciolo, Carafa, Coscia, Dentice, Galeota, Gattola, Gazzella, Gesualdo, Gualando, Guevara, Latro, Macris, Manganella, Mastaro, Pignatelli, Piscicelli, Rossi, Toraldo, Villamarina. — AUTORI: Accattatis, Aldimari, Aloe, Ansalone, Borrello, Ciacconio, Ciarlante, Contarini, Donnorso, Engenio, Fiore, Franzone, Giustiniani, Lumaga, Marchese, della Marra, Mazzella, Monteleone, Mugnos, Panvinio, Parrino, de Pietri, de Stefano, Tettoni e Saladini.—*Pietro* feudatario sotto Re Manfredi prestò danaro a Carlo I d'Angiò. *Ruggiero* fu tra' Baroni che accompagnarono il Duca di Calabria nella guerra di Sicilia, e tra quelli che diedero mostra dei loro suffeudatari nel 1322. *Pietro* Panettiere di Re Luigi, dopo Giacomo Cantelmo. *Giovanni* Cardinale nel 1384. *Francesco* Cardinale e Sommo Penitenziere di S. Chiesa. *Alessandro* Vice Duca del Ducato di Amalfi. *Bartolomeo* Senatore di Palermo nel 1413. *Guglielmo* Cardinale . nel 1418. *Giovanni* Sindaco della Piazza di Capuana nel 1442. *Antonio* Consigliere di Re Alfonso II d'Aragona. *Girolamo* insigne nelle lettere. A lui il Pontano dedicò alcuni suo libri. Fu tra gli Accademici della R. Mergellina, della quale faceano parte Alfonso Borgiai Silvio Piccolomini, Alessandro d'Alessandro, Francesco Elio Marchese, Tristano Caracciolo, Giacomo Sannazzaro, il Cardinale Girolamo Seripando, Bernardino Rota e Francesco Caselli. *Nicolò* Segretario del Regno per Ferdinando il Cattolico. *Giov. Berardino* fu Eletto della Città di Napoli con Leonardo di Cardines, Giov: Maria di Costanzo, Cesare de Gennaro, Cesare Mormile, ed il Dottore Francesco Gualtieri pel popolo, i quali vestiti all'antica, con bastoni dorati, presero parte alla cerimonia che ebbe luogo in occasione della rinunzia del Regno fatta da Carlo V al suo figliuolo Filippo, che aveva sposato Maria d'Inghilterra, figliuola di Enrico VIII, e trovandosi assente il Principe Filippo fu rappresentato nella presa di possesso del Regno da Don Ferrante d'Avalos Marchese di Pescara, che aveva avuta la procura. Sindaco di Napoli era il Principe di Bisignano Sanseverino, che seguivano tutti i Baroni del Regno e Dignitari dello Stato. Portatisi tutti in S. Lorenzo il Vicerè Paceco secondo il costume del tempo. Egli fece leggere per tre volte da Coriolano Martirano, Segretario del Regno, la formola del giuramento, che fu accettato dai rappresentanti della città. *Giovanni* ebbe in consegna il forte di Palliano allorquando stabilitasi la pace tra Papa Paolo IV e la Spagna, bisognava decidere a chi dovesse spettare qnello stato, se ai Colonna che ne erano stati spogliati perchè di parte spagnuola o ai Carafa che ne erano stati investiti dal Papa loro zio. *Nicola* uomo erudito ed autore di più opere. *Giov: Antonio* Doganiere di Foggia ed Ambasciatore della città di Napoli nella Spagna. In lui si estinse la famiglia, avendo avute tre figliuole delle quali la prima, *Ippolita*, fu sposata a Francesco Brancia de' Duchi di Belvedere famiglia che si estinse ne' Cantelmo. — ARMA: Di verde con tre pali di oro alla banda di rosso attraversante sul tutto.

**CARBONELLI.** — Famiglia le cui prime memorie risalgono all'anno 1120, trovandosi tra feudatarii in Calabria *Raimondo* e *Guglielmo*. Ha goduto nobiltà in *Paola*, *Monopoli*, *Mantova* e *Valenza*. Un ramo passò a stabilirsi in Mantova e fu decorato dei titoli di Conte sul cognome e Marchese di Barbasso: esso si estinse nel 1740 in *Vincenzo*, la cui sorella *Eleonora* sposò il Conte Ferrante Spilimbergo. La famiglia Campoli si estinse in Virginia, maritata nei *Carbonelli*. Il ramo dei Mattei Baroni di Letino ed Ailano si estinse, verso la fine del secolo XVIII, in Virginia, che sposò *Orazio Carbonelli* di Paola. La famiglia Calefati si estingue nei *Carbonelli*. — MONUMENTI: *Napoli* nelle Chiese di S. Chiara e S. Giovanni a mare: *Monopoli* nella Chiesa dei Francescani: *Mantova* nella Chiesa di S. Maurizio ed in *Paola*. — FEUDI: Ailano, Cambaro, Campofigliolo, Casal dei Comiti, Letino, Maliana, Montemilone, Simmari. — MARCHESATO: Barbasso 1650. — PARENTELE: Aulisio Garigliota, Boccamaggiore, Buranchella, Calefati, Campoli. Casabona, del Duce, Fischetti, Gattini, Indelli, Manfredi, Pedoca, della Marca, Martinelli, Mattei, Mauro, Montefuscoli, Moscati, Nicastro, Nobile, Pepe, Pulpe, Qualia, Raviezzo, Santorelli, Spilimbergo, Tabaia, di Tarsia, Vigo. — AUTORI: Accattatis, Aceti, Alfano, Almagiore, Amadei, Amato, Araldo (alm. 1882), d'Arco (Fam. Mantovane), Barrio, Beltrano, Borrello (MS. nella Bibb. Nazionale), Butta (I Borboni di Napoli), Chiarini, Eugenio, Fiore, (Calabria illustrata), Giustiniani, Langlet, Pacicchelli, Padiglione (Bibl. del Museo), Radogna (Elog. scen.), Ricca, Sacco, de Sivo, Summonte, Zucchi. — *Guglielmo* signore di Simmari in Calabria, nei 1120 donò alcuni beni alla Certosa di S. Brunone. *Pietro* Cavaliere dell'Ordine dei Templari 1269. *Rinaldo* Milite, e familiare di Re Carlo I, dal quale nel 1273 ottenne il casale di Comiti. *Ponzio* (Francescano), Aio e maestro di Ludovico figliuolo di Re Carlo II. *Teodisio* fu molto caro a Re Carlo II. *Raimondo* Castellano di S. Giorgio, fu creato da Carlo II Governatore della città di Gaeta e da Re Roberto Giustiziere di Capitanata e Capitano di Castro Calanda, chiamandolo *Nobili viro* e *Scutifero*. Fu poi Scudiero e Consigliere della Regina Giovanna I. *Bertrando, Guglielmo* e *Raimondo* si leggono tra' familiari e domestici di Re Roberto. *Pietro* e *Guglielmo* nel 1334 ottennero dal Re i feudi di Cambaro e Maliana. *Berengario* Regio familiare. *Alfonso* valoroso capitano di Re Alfonso I d'Aragona. *Francesco* Mastrodatti di Paola, 1459. *Luigi* Mastrodatti di Paola nel 1487. *Pietro* Scudiero del Re Ferdinando I di

Aragona, nel 1495 portò la sua famiglia in Conversano. Per le continue rappresaglie coi Conti di Conversano, passò a stabilirsi in Monopoli e fu aggregata in seguito a quel patriziato. *Francesco* signore di Montemilone e regio Maestro di cavallerizza nel 1529. *Prospero* nel 1561 portò la sua famiglia in Mantova, ove ottenne la cittadinanza nel 1562 e diede origine al ramo dei Marchesi di Barbasso. *Gregorio* Consigliere del Duca Ferdinando Gonzaga, che lo nominò Abate Commendatario della Basilica Ducale di S. Barbara e di Lucedia nel Monferrato. Fu Generale dell'Ordine dei Minimi di S. Francesco di Paola, ed andò Ambasciatore presso il Sommo Pontefice e la Corte Sabauda. *Mario* Senatore e Podestà di Mantova e Gentiluomo del Maestrato Ducale, 1604. *Ruggiero* Canonico di Catanzaro, insigne per dottrina, fu autore di più opere. *Gregorio* Arcivescovo di Niosara. *Giuseppe* portò la sua famiglia da Paola in Napoli nell'anno 1640 ed ottenne riconoscimento della sua nobiltà con decreto del S. R. C. che lo dichiarò discendente da *Guglielmo* e *Raimondo* feudatarî in Calabria. *Giov. Francesco* Dotto giureconsulto, Segretario di Stato e Consigliere del Duca di Mantova dal quale ottenne il titolo di Conte. Nel 1650 acquistò il feudo di Barbasso, sul quale ottenne il titolo di Marchese dal Duca Carlo III Gonzaga. *Francesco* Conte Palatino e Protonotorio Apostolico. *Nicolantonio* insigne letterato e giureconsulto, 1710. *Alfonso* Colonnello nei reali Eserciti. *Francesco* Uffiziale della regia Marina napolitana, morì nel 1810 combattendo contro gl'Inglesi. *Raffaele* Vescovo di Betsaidene, Canonico Diacono della Metropolitana di Napoli, Consultore di Stato e Commendatore dell'Ordine di Francesco I e del Santo Sepolcro. *Giuseppe* Barone di Letino, Campofigliolo ed Ailano, Commendatore dell'Ordine di Francesco I, Gentiluomo di Camera e Maggiordomo di Settimana. — ARMI: 1º Di azzurro al leone di oro guardante il sole di oro, posto nel canton destro dello scudo, avente alle spalle un crescente di argento. 2º Ramo di Monopoli: Di azzurro alla triglia del suo color naturale nuotante nel mare sormontato dalla fascia arcata di oro accompagnata nel capo dal sole del medesimo. — È rappresentata questa famiglia in Napoli dal Barone di Letino e Campofigliolo SALVATORE CARBONELLI Cavaliere di devozione dell'Ordine Gerosolimitano, Cavaliere Gran Croce degli Ordini di Francesco I, Costantiniano. S. Gregorio Magno, della Corona di Ferro d'Austria e del Santo Sepolcro, decorato della medaglia dello assedio e difesa di Gaeta, già Ministro Segretario di Stato del Re Francesco II di Borbone. Il ramo di Monopoli è rappresentato dal Cavaliere GIOVANNI CARBONELLI.

**CARDONA.** — v. 1º p. 186. — Il ramo principale di questa famiglia si estinse in *Maria Cardona* morta senza lasciar discendenti, sicchè la Contea di Avellino, il Ducato di Bosa ed il Marchesato di Padula ricaddero al Fisco. Tra' feudi posseduti da' *Cardona* fu segnato Castelbottaccio. Tal feudo però si appartenne fino agli ultimi tempi dalla nobile famiglia *Cardone* già Baroni di Archi stabiliti nelle città di Vasto e di Atessa. Questa famiglia il Bartoletti nel Santuario Atessano dice discendere da'Cardona di Spagna, che trovasi detta pure *Cardone* in varii libri, tra'quali la situazione dei Pagamenti fiscali nel 1622 per pagamento delle adoe sui feudi di Chiusa e Melito, e nel Pacicchelli, il quale cita i *Cardone* nobili del Cilento, Baroni di Lustra, Finocchito, Prignano, Castelbottaccio e Marchesi di Prignano. p. 187, vs. 20 *C. D. Antonio* Vicerè di Sicilia nel 1419, vs. 38 *C. D. Errico* non fu Presidente di Sicilia. — MONUMENTI: *Lecce* Chiesa di S. Francesco. — AUTORI: de Nicastro (Pinac. Benev.), Infantino (Lecce Sacra), de Franchis (Avellino illustrata). — ARMA: Di rosso con tre fiori di cardo di oro posti 1 e 2.

**CARIGNANI.** — v. 1º p. 190 — MARCHESATO: Trepuzzi—*Cataldo Antonio* fu uno dei 50 Continui regnicoli. Servì il Re nelle guerre contro la Francia, andò nella Spagna con Don Carlo di Lannoy, e poi fu mandato Ambasciatore a Monsignor di Borbone ed alla Marchesa di Salluzzo in Lombardia. Tornato in Taranto fu preso dai nemici ed essendosi mostrato fedele al Re, venne rimeritato col feudo di Carignano devoluto per ribellione del suo cugino *Baldassarre Carignani* nel 1529, p. 191 *C. Giuseppe* Consigliere di Stato non ebbe la Gran Croce di Francesco I. — ARMA: Di azzurro al capriolo di oro accompagnato da tre stelle di argento.

**CARRATELLI.**—Questa famiglia è originaria della città di Amantea, ove se ne hanno memorie in tempo di Giovanna II. Ha goduto nobiltà in *Amantea* al Seggio di S. Basilio ed in *Paola*. FEUDI: Sanmaurizio, Santamaria di Campana. — PARENTELE: Baldacchini, Caputo, Cavallo, Cozza, Fava, Mollo ed altre. — AUTORI: Amato (Pant. cal.), Bacco (Descr. del Regno), Beltrano (Descr. del Regno), Engenio (Nap. Sacra), Fiore (Cal. illus.), Indirizzo di fedeltà della nobiltà del Regno a Gioacchino Murat, di Lauro (Studii stor. sulla città di Amantea MS.), Lumaga (Teatro della nob. d'Europa), Pacicchelli (Reg. di Nap. in prosp.). — *Nicola* pei servigi che rese alla Regina Giovanna II ottenne da questa un annuo assegno, chiamandolo nel privilegio *Fidelis noster dilectus*. *Giulio* e *Curzio* furono Capitani di cavalli nel 1640.—ARMA: Di rosso alla fascia di oro, accompagnata nel capo da un' aquila imperiale coronata di oro e da tre stelle del medesimo, e nella punta da una botte fiancheggiata da due leoni affrontati, il tutto di color naturale. — Questa famiglia è rappresentata in Amantea dal Cavaliere FRANCESCO CARRATELLI.

**CASAMASSIMI (de).** — Famiglia originata da *Guidotto*, che fu tra'cavalieri che seguirono in Italia lo Imperatore Errico VI. Egli stabilitosi in Bari, ottenne il feudo di Casamassima, dal quale presero nome i suoi discendenti. Ha goduto nobiltà in *Bari* e possedeva il Beneficio di S. Pietro maggiore — MONUMENTI: *Bari* nella Chiesa di S. Scolastica.—BARONIE: Casamassima, Palagianello — PARENTELE: Calò Carducci, Carrettone, Curici, Gaeta, Ildaris. Lamberti, Mormile, Nicolai, Palmieri, Rogadeo, Rossi, Ruggiero, Sagarriga—AUTORI: Almagiore, Bacco, Beatillo, Bonazzi, Volpi (Stor. de' Visconti), Garruba, Lombardi, Lumaga, Massilla, Pacicchelli, Petroni. — *Roberto*, si legge tra' Baroni di Terra di Bari nel 1271. *Macciotto* nel 1440 fu reintegrato nel possesso dei suoi beni, di cui era stato spogliato dalla regia Corte. *Rosimanno* nel 1579 fu Tesoriere della Basilica di S. Nicola di Bari e poi Vescovo di Polignano. *Pirro Antonio* Tesoriere della Basilica di S. Nicola di Bari e Vescono di Polignano 1543. *Roberto* Capitano delle truppe della Regina di Polonia Bona Sforza, la quale gli scriveva diverse lettere, chiamandolo *Magnifico e fedele nostro diletto*. Fu Maestro di Campo della città di Ostuni per tema di una invasione dei Turchi in Terra d'Otranto, 1557. *Guidotto* e *Giov. Battista* Commensali e Domestici del Re Filippo II di Spagna, nel 1575 ottenero il permesso di portare armi proibite unitamente ai loro domestici. *Giov. Battista* Cavaliere gerosolimitano 1660 e Consigliere della Lingua d'Italia. *Guidotto* Cavaliere gerosolimitano 1720 e Commendatore di S. Giov. Battista di Ragusa, nel 1763 fondò una Commenda di ducati 15 mila, detta di *S. Guido dei Casamassimi* in vantaggio dei discendenti di *Lorenzo*, suo fratello. *Guido* Cavaliere gerosolimitano nel 1737 fu inviato deputato al Re Carlo III. dalla Città di Bari per ottenere l'esenzione del catasto al quale i creditori della Università voleano sottometterla. A coadiuvarlo in tale missione la città deputava ancora i Dottori Francesco de Federici e Giovanni Andrea Bonazzi. *Nicola* Cavaliere gerosolimitano nel 1746, Commendatore di S. Giovanni di Ragusa e di S. Guido dei Casamassimi. *Guidotto Maria* Cavaliere gerosolimitano nel 1759 fu deputato in unione del cavaliere Pompeo Bonazzi dalla città di Bari per ottenere, come ottenne, dal Re Ferdinando IV la permissione per fabbricare il nuovo borgo. Trovasi ascritta la famiglia *de Casamassimi* al Registro delle Piazze Chiuse.—ARMA: Di oro alla banda di rosso caricata da tre scudetti di argento col capo di rosso alla croce di argento.—SOSTEGNI: Un leone ed una liocorno.—È rappresentata questa famiglia in Bari dal Cavaliere GIOVANNI BATTISTA DE CASAMASSIMI Patrizio di Bari.

**CASELLI.** — v. III° p. 71. — Questa famiglia fu detta pure *de Casello* e fu nobile in Cosenza nel Sedile Chiuso. Si dibattè la questione tra l'Università di Cosenza e quella di Capua per la precedenza dei Sindaci delle due città nei Parlamenti generali del Regno, e fu deciso che il Sindaco di Cosenza sedesse immediatamente dopo il Sindaco di Napoli. 1. perchè Capua non riconosceva più antica origine di Cosenza. 2. perchè Cosenza era stata sempre città regia. 3. perchè fu Cosenza Capitale della metà del Regno allorquando questo fu diviso tra il Re di Francia ed il Re Cattolico, restando sotto il dominio spagnuolo. Filippo II concedette al sudetto Sedile il privilegio che le cause di aggregazioni, reintegrazioni ed altre cose toccanti alla particolare nobiltà del sudetto Sedile dovessero trattarsi innanzi a cinque Giudici Delegati con lo intervento di un avvocato fiscale, come quelle de' Sedili di Napoli.— *Pietro* valente giostratore allorquando Luigi III d'Angiò adottato da Giovanna II stabilì la sua residenza in Cosenza, in occasione del suo matrimonio con Margherita di Savoja nel 1433 volle si facesse un torneo, nel quale volle provarsi col *Caselli*, che più volte lo scavalcò. *Giovanni* Vescovo di Bisignano nel 1449. *Roberto* già Capitano di Cavalleria nello esercito delle Due Sicilie e Cavaliere gerosolimitano. — AUTORI: Fiore (Calab. illus.). — Il rappresentante di questa famiglia LUIGI CASELLI Barone di Casello ha ottenuto il titolo di Marchese per sè, suoi eredi e discendenti in perpetuo da S. S. Leone XIII con Breve 4 marzo 1879.

**CASTROCUCCO, ALVERNIA o ALBIDONA.** — Famiglia detta anticamente *Alvernia* per essere venuta nel Reame da quella città di Francia in tempo dei Normanni. Prese poi il nome dal feudo di *Castrocucco* che possedeva. Fu detta anche *Albidona* dalla signoria di tal nome. Da essa credesi avesse origine la famiglia Gianvilla. Ha goduto nobiltà in *Napoli* fuori seggio e vestì l'abito di Malta nel 1546. I *Castrocucco* furono privati di molti feudi da Giaco. mo Sanseverino. — MONUMENTI: *Napoli* nella Chiesa di S. Domenico Maggiore. — FEUDI: Albidona, Agata, Amendolea, Ansiano, Bagnolo, Campomele, Cannole, Castrignano, Castro. cucco, Castronuovo, Latronico, Montegiordano, Montemiletto, Sovereto, Tortora, Trebisacce.— MARCHESATO: Albidona, Ripa. — PARENTELE: d'Aquino, Brancaccio, Capece, Capua (di), Castro (di), Gambacorta, Groppina, Lopez de Vergara, Milano, delli Monti, Morra, Pietravalida, de Ponte, Ruffo, Sambiase, Sanfelice, Sanseverino, Toraldo, Tortella, Tortora.—AUTORI: Aldimari, Almagiore, Campanile Gius., Campanile Filib., Ciarlante, de Lellis, Lumaga, della Marra, Muratori, Pacicchelli, Perrotta, de Pietri, del Pozzo, Rossi, Recco, Tettoni e Saladini, Toppi—*Rinaldo*, nel 1239 lo Imperatore Federico II gli scrisse commettendogli la custodia della città di Braballa, oggi Altomonte, in Calabria. Egli da Re Carlo I d'Angiò fu riconfermato nel possedimento del feudo di Castrocucco, che gli era pervenuto per eredità di sua madre. *Ruggiero* Cameriere di Re Roberto. *Giacomo* Capitano di Napoli, Maresciallo del Regno e Consigliere di Re Roberto. *Rinaldo* Familiare e Cameriere di Re Roberto. *Francesco* per la fedeltà serbata alla Regina Giovanna II fu spogliato di tutti i suoi beni da Alfonso I d'Aragona. *Vinceslao* Consigliere Supremo di Re Ferdinando I d'Aragona. *Giovanmaria* Cavaliere gerosolimitano, allo assedio di Malta posto dai Turchi, fu messo a guardia delle mura, ove riportò una splendida vittoria. Morì poi colpito da un proiettile nella fronte. — ARMA: D'argento a due bande d'azzurro. — CIMIERO: Il braccio destro di Giove con fulmine in mano.

**CATTANEO.** — v. III° p. 74. — C. ARMA: Interzato in palo: nel 1° e 3° fasciato di argento ed azzurro, nel 2° spaccato; nel 1° di rosso con la croce patente di argento cantonata da quattro *B* di nero; nel 2° bandato di rosso ed argento, col capo di oro all'aquila bicipite di nero.

**CAVALCANTI.** — v. I° p.192—Questa famiglia come appartenente al patriziato di Napoli nel Seggio di Portanova trovasi ascritta al Libro d'Oro. — FEUDO: S. Maria della Rota.—MARCHESATO: Sambiase. La famiglia Ametrano che dopo la uccisione di Francesco Sanseverino Duca di S. Donato per mano de' suoi vassalli, ottenne nel 1668 la Ducea di S. Donato, Policastrello e S. Caterina, si estinse in Ippolita sposata nella famiglia *Cavalcanti*; essa ebbe una sola figliuola, *Maria*, sposata a Paolo Sambiase Duca di Malvito, Principe di Bonifati e Barone di Santacaterina. *Coriolano* Cav. Geros. Capitano a guerra di Catanzaro. *Alfonso* Capitano di Battaglione nel 1600. — ARMA: Di argento seminato di crocette di rosso

**CAVALLO.**—Vuolsi che questa famiglia fosse di origine spagnuola, Ha goduto nobiltà in *Amantea* al Seggio di S. Basilio, vestì l'abito di Malta nel 1695 e trovasi annotata nel Registro detto di Malta. (1) — BARONIA: Pietramala. — PARENTELE: d'Afflitto, d'Amato, Favilla, di Lauro, Mirabelli, Ruffo, Sanseverino, di Tarsia ed altre. — AUTORI: Accattatis (Biogr. degli uom. illus. delle Calabrie), Almagiore (Giunte al Summonte), Amato (Pantop. Calabra), Bacco (Descr. del regno), Bonazzi (I reg. della nob. delle prov. nap.), Borrello (App. histor ad Chron. MS. nella Bibl. naz.), Fiore (Calab. ill.), di Lauro (Studii storici sulla città di Amantea MS.), Lumaga (Teatro della nob. d'Europa), Maresti (Teatro gen. delle Fam. nob. di Ferrara) Mu-

---

(1) Trovansi annotate nel Registro delle famiglie de'Cavalieri di Malta di Giustizia formato per regio Editto del 1800 anche le famiglie: Abbamonte, Alfano, Aliprandi, Andreassi, Barretta, Candida, Caravita, Carfora, Castiglione, Cedronio, de Chaves, Cigala, Citarella, Figliola, Friozzi, Garofalo, Giovino, Grassi, Leognani, Lucarelli, Mariconda, Marotto, Massa, Mezzacapo, Mirelli, Monforte, Monsolino, Morola, Moscato, Melissari, di Napoli, de Notariis, Narni, Orineti, Pacca, di Palma, Palumbo, Parisiano, Paternò, del Pezzo, Piccolellis, Porcinari, Primicile, Rossi, Sambiase, Schipani, Stocco, Spiriti, Suppa, de Tomasi, del Tufo, Ulloa, de Rosa, Vitale, Marincola Pistoja, Palumbo, Vitale, Giannuzzi, de Vio, Carignani, Dottula, Palmieri, Corigliano, Milazzi, Pandone, de Vera d'Aragona, Moles, de Nicastri, Pedicini, Bacio Terracina, Firrao, Messia de Prado, (Vedi *Araldo 1879*).

ratori (Uom. illus.), del Pozzo (Ruolo gen. dei Cav. geros.). *Grunaldo* fu tra' prigionieri fatti da Carlo II° d'Angiò e rimandato in Sicilia per riscattare i prigionieri angioini. *Ugonetto* si legge tra gli Armigeri di Calabria nel 1309. *Giacomo* Giudice di Vicaria, Portulano e Custode dei Porti e spiagge delle Calabrie, quale ufficio fu dato a lui ed ai suoi discendenti dalla Regina Giovanna II.ª e poi confermato dai Re Alfonso e Ferdinando d'Aragona. *Cola* Portulano di Amantea, ottenne il padronaggio della galera della città. *Giacomo* Giudice della Gran Curia sotto Giovanna II.ª *Pietro* Ufficiale del Re nel 1498, con Pietro Lombardo, Errico Oliviero, Francesco d'Alessandro, Antonio de Liguoro, i quali furono destinati a guardia di Giordano Orsino e Paolo Stano, che erano rinchiusi nel forte dell'Ovo. *Giacomo* Portolano di Amantea, nel quale ufficio venne riconfermato nel 1502 dal Gran Capitano Consalvo di Cordava, pei servigi resi al Re Cattolico. *Virgilio* prode guerriero prestò molti servigi allo Imperatore Carlo V, per lo che ottenne da questi molti beni confiscati ai ribelli. *Scipione* primo Barone di Pietramala fu valoroso soldato. Assoldò a sue spese trentacinque uomini, coi quali venne in Napoli e s'imbarcò come Capitano di ventura sulla flotta di Don Giovanni di Austria, combattendo da prode contro i Turchi alla battaglia di Lepanto. *Virgilio* Commissario generale nelle province di Abruzzo. *Carlo* gesuita, insigne teologo ed oratore. *Rutilio* fondò il Convento dei Cappuccini di Amantea fu Giudice della G. C. della Vicaria e Caporuota del S. R. C. *Domenico* Giudice della G. C. della Vicaria e Luogotenente generale di Piombino. *Ferdinando* e *Giov. Francesco* Dottori in legge. Fra *Bonaventura* uomo dottissimo ed eloquente oratore fu Commissario generale dell'Ordine Francescano e poi Vescovo di Caserta, stampò la vita del B. Nicolò Albergati ed altre opere. Morì nel 1687 in concetto di santità. Fra *Francesco* Cavaliere gerosolimitano nel 1695, fu valoroso capitano in Lombardia. *Carlo* Sindaco di Amantea nel 1735. — ARMA: Di rosso al cavallo bianco col capo di azzurro caritato da tre stelle d'oro.

**CAVANIGLIA.** — Famiglia originaria di Valenza venuta in Regno coi Re Aragonesi. Ha goduto nobiltà in *Napoli* al seggio di Nido ed in *Lucera*. Si estinse in *Troiano*, Capitano delle Guardie del Corpo di Re Ferdinando IV di Borbone, il quale ebbe due mogli: con la prima della famiglia Aponte, erede del ducato di Flumari ebbe due figliuole maritate la prima nei Caracciolo Duchi di Santovito e la seconda nei Ruffo. Con la seconda moglie, Caterina dei Medici, procreò un maschio, morto di tenera età, e due donne sposate nelle famiglie Capece Piscicelli e Gioeni Principi di Petrulla. Il ramo de' *Cavaniglia* Duchi di S. Agata si estinse in *Antonia* sposata nella famiglia Alarcou Mendoza nel 1680. — MONUMENTI: *Napoli* nella Chiesa di Monteoliveto e *Montella* nella Cattedrale.—FEUDI: Agliate, Bagliva di S. Severo, Bagnolo, Cacciano, Cagnano, Cassano, Castelluccia, Coglionise, Crispano, Forcella, Montecorvino, Montellara, Motta, Santacroce, Santamaria, Torano, Torreorsaia, Toro, Volturara, Volturino. — CORTEE: Celle, Goliano, Montalto, Montella, Sangiorgio, Troia, Vitulano. — MARCHESATO: Sammarco dei Cavoti. — DUCATI: Santagata, Flumari, Rodi, Sangiovanni Rotondo. — PARENTELE: di Capua, Caracciolo, Carafa, Comite, Cossa, Gaetani, Gambacorta, Gonzaga, della Marra, Orsino, de Ponte o Aponte, Ravaschiero, Sersale,—AUTORE: Aldimari, Almagiore, Amely, Bacco, Ciarlante, Ercolano, Giustiniani, de Lellis (Nap. sac., Lumaga, Mazzella, Mugnos, Pacicchelli, de Pietri, Sacco, Sarrubbo, de Stefano, Summonte, Torelli, Troyli. — *Pietro* Governatore di Aragona 1366. *Garzia* portò la sua famiglia in Napoli seguendo Alfonso I d'Aragona. Fu Capitano e Giustiziere di Principato Ultra e prode soldato. Fu inviato con Lionello Accrociamuro in Roma per rappresentare il Re Alfonso alla incoronazione dello Imperatore Federico di Germania. *Garzia* morì difendendo Napoli conro Lotrecco. *Diego* morì combattendo ad Otranto contro i Turchi nel 1480. *Garzia* Viceré di Sicilia, *Carlo* fu tra' fondatori del Monte della Misericordia in Napoli nel 1638. *Troiano* Conte di Montalto, Socio dell'Accademia detta dei Sereni. — ARMA: Di argento a quattro fasce ondate ad onde grosse di nero.

**CELANO.** — v. I° p. 197. — ARMA: Di azzurro alla banda di oro.

**CENTELLES** — v. I° p. 200 — FEUDO: Taverna — MARCHESATO: Centelles. Pag. 201 *C. Giuseppe* Reggente di Sicilia nel 1487.

**CHIAROMONTE.** — Famiglia di origine francese, discesa da Carlo Magno. Un ramo dalla Sicilia passò in Bari. Ha goduto nobiltà in *Napoli* fuori Seggio, *Palermo*, *Girgenti*, *Modica* e *Ragusa*. I *Chiaromontani* formarono un partito fortissimo contro Federico III d'Aragona Re di Sicilia dal quale furono sconfitti.—MONUMENTI: *Napoli* Chiesa di S. Pietro Martire, *Palermo* nelle Chiese di S. Francesco, di S. Domenico e di S. Nicolò la Clausa ed in *Copertino*. — BARONIE: Aidone, Alcamo, Asti, Bivona, Caccamo, Comitini, Diana di Cefalù, Favara, Gerbi, Girgenti, Guidomandri, Mussomeli, Nicosia, Ragusa, Sanfilippo, Santangelo Musciaco, Santostefano, Scicli, Siculiano, Squisquina, Sternazia, Terranova, Vicari, Zullino.—CONTEE: Calatabiano, Chiaromonte, Comiso, Copertino, Moach, Modica, Ragalmuto.—PARENTELE: Alagona, Balzo (del), Bonanno, Capua (di), Caracciolo, Carretto (del), Clairmont, Filangieri, Gonzaga, Orioles, Palizzi, Peralta, de Raho, Rossi, Sanseverino, Statella, Ventimiglia—AUTORI: Anonimo Cassinese, Barellas, Baronio, Beatillo, Buonfiglio, Capaccio, Cannizzaro, Galluppi (Arm. ital.), di Giovanni, Engenio, Escolano, Fazzello, Ferrario, Infantino, Inveges, Leontino, Lombardi, Lumaga, Maurolico, Mugnos, Pacicchelli, Palizzolo, Panvinio, de Pietri, Recco, Sacco, de Simone, Ughelli, Villabianca. — *Berlingiero* fu armato Cavaliere da Re Ruggiero. *Manfredi* Gran Siniscalco di Sicilia nel 1269. *Roberto* fu compagno di Boemondo in Terrasanta, con Ruggiero Guarino, Oliviero di Monterone, Riccardo Sambiase. *Nicolò* Cardinale nel 1220. *Enrico* Straticò di Messina nel 1292. *Manfredi* Conte di Modica edificò il Cenobio di S. Maria degli Angeli, fu Grande Almirante, Gran Contestabile, Gran Giustiziere, Gran Cancelliere e Vicerè di Sicilia nel 1369. *Filippo* Straticò di Messina nel 1384. *Antonio* sposò Tommaso Paleologo, Despota di Morea e fratello di Costantino Imperatore di Costantinopoli. *Costanza* fu moglie di Re Ladislao, ed in seconde nozze di Andrea di Capua. *Isabella* sposò il Re Ferdinando I d'Aragona, fu sepolta nella Chiesa di S. Pietro Martire. *Francesco* Cardinale nel 1503. *Giovanni* Gran Siniscalco e Gran Maresciallo di Sicilia. *Simone* Gran Siniscalco di Sicilia nel 1351. *Matteo* Grande Almirante di Sicilia nel 1364. *Andrea* Grande Almirante di Sicilia nel 1391. *Manfredo* Settimo Conte di Modica, edificò la terra di Mussomeli. *Barnaba*, morto il Papa Pio VI, detronizzato dalle orde francesi nel 1799, ascese al Soglio Pontificio col nome di Pio VII. — ARMI: 1° Spaccato: nel 1° di rosso al monte di argento a cinque cime; nel 2° di argento pieno. — 2° Ramo di Cesena: Di azzurro alla banda di argento caricata da tre teste di moro al naturale tortigliate d'argento, costeggiate da sei stelle di oro.—3° Fasciato di argento e di rosso.—Questa famiglia alla quale si appartenne anche il famoso *Rinaldo* si estinse in *Margherita* che sposò Giacomo Sanseverino Conte di Tricarico figliuolo di Tommaso Conte di Marsico verso la metà del secolo XVI.

**CHIURLIA o di BARI.** — Famiglia di origine greca detta prima *Kiri Elia*, la quale nell' anno 1085 passò in Bari, allora soggetta ai Greci, con le famiglie *Kiri Dottula*, *Kiri Gizzinosi*, *Kiri Iannaci*, *Kiri Sergii*, *Kiri Carofili*, *Kiri Amerosi*, *Kiri Effrem* ed altre. Un ramo si stabilì in Giovinazzo nel 1540. Il ramo dei de Luca Marchesi di Lizzano si estinse nel 1693 in Mario che ebbe una sola figliuola, Porzia, che nel 1697 sposò *Nicola Chiurlia* nobile di Giovinazzo. Ha goduto nobiltà in *Bari* ed in *Giovinazzo*. — MONUMENTI: *Bari*, Chiesa di S. Nicola. — BARONIE: Altamura, Belmonte, Bitetto, Campobasso, Carovigno, Cellino, Crepacore, Galesano, Grandiano, Latiano, Manduria, Martignano, Modugno, Monterone, Matenato, Oria, Poggiardo, Polignano, Sangiovanni in Golfo, Sammartino, Santerasmo, Sepino, Zappino. — CONTEE: Lizzanello, Roccoforzata. — MARCHESATO: Lizzano: — PARENTELE: Afflitto, Aquila (dell'), Calò, Florio, Gurgo, Monforte, Porta (della), Pipino, Prignano, Rogadeo, Sangro, Zurlo. — AUTORI: Granata, Grande, Lumaga, Picicchelli, Sacco, Storia della famiglia Monforte, Tutino (Sette Uffici), Villabianca. — *Roberto* signore di Modugno Gran Protonotario del Regno nel 1273 fu tra' Giudici che firmarono la condanna di Corradino, e fu anche Gran Contestabile di Sicilia. — ARMA: Di rosso alla banda di azzurro filettata di argento caricata da tre gigli di oro ed accompagnata da due leoni del medesimo.

**CICINELLI.** — v. V° p. 68 — FEUDO: Colobrano. — AUTORE: Filamondo (Genio bellicoso). *Andrea* fu Vicario Generale in Sicilia pel Vicerè Conte di S. Stefano nel 1675, ebbe il comando di 17 navi cariche di truppe, che il Vicerè di Napoli Marchese di Astorga inviava al Marchese di Villafranca Vicerè di Sicilia, per opporsi ai Francesi, che minacciavano d'invadere l'isola. Fra *Giuseppe* Cavaliere gerosolimitano fece parte dell'Assemblea generale tenuta in Malta nel 23 Maggio 1731 dal Priore di S. Giovanni a Mare Fra Francesco di Capua.

**CIGALA.** — Famiglia genovese. Dicesi originata da un *Pompeo*, che fu detto *Cigala* perchè sul suo capo si posarono delle cicale nel cominciar d'una battaglia, della quale riuscì vittorioso. Essa fu tra le 28 famiglie genovesi che tennero Albergo. Da Genova si diramò in Lentini, Palermo e Messina, e da questa città un ramo passò in Cosenza nel 1391 ed un altro in Napoli. Ha goduto nobiltà in *Genova, Roma, Napoli* nel seggio di Portanova, *Aquila, Lecce, Cosenza, Palermo, Messina* e *Lentini* alla cui Mastra Nobile fu ascritta nel 1458. Nei *Gigala* si estinse un ramo de'Caracciolo de'Principi di S. Buono nel quale si era estinto un altro ramo de' Caracciolo Principi di Marsicovetere. — MONUMENTI: *Napoli* Chiesa di S. Severino, *Lecce* Chiese di S. Croce e di S. Antonio di Padova, *Palermo* Chiesa dei Genovesi, *Messina* Chiesa di S. Domenico. — BARONIE : Asti, Barbato, Caccamo, Caccavone, Camignano, Carafa, Carroposi, Castrifrancone, Castriguarino, Cefalù, Cigala, Cigliano, Corsano, Migliarina, Mollone, Sampietro di Tiriolo, Santabarbara, Settingiano, Sternazia, Valdulma.— CONTEE : del S. R. I. e Palatini, Alife, Collesano, Gimigliano, Roccella. — DUCATI: Calvello, Canosa, Castrofilippo, Gimigliano. — PRINCIPATI: Marsicovetere. — PARENTELE: Aquino, Buoncompagno, Capua (di), Caracciolo, Cavalcanti, Eboli, Farafona, Filangieri, Finelli, de Gennaro, Giglioaorito, del Giudice, de Gregorio, Grillo, Leofante, Marulli, Masola, Minutolo, Orsino, Ottoboni, Personè, Ravaschieri, Sambiase, Sanfelice, Sanseverino, Zappada. — AUTORI: Accattatis, Alfano, Amato, Andreotti, Ansalone, Bacco, Bonazzi (I reg. della nob.), Campanile Gius., Castiglione Morelli, Ciarlante, Crescenti, Engenio, Fiore, Giustiniani, Lumaga, Martirano, Mastrullo, Minutolo, Mugnos, Pacicchelli, Palizzolo, Panvinio, Pizzi, Platina, Recco, Riccardo da S. Germano, Rambertelli, Ruscelli, Sacco, Sambiasi, de Simone, Spiriti, de Stefano, Tettoni e Saladini, Troyli, Ughelli, Villabianca—*Guglielmo* Console della Repubblica di Genova 1112. *Paolo* Conte di Collesano e di Alife Gran Contestabile di Sicilia 1205. *Nicolò* Giustiziero di Terra di Lavoro 1224. *Andrea* valoroso Capitano e Maestro Giustiziere di Federico II Imperatore e Balio del Regno di Sicilia. *Guido* valoroso Capitano di Re Carlo I d' Angiò. *Andreasso* e *Pompeo* combatterono pel Re Federico II di Sicilia contro gli Angioini. *Berardino* Ambasciatore di Calabria ai Re Aragonesi. *Alfonso* Duce della nobiltà Cosentina, nella invasione francese di Carlo VIII. *Giov. Franceseo* Capitano generale a guerra di tutta la Calabria. *Aulo Pirro* uomo erudito, autore di più opere e socio dell' Accademia Pontaniana 1502. *Scipione* Gran Priore di Capua dell' Ordine Gerosolimitano. *Giov. Battista* Cardinale. *Visconte* Commendatore dell' Ordine di S. Giacono della Spada, e Cavaliere gerosolimitano, valoroso Capitano per l'Austria contro i Turchi, 1513. *Francesco* diede origine alla famiglia Ferrarotti di Leonini. *Fabio* valente filosofo. *Andrea, Scipione* e *Vincenzo* Cavalieri gerosolimitani. *Giovanni* musicista ed ottimo poeta latino, eresse in Lecce la Cappella di S. Francesco di Paola. *Girolamo* Capitano di duecento moschettieri, Capitano a guerra di varie terre della provincia di Lecce 1625. *Vincenzo* autore di alcune opere sulla preminenza straticotiale. *Visconte* primo Duca di Castrofilippo, 1625. *Carlo* Cavaliere di S. Giacomo della Spada, Conte Palatino e primo Principe di Tiriolo, 1638. *Francesco Berardino* poeta lirico e tragico ed autore di molte opere. *Domenico* Procuratore fiscale della Regia Gran Corte in Sicilia. — ARMI: 1° Di rosso all'aquila spiegata di argento e la bordura unita di azzurro caricata da sette cicale di oro.—2° Di argento alla banda di rosso caricata da tre cicale di oro.—Questa famiglia ascritta al Registro dell'Ordine di Malta è rappresentata in Napoli dal Principe di Tiriolo, Principe di Marsicovetere, Duca di Gimigliano Conte del S. R. I. EMANUELE CIGALA.

**CLARIO** (de) v. I° p. 202. — ARMA: Di azzurro alla fascia arcata d'argento caricata da tre rose di rosso sostenente un'aquila nera al volo spiegato.

**COMITE.** — v. II° p. 15. — Un ramo di questa famiglia passò da Salerno in Bari.—*Riccardo* Castellano di Bari per Federico II. e Comandante di cento uomini d'arme. *Antonio* e Cicco Pignatelli furono Sindaci di Bari nel 1450. *Andrea* Regio familiare, 1480. *Francesco* e Francesco Carducci Sindaci di Bari nel 1508. *Stefano* e Giovanni Marsili Sindaci di Bari nel 1521. *Cesare* e Gualtieri de'Casamassimi Sindaci di Bari 1597. Fu anche Maestro giurato di Bari. Tale ufficio avea la giurisdizione criminale. — ARMI: 1° Di argento a due bande di azzurro con la bordura dentata di rosso. — 2.° Di azzurro all' albero sradicato di verde con un uccelletto posto nella cima e con tre stelle di oro nel capo. — 3.° Di argento alla gemella ondata di rosso posta in banda.

**COSCIA.** — v. I° p. 203 — ARMA: Spaccato: nel I° di rosso alla coscia di oro con la bordura dentata di oro: nel 2° di argento con tre fasce di verde.

**CRISPANO.** — v. 1º p. 206 — FEUDI: Bianco, Cavaniglia, Ripalta, — Il ramo della famiglia Candida Baroni di Tufara e nobili in Napoli fuori Seggio, si estinse nel 1523 in Eleonora, sposata a *Buffillo Crispano* del Seggio di Capuana. — ARMA: Spaccato: nel 1º di azzurro al leone uscente di oro: nel 2º di rosso col capriolo di oro.

**DE CURTIS o DE CURTE.** — Famiglia di origine Lombarda passata in Cava nel 1239 circa. Ha goduto nobiltà in Ravello (1), Cava, Lucera, Rossano, Palermo e Napoli fuori Seggio. Un ramo si stabilì in Francia. È stata ricevuta nell'Ordine di Malta nel 1668 come quarto del Cav. Guglielmo di Palma Patrizio di Nola. — MONUMENTI: Napoli nelle Chiese di S. Severino e dello Spirito Santo, ed in Palermo nella Chiesa di S. Francesco. — FEUDI: Caspoli, Cassano di Bari, Gabica, Gravedonna, Giffone, Mazzara, Melissano, Policastro, Segrezie di Naro, Termine. — CONTEA: Ferrazzano. — PARENTELE: Ayerbo d'Aragona, Arcuccio, Baldacchini, Bonghi, Borghese, Buccaro, della Calce, Carafa, Caracciolo, Celentano, Galeota, Guevara, Mayo, Milano, Pagano, di Palma, Riccardi, di Rinaldis, Turbolo, Vetromile ed altri. — *Pietro Lanfranco* e *Lanzino* furono militi nel 1239. *Bartolomeo* e *Giovanni* prestarono danari a Carlo I. *Guglielmo* Cardinale di Tolosa nel 1334, *Leonetto* e *Pecillo* Regi familiari di Re Ferrante I. *Trojano* decorato del Cingolo militare morì combattendo alla guerra di Otranto. *Giovannandrea* Presidente del S. R. Consiglio, 1570. *Francesco* Regio Consigliere e Presidente della R. Camera, 1588. *Scipione* Regio Consigliere, e poi Reggente del Supremo Consiglio d'Italia. *Giulio* R. Cappellano e Vescovo di Cotrone. *Fabio* Cappellano della Corte di Spagna, 1590. *Muzio* rinomato Teologo, 1591. *Camillo* celebre giureconsulto tenne Cattedra di Dritto feudale nell'Università di Napoli, fu Presidente del S. R. e Consiglio Vice Protonotario, ed autore del Diversorium juris feudalis. *Paolo* Vescovo d'Isernia fondò un Monte di famiglia nel 1669. *Clemente* chiaro giureconsulto. — AUTORI: Aldimari, Amely, Beltrano, Corrado (Nomencl. Doct.), Ciacconio, Camera, Capaccio, Costo (Memorie), Giovio, Inveges (Palermo nob.), Granata (Stor. Capua), Erizon (Gallia porporata), Lumaga, Mazzella, Mugnos, Panvinio, Toppi, Rossi, (Nob. Eur.), Vincenti, Nuovo Diz. storico Napoli 1791. — ARMI: 1.º Di argento alla croce patente di rosso. — 2.º Di argento a tre bande di azzurro, al capo di rosso caricato da tre stelle di oro.

**DAUFERIO, AUFERIO o OFFERIO.** — Famiglia originata da *Dauferio* Cavaliere Beneventano in tempo di Grimoaldo III Principe di Benevento nell' anno 788. Avendo *Dauferio* congiurato contro di lui, si salvò riparando in Napoli. Grimoaldo lo chiese al Duca di Napoli ed ottenutane negativa, venne col suo esercito contro i Napoletani, che dopo la prima battaglia vennero ad un accordo pel quale *Dauferio* fu perdonato. Questa famiglia essendo stata numerosissima, vi fu in Napoli un Borgo detto degli *Offerii*. Un ramo di questa famiglia dalla signoria di Avella si disse *di Avella*. Ha goduto nobiltà in *Benevento, Salerno* al seggio di Campo, *Ravello e Napoli* al seggio di Nido, il cui ramo, dimorante in Avellino, si estinse in *Artemisia* Baronessa di Tortorella, sposata nella famiglia de Luca. — MONUMENTI: *Napoli* nelle Chiese di S. Gaudioso, S. Fortunato e S. Domenico, *Avellino* nella Chiesa di S. Domenico. — FEUDI: Canneto, Castelpetroso, Magliano, Monterone, Offerio, Santeustachio, Tortorella. — PARENTELE: Antinoro, Azzia, del Balzo, Brancaccio, Carafa, Guevara. — AUTORI: Beltrano, Camera, Chioccarello, Ciacconio, de Franchis, Heremberto, Lumaga, Mazzella, Panvinio, de Pietri, Platina, Prignano, Recco, Repertorio di S. Lorenzo d'Amalfi, Vincenti, della Vipera. — *Giovanni* Cardinale 1119. *Bartolomeo* Giustiziere di Capitanata pel Re Carlo II d'Angiò. *Ligorio* Giustiziere di Abbruzzo, 1329. *Nicolò* valoroso Capitano sotto il comando di Giacomo Caldora. — ARMA: Di rosso alla banda composta di vai d'argento e d'azzurro accompagnata da due rose d'argento. — Un ramo di questa famiglia, per essere nobile di Salerno si disse semplicemente *Salernitano*. Ad esso appartennero: *Giovanni* Cardinale nel 1122, e *Giovanni* nel 1191, *Tommaso* Ambasciatore in Alemagna pel Re Ferdinando, Reggente della Cancelleria, Presidente del S. R. C. e della Regia Camera nel 1465. *Scipione* Vescovo di Acerra. *Pompeo* Consigliere di S. Chiara nel 1581. *Francesco* Barone di Frosolone. *Giovanni* Auditore di Provincia. — ARMA: Di verde alla croce di argento cantonata da quattro rose di rosso.

(1) Hanno goduto nobiltà in Ravello le seguenti famiglie: Acconciaioco, Afflitto, Bonite, Bove, Campanile,, Castaldi, Cazzani, Citarella, Confalone, Coppola, Cortese, Fenice, Ferrari, Foggia. Frezza, Fusco, Grisone, Guardia, Insula, Iusti, Longo, Maggiore, Marra (della), Muscettola, Pironti, Rago (di) Rogadeo, Rovito, Rufolo, Rustino, Santarelli, Sconciaioco.

**DENTI**. — Famiglia di Ravenna, originata da *Giovanni Denti* Luogotenente e Vicario Im_ periale nell'anno 724. Passò in Sicilia nel 1248. Ha goduto nobiltà in *Messina* ed in Padova. Il ramo de'Lucchesi Palli Duchi di Alagona si estinse in Marianna sposata a *Vincenzo Denti* principe di Castellazzo che nel 1771 vendè quel Ducato a Maria Tagliavia che lo fece mutare in Duca di Tagliavia. — MONUMENTI: *Palermo* Chiese di S. Zisa e del Gesù — BARONIE: Balagolo, Cellaro, Raineri, Resuttano. — DUCATI: Alagona, Piliano 1656. Piraino 1657. Serradifalco, Villarosa 1676. — PRICIPATO: Castellazzo 1672. — PARENTELE: Avarna, Castello, Colonna, Lofaso, Lucchesi, di Napoli, Requesens, Villaraguto. — AUTORI: Aloe, Pallero, Ansalone, Bisaccioni, Curuso, Collurasi, del Giudice (Poesie), Minutolo, Villabianca.— *Giacomo* Primo Ministro della Regina Bianca, Conservatore del Regoo ed Ambasciatore alla Santa Sede. *Lucio* Luogotenente del Maestro Giustiziere di Sicilia 1647. *Vincenzo* Reggente del Supremo Consiglio d'Italia 1672 — ARMA: Di rosso con due fasce di oro caricate da cinque denti del loro colore, 3 nella prima e 2 nella seconda.

**DIASCARLON**. — Famiglia originaria di Catalogna, e vuolsi discesa dai Re di Aragona—Ha goduto nobiltà in *Napoli* al Seggio di Nido. Il ramo de'*Diascarlon* Conti di Buccino si estinse ne' Caracciolo. — BARONIE: Dragone, Mastano, Oliveto, Pietrapertosa, Radicanina Sanpietro a Scafati, Santangelo. — CONTEE: Alife 1484, Buccino. — PARENTELE: Arena, Bracamonte, Caracciolo, Carafa, Chiaromonte, Groppina, Lannoy, Piccolomini. — AUTORI: Aldimari, Ammirato, Contarino, de Lellis, Lumaga, della Marra, Mazzella — *Alfonso* Balio di Venosa dell'Ordine gerosolimitano 1542. — ARMA: Fasciato di nero e di oro.

**DINISSIACO**. — Famiglia originaria francese, venuta in Regno con Carlo I d'Angiò. Ha goduto nobiltà in Napoli nel Seggio di Porto. — BARONIA: Ruvo. — CONTEA: Terlizzi 1346. — PARENTELE: Balbano, Carafa, della Marra, Pipino, Sabrano. — AUTORI: Aldimari, de Lellis, della Marra, Tutino—*Guglielmo Bolardo* Maresciallo del Regno 1306. *Gazo* o *Gasso* Conte di Terlizzi, Maresciallo del Regno per la Regina Giovanna I fu tra'congiurati per dar morte ad Andrea d'Ungheria, con Roberto di Cabano Conte d'Evoli, Sancio de Cabano Conte di Morrone, Carlo e Bertrando Artus, Nicolò di Milafona, Corrado Ruffo Conte di Catanzaro, Corrado Unfredo di Montefuscolo. Fu *Gazo* giustiziato sulla piazza di S. Eligio. — ARMA: Inquartato: nel 1° e 4° di argento; nel 2° e 3° di nero, alla banda di rosso attraversante sul tutto.

**DOCE (del)** — v. I° p. 208 — FEUDI: Petrore, Sogliano. — ARMA: Spaccato: nel 1° di rosso col rastello a tre pendenti di oro; nel 2° bandato di oro e di azzurro.

**DONMUSCO**. — Famiglia originata da un Conte Longobardo. Fu detta anche *Guirfolo*, perchè nel 1486 *Guiscardo Donmusco*, Maestro di Campo, militando pel Re in Barberia, prese molti schiavi che lo chiamavano *lo Guirfolo* per essere egli di bassa statura. Ha goduto nobiltà in *Salerno* al Seggio di Portaretese. — BARONIE: Casiglione, Coperchia, Eredita, Filetta, Ogliastro, Piedimonti, Sancipriano. — PARENTELE: Correale, Gagliardi, Pagliara, Rascica, Santomango.—AUTORI: Archivio di Salerno, Lumaga, Mosca, Panza, Prignano, Zoppi.— *Tommaso* Deputato per la guardia del littorale di Salerno contro i corsari, 1273. *Pandolfo* Giustiziere di Basilicata, 1284. Egli e *Riccardo* si leggono tra' Baroni di Principato Citra nel 1292. *Riccardo* con Giovanni de Ruggiero furono mandati dalla città di Salerno al Papa per pregarlo a non investire del Regno il Duca di Calabria alla morte del padre, 1295. *Ruggiero* Cappellano del Papa ed Arcivescovo di Monreale, nel 1301 andò Ambasciatore al Conte Andegavense ed al Comune di Lucca, e poi a Roma a portare al Papa 8 mila scudi, che il Regno pagava come tributo annuale. *Pandolfo* Governatore di Lucera, fu tra' Baroni che andarono a combattere in Calabria nel 1313. Fu mandato dalla città di Salerno al Re per ottenere la fabbrica del Porto. Fu poi Governatore di Barletta e delle terre della Regina Sancia. *Giovanni* Maestro di Campo, Cavallerizzo del Re e Reggente della Vicaria, 1512. Fondò la Chiesa di S. Maria degli Angeli presso Salerno nel 1516. *Nicola* Maestro di Campo di Carlo V. *Antoncello* Maestro di Campo, militando per Carlo V, morì nella memoranda rotta che ebbero i francesi alla battaglia di Pavia. — ARMA: Di azzurro al capriolo di oro, col capo di azzurro al leone uscente di oro sostenuto da una trangla del medesimo.

**DORIA**. — v. VI° p. 54—MARCHESATO: Rapone—Il ramo de'*Doria* Duchi di Massanova si estinse nel 1816 in *Giuseppe* figlio di *Giovan Francesco*, il quale ebbe una sola figliuola *Maria* sposata a Giangiacomo Cattaneo di Genova.—La famiglia Grillo, Duchi di Mondragone si estinse in Rosa, sposata al Principe di Angri Doria, la quale non procreò figliuoli, perlocchè il titolo ricadde al R. Fisco. — Pag. 63. v. 35 C.: *Giovanni Andrea* prima di morire, non avendo figli maschi, sposò una sua figliuola ad un signore genovese della famiglia Salvago, ed ottenne da Carlo V che lo sposo prendesse il nome e le armi dei *Doria*. Da esso disce. sero i *Doria* Pamphili di Roma.

**DURA.** — v. I° p. 211 — ARMA: Di azzurro con due leoni affrontati di oro sostenenti una corona antica del medesimo.

**EPIFANIO.** — Famiglia originata da *Epifanio*, il quale nell'anno 935 fu invitato da Romano Lacapeno, Imperatore, in aiuto di Ugone Re d'Italia, perchè gli sottoponesse Landulfo Principe di Capua, Atenulfo Principe di Benevento e Guaimario Principe di Salerno. Ha goduto nobiltà in *Benevento, Chieti* (1) ed in Sicilia, e si estinse nella famiglia Morra. — MO-NUMENTI: *Napoli* nella Chiesa di S. Domenico. — BARONIE: Corvara, Pescosansonesco. — AUTORI: Almagiore, Mazzella, de Nicastro (Pinacoteca Benev.), Ostiense, Pacicchelli, Panvinio, de Pietri, Recco, Spinello, della Vipera.— *Desiderio* Cardinale 1508. *Danferio* Abate di Montecassino, rinnovò la Chiesa ed il Monastero, fu creato Cardinale da Papa Nicola II e Legato *a latere* del Principe di Puglia e Calabria. Nel 1086 fu eletto Pontefice col nome di Vittore III. *Roffredo* Giudice della città di Benevento e Supremo Consigliere di Federico II Imperatore. Fu autore di opere legali. *Goffredo*, insigne giureconsulto, edificò la Chiesa ed il Monistero di S. Domenico in Benevento. — ARMI: 1° Inquartato: d'argento e di rosso. — 2° Di azzurro alla fascia di oro accompagnata da due bisanti del medesimo.

**EBOLI o EVOLI.** — v. I° p. 213 — FEUDI: Alfedena, Pietracupa, Santandrea di Stucco, Spitaletto — MARCHESATI: Agropoli, Frignano, Montefalcolne. — C. Togliere il DUCATO di Frignano. — v. 22 C. Macchiaspineta. — La famiglia Zattera, Marchesi di Agropoli si estinse in Livia sposata nella famiglia Miroballo Duchi di Campomele verso il 1687. Ed i Miroballo si estinsero in Marianna che fu moglie a *Carlo d'Evoli* Duca di Castropignano. La famiglia Gargano, Marchesi di Frignano maggiore e Marchesi di Montefalcone, si estinse in Luisa sposata a *Mariano d'Evoli* Duca di Castropignano. La famiglia *Evoli* Duchi di Castropignano, Duchi di Campomele, Marchesi di Montefalcone, Marchesi di Frignano, Marchesi di Agropoli, si estinse in *Luisa* sposata nella famiglia d'Afflitto di Ariano.— *Tommaso* Giustiziere di Basilicata 1280, *Francesco* Giustiziere di Capitanata e di Bari 1301. *Francesco* Duca di Castropignano fu il famoso Generale delle Armi di Carlo III alla memoranda battaglia di Velletri. *Carlo* Marchese di Frignano, Aggiunto di Legazione in Sardegna nel 1834.— AR-MA: Spaccato inchiavato di nero e di argento.

**FASANELLA.** — Questa famiglia molto potente nell'epoca sveva da alcuni è creduta originata da' Principi Longobardi di Salerno e da altri con più fondamento dicesi uscita dalla Casa Sanseverino Signori di Fasanella. Ha goduta nobiltà in Bisignano. Da *Apollonio Fasanella* signore di Morano discese la famiglia Morano nobile di Cosenza, la quale si estinse in Anna sposata ad Orazio Sersale Duca di Belcastro. — FEUDI: Aquaro, Albanella, Belvedere, Belrisguardo, Borgorotto, Campagna, Castelluccia, Cirella, Controne, Cotronei, Corneto, Cirella, Ferraro, Gagliati, Genzano, Gionata, Grisolia, Guardiabruna, Lacivita, Mezzomorano, Ottati, Padula, Pantoliano, Postiglione, Ricigliano, Roscino, Rossano, Serretelle, S. Zaccaria, Roccadaspro, Socia, Torremontanara, Zurello. — CONTEE: S. Angelo a Fasanella, S. Pietro in Galatina. — PARENTELE: Carafa, Celano, d'Aquino, Molise, Sanseverino, d'Alagno, di Procida, Latro ed altri. — AUTORI: Castiglione Morelli (De Patr. Cons. nob.), Paglia (Stor. di Giovin.), del Giudice (Cod. Dipl.), Fiore (Calab. ill.), Galluppi (Arm.), Recco (Notiz. di fam. nob.), Tutini (Varietà della Fortuna), de Pietri (Stor. Nap.) — In Napoli una via prese nome da questa famiglia che si estinse in *Nicolò* signor di Zurello. *Lampo* ed *Unnillo* leggonsi tra' Baroni del Regno nel tempo di Guglielmo I°. *Panfoldo, Giovanni, Matteo, Roberto, Demetrio, Francesco* e *Riccardo* furono impiegati da Federico II° in negozi di molto rilievo, ma venuto

(1) La città di Chieti aveva separazione di ceto cioè Camera alta di Patrizii dalla quale veniva eletto il Camerlengo detto principe della Città e la Camera bassa addetta a'Civili — Famiglie nobili in *Chieti*: Alitto, Alucci, Alveto, Camarra, Cantera, Caprofico, Carafa, Castiglione, Dario, Eletti (de), Epifanio, Errico (d'), Giudice, Gizzio, Lellis (de), Lepore, Letto (de), Liberatore, Merlino, Orsino, Petrucci, Ramignano, Rossi, Salaja, Scorziati, Sterlich o Scorrano, Tarvoltino, Toppi, Turre (de), Ugno (d'), Valignano, Vastavigna, Venere (di).

questi a quistioni col Papa Innocenzo IV° furono i baroni sciolti dal giuramento di fedeltà nel Concilio di Lione, sicchè essi, per tale spiritoso ritrovato della Corte di Roma, sciolti da ogni impegno e da ogni gratitudine si dettero al partito Angioino unitamente ad Andrea Zicala intimo Cameriere di Federico II°, Francesco Sanseverino, Goffredo Morra ed altri baroni. Fu *Pandolfo* Giustiziere di Bari nel 1275, fu da' Napoletani mandato in Puglia ad assoldar gente unitamente a Ruggiero Sanseverino per difender la città contro Manfredi Svevo. Ebbe la carica di Senatore romano nel 1275. Da Carlo I° fu lasciato a governar Capua quando mosse contro le armi di Corradino, sul quale riuscito vittorioso cominciò a vendicarsi de'baroni che contro di lui avevano prese le armi, facendo saccheggiare e bruciare le loro case ed i loro castelli. Tra questi fuvvi il castello di Corneto dove molti baroni si erano asserragliati, e che traditi, furono consegnati agli angioini che ne impiccarono centotre e tre fecero precipitare da una torre in Melfi, distruggendo anche i lontani parenti de' baroni ribelli, torturandoli ne' modi più atroci, come le varie cronache raccontano. Ebbe *Pandolfo* incarico dal Re Carlo di scacciare i Saraceni da Lucera dopo la morte del Re Manfredi. *Demetrio* Familiare della casa Sveva avendo parteggiato pe' francesi, preso in Foggia dal Re Manfredi fu fatto impiccare. *Matteo* Governatore di Calabria Ultra nel 1271. *Tancredi, Morano* e *Ruggiero* familiari del Re Roberto d'Angiò. *Riccardo, Roberto,* e *Pandolfo* presero parte alla congiura de' Baroni. — ARMI: 1° D'azzurro al fagiano fermo di argento.—2° Di rosso con due fasce di argento. — 3° D'azzurro alla fascia di oro caricato da tre rose di rosso.

**FASANO.** — Famiglia creduta, dal Majone nella Descrizione di Somma, dal Beltrano, e da altri autori, originata dalla famiglia Fasanella Conti di S. Angelo. Ha goduto nobiltà in Sicilia in Solofra ed in Somma dove con le famiglie Amalfitani, Granata, Majone, Vallarano e Bottiglieri godeva il privilegio di portare la mazza del Pallio nella festa del Corpus Domini. La famiglia *Fasano* con le altre Amalfitani, Majone, Figliola, Bottiglieri, Granata, di Tomase, Acunto, Capograsso e Vallarano edificarono in Somma la Chiesa e monastero dei Francescani. Da Solofra passò in Somma. — FEUDI: Arco, Casalnuovo, S. Agata. — MONUMENTI: *Napoli* Chiesa di S. Ligorio, *Solofra*: Chiesa di S. Michele Arcangelo. — PARENTELE: Alfano, Boccia, Bona, Canzano, Caropreso, Costaguti, Caracciolo, Clarelli, Durante, Figliola, Grande, Majone, Muti Bussi, de Maria, Moccia, Ponticelli, Rivelli, Veneziano ed altri. — AUTORI: Capitelli (Registri reali di Somma), Capecelatro (Diario), Cappelletti (Stor. eccl.), Engenio (Napoli sacra), Fiscelli (Somma), Galluppi (Nobiliario), Lumaga (Teatro della nob.), Mauro (Disc. della fam. Majone), Pacichelli (Reg. di Nap. in prospett.), Sassone (Annali), de Stefano (Luog. sac. di Nap.). — *Riccardo* milite e protomedico, familiare e consigliere del Re Roberto d'Angiò, nel 1333. *Giovanni* scudiere del Re Roberto. *Andrea*, avendo ottenuti alcuni privilegi per la città di Solofra sua patria, fu dal governo della città esentato da qualsiasi pagamento unitamente alla sua famiglia. *Nicola* medico del Re Ladislao, ottenne l'esenzione da qualsiasi pagamento su tutti i beni che possedeva in Sicilia, Solofra e Montella, ed ottenne dallo stesso Re il feudo di S. Agata nel 1409 e quello di Arco nel 1413. *Giovan Tommaso* del Collegio napoletano de'Dottori, uomo eruditissimo epperciò mandato in Spagna a patrocinare la causa di alcuni privilegi della città. Fra *Domenico* Dottore in Teologia e Cappellano di Camera del Re scrisse vari libri spirituali che dedicò a S. A. l'Infanta Donna Maria Teresa. *Gaetano* Guardia del Corpo del Re Cattolico, Capitano di Cavalleria e Governatore di varie città. *Francesco* Chierico Regolare autore di opere ascetiche, 1621. *Mattia* de' Predicatori autore di opere ascetiche e Teologo 1607. *Nicola* Capitano di Artiglieria Cavaliere di Giustizia dell'Ordine Costantiniano 1740. *Giuseppe* Guardia del Corpo nel 1795— ARMA: D'azzurro al fagiano fermo del suo colore. - Il ramo primogenito di questa famiglia si estingue nella famiglia Canzano de' Duchi di Belviso Patrizia di Messina. Il ramo secondogenito si estingue nella famiglia Ponticelli.

**FEDERICI o FEDERICO.** — Questa famiglia è di origine genovese, e vuolsi da varî autori che fosse discesa da un *Federico* Visconte di Sestri nel 1212 figliuolo di *Guidardo* de' Conti di Lavagna signore molto potente nella Liguria. Questa famiglia ha goduto nobiltà in Genova ed in Sicilia, godendo nobiltà in S. Agata, donde un ramo passò nel napoletano, ed ha vestito l'abito di Malta nel 1516. Un ramo si stabilì in Brescia. — MONUMENTI: *Genova* nella Chiesa delle Vigne e nel Duomo ed in *Lodi* nella Cattedrale. — PARENTELE: Bartolotti: Castagna, Cattaneo, Colle, Donnaperna, Ferrara, Franchi, Grugno, Lomellino, Malloni,

Marini, Negri, Nobili, Oldoini, Patrella, Petti, Rossi, Salvago, Sangninetti, Serra, Usodimare, Vassallo, Ventimiglia, Vivaldi ed altre. — FEUDI: Abriola, Auriuso, Cefalà, Messerbartolomeo. — VISCONTEA: Sestri. — CONTEA: S. Giorgio, Martorano. — MARCHESATO: sul Cognome. — AUTORI: Amato (Pantop. calabra), Araldi (Ital. nob.), Bertrando (Succinta narraz. dell'antica e nobile fam. Federici, Palermo 1691), Campanile Giuseppe (Not. di nob.), Cirnè (Vita dell'Imp. Federico II°), Crescenti (Cor. della nob. d'Italia), Farinaccio (Consigli), Fiore (Calab. Ill.), Giustiniani (Dis. geog.), Galluppi (Nob. di Messina)· Lellis (de) (Fam. nob.), Manhes (Memorie), Mongitore (Bibl. sicula), Mugnos (Nob. di Sicilia), Oldoini, (Atheneum Ligusticum), Pozzo (del) (Ruolo gen. dei Cav. geros.), Rossi (Teatro degli uomini illus. Bresciani), Sacco (Diz. corog.), Ughelli (Italia sacra), Volpi (Stor. di Visconti), Zurita (Annali di Aragona). — *Bartolomeo* con proprie galere condusse da Sicilia a Sestri un figliuolo di Dionigi Conte Palatino, cugino di Violante Regina di Aragona. Fu Conte Palatino e comprò dai monaci di S. Fruttuoso l'isola di Sestri. *Manfredi* si legge tra' Baroni di Pietro I° d'Aragona Re di Sicilia. *Andreolo* Visconte di Sestri e Conte Palatino, fu Ambasciatore per la Repubblica di Genova a Re Carlo II° d'Angiò. *Giovanni* prestò 800 scudi a Carlo II° d'Angiò. *Bonifacio* Capitano di due galere proprie. *Lorenzo* nel 1312 con una galera propria fece prigioniero l'Ambasciatore del Re di Aragona. Fu dichiarato Visconte di Sarzana in luogo degli Spinola, e diede Sestri ai Fregosi. *Bernardo* leggesi tra'feudatari che fecero la mostra nel 1325. *Rainiero* nel 1340 ebbe da Re Pietro II° di Sicilia cento once di rendita sulle tonnare di Palermo con l'obbligo di dare quattro cavalli in servizio militare. *Federico* Capitano della città di Sciacca, comprò da Manfredi di Chiaromonte Conte di Modica la Baronia di Cefalà, ove stabilì la sua famiglia. *Giov. Pietro* Capitano della città di Agrigento. *Gasparre* Conte di Sangiorgio e Maestro Razionale del Regno di Sicilia. *Isnardo* Duce de' Balestrieri pel Re Roberto d'Angiò. *Simone* Milite e fedele di Re Roberto d'Angiò. *Tommaso* Familiare di Re Roberto, e di suo figlio il Duca di Calabria. *Giorgio* Senatore di Genova nel 1363. *Pietro* Giudice della G. C. in tempo di Re Ladislao. *Martino* ed *Isembaldo* Consiglieri della Repubblica di Genova. *Federico* Senatore di Genova, Capitano e governatore di Viesti. *Nicolò* andò con una galera propria in soccorso dei Fiorentini. *Lorenzo* militò pel Re Renato, e fu Capitano d'una nave nella impresa di Gaeta. *Giovanni* nel 1426 andò col Conte Piccinino a soccorrere Lucca, e nel 1435 con una galera propria si trovò alla vittoria dei genovesi sugli aragonesi, facendo prigioniero il Re Alfonso I° e molti Baroni napolitani. Fu Capitano della Libertà e Commissario generale con suprema autorità della Riviera di Genova. Il Doge Adorno lo inviò a trattare la pace col Re Alfonso I° dal quale fu creato suo Consigliere e perpetuo Console dei suoi stati nella Repubblica e Podestà di molti castelli nel Regno di Napoli. Ottenne pure la Contea di Martorano, ma avendo dovuto ricusarla, gli fu concesso il titolo di Conte per sè e per i suoi successori ed una grossa somma di danaro. In tutti i privilegi era chiamato « *Magnifico spectabilique viro de Federici Januensi, Comite, ac regio Consiliario Nostro* ». Divenne potente nella Corte di Alfonso d'Aragona, epperciò Ianno Fregosi gli promise con scrittura, le città di Nebbio e S. Fiorentino in Corsica ed il libero dominio di Sestri, nonchè di dividere con lui la Signoria di Genova, se lo aiutava con le galere napolitane ad ottenere quel dominio, come avvenne nel 1446, ed ebbe il dominio di Sestri. *Quilico* Commissario della Repubblica, ristorò la fortezza di Savona. Nel 1450 andò con una propria galera in servigio del Papa, e fu Comandante di diverse compagnie di soldati. Fra *Giovanni* Cavaliere gerosolimitano e Commendatore di Volterra, 1516. *Nicolò* eleggeva gli Ufficiali ed il Consiglio di Sestri. Nel suo palazzo furono alloggiati Francesco I°. Carlo V° e Papa Paolo III.° Fra *Cesare* Cavaliere gerosolimitano nel 1566. *Cristofaro* fu Commissario imperiale per Sua Maestà Cattolica a prendere possesso di Pontremoli, ove fece prigioniere il Marchese Giulio Cibo, che mandato a Milano, gli fu mozzato il capo. Fu *Cristofaro* il decano dei giureconsulti in Genova. *Federico* Senatore di Genova, governatore e commissario generale di Savona. *Stefano* chiaro giureconsulto, ed autore di dotte elucubrazioni. *Domenico* Protonotario Apostolico e Vicario di Sarzana. *Girolamo* Luogotenente criminale di Monsignore Auditore della Camera e governatore di Roma nel 1555. Fu Vescovo di Savona e di Martorano, Presidente in Romagna e poi Vescovo di Lodi, ove morì nel 1579 e fu sepolto nella Cattedrale. *Federico* combattè con proprie galere contro i Catalani. Fu Governatore della Repubblica di Genova, il cui Senato, pei servigi da lui resi volle che gli fosse eretto nel 1636 un monumento nel Duomo. Egli arricchì di notizie la storia di Genova e diede origine ad un altro ramo de' *Federici*. *Domenico* portò alla sua famiglia in Palermo, essendo stato in questa città inviato Console della Repubblica di Genova. Era egli il rappresentante principale dei *Federici* di Genova. Nel 1684 chiese al Re Carlo di Spagna il titolo di Conte, come era stato concesso al suo antenato *Giovanni* dal Re Alfonso I° di Napoli in cambio della Contea di Martorano da quello rinunciata. Però nel 1687 ottenne il titolo di Marchese. *Tommaso* Barone di Abriola, Colonnello della Guardia Civica nel 1809. Nel luglio di tale anno cinquecento briganti, capitanati da un tale Pancrazio Taccone, saccheggiarono la terra di Abriola commettendo atti di ferocia inaudita. Dopo quattro giorni di assedio al castello baronale, riusciti vittoriosi fecero strage de' gentiluomini ivi rinchiusi. Ordinata una inchiesta dal Consiglio di Stato nello stesso anno si rilevò dal rapporto del Commissario Poerio, che: Fermentava in Abriola un desiderio di rivolta capitanata da' fratelli Oronzio e Vincenzo Bruno, Michele Passarelli, Ettore Rossi già Tenente, il Frate Francesco Paladino e Rocco Buonomo alias Scozzettino, i quali messisi alla testa di banditi cominciarono ad infestare i paesi della Provincia. Combattuti per due mesi nell'aperta campagna, nel luglio del 1809 furono le loro file ingrossate dalle comitive di Taccone di Laurenzana, Izzo, Nigro di Tricarico e Lapetina di Marsicovetere e la sera del 19 dello stesso mese mossero verso Abriola il cui *Barone* sorpreso nella notte ebbe appena il tempo di asserragliarsi nel castello con 24 gentiluomini, alcuni suoi dipendenti e 30 Legionari colà di stazione. Era il castello forte, ma scarso di viveri e di munizioni, ed assalito audacemente dopo quattro giorni di eroica difesa dovette cedere, anche perchè erano svanite le speranze di aver soccorso, non avendo l'Intendente di Potenza forza bastante da inviare. Promisero i briganti di far salva la vita del *Barone* ed al seguito purchè avessero ad essi dati tre individui a loro scelta. Ricusatasi dal *Barone* una tale proposta giunto il quarto giorno ordinò si aprissero le porte. Allora quella gente inferocita si precipitò nel castello. La Baronessa Francesca Vassallo fu uccisa e con lei Pasquale de Stefano con tre figli, altri feriti gravemente, Il decrepito Egidio Sarli padre del Sindaco fu fucilato e con esso Valentino Fanelli, Anna de Giulio, Egidio Passarelli, Giuseppantonio Larocca, ed altri ancora, i cui cadaveri squartati ed arsi vennero gittati nel fossato. Fu rapita la sorella del Sindaco ed una giovinetta cognominata de Stefano fu sposata per forza dal famigerato Taccone. Svelato il luogo dove erano nascosti i cinque figliuoli del *Barone*, tre ne furono squartati, il più grandicello fu bruciato vivo e mentre tentava di uscire dal fuoco vi veniva cacciato con le baionette. Di essi fu salvo il giovanetto *Carlo Federici* di anni 10, portato in Napoli dal sacerdote Saverio Vivelli!! — ARMI: 1° Di azzurro all'aquila spiegata di oro coronato dallo stesso — 2° Spaccato di oro ed argento all'aquila spiegata di nero divisa di rosso coronata di oro, poggiata sopra tre monti di verde moventi dalla punta. — Questa famiglia è rappresentata in Napoli dal Barone di Abriola.

**FILANGIERI.** — V. 1° p. 206 — FEUDI: Amalfi, Bisanzio, Cassano, Gesualdo, Lagonegro, Montenegro, Montemitolo, Policastro, Ripacandida, Trentenara, Venosa. — AUTORI: Bzovio, Camera (Annali) Fiore (Cal. ill.) Franchis (de) (Avellino illustrata dai Santi) Garubba (Serie critica dei Pastori Baresi). — MONUMENTI: *Avellino* Chiesa di S. Francesco. — Nella Cronaca di S. Vincenzo del Volturno riportata dal Muratori è detto che nel 1064 i figliuoli di Borrello vinsero i figliuoli di *Angerio* uno ammazzandone e gli altri facendo prigionieri e togliendo loro i feudi di Alfedena, Montenegro, Cerro, Spinoli, Acquaviva, Lenzinoso, Licenoso, Collestefano ed altre terre. Nel libro Gesta Dei per Francos (1611) si leggono tra' Principi Prelati e Militi morti in Terrasanta: Alberedo di Cagnano, Alessandro di Conversano, Alessandro di Gravina, Almerico Conte di Monforte, Andrea de Nantolio, Andrea Conte di Rupecanina, Ansaldo genovese, Arnolfo Vescovo di Cosenza, Baldoino de Insula, Balduino de Mares, Visconte di Belmonte figlio di Gualtiero Camerario dei Re di Francia, Bonifacio de Molinis veneto, Visconte di Castiglione fratello del Conte Rahinulfo, Cuno di Montaguto Conte, Dodo di Chiaromonte Everardo, Capecelatro fratello della moglie di *Guidone Filangieri* Signore di Pozzuoli, Goffredo di Montescaglioso, Gilberto di Montechiaro, Ugone Pagano, Luca Grimaldi genovese, Milo di Chiaromonte, Ottone di Castiglione, Ugo di Montescaglioso, Pietro di Castiglione Visconte, Filippo di Monforte, Rinaldo de Jusula, Rinaldo di Castiglione, Rainulfo fratello di Riccardo di Principato, *Riccardo Filangieri* Maresciallo

Legato e Balio di Federico II. Imperatore, Riccardo figlio del Conte Rahinulfo, Ruggiero Conte di Sanseverino, Ruggiero successore e cognato del Re Tancredi, Guido di Monforte, Guido Ruffo, Guglielmo di Sabrano ed altri. — *Riccardo* (p. 220 vs. 10) una seconda volta si portò in Gerusalemme imperocchè il Sultano Maleek-Camel non stando a' patti aveva fatti bruciare alcuni pellegrini che eransi recati a visitare il S. Sepolcro. Giunto in Cipro sostenne varii fatti d'armi con Giovanni d'Iblia che Federico II° voleva spogliare della Signoria di Bairout. Portatosi *Riccardo* poi in Gerusalemme sursero gravi quistioni tra lui ed alcuni baroni, perlochè Federico II° supplicò il Pontefice acciò commettesse a' Cavalieri Templari di far rappaciare que' cristiani. *Marino* Gran Maestro di Cavalieri Teutonici fu nel 1226 Arcivescovo di Bari, e nel 1230 intervenne con gli altri Dignitari della Chiesa al giuramento dato da Federico II° svevo in favore della Corte di Roma. Fu Ambasciatore per lo Imperatore a varii Potentati di Europa. *Abbo* (p. 220 vs. 40) fu anche Familiare di Re Federico III° di Aragona e Giustiziere di Mazzara. *Gaito* valoroso Capitano e Pretore di Palermo e Familiare di Re Federico III. *Riccardo* Barone di Licodia, Familiare del Re e Straticò di Messina nel 1375. *Cesare* Cavaliere di S. Giacomo tenne a sue spese una compagnia di cavalli nel Portogallo, ove operò prodigi di valore, 1586. *Pietro* Barone di Molinazzo, Chiarastella, Amendoli, Amorosi e Villafrati, Governatore dei Bianchi di Palermo nel 1614. *Vincenzo* (p. 221 vs. 38) fu anche Principe di Mirto e Deputato del Regno, 1663. *Antonio* Capitano giustiziere di Palermo nel 1686. *Serafino* Arcivescovo di Palermo, Presidente del Regno di Sicilia nel 1774, fu poi Arcivescovo di Napoli e morì nel 1782. *Giuseppe Antonio* Principe di Mirto e Conte di S, Marco. Gentiluomo di Camera, Capitano giustiziere e Pretore di Palermo, Consigliere di Stato e Direttore generale dei Ponti e Strade nel 1804. — *Pietro* (p. 221 vs. 42) fondò l'Accademia del Buongusto in Palermo e fu Principe di Santaflavia. *Michele* Principe di Arianiello, (p. 222, v. 17), fu anche Commendatore di più Ordini e nel 1808 fu nominato Presidente del Senato di Napoli e poi Intendente della Provincia di Napoli. *Carlo* Principe di Satriano fu anche del Supremo Consiglio di Guerra nel 1815, composto da S. A. R. il Principe Don Leopoldo, Presidente, e dai Tenenti Generali Giov: Battista Fardella, Angelo d'Ambrosio, Luigi Minichini, e quattro relatori. Nel 1849 pubblicò un proclama col quale il Re concedeva amnistia ai rivoltosi della Sicilia, escludendone Ruggiero Settimo, il Duca di Serradifalco, il Marchese Spedalotti, il Principe di Scordia, il Duchino della Verdura, Giov. Andrea Ondes, Giuseppe Lamasa, Pasquale Calvi, il Marchese Milo, il Conte Aceto, l'Abate Ragona, Giuseppe Lafarina, Mariano Stabile, Vito Beltrani, il Marchese di Torrearsa, Pasquale Miloro, Giovanni Santonofrio, Andrea Mangeruva, Luigi Gallo, il Cavaliere Alliata, Gabriele Carnassa, il Principe di S. Giuseppe, Antonio Miloro, Antonio Sgobes, Stefano Ardito, Emanuele Sessa, Filippo Cordova, Giovanni Interdonato, Piraino di Milazzo, Aracio di Pachino, Salvatore Chiudemi di Catania, Barone Pencali di Siracusa, Giuseppe e Giacomo Navarro di Terranova, Francesco e Carmelo Cammarata di Terranova, Gerlando Bianchini, Mario e Francesco Gioeni, Giovanni Gramitto, Francesco de Luca di Girgenti e Raffaele Lanza di Siracusa. *Nicolò* (p. 222 vs. 29) fu anche Consigliere di Stato nel 1816 e Tenente generale dei Reali Eserciti nel 1822. — ARMI: *Filangieri* di Napoli. Di argento alla croce di azzurro. Lo scudo in cuore dell'aquila bicipite imperiale Austriaca cimata dalla corona imperiale. — CIMIERI: Una Sirena. Un cigno che ciba i suoi piccoli. — *Filangieri* di Sicilia. 1° Di rosso alla Croce di argento caricata da nove campane di azzurro. Lo scudo in cuore dell'aquila bicipite imperiale Austriaca cimata dalla corona imperiale.—2° Di argento alla croce di azzurro caricata da nove campane di oro. Lo scudo in cuore dell'aquila imperiale Austriaca cimata dalla corona imperiale. — Il rappresentante di questa famiglia GAETANO FILANGIERI Principe di Satriano e Duca di Taormina erudito cultore di studi archeologici e promotore e Presidente del Museo Industriale in Napoli, ha fatto dono al Municipio di un magnifico Museo che verrà allogato nel monumentale palazzo Cuomo, già della Lucrezia d'Alagno, che a spese dello stesso si abbellisce. Nobile pensiero che onora il degno nipote dell'Autore della Scienza della Legislazione.

**FILO** nobile di Altamura (1) v. II° p. 18 — FEUDI: *C.* Paretalto e non Garobaldo, p. 19 v. 4. *C*

(1) Godettero nobiltà in *Altamura*, anche le Famiglie: Angelis (de) Campanile, Caputo, Castelli Ciaccia, Corcoli, Corrado, Laudati, Melodia, Mirto (de), Notariis (di), Notarpietro, Plautamura, Rossi, Rota, Sabatino, Viti.

*Amelio* ottenne da Carlo V° la conferma della sua nobiltà ed i suoi titoli—vs. 8. *C.* Martorano. L'attuale rappresentante *Gaetano Filo* Conte di Torre S. Susanna Cav. geros. è anche Comm. Gran Croce di S. Gregorio Magno e Gran Cordone dell' Ordine di Francesco I° — p. 19 e 20 *C.* Di azzurro alla banda di oro accompagnata da due comete di argento di sedici raggi.

**FILOMARINO.** — v. II° p. 20. — FEUDI: Borgenza, Corleto, Foresta, Pietrapesa, Poggiomorello, Santomero, Trisma. — Togliere il *Marchesato* di Corleto. — *Marcello* Vescovo di Mileto nel 1734.— ARMI: I°— Di verde a tre bande di rosso profilate d'argento.—2° Di verde alla banda di rosso profilata di argento accompagnata da sei gigli di oro posti 3 e 3.

**FIRRAO.** — Famiglia originata da *Rahone*, cavaliere Normanno, i cui discendenti si dissero *Filii Rahonis*, *Firraonis* e da ultimo *Firrao* in tempo di Re Carlo I° d'Angiò. Essa nelle antiche scritture trovasi detta semplicemente *de Cosentia*. Trovasi feudataria dal 1200. Ha goduto nobiltà in *Napoli* al Seggio di Porto, *Cosenza* e *Fano*. Vestì l' abito di Malta ed ottenne il Grandato di Spagna e l'Ordine del Toson d'Oro. Il ramo della Famiglia Grillo Principi di Pietralcina e Duchi di Jelsi e Fagnano si estinse in Livia, che fu moglie a *Pietro Maria Firrao* Gentiluomo di Camera del Re. I *Firrao* Principi di Luzzi si estinsero in *Tommaso* Viceré di Sicilia, Cavaliere dell'Ordine di S. Gennaro e gentiluomo di Camera, Egli ebbe una sola figliuola, *Livia*, che sposò il Principe di Bisignano Sanseverino, ed in seconde nozze Alessandro Capece Minutolo di S. Valentino. — MONUMENTI: *Napoli*, nelle chiese di S. Domenico Maggiore, S. Paolo maggiore e Concezione, ed in *Roma* nella Chiesa della Ss. Croce di Gerusalemme. — FEUDI: Alareto, Belmonte, Belsito, Cannalonga, Casalmonterone, Casalpancosa, Castello di Castiglione, Crepessito, Cropani, Diodato, Dipignano, Faggiano, Gazzella, Giogi, Introdoco, Langilioco, Loriano, Martirano, Massanova, Mattafellone, Mozzone, Noce, Paparone, Paterno, Rofrano, Rose, Sangineto, Sanmauro, Sansossio, Scigliano Trezzano, Valentone, Venerallo. — DUCATI. Fagnano, Jelsi, Rocca. — PRINCIPATI: Luzzi, Petralcina, Santagata 1651.—PARENTELE: Antoglietta, Aponte, Arduino, Buondelmonte, Capece, Caracciolo, Carafa, Cavalcanti, Dentice, Filangieri, Frezza, Grillo, Ruffo, Pandone, Sangineto, Sanseverino, Saraceno, Sersale, di Tarsia, Vasto (del), Vitolo. — AUTORI: Accattatis, Aldimari, Bonazzi (I reg. della nob.), Campanile, Castiglion Morelli, Celano, Engenio, Galluppi (Arm. ital.), Gamurrini, Giustiniani, de Gregorio, de Lellis, Lumaga, Martirano, de Raho, (Peplus Neapolitanus) Recco, Sacco, Sambiase, Spiriti, Tutino. — *Ruggiero* Viceré di Grecia 1200. *Ruggiero II°* Giustiziere di Calabria, 1240. *Enrico* Maresciallo di Francia, 1268. *Antonino* eresse il Monastero di S. Maria di Costantinopoli in Cosenza. *Cesare* primo Principe di Luzzi nel 1620, Prefetto della città di Napoli, Maggiordomo, Cacciatore e Montiero maggiore della Real Corte, eresse in Cosenza il Collegio delle Scuole Pie, ed alcuni Monasteri. *Giuseppe* Cardinale Arcivescovo di Aversa, Segretario di Stato, Nunzio Apostolico in Portogallo e Maestro di Teologia, 1731. *Marcello* insigne filosofo ed astronomo. *Andrea* Teatino, autore di più opere. *Giuseppe* Cardinale Arcivescovo di Napoli, Grande Elemosiniere di Gioacchino Murat, che nel 1808 incoronò Re di Napoli, nella Chiesa dello Spirito Santo. — ARMI: — I° Di rosso alla testa di moro armata al naturale, l'elmo aperto. — 2° D' azzurro con una vite d'oro fruttifera dello stesso, movente dall'angolo destro del capo e posta in banda — CIMIERO: Un cavallo uscente impennato di nero.— Di questa famiglia vive il ramo di Cosenza ed è rappresentato in Napoli dal Cavaliere FRANCESCO FIRRAO Patrizio Cosentino.

**FOLGORI.** — Famiglia originata nella città di Aversa sulla fine del secolo XVI. Fu aggregata al patriziato di quella città ed ha goduto nobiltà in Napoli fuori Seggio. — BARONIE: Acciano, Beffa, metà di Lusciano, — MARCHESATO: Ducenta nel 1608. — PARENTELE: de Gennaro, Landolfi, de Liguoro, de Luna, Mariconda, della Marra, Pacca, Scaglione. — AUTORI: Almagiore (Giunte al Summonte), Confuorto (MS. sulle fam. popolari).—*Domenico* dell'Ordine Filippino fu Arcivescovo di Nazaret. *Ferrante* Cavaliere di Calatrava e Capitano di Cavalli. — È rappresentata in Napoli dal Marchese di Ducenta FERDINANDO FOLGORI patrizio di Aversa — ARMA: Spaccato: nel I° di azzurro con tre stelle di oro; nel 2° di argento con tre fulmini moventi da una nube al naturale.

**FOLLIERO.** — v. II° p. 26. — AUTORI: de Cristofaro (Storia della Fam. Folliero). — ARMA: Di rosso al leone d'oro.

**FORTIS (de).**—Famiglia originaria della città di Sessa, ove ha goduto nobiltà nel Seggio di S. Matteo.—PARENTELE: Gaetani, Galluccio, Garofalo, Grimaldi, Marino, Minutolo, Nadi,

Pacelli, Pinto, Rotondo, Sabucco, Santoparide, Sisto, de Stefano, Torino, Venturelli. — AUTORI: Lumaga (Teatro della nobiltà), Paris de Puteo (de Sind.), Tafuri (Uom. illus. del regno)—*Melchiorre* nel formarsi il S. R. Consiglio fu creato Consigliere da Re Alfonso 1° di Aragona. *Giovanni* nel 1437 teneva lance in regio servizio con Alvaro de Castro, Giovanni, della Leonessa, Gaspare Gaetani Coppiero del Re, Francesco e Raimondo Siscar, Lorenzo Colonna, Giacomo Milano, Giovanni Claver, Giovanni de Luna, Placido Gaetani, Sandolo della Ratta ed altri. *Ramiro* uomo d'arme del Re nel 1440, con Galasso Santacolomba, Raimondo Campolo, Gomez Gallego Montiero del Re ed altri. *Filippo* Patrizio di Sessa e dotto giureconsulto, autore del *Governo politico* ed altre opere, fu regio Governatore di Agerola, Praiano e Casali, Amalfi, Minuri, Atrani, Giudice dello Stato Amalfitano e Consultore di Positano. *Luigi Maria* dotto Gesuita, fu nella Corte di Portogallo e poi Professore di Teologia e Filosofia e Lettore generale negli Stati di Goa. Morì martirizzato nel Giappone nel 1740. *Antonio* Canonico della Cattedrale di Sessa. *Girolamo* Priore e Provinciale dei PP. Agostiniani. *Federico* Direttore delle R. Poste in Napoli, nel 1842 ottenne con Reale Decreto di poter aggiungere al proprio il cognome Nadi.—ARMA: Di azzurro al leone di oro rampante ad un tronco di albero nudrito su di un campo di verde, avente al lato destro un ramo spezzato e fogliato di verde, col capo di azzurro sostenuto da una trangla di rosso caricata da tre stelle di argento. [È rappresentata in Napoli da GIUSEPPE DE FORTIS *Nadi* Patrizio di Sessa e Cavaliere dell'ordine del Nicham Ifticar.

**FREZZA.** — v. III° p. 87 — FEUDI: Campograsso. — Togliere il Marchesato di Tramonti.

**GAETANI.**—v.II° p.29—FEUDI: Campostella, Iannolise—CONTEA: Pontecorvo. — Volendoci attenere alla costante tradizione di discendere cioè i *Gaetani* dai Duchi di Gaeta, crediamo utile rifaie, correggendola con l'appoggio della stimata opera del Federici sui Duchi Consoli o Ipati di Gaeta stampata nel 1791, la serie dei Duchi tanto diversamente riprodotta dai vari autori: Giovanni Picingli da noi citato alla p. 29, fu figlio di Docibile I, il quale fin dall'anno 875 era Ipato di Gaeta, e padre di Docibile II, Duca di Gaeta dal 935 al 949, che procreò i Duchi Giovanni II, Gregorio e Marino. Da Gregorio nacque il Duca Giovanni III Console dal 967 al 977 Da Marino nacque Giovanni IV, Console e Duca dal 984 al 1008, padre di Giovanni V, Console e duca dal 1008 al 1012, che procreò Giovanni VI Console e Duca fino al 1040 nel qual tempo passò il dominio a' principi Longobardi. Seguendo alcuni autori errammo nel ritenere i Conti di Anagni della famiglia *Gaetani* nel perchè Anagni nell'epoca remotissima era sede di dodici famiglie nobili che erano dette le dodici stelle di Anagni tra le quali eranvi la *Gaetani* e la Conti di Roma la quale per essere stabilita in Anagni era detta Conti di Anagni. *Riccardo* Straticò di Messina 1259. *Bonifacio* Patrizio romano e Gran Priore di Barletta dell'Ordine gerosolimitano nel 1472. p. 29 vs. 18 .... condottovi da *Riccardo Gaetani.* p. 34 C. *Ruggiero* Gran Camerlengo non fu Conte di Gioia. *Cesare* Conte della Torre di Siracusa, fu storico, archeologo e filosofo rinomato. Morì in Siracusa nel 1808. p. 37, vs. 29 C. In Sicilia il ramo di Messina è rappresentato dal Cavaliere GIOVANNI MATTIA GAETANI e Trimarchi.

**GALEOTA.** — v. III° p. 100—FEUDI: Bagliva di Acaia, Casalmonte, Cesinati, Galdo, Giugliano, Ottatello, Pellegro, Pizzuto, Pontecorvo, Rocchetta, Roscigno, Russolillo, Sala, Sanpietro della Starsa, Sesino e Casali, Starsetella—PARENTELE: de Bianchi, Capece, Cappasanta, Cesarini, Federici, Frangipane, della Marra, Mastrilli, Moccia, Piccolomini, Poderico, Restaino, Suardo Vigo, Vulcano—p. 107 vs. 38, C. *Fabio* usò il motto, mentre l'arma già si possedeva dalla sua famiglia.

**GALLICIANO.** — Famiglia originaria di Diano. Si hanno di essa memorie nel 1170.—FEUDO: Mattafellone — *Giacobello* R. Ciambellano e familiare della Regina Giovanna I, 1365. *Guglielmo* milite e familiare di Ladislao 1406. *Antonio* Tesoriere Generale del Re nel 1478 e General Commissario dello Stato di Salerno pel principe Antonello Sanseverino. Fu creato familiare di Re Roberto 1507, e fu Ambasciatore ad Innocenzo VIII Pontefice. *Gio. Battista* Capitano sotto Carlo V e Filippo II nella Guerra d'Italia e Fiandra. *Gio. Lorenzo* familiare di Carlo V. *Alessandro,* Dott. in Legge, Vicario Generale di Salerno. *Gio. Felice* Protonotario Apostolico e Cappellano Reale. *Marcantonio* Colonnello in Fiandra e Lombardia ebbe i titoli di Duca di Salandra e di S. Mauro in Basilicata. *Marco* Governatore per 13 anni dall'Isola d'Ischia 1496. *Golamo* Condottiero di molte Compagnie di Cavalli sotto il Marchese del

Vasto contro i Francesi a Pavia. *Scipione* Stratico di Salerno, Governatore di Amalfi. *Caterina* Damigella della R. Maria moglie di Ladislao. — MONUMENTI: *Napoli* Ch. S.ª Chiara, *Ischia* Ch. Maggiore — PARENTELE: Diano, Gesualdo, Acquaviva, Aversana, del Giudice, Reggio, Pagano, Curiale, Grillo, Santomango, Caracciolo, Carbone, Vicariis, Serluco, Ajello, Coppola, Solimene, Biscia, Ruggiero, Santamaria, Sansone, Comite, Morra, Schipelli, Scattaretica, Confalone, Ventimiglia, Alatro, Aldano, Narni, Pescara. — AUTORI: Lellis, Ammirato, Marra, Engenio. — ARMA: Di azzurro al gallo al naturale coronato di oro, con la banda di rosso attraversante sul tutto.

**GALLUCCIO.** — v. IIº p. 38 — FEUDI: Fiscali di Capua, Scapoli. — Togliere il Ducato di Apollosa. — ARMA: Di argento al gallo di rosso col bisante di azzurro caricato da una stella di oro posto nel cantone sinistro del capo. — MOTTO: Sempre vigile.

**GAMBACORTA.** — v. IIº p. 44 — FEUDI: Albidona, Gentile, Isola, Piano di Radicaro, Potomia, Pozzano, Sanluca, Sannicola, Valle. — AUTORI: Fiore (Cal. illus.) — ARMI: 1º Di argento a tre fasce di nero col leone di rosso attraversante sul tutto. — 2º Di oro al leone fasciato di nero e di argento; col capo di rosso caricato da una croce gigliata di oro.

**GARGANO o GALGANO.** — Famiglia di origine Normanna e discesa da *Rahinulfo* Conte di Aversa e Signore di Siponto e del Monte Gargano, dalla quale signoria i suoi discendenti presero il nome. Ha goduto nobiltà in *Napoli* nel Seggio di Portanova, *Bari*, *Aversa* e *Barletta*, e vestì l'abito di Malta nel 1530. — MONUMENTI: *Napoli* nella Chiesa di S. Severino, *Aversa* nella Chiesa di S. Ludovico, *Barletta* nella Chiesa di S. Domenico. — FEUDI: Bagliva di Aversa, Casiccola, Casaldiprincipe, Casalprezza, Castelfrancia, Frignanomaggiore, Lagnano, Minervino, Prata, Quadripane, Sanmarcellino, Schiavi, Strongoli, Venafro. — MARCHESATI: Frignano, Montefalcone. — PRINCIPATI: Durazzano. — PARENTELE: Abenavolo, Aldemorisco, Aquino, Brancaccio, Capua, Caracciolo, Carafa, Claver, Dentice, Evoli, Francia (di) Gaetani, Galeota, Gambatesa, Latro, Naccarella, Pandone, Rinaldo, Sangro, Saracino, Scaglione, Seripando, Spinelli, Tomacello, Tufo (del). — AUTORI: Aldimari, d'Alessandro, Almagiore, Bonazzi (la Cronaca del Massilla) Campanile Giuseppe, Capecelatro (Diario), Ciarlante, Fiore, de Franchis, Galluppi (Arm. ital.), de Lellis, Lumaga, della Marra, Mazzella, Mugnos, Ostiense, Pacicchelli, Parrino, del Pozzo, Recco, Ricca, Troyli, Ughelli — *Gregorio* Cardinale creato da Papa Clemente III. insigne letterato, fu adoperato dai Pontefici in molti affari e scrisse contro l'eresia. *Gregorio* Viceré delle Due Sicilie, ebbe affidata la cura del piccolo Federico IIº, il quale, morta la imperatrice Costanza moglie di Enrico VI e madre sua, era rimasto sotto la tutela del Pontefice Innocenzo III. *Nicolò* e *Cilio* feudatarî nel 1278. *Lorenzo* e *Giov. Francesco* servirono nelle guerre fatte dai Re Carlo II e Roberto d'Angiò, *Pietro* Arcivescovo di Reggio 1335. *Giovanni* e *Giacomo* valorosi cavalieri molto cari a Re Roberto d'Angiò. *Giacomo* Cameriere di Re Ladislao, dal quale ebbe in dono 40 once di oro annuali sopra la Bagliva di Aversa; fu Grande Giustiziere del Regno, Governatore di Viterbo e Montefiascone e Castellano del Castello nuovo di Napoli, come leggesi nei patti stipulati tra Giovanna IIª ed il Re Giacomo suo marito nel 1418, conservati nel Grande Archivio di Stato. In essi tra' testimoni che li sottoscrissero leggonsi: Sforza Attendolo Conte di Cotignola Gran Contestabile, Ser Gianni Caracciolo milite e Conte di Avellino Gran Siniscalco, Marino Boffa di Napoli Gran Cancelliere, Benedetto Acciaiuoli, Giovanni Tomacello, Antonello Cicalese regio Tesoriere, Giovanni Cicinello e Giorgio Gatti di Venezia Presidente della R. C. della Sommaria. *Giovanni* Giustiziere di Abbruzzo, 1425. *Rinaldo* Governatore di Provincia, ottenne il castello di S. Marcellino presso Aversa da Re Alfonso Iº d'Aragona. *Tommaso* rinomato nell'arte della giostra, per lo che fu tenuto in gran pregio da Ottavio Farnese Duca di Camerino e da Carlo Gonzaga dei Duchi di Mantova, ai quali fu carissimo. *Luca* tenea lance in regio servigio, 1437. *Antonio* servì con proprî cavalli nella guerra d'Otranto contro i Turchi nel 1481. *Pietrantonio* Castellano di Pizzighettone e di Cremona per Francesco Sforza Duca di Milano, fu molto stimato dall'Imperatore Carlo V. *Antonio* Cavaliere gerosolimitano e Commendatore di Foggia, 1557. *Giov. Berardino* e Francesco Alois, nobile di Caserta, furono decapitati e bruciati nella Piazza del Mercato di Napoli, perchè occusati di eresia nel 1564. *Antonio* Capitano di fanti italiani nelle Fiandre, 1594. — ARMA: Spaccato: nel 1º bandato di rosso e di argento: nel 2º di oro con tre anitre d'azzurro ordinate in fascia. Questa famiglia si estinse. Il ramo primogenito finì in *Livia* maritata a Carlo Aldemorisco. Il ramo Principi di Durazzano finito senza eredi nel 4° grado, il titolo ricadde alla Corona. Il ramo Marchesi di Montefalcone e Marchesi di Frignano si estinse in *Luisa*, maritata a Mariano d'Evoli Duca di Castropignano. L'ultimo ramo finì in *Nicola* che sposò nel 1771 la vedova di Giuseppe Baldacchini e ne adottò i figliuoli.

**GATTA (della).**—Questa famiglia, detta pure *Gatti e del Gatto* è originaria francese venuta nel Reame con Carlo I d'Angiò. Si trovano diramazioni di questa famiglia in Pisa, Cremona, Viterbo, Piacenza, Firenze, Barletta, Otranto e Martorano, ove un ramo fu portato nel 1460. Ha goduto nobiltà nelle città di *Napoli* al Seggio di Nido, *Lucera, Barletta* (1) *Nicotera, Otranto* (2), *Viterbo, Cremona, Ravenna, Firenze, Malta, Piacenza, Pisa, Reggio in Corsica, ed in Sicilia.* Il ramo dei Principi di Monasterace si estinse nei fratelli *Carlo e Giuseppe.*—MONUMENTI: *Napoli* Chiese di S. Chiara e S. Domenico maggiore, *Viterbo* Chiesa di S. Maria dei Gradi, *Giugliano* Chiesa di S. Maria delle grazie, *Lauriano* Cappella gentilizia di S. Antonio di Padova, *Otranto* nel Duomo, *Torre del Greco* nella Parrocchiale Chiesa di S. Croce, ora distrutta, *Cremona* nel Duomo con cappella gentilizia, *Arezzo* Chiesa di S. Clemente, *Orbetello* Chiesa della Misericordia.—PARENTELE: Anatelli, Afflitto, Agnese, Amico, Angelis (de), Aquila (dell') Arcella, Arcuccio, Barone, Bartoli, Bonito, Borrelli, Brancaccio, Bucca, Camno, Capecelatro, Cappella, Caracciolo, Carafa, Catania, Chigi, Cicala, Cimaglia, Cioffi, Colombo, Como, Contestabile, Conti, Coppola, Cotignola, Dattilo, Doce (del), Ferrari, Florio, Franchi, Frezza, Fusco, Galluccio, Garofalo, Gennaro (di), Geremia, Gesualdo, Giordano, Giovine, Grimaldi, Guarini, Lagni, Lauro (di), Longo, Lubelli, Marines (de), Mercato, Monaco (de), Muscettola, Nicotera, Nobilione, Nugnes, Palma (di), Palomba, Perrone, Pinto, Piscicelli, Presterà, Raho (de), Recco, Riccardo, Rossi (de), Seripando, Simone (de), Tontoli, Torelli, Tramontano, Tufo (del), Valentini, Vanni, Vicedomini, Villagut, Vischi, Vulcano, Zambino.—FEUDI: Aprigliano, Bardetto, Bombonetta, Castagneta, Castelcicala, Castelpietro, Cellino, Chimisia, Conienta, Cupa del principe, Foresta, Fulcignano, Galatone, Isca, Montalto, Montegiove, Montepietro, Muro, Nicotera, Pogiardo, Poerio, Rocca, Sala, Stara, Sangiorgio, Serrano, Soriano, Terra di Aira, Vernola, Viterbo, Vitorchiano.—CONTEA: Isola Fulcheria.—PRINCIPATI: Monasterace 1635. — AUTORI: Accattatis (Biog. degli uom. illus. delle Calabrie), Afeltro (MS. Biblioteca nazionale), Amari (Stor. Sic.), Amely (Storia di Lucera), Borrelli (Vindex neap.), Borrelli (App. hist. MS.), Calà (Stor degli Svevi), Calchi (Stor. di Milano), Camera (Annali), Campo (Stor. di Cremona), Capaccio (il Forestiere), Capacco (Stor. di Napoli), Capecelatro (Annali), Capecelatro (Diario), Capecelatro (L'ass. di Orbetello), Caruso (Stor. di Sicilia), Celano (Descrizione di Napoli), Crasso (Cap. illus.), Crescenti (Corona della nob. d'It.), Engenio (Nap. Sac.), Fazzello (Stor. di Sicilia), Ferraris (de) (Succ. dell'arm. turchesca), Ferro (Teatro d'imprese), Filamondo (Genio bellicoso), Galluppi (Arm. ital.), Grasselli (Abecedario stor, Cremonese), Gualdi (Uom. illus.), Lanzi (Stor. della pittura), Lellis (Fam. nob.), Lellis (de) (MS.), Lellis (de) (Napoli Sacra) Lumaga (Nob. d'Europa), Marchese (Fam. nob.), Marra (Fam. nob.), Mazzella (Vite dei Re di Napoli), Manrolico (Stor. di Sicilia), Minieri Riccio (Codice diplom.), Mongitore (Bibl. Sicula), Moreri (Dict. hist.), Mugnos (Nob. di Sicilia), Neocastro (Stor. di Sicilia), Nicodemo (Add. al Toppi), Pacichelli (Reg. di Nap. in prosp.), Recco (Not. di fam. nob.), Ricca (La nob. delle due Sicilie), Rosso (Nob. d'Italia), Santis (de) (Stor. dei tumulti di Napoli), Simone (de) (Pochi giorni a Bitonto), Strada (Della guerra di Fiandra), Testa (Cron. della fam. del Tufo), Tettoni e Saladini (Teatro Araldico), Toppi (Bibl. nap.), Toppi (Orig. trib.), Troyli (Stor. di Nap.), Valle (Descr. di S. Domenico), Villani (Stor. Fior.), Volpicella (Edificii di Napoli), Wilson (Sciences heroiques), Volpi (Stor. de'Visconti). — *Gio-*

---

(1) Hanno goduto anche nobiltà in *Barletta* le famiglie: Acconciaioco, Affaitati, Ancora (d'), Baldacchini, Bonelli, de Beaumont, Camonti, Carcani, Cataldi, Cognetti, Contestabile, Elefante, Ervilla, Esperti, Falcone, Fraggianni, Frisari, Gaeta, Galiberti, Gargano, Gentili, Luca (de) Maroldi, Marra (della) Marulli, Nicastro (de), Orsini, Palmieri, Pandolfelli, Pappalettere, de Petris, Pipino, Pironti, Queralt, Santacroce, Stoppa, Strazza, Vischi, Visconti.

(2) Godettero nobiltà in *Otranto* anche le famiglie: Bianchi, Calò, Castaldi, Cavazza, Cecini, Clava, Coluccio, Gallara, Galtieri, Gervasi, Lioranni, Gritti, Lipraroti, Laudati, de Marco, Maschi, Mastore, Mollo, Mongiò, Morisco ossia Aldomorisco, Pagani, Pipino, Prototichi, Rondachi, Sciarava.

*vanni* mutuatore della città di Napoli nel 1275, e poi Maestro Attuario dei Notai in Palermo. *Micheletto* Barone di Bombonetta, in tempo del Vespro Siciliano, essendo egli Capitano angioino, fu inviato da Erberto d'Orleans Vicerè di Sicilia ad assediare Messina con molti francesi, de'quali, vinti dal numero dei rivoltosi, perirono gran parte. *Micheletto* a stenti si salvò prima nel Castello di Scaletta e poi in quello di Matagrifone. *Corrado* Regio familiare, serbando fedeltà agli Angioini, dalla città di Palermo, sua patria, passò in Napoli, ove Carlo II° d'Angiò, in premio del suo attaccamento diede un annuo assegno a tutti i suoi figliuoli, maschi e femmine, e lo creò governatore delle città di Lanciano e S. Flaviano, e poi Podestà di Terracina. *Filippo* Milite del Duca di Calabria, Capitano e governatore di Rocca di Aspro. *Bartolomeo* Abate di S. Clemente di Arezzo. *Nicola* fu tra' Baroni che seguirono il Duca di Calabria in Toscana nel 1327, con Pietro 'd' Argello, Nicola Caracciolo, Nicola di Sangiorgio, Angelo di Somma, Giovanni Barrile ed altri. *Roberto* fu decorato del cingolo militare nel 1333. *Adamo* si legge tra' Baroni della provincia di Lecce nel 1335. *Pietro* Milite, giudice a contratti, Maestro razionale e governatore della Torre di Ludovico nel 1348. *Venceslao* Capitano di Francesco Sforza, morì alla impresa di Rovere. *Giacomo* Abate e Canonico di Napoli 1380. *Renzo* fu tra' nobili del Seggio di Nido, che insieme a quelli del Seggio di Capuana nel 1380 provocarono il tumulto nella città di Napoli contro i mediani degli altri Seggi. *Decio* Maestro ostiario e maggiordomo di Re Carlo III° di Durazzo. *Antonello* Conservatore dei regi Quinternioni nel 1417, fu Commissario della Regina Giovanna II.ª, e Governatore dell'Annunziata di Napoli. *Galeotto* coi seguenti napolitani fu a prestare omaggio alla Regina Giovanna II.ª dopo la sua incoronazione che seguì a' 2 Ottobre 1419: Landolfo Maramaldo, Lisolo, Fusco, Masello, Giorgio, Paolo, Carlo, Giovannello e Brancaccio Brancaccio, Gurello Dullolo, Angelo Spina, Sclavo e Micone Pignatello, Luca Bozzuto, Talubardo Vulcano, Gadiferio d'Offieri, Pietro Sersale, Nicolò d'Afflitto, Giovanni del Doce ed Enrico Dentice. *Gatto* valoroso condottiero di gente d'arme, con l'annuo stipendio di ducati mille, combattè valorosamente nella guerra d' Otranto contro i Turchi. *Pietro* Vescovo di S. Agata dei Goti. *Barnaba* insigne capitano combattè contro i turchi ad Otranto. *Giacomo* dotto giureconsulto, 1507. *Giann' Antonio* celebre poeta, fu deputato pel seggio di Nido al parlamento tenuto in Napoli nel 1539. *Cesare* si legge tra' Continui del Re nel 1543. *Ettore* Maestro portulano del Porto di Fortore. *Giov. Vincenzo* Abate di S. Nicola di Pergolito in Terra di Bari, Procuratore fiscale, Cappellano maggiore e Protonotario Apostolico nel 1589. *Pietro Paolo* Abate Cassinese, dottore in legge ed insigne teologo, lasciò un erudito manoscritto. *Geromino* Cassinese, Teologo ed Autore di più opere. *Musio* Capitano d'Infanteria, Barone di Castelcicala, Deputato della città di Napoli pel Seggio di Nido e Governatore dello Spirito Santo. *Mattia* Castellano di Otranto nel 1630, stabilì in questa città la sua famiglia. *Carlo* Milite ed archivario della regia Camera della Sommaria nel 1656. *Lucantonio* Vescovo di Bitonto nel 1723 e poi di Melfi e Rapolla, consacrò la Chiesa di S. Nicola di Bari. *Fabio* Generale nelle Fiandre militò sotto Alessandro Farnese. *Carlo* Principe di Monasterace e Generale di Cavalleria, difese pel Re Cattolico la piazza di Orbetello contro i francesi riportando segnalata vittoria. Dopo di che ritornato in Napoli, fu ricevuto dal Duca d'Arcos a S. Lucia e da lui accompagnato con gran pompa sino alla sua abitazione. Ottenne il Principato di Monasterace ricaduto alla Corona, per estinzione di un ramo dei Capece Galeota. Nei tumulti del 1647, fu la moglie di lui, Beatrice Caracciolo di Martina, tenuta in ostaggio dal popolo, acciò il marito non prendesse le armi contro i tumultuanti. Alla entrata delle regie truppe, Gennaro Annese capo del popolo, volle il giorno 6 aprile 1648 rendersi al detto *Carlo* che col titolo di Capitan generale risiedeva nel forte del Carmine. Egli fu anche Capitan generale contro il Duca di Guisa, che venendo ad istigare la rivolta aveva presa Castellamare. Fu colà inviato ed obbligò il Guisa, nonostante il mare alto, ad imbarcare la sua gente per ridursi in Francia; e per la sopraggiunta tempesta varii legni carichi di francesi calarono a fondo. Morì *Carlo* nella peste nel 1656. *Giuseppe*, figlio del precedente, morì valorosamente alla difesa di Orbitello. *Mario* Direttore della Zecca di Palermo. *Giulio* Deputato delle fortificazioni di Napoli, durante la peste del 1656 si trasferì con la sua famiglia nella città di Torre del Greco.—ARMA: Di azzurro al gatto passante di argento sormontato da un lambello a tre pendenti di rosso. Il ramo di Otranto è rappresentato in Napoli da PIETRO DELLA GATTA.

**GATTINI.** — Vuolsi che questa famiglia sia originaria del Gattinois nel Regno di Orleans, epperciò detta *Gattini*. Però pare più verosimile che tragga la sua origine da Matera in Basilicata, nella quale città trovansi di essa antiche memorie. Ha goduto nobiltà in *Matera* (1), donde si diramò in Taranto ed in Monopoli, ove si stabilì *Gian Girolamo Gattini*, per avere sposata ivi una signora della famiglia Palmieri. Vestì l'abito di Malta. Questa con le famiglie, Santoro, Ferrau, Malvinni, Noia, Troiano, de Jacovo, Agato e Saliceti furono comprese nei capitoli del 16 aprile 1559 per la separazione dei ceti in Matera, per determinazione del Reggente Villanova, in base al privilegio del Re Ferdinando I del 23 Novembre 1463. — MONUMENTI: *Matera* nel Duomo in cui v'è un altare di padronato, nelle Chiese di S. Rocco, S. Pietro, Purgatorio vecchio e Ss.mo Crocifisso, e nella facciata del Monastero di S. Lucia. *Monopoli* nella Chiesa di S. Domenico. — PARENTELE: Agati, Amati, Angelis (de), Apia, Brancati, Calvanese, Caravello, Carbonelli, Carcano, Catanzaro, Caterini, Cesario, Conte, Doce, Faccipecora, Firrao, Guerritore, Jacovo (de), Longo, Malvezzi, Mancini, Marzati, Mastroserio, Miro (de), Nardini, Moia, Novelli, Palmieri, Panfini, Pappalettere, Personè, Plagese, Rossi, Santoro, Saraceno, Senerchia, Spilla, Tarsia, Troiano, Turco, Ulmo, Venusio ed altre. — AUTORI: Almagiore (Giunte al Summonte), Bacco (Descr. del Regno), de Blasiis (Cron. di Matera), Caccio (Poesie), Castagnola (Rag. contro la Univ. di Matera), Crollalanza (Gior. aral. geneal.), Frisonio, (MS. nell'arch. del Duomo di Matera), Gattini (Lettera intorno alla fam. Venusio), Lana (Matheranen. Canon. Theol.), Lumaga (Teatro della nob.), Mosburg (Indirizzo al Re Ferdinando IV), Nelli (Storia di Matera, MS.), Ridola (Genealogia della famiglia Gattini), Rocca (Difesa per li gentil. di Matera), Rossi (Teatro della nobiltà), Tortora (Saggio filosofico), Venusio (Mem. div.), Verricelli (Cronaca del 1595, MS.), Vita di Suor Chiara di S. Caterina, Volpe (Mem. stor. di Matera). — *Alessandro* e *Francesco* Militi in tempo di Re Roberto d'Angiò, *Ciccolino* nel 1440 scrisse le memorie degli uomini illustri della sua famiglia. *Valentino* Sindaco di Matera, fu deputato di quella Università per gli affari di Stato per le quistioni tra il Principe di Taranto ed il Duca d'Andria nel 1485, *Eustachio* Abate della Collegiata di S. Pietro Saveoso, donò al Re Ferdinando d'Aragona un calice ricchissimo, due libbre di argento ed altri oggetti per sovvenzione per la guerra contro i Turchi, *Biagio* Decano della Chiesa di Matera 1486. *Francesco* Camerlengo di Matera e Sindaco dei nobili nel 1524. *Eustachio*, Castellano di Matera e Sindaco dei nobili. Nel 1531 ottenne dallo Imperatore Carlo V, privilegio di portare le armi. *Biagio*, Camerlengo di Matera nel 1355. *Donato* Camerlengo di Matera nel 1573. *Silvestri* Sindaco dei nobili, sollecitò il Decreto di Demanialità dalla R. S. della Sommaria per la città di Matera nel 1576. *Francesco*, Sindaco dei nobili nel 1592. *Antonio* nel 1607 domandò d'essere ammesso nell'ordine gerosolimitano, e venne raccomandato dal Duca di Mantova al Governo dell'Ordine, ma morì prima che avesse prodotto il processo di sua nobiltà. *Giammaria* Dottore in legge, Vicario Capitolare, scrisse un'opera di ragion Canonica del titolo *de Reformatione*. *Scipione* Sindaco dei nobili e Capitano di matera scrisse un poemetto in 5 canti sulla vita di S. Eustachio, Protettore di Matera, ed altre poesie. *Bellisario* Capitano di fanti, prestò segnalati servigi nell'epoca della rivolta di Masaniello. *Michelangelo* Maestro in teologia. *Reginaldo* dell'Ordine di S. Domenico, morì in concetto di Santità. *Flaminio* Camerlengo di Matera e Sindaco dei nobili nel 1674. *Scipione* con Giov. Battista del Doce fu mandato dalla Università di Matera a prestar giuramento a Filippo V, offrendogli il donativo per la sua ascensione al Trono e domandandogli conferma dei privilegi della città. *Francesco* nel 1734 fu inviato deputato dalla città di Matera a prestare omaggio al Re Carlo III di Borbone ottenne il Consolato di Terra e di Mare di Basilicata. *Gianmaria* ed *Eustachio*, Capitani di fanti, si distinsero alla battaglia di Velletri. *Alessandro* Guardia del Corpo del Re Ferdinando I di Borbone. *Michele* Presidente della G. C. Civile di Trani, Visitatore generale della Provincia e Cavaliere dell'Ordine di Francesco I — ARMA: Di azzurro al gatto di argento portante una vipera fra'denti poggiato sopra tre monti di verde, e caricato nel capo da un lambello a tre pendenti di rosso. — MOTTO: In umbris radiant. — Questa famiglia è rappresentata in Ma-

(1) Hanno goduto nobiltà in *Matera* anche le famiglie· Agati, Alemi, Angeli (d') Capitaneo, Doce (del), Elmo, Firrao, Malvindi, Noja, Orenghi, Ricchieri, Santoro, Senerchia, Serena, Trojano, Turco, Ulmo.

tera dal signor GIUSEPPE GATTINI, già Consigliere di Basilicata e Sindaco di Matera, e dai suoi fratelli SILVESTRO e MICHELE Cavaliere di giustizia dell'Ordine gerosolimitano.

**GENTILE.** — v. IV° p. 79, — p. 86 vs. 18 e 21 *C. Giovanni* e *Giuseppe* furono del ramo di Sicilia vs. 37 — *C.* stabilì la sua famiglia in Leonforte per aver colà sposata la vedova Contessa Bonsignore Gaetana Manna, dalla quale non ebbe figli maschi, — vs. 41 *C* di S. Martino presso Palermo.

**GEREMIA.** — v. III° p. 114. — I *Geremia* furono stabiliti in Vairano da *Giacomo* emigrato da Benevento per le fazioni delle *due rose* a' principî del secolo XV. La sua famiglia era stata portata in Benevento da Bologna in tempo del Re Carlo I° d'Angiò nel 1266 — p. 115 vs. 1 *diramato* leggi... è estinto. Quello di.. — vs. 17 *Vairano* leggi... Variana.. — vs. 21 *Altieri* leggi... Alidosi — vs. 22 *Aquilao* leggi.. Aquino e *Barbati* leggi Broccoli — vs. 24 *Cella* leg. gi... Calì...

**GESUALDO.** — v. II° p. 53. — FEUDI: Luogosano, Sanpietro Indelicato, Santagnese, Santostefa_ no, Selvetella, Torrebruna. — AUTORI: Fiore (Cal. illus.), p. 56 *C.* Nella famiglia Sangro, Principi di Fondi si estinse il ramo dei *Gesualdo* Principi di Gesualdo, e Marchesi di Santostefano, mentre il ramo dei Conti di Concisa e Principi di Venosa si estinse in *Isabella*, sposata a Nicolò Ludovisio Principe di Piombino. — ARMA *C.* D'argento al leone di nero coronato di oro accompagnato.....

**GIANVILLA.** — v. II° p. 57. — CONTEE: Noja, Melito. — *Nicola* sposò Margherita, unica figliuola dell'Ammiraglio Ruggiero di Loria signore di Terranova, nella quale si estinse la famiglia di Loria. Il ramo de' *Gianvilla* Conti di Nusco e di Noja e Signori di S. Giorgio si estinse in *Ilaria* sposata nella famiglia Brancaccio. Procreò due figliuole, la prima sposata negli Azzia estinti ne' Perez Navarrete, e la seconda col feudo di S. Giorgio maritata ne' Spinelli. — ARMA: Di azzurro a tre maciulle di oro, al capo di argento seminato di code di armellino, caricato da un leone uscente di rosso.

**GIFFONE.** — Famiglia di cui trovansi memorie fin dal tempo dei Principi Longobardi. Vuolsi originata da *Guaimario* detto *Giffone Gifone* e *de Iefuno*, figliuolo di Guidone Duca di Sorrento e Conte di Conza e nipote dei Principi di Salerno nel 1091, come leggesi nell'Archivio della Trinità di Cava. Egli prese nome dalla signoria di Giffone, che possedeva. Ha goduto nobiltà in *Tropea*. — MONUMENTI: *Monteleone* Chiesa di S. Francesco, di S. Maria dei Giffoni e Chiesa dei Principi di Mileto, *Cinquefrondi* nel Monastero di S. Francesco, *Giffone* nella Parrocchia di S. Maria del Soccorso. Il ramo della famiglia Aierbo Conti di Simmari e Signori di Agropoli si estinse nei *Giffone*. — BARONIE: Agropoli, Altavilla, Giffone, Mesiano, Morbo gallico. — CONTEA: Simmari. — MARCHESATO: Cinquefrondi 1611. — PARENTELE: Aierbo, Arena Brancaccio, Campitelli, Capua, Cardona, Coppola, Galluppi, Herica, Loria, Pescara, Ramirez Riccardi, Rocco, de Ruggiero, Sanseverino, Toraldo. — AUTORI: Almagione, Bonazzi (I reg. della nob.), Bisogni, Borrello (Vindex), Borrello (MS.), Bosio, di Costanzo, Cropani, Fiore, Gonzaga, Mugnos, Pellegrino, Ruffo, Summonte, Ughelli. — *Guglielmo* fu tra' Baroni che nel 1182 andarono con Guglielmo il Buono alla guerra di Terrasanta. *Gilberto* fu tra' Baroni del Regno nel Giustizierato di Basilicata nel 1239. Ebbe in custodia da Federico II Imperatore Palmieri Montedomini prigionierò Lombardo. *Rinaldo* e *Tommaso* furono spogliati dei loro feudi per aver seguito Carlo I. *Ruggiero* Scudiero di Re Carlo II d'Angiò. *Stefano* Domestico e familiare di Re Roberto d'Angiò. *Geraldo* Contestabile di Calabria per Carlo Illustre. *Nicolò* Tesoriere di Re Roberto d'Angiò in Piemonte e Lombardia. *Leonardo* Generale de' MM. Osservanti, fu creato Cardinale dall'Antipapa Clemente VII, ma il Re Carlo III di Durazzo lo spogliò dei suoi beni e lo mandò prigioniero al Papa Urbano VI, dopo di aver fatte pubblicamente bruciare le sue vesti cardinalizie, per essere giunte notizie nel Reame che il Re Luigi d'Angiò voleva muovergli guerra. Ciò temendo il Re Carlo riuniti i principali Ba. roni nella Chiesa di S. Chiara, ed annunziato ad essi tal fatto, chiese moneta per le spese di guerra per le quali Nicolò Orsino sottoscrisse per 10 mila fiorini e gli altri Baroni covrirono la cifra di 390 mila fiorini. *Ambrogio* nel 1500 fu decapitato per false accuse, venendo dopo riconosciuto innocente. *Orazio* con altri Cavalieri andò a soccorrere l'Isola di Malta contro i Turchi nel 1565. *Fabrizio* nel 1580 fondò e dotò nella terra di Cinquefrondi il Monastero di S. Francesco dei Minori Osservanti. *Francesco* nel 1685 edificò in Giffone la Parrocchia di S. Maria del Soccorso. Fra *Pietro* Cavaliere gerosolimitano, 1703. — ARMA: Scaccato di argento e di nero di sei file con la fascia di rosso attraversante sul tutto. Inquartata con le armi della famiglia Ayerbo. Vive questa famiglia in Gioiatauro.

**GIOENI.** — Famiglia originata dalla Real Casa d'Angò, e propriamente da *Errico*, consanguineo di Carlo I il quale sposò Beatrice figliuola di Re Manfredi, ed ottenne da Carlo I molti feudi. Passato poi in Sicilia, dal famoso Vespro furono miracolosamente salvati i suoi figliuoli *Roberto* e *Manfredi*, che furono condotti in Reggio di Calabria. Ritornati poi in Sicilia, il secondo sposò la figliuola di Nicolò Palizzi e prese il cognome *Gioeni*, che conservarono i suoi discendenti. Ha goduto nobiltà in *Palermo* ed in *Catania*, ed ha vestito l' abito di Malta. Il ramo Baroni di Santacaterina si estinse in *Elisabetta*, che sposò il Contestabile Marcantonio Colonna. — MONUMENTI: *Palermo* Chiesa di S. Francesco di Paola. — FEUDI: Aidone, Burgio, Calabiano, Calatamauro, Calvaruso, Cammarata, Campobello, Contessa, Fiumedinisi, Graziano, Mottacamastra, Nolsara, Occhiulò, Santacaterina, Valdina, Vallidoro. — CONTEE: Bavuso, Chiusa 1533. — MARCHESATI: Castiglione, Giuliano 1543. — DUCATI: Angiò 1633, Dammisa, Montallegro, Oliveri. — PRINCIPATI: Cassaro, Castiglione 1602, Cianciana, Solanto 1684, mutato il Petrulla nel 1737. — PARENTELE: Aragona, Avarna, Beccadelli Branciforte, Campolo, Cardona, Colonna, Filangieri, Gaetani, Gravina, Lanza, Milano, Monroy, Palizzi, Pignatelli, Spadafora, Statella, Tagliavia, Ventimiglia. — AUTORI: Aprile, Cannizzaro, di Giovanni, Inveges, Lumaga, Minutolo, Mugnos (nob. di Sic.), Mugnos (I Vespri), Palizzolo, Pirri, Sacco, Salazar, Sancetta, Sardo, Villabianca. — *Bartolomeo* Gran Cancelliere del regno di Sicilia 1394. *Pezzone* Gran Protonotario di Sicilia. *Ambrogio* Gran Croce dell'Ordine gerosolimitano e Priore di Pisa, 1594. *Ottavio* Gran Croce dell' Ordine gerosolimitano, Priore di Pisa e poi di Barletta, 1600. *Lorenzo* Straticò di Messina 1616. *Girolamo* Duca di Angiò, Gentiluomo di Camera di Re Vittorio Amedeo, assistette alla incoronazione di Re Carlo III di Borbone. — ARMI: — 1ª Di rosso con otto gigli di Francia di oro, posti 3, 2, 3 — 2ª Scaccato: nel 1° di oro al leone uscente di nero coronato di oro; nel 2° scaccato di argento e di rosso di cinque file.

**GIORDANO LANZA DE CUNEO.** — Questa famiglia originata in Tramonti si diramò in Lettere, Melfi, Manfredonia ed in Lucera dove fu graduata dalle 60 some di terraggio. Se ne trovano memorie in epoca remotissima. — MONUMENTI: *Lucera* ch. S. Salvatore con Cappella gentilizia, Duomo, Ch. de' Riformati. *Guglielmo* Castellano del Castello di Belvedere, 1312. *Ruggiero* possedeva nel 1333 Case in Foggia con Giovanni Caracciolo e Matteo Serra. *Domenico* Patriarca di Antiochia, Prelato domestico di S. S. e Vicereggente di Roma. *Girolamo* dottissimo poliglotta fu primo Console del Consolato provinciale di Lucera nel 1746, e valente avvocato. *Antonio* per essersi mostrato fedele al Re Filippo V, ebbe molto a soffrire dalle armi austriache — PARENTELE: Arriete, Anna, Boccapianola, Cattaneo, Califani, de Florio, Intonti, Lombardo, Monaco, Mobilia, Mozzogrugno, Moroni, Protonobilissimo, Quarto, Schettini, Scoppa, Scassa, Valignani ed altri. — AUTORI: Campolongo (Amicabile sepulchretum), Zazzera, (fam. ill.) — ARMA: Di azzurro all'albero di verde nodrito su di un fiume di azzurro, accostato da due leoni di oro controvampanti ed accompagnati nel capo da tre stelle di oro. — È rappresentata in Lucera questa famiglia dal Cavaliere LUIGI GIORDANO *Lanza de Cuneo* Patrizio di Lucera.

**GIOVANNI (di).** — Questa famiglia, originaria della Spagna, e propriamente di Valenza, discende dalla Centelles, avendo avuto per autore un Giovanni Centelles. Essa dalla Spagna, ove fu potentissima, si diramò in Francia, nelle Isole Baleari, in Padova, in Venezia, ove fu detta Ziani o Zani ed ebbe due Dogi, in Napoli ed in Sicilia ove fu portata in tempo di Re Pietro II d'Aragona da *Giovanni* dei signori di Tous Canet ed Iscar. Questa famiglia ha goduto nobiltà in *Palermo, Messina, Licata, Cosenza, Reggio* ed in altre città. Fu ricevuta nell'Ordine di Malta nel 1373. In Sicilia si divise in due linee: la prima, il cui progenitore fu *Tuccio*, possedè la Paria del regno, i Principati di Trecastagne, Buccheri, Castrorao, Ucria, Castelbianco, e Alcontres, il Ducato di Caponara ed i Marchesati di Roccalumera e Villazappada, il Principato del S. R. I. e l'Ufficio di Corriere maggiore ed alcuni altri feudi per successione della famiglia Zappada de Tassis. La seconda linea, originata da *Salvo*, possedè il Marchesato di Sollazzo, i Ducati di Precacuore e di Pignara. Della prima linea, il ramo Principi di Castrorao si estinse in *Giuseppe*, la cui sorella *Isabella* sposò Visconte Morra Principe di Buccheri, al quale successe la figliuola, Isabella, che fu moglie di *Dome-*

*xico di Giovanni* Principe di Trecastagne, la cui primogenita *Anna Maria* Dama dell'Ordine gerosolimitano fu maritata a Giuseppe Alliata Principe di Villafranca, Grande di Spagna e Maresciallo di Campo. Il ramo dei Principi di Ucria e Principi di Castelbianco, si estinse in *Vittoria di Giovanni* che sposò Domenico Alliata Principe di Villafranca. Essa era unica figliuola di *Vincenzo* e di Flavia Pagano sorella di Antonio ultimo Principe di Ucria, morto nel 1730 senza figliuoli. — PARENTELE: Abate, Alagona, Albamonti, Alberti, Aldano, Alliata, Amodei, Aquino Cast., Arduino, Avarna, Bavastrelli, Cardillo (del), Comite, Corte (la), Cottone, Filangieri, Garofalo, Gioeni, Giudice (del), Giustiniani, Granata, Gregorio (de), Micicchè, Mira, Moncada, Morra, Napoli (di), Pagano, Rocca (la), Salvarezza, Transo, Vanni, Ventimiglia, Zappata. — FEUDI: Alfano, Cancemi, Cariasa, Castronuovo, Conforto, Corvitello, Cuta, Floristella, Forcella, Foria di Salerno, Gatta, Gebbiarossa Girgia, Grasta, Grazia di Vallebella, Graziano, Mastra, Miano, Mirio, Motrarta, Parcovecchio, Pedara, Santadriano, Santanna, Tavernola, Vassallaggio della Pedara, Viagrande. — MARCHESATI: Roccalumera, Sancalogero 1685, Sollazzo, Villazappada. — DUCATI: Pignara, Precacuore, Saponara 1683. — PRINCIPATI: S. R. I., Alcontres, Buccheri, Castelbianco 1701, Castrorao 1633, Trecastagne 1641, Ucria 1730. Villafranca. — AUTORI: Almagiore (Giunte al Summonte), Ansalone (Sua de familia opp. rel.), Araldi (It. nob.), Attanasio (Splendor et gloria Domus Joanniae), Bacco (Descr. del reg.), Bosio (Storia), Capobianco (Vita del Re Don Giaime), Castiglion Morelli (De Patr. Cons. nob.), Escolano (Cron. di Valenza), Fiore (Cal. illus.), de Lellis (Fam. nob.), Minutolo (Priorato di Messina), Mugnos (Nob. di Sicilia), Palizzolo (Il Blasone in Sicilia), del Pozzo (Ruolo dei cavalieri gerosolimitani), Sacco (Dizionario geografico), Sanchez (Reali di Spagna), Tettoni e Saladini, Tornamira (Storia del Padre Mariano), Torremuzza (Fasti di Sicilia), Villabianca (Sicilia nobile), Zurita (Annali di Aragona). — *Pietro* Maestro dell'Ordine di Calatrava in tempo di Re Don Giacomo di Aragona. *Bartolomeo* Percettore dei provventi regi 1336. *Guglielmo* Conservatore del R. Patrimonio nell'Isola di Sardegna pel Re Pietro II d'Aragona. *Pietro* Giustiziere maggiore di Valenza, andò in nome di quel regno a giurare fedeltà a Don Pietro IV di Aragona. *Giorgio* e Pietro Marrodes rappresentarono la città di Valenza agli sponsali avvenuti in Perpignano nel 1371 tra l'Infante Don Martino Duca di Montalto e la Infante di Francia. *Palamede* Priore di Venezia dell'Ordine gerosolimitano, 1373. *Roderico* Luogotenente del Maestro dei Templari. *Marco* carissimo al Re di Aragona Alfonso V, e suo Ambasciatore al Re di Castiglia. *Francesco* Cavaliere di S. Giacomo e Reggente della Vicaria. *Giov. Paolo* celebre astrologo. *Filippo*, *Simone* e *Giacomo* Senatori di Messina. *Petruccio* Tesoriere generale del Regno, 1390. *Antonio* Senatore di Messina, 1417. *Giovanni* Senatore di Messina, 1461. *Nicolò* Giudice di Messina, 1496. *Angelo* Senatore di Messina, 1529. *Francesco* Senatore e Deputato di Palermo 1575. *Nicolò* Cavaliere gerosolimitano, morì combattendo con valore alla impresa di Zerbi. *Paolo* Ambasciatore pel Vicerè Don Ugo di Moncada alla città di Messina. *Perotto* ed *Alvaro* Capitani delle guardie del Papa Clemente VIII. *Giov. Pietro* valoroso soldato, comandò i venturieri messinesi che andarono in soccorso di Malta, 1595. *Francesco* Colonnello di fanti e Maestro di Campo contro il Bassà Cicala, con supremo comando di 4 mila uomini. Fu Principe dell'Ordine della Stella. *Placido* Archimandrita di Messina e Vescovo di Siracusa. *Antonio* Cavaliere gerosolimitano ed Ambasciatore dell'Ordine, 1618. *Cesare* Cavaliere gerosolimitano e Ricevitore dell'Ordine in Messina. *Andrea* Principe dell'Ordine della Stella di Messina nel 1637. *Giovanni* Priore di Barletta dell'Ordine gerosolimitano e poi di Messina, Generale della squadra dell'Ordine, e Condottiero della flotta del Papa Innocento XII. *Laura* Monaca Teresiana, donò la sua pingue eredità per la fabbrica del monastero e Chiesa di S. Teresa. *Andrea Fortunato* Balio di Malta e Priore di S. Stefano nel 1682. *Vincenzo* primo Duca di Saponara nel 1683, Cavaliere di S. Giacomo e Maestro Corriere del Regno di Sicilia, quale ufficio gli pervenne per eredità della moglie Vincenza Zappata. *Vincenzo* primo Principe di Castelbianco e di Ucria, Principe del S. R. I. e Consigliere Aulico dello Imperatore Carlo VI. *Palmerio* Capitano e Senatore di Messina, Principe dell'Accademia della Stella 1689. *Andrea* ricevuto di minor'età nell'Ordine gerosolimitano, fu Commendatore e poi Balì Gran Croce e Luogotenente del Gran Priore di Messina. Nel 1814 successe al Luogotenente del Magistero Guevara Suardo. Quando in quell'anno pel trattato delle Potenze fu data Malta all'Inghilterra, il *di Giovanni* fece ogni sforzo per tutelare i diritti dell'Ordine, ed inviò molti ragguardevoli personaggi presso i Potentati di Europa. Spedì da Catania, allora residenza dell'Ordine, al Congresso di Vienna come suoi Plenipotenziarî il Ballì Miari ed il Commendatore Berlinghieri per fare revocare il disposto del trattato, e rinnovò le sue premure al Congresso di *Aix la Chapelle* nel 1818. Riuscite inutili le sue calde e vive pratiche, preso da vivo cordoglio, morì nel 1821. — ARMA: D'azzurro alla spiga di grano di oro tenuta da due leoni controrampanti e coronati del medesimo, nudrita sopra una zolla di verde movente dalla punta.—CIMIERO: Un'aquila uscente spiegata di nero, linguata di rosso, imbeccata e coronata di oro. Lo scudo accollato dalla Gran Croce di Malta. — È rappresentata questa famiglia in Messina dal Duca di Precacuore FRANCESCO DI GIOVANNI Patrizio messinese; in Barcellona Pozzo di Gotto da FERDINANDO DI GIOVANNI Patrizio messinese, de' Marchesi del Sollazzo. Il ramo secondogenito dei Duchi di Saponara è rappresentato in Palermo da GIOVANNI DI GIOVANNI Barone della Grazia Vallebella.

**GIOVENE.** — v. IIIº p. 120. — DUCEA: Balvano. — MARCHESATO: Montemalo per estinzione di un ramo della famiglia Moccia—p. 123 vs. 11 Leggi: *Michele Giovene* de'Duchi di Girasole, essendosi estinto il ramo primogenito insignito del titolo...

**GIRONDA.** — Famiglia originaria francese, detta prima *Girond*. Venne in Regno con Carlo I d'Angiò e si stabilì in Squillace, donde si diramò in Monopoli, Catanzaro e Bari nel 1400, ove fu aggregata al patriziato, per cui trovasi ascritta al Registro delle Piazze chiuse. Ha vestito l'abito di Malta. In essa si estinsero le famiglie Siginulfo Passarelli Baroni di Corneto, e Guglielmini Marchesi di Santolauro e Costieri — FEUDI: Cariacodi, Lumari, Santovito — CONTEA: Martorano. — MARCHESATI: Canneto di Bari, Costieri, Santolauro. — PRINCIPATO: Canneto di Abbruzzo 1732. — PARENTELE: Affaitati, Arcamone, Casamassimi, Castaldo, Cavalcanti, Dottula, de Gennaro, Guglielmini, Lanfranco, Malvezzi, della Marra, Nobilione, Pappacoda, Rocca, Rossi, Santacroce, Siginulfo, Tresca, Ulloa, Zurlo.—AUTORI: Accattatis, Amato (Storia di Catanzaro), Araldo 1879, Bonazzi, (La Cron di Massilla), Bonazzi, (I reg. della nob.), Campanile Gius., de Lellis, Lumaga, della Marra, Petroni, Ughelli,—*Rinaldo* militò per Federico 1º Barbarossa, dal quale ottenne il cingolo militare e la concessione di poter usare l'Aquila Sveva, senz'ali, nello scudo azzurro. *Giovanni Ugo* Castellano di Salerno e di Monopoli per Giovanna II. *Pietro* Barone di Canneto e Presidente della Regia Camera, ottenne la Contea di Martorano da Re Alfonso I. *Ettore* Vescovo di Massalubrense 1611. *Domenico* Generale dell'ordine dei Celestini. *Andrea* gesuita, filosofo insigne ed autore di più opere 1653. *Federico* Abate ed Arcidiacono di Bari. Fra *Francesco Saverio* Patrizio di Bari, Baliò di S. Stefano dell'Ordine Gerosolimitano 1785. *Giuseppe* e *Domenico* furono tra'nobili di Bari che firmarono lo indirizzo della nobiltà del Regno a Gioacchino Murat. *Giovanni* Cavaliere gerosolimitano, Principe di Canneto, Marchese di Canneto, di Santolauro e di Costieri, Gentiluomo di Camera, Maresciallo di Campo ed Ispettore della Guardia Reale.— ARMA: D'azzurro al leone d'oro, col capo cucito d'azzurro coll'aquila nera senz'ali. — È rappresentata questa famiglia in Napoli dal Principe di Canneto, Marchese di Canneto e Marchese di Santolauro e di Costieri GIOVANNI GIRONDA già Ufficiale di Cavalleria.

**GIUDICE (del).** —v. IVº p. 88.—AUTORE: Fiore (Cal. illus.)—*Pietro* Vescovo di Cassano 1374.

**GIUDICE.** — Famiglia originaria di Genova, diversa dalla del Giudice di Amalfi. Di essa un ramo fu ascritto all'Albergo Calvi, un altro all'Albergo Vivaldi, ed un terzo all'Albergo Usodimare, al quale appartennero i *Giudice* passati in Palermo ed in Napoli nel 1530, ove godettero nobiltà al Seggio di Capuano. — FEUDI: Castelgaragnone, Terlizzi. — MARCHESATO: Alfedena. — DUCATO: Giovinazzo 1651 — PRINCIPATI: Cellammare 1631, Villa. — PARENTELE: Calvi, Caracciolo, Carafa, della Marra, Palagano, Pappacoda, Pignatelli, di Somma, Usodimare. — AUTORI: Aldimari, Celano, Franzone, Lumaga, Mugnos, Sacco, Tettoni e Saladini,— *Guglielmo* Console di Genova 1122. *Enrico* e *Giovanni* Consoli di Genova nel 1128. *Paolo* Doge di Genova nel 1563. *Francesco* Cardinale creato da Papa Alessandro VIII. *N*, Principe di Cellammare, Corriere maggiore del Regno, avendo cinque figliuole monache del Monastero della Croce di Lucca, lo rifece spendendovi la somma di 120 mila scudi. Ornò anche di marmi la tribuna della Chiesa del Carmine.—ARMA: Interzato in banda; nel 1º di rosso; nel 2º di argento; nel 3º di azzurro.

**GRANITO.** — v. IIº p. 64 — ARMA: Spaccato: nel 1° di azzurro al leone uscente in oro; nel 2º spaccato inchiavato di oro e di azzurro.

**GRIFEO.** — v. II° p. 59 — p. 60 C. Visconti di Galtellin in Sardegna. — ARMA: Di oro con tre sbarre di azzurro col capo cucito di oro al grifo passante di nero.

**GRIFFO** o **GRIFO.** — Famiglia, detta anche *de Griffis*, di origine greca che vuolsi discesa da *Teodosio Griffo* Capitan generale, il quale avea sposata una sorella dello Imperatore Costantino. *Andreotto* venne a stabilirsi nel Reame in tempo di Federico Barbarossa, del quale era capitano. Questa famiglia era numerosissima in Napoli, in modo che ebbe un Seggio a parte detto dei *Griffi*, il quale si fuse poi con quello di Porto. Essa oppose grande resistenza allo Imperatore Corrado quando venne ad assediar Napoli, perlocchè fu spogliata dei suoi beni e feudi. Per opera di lei venendo ucciso Lorenzo Castagnola nel 1331, la Regina, moglie di Re Roberto fece abbattere le sue case. Ha goduto nobiltà in *Napoli* al Seggio di Montagna e di Porto, *Chieti, Benevento, Cotrone, Giovinazzo, Manfredonia, Pisa, Firenze, Ferrara, Milano, Genova*, ed in Sicilia. Ha vestito l'abito di Malta nel 1368. — MONUMENTI: *Napoli* Cappella dei Griffi a Rua Catalana, *Benevento* nelle Chiese di S. Francesco, di S. Domenico, e del Carmine. — BARONIE: Agesillone, Alano, Arenaggi di Baia, Caiomario, Calopezzati, Calvi, Camella, Cancellara, Castelmuzzo, Celso, Cerisano, Cucoli, Cuma, Faivari, Fellani, Galdo, Landone, Lentace, Mancusi, Manfredi, Marigliano, Parolisi, Pontelandolfo, Reggerole, Rivisandoli, Sancipriano, Sanfortunato, Sangineto, Sanleonardo, Sannazzaro, Sannicola, Tirelli, Viano. — PARENTELE: Carafa, Mascambruno, Paoni, Teodoro. — AUTORI: Aldimari, Campanile Filib. Collenuccio, Donnorso, Filamondo, Lumaga, Mazzella, de Nicastro, Pacicchelli, del Pozzo, Terminio, Tettoni e Saladini, Troyli, Vincenti, della Vipera (Cron. Arciv. Benev.), della Vipera (MS.). — *Giovanni* Console di Napoli in tempo di Re Tancredi Normanno. *Severo* cameriere di Re Manfredi. *Emanuele* Capitan generale per Andronico Comneno Imperatore, sposò una figliuola del Principe di Acaja. *Carmaino* Maestro Portulano di Puglia 1269. *Raone* Castellano di Corfù e signore di molte castella, 1274. *Rinaldo* Vice-Ammiraglio di Napoli, 1306. *Ligorio* Giustiziere di Basilicata 1314. *Pietro* Castellano di alcune fortezze del Regno. *Raimondo* Castellano e Cameriere della Regina Giovanna I. *Pitogono* cavaliere di Ottone di Brunsvich. *Decio* e *Bartolomeo* andarono Ambasciadori a Luigi d'Angiò in Provenza per chiamarlo alla conquista del Regno. *Pavo* Legato in Ungheria pel Papa Bonifacio IX. *Claudio* Regio familiare, Balio e Capitano di Aquila 1419. *Cobello* Contestabile di Camera 1427. *Giacomo* Regio Consigliere e Giurisperito fu Vice Protonotario del Regno nel 1442, con Rinaldo Vassallo, Nicolò d'Anagni, Giovanni di Forma e Francesco Caruso. I Protonotarii aveano 100 once annue, ed i Vice-Protonotari 50. I primi aveano altresì la facoltà di coniare piccola moneta detta *Bolognito*. Per tal fatto veggonsi monete con privati stemmi. *Giovanni* Maestro razionale nel 1460. *Bartolomeo* Maestro di Campo, Governatore della fanteria in Milano e Reggente del Collaterale Consiglio 1645. — ARMA: Di argento al grifo alato rampante di rosso.

**GRILLO.** — Questa famiglia, è originaria della Lombardia, e prese nome dal luogo detto *Grillo*. Nell'anno 1100 passò in Genova e vi occupò la carica di Console della Repubblica. Si trapiantò nel Reame di Napoli nel 1291. Ha goduto nobiltà nella città di *Genova*, dove tenne Albergo, *Napoli* nel seggio di Portanova, *Salerno* ne'Seggi di Campo e Portanova, *Lauria Tricarico, Monteleone* ed in Sicilia. Ha vestito l'abito di Malta nel 1502 ed ha ottenuto il Gran dato di Spagna. Il ramo nobile à Salerno si estinse nel 1591 in *Giov. Battista* e *Matteo*, morti fanciulli. Il ramo dei Duchi di Mondragone si è estinto nel secolo presente in *Rosa Grillo* maritata a Giovan Carlo Doria principe di Angri, la quale non lasciò prole. — MONUMENTI: *Salerno* nelle Chiese di S. Matteo e dei Domenicani e nel Duomo, *Napoli* Chiesa di S. Lorenzo. FEUDI: Acerno, Anguillara, Apetina, Busulmone, Brunetto, Brunito, Caminici, Carbone, Careri, Casale, Casanova, Cassano, Donnamaria, Fulciano, Giugliano, Lerma, Montescaglioso, Monteverde, Moriello, Nocelleto, Pietranferi, Regina, Salza, Sancipriano, Sandonato, Santacroce, Serre, Ventaroli, Villa. — CONTEA: Carinola. — MARCHESATI: Clarafuentes, Francavilla, Montescaglioso. — DUCATI: Mondragone. — PARENTELE: Abenavolo, Afflitto, Aiello, Barbulato, Branciforte, Caracciolo, Carafa, Cavalieri, Cicala, Comite, Coppola, Correale, Cueva (della), Doria, Emanuele, Faxardo, Gaetani, Galliciano, Gonzaga, Greco, Grimaldi, Guevara, Loffredo, Lottieri, Mariconda, Marapodi, Misiotta, Montefalcione, Pagliara, Pandolfo, Pescara, Piemontese, Sinelli, Sirignano, Requesens, Ribald, Ruggi, Santomango, Settimo, Simonide, Sortino, Toraldo, Vaccaro, Vecchio (del), Vicariis (de), Vulcano. — AUTORI: Accattatis (Biog. degli uom. illus.), Alfano (Descr. del Regno), Almagiore (Giunte al Summonte), Alois (Cenni biog. di Franc. Grillo), Araldi (It. nob.), Bacco (Descr. del regno), Bonazzi (Elenchi), Beltrano (Descr. del Regno), Bisogni (Hipponii), Capaccio (Il forestiere), Capecelatro (Diario), Prigna- no (MS.), Ciacconio (Vite dei Pontefici), Corrado (Epistole), Crescenti (Corona della nobiltà d'Italia), Engenio (Napoli sacra), Giustiniani (Dizionario geografico), Lupis (Elementi di Cro- nologia), de Lellis (Famiglie nobili), Lumaga (Teatro della nobiltà), Maldacea (Storia di Sor- rento), Mazza (Storia di Salerno), Mazzella (Descrizione del Regno), Minutolo (Priorato di Messina), Mugnos (Nobiltà di Sicilia), Muratore (Uom. illus.), Pacicchelli (Regno di Napoli in prosp.), Palizzolo (Il Blasone in Sicilia), Pansa (Storia di Amalfi), del Pozzo (Ruolo gen. dei Cav. geros.), Ricca (la nob. delle due Sicilie), Sacco (Diz. geog.), Sarno (Elogi di F. Grillo), Toppi (Bibl. nap.), Turco (Elogio funebre di F. Grillo), Ughelli (Italia sacra), Villabianca (Si- cilia nobile), Vincenti (I protonotari), Zazzera (Famiglie illustri d'Italia). —*Amico* fu Console e Governatore di Genova e sue dipendenze nel 1157. *Ansaldo* Capitano dell' esercito ge- novese contro i Pisani 1158. *Bombello* servendo lo Imperatore Federico II° si stabilì in Pa- lermo. *Simone* Capitano dei porti marittimi di Palermo 1235. *Ottone* Cardinale, 1243. *Tommaso* Balio di Palermo 1280. *Giovanni* Capitano di Carlo I° d'Angiò, fu nominato Presidente del duello che dovea aver luogo tra il detto Re e Pietro d'Aragona. *Simone* Almirante di 20 galere 1284. *Paolo* Capitano di Castellammare di Stabia 1291. *Giovanni* Capitano valoroso nella guerra Santa 1293, e siniscalco del Re. *Tommaso* Castellano di Siracusa 1335. *Ruggiero* Maestro Razionale 1340. *Roberto* Ciamberlano di Corte 1345. *Riccardo* Maestro Ostiario 1345. *Filippo* Familiare e Regio Consigliere e Castellano di Siracusa 1348. *Giovanni* Capitano di Bari e Portulano delle Puglie 1355. *Giovanni* insigne dottore, Priore di S. Martino e Con- sigliere di Giovanna I, dalla quale fu inviato ambasciatore al Papa Urbano VI, per doman- dare la investitura del Regno nel 1378. *Nicolò* Dottore e Maestro razionale della Camera reginale 1428. *Giorgio* con Gaspare Manuffo, Oberto Giustiniani e Angelo e Giovannino Lomellini, consiglieri, furono spediti con Battista Fregoso, Governatore di sette galere, per accompagnare in Regno Renato d'Angiò, liberato dalla prigionia del Duca di Borgogna. *Gio- vanni* Presidente del S. R. C. e Vice Gran Protonotario nel 1430 con Andrea Comino, Ni- colò Frezza e Bartolomeo Brancaccio. *Angelo* Commendatore di Casaleggio dell'Ordine ge- rosolimitano, 1502. *Giov. Matteo*, avendo seguito le parti di Ferrante Sanseverino, ultimo principe di Palermo, fu obbligato fuggire in Francia, ove abbracciò la religione di Lutero. *Lorenzo* celebre medico ed insigne autore 1566. *Rocuccio* autore di un' opera manoscritta sulla medicina. *Angelo* Abate Cassinese, insigne letterato ed amicissimo del Tasso. *Garifilo* Conte del S. R. I. *Gerardo, Oberto* e *Felice* Cardinali. *Diego* Cavaliere gerosolimitano 1614. *Nicola* Ammiraglio ed Ambasciatore della Repubblica genovese. *Domenico Antonio* insigne giurecon- sulto. *Francesco Antonio*, figlio del precedente, vestì l'abito dei Conventuali, fu uomo di rara istruzione e d'immensa pietà. Andato in Roma nel 1771, l'Arcadia lo accolse tra i socii col nome di Lirindo Cibalico, fu socio delle due Accademie Cosentine, di quella di Tropea, e del Collegio dei Teologi di Napoli, Reggente degli studenti e provinciale della sua Religione, fu Vescovo di Martorano nel 1792, ed arrestò nella sua Diocesi il furore e la strage dei sol- levati nel 1799. Recatosi in Napoli per curare la sua salute, fu tramutato alla Diocesi di Cassano, ma prima di recarvisi, morì in Napoli nel 1804, e fu sepolto nella Chiesa di S. Lorenzo, ove gli venne eretto un monumento. Tutte le sue opere furono disperse nel saccheggio di Martorano del 1806. *Annunziato* celebre giureconsulto. — ARMI: Ramo di Genova e di Sa- lerno. Di rosso alla banda d'argento, caricata da un grillo di nero. — Ramo di Sicilia. Di azzurro con la scala a piuoli di oro posta in banda caricata da un grillo saliente di rosso.

**GRUTHER.** — Questa famiglia è originaria di Vestfalia, ed il suo primitivo nome era *Greu- ther Lilienstern*. Passò in Italia nella metà del secolo XVII. Nel 1672 fu aggregata alle fami- glie patrizie e consolari romane, ed il 15 novembre 1734 fu riconfermata in tale aggrega- zione dai Conservatori di Roma, Marchesi Emilio e Francesco Inghiraimo. Questa famiglia fu molto ragguardevole nella città di Anversa, ed ha goduto anche nobiltà in *Colonia*. Nei *Greuter* si estinse la famiglia Broelmann, Conti Palatini, per cui ne uniscono al proprio lo stemma. —MONUMENTO: in Napoli nella Chiesa di S. Maria la Nuova, con Cappella gentili- zia. — FEUDI: Conca, Santomauro, Scandalo, Sperlonga. — DUCATO: Santaseverina.—PRINCIPA- TO: Sul cognome. — PARENTELE: Afflitto, Almagiore, Ametrano, Broelmann, Caracciolo, Car- rara, Colnago, Colonna Romano, Fitz Iames, Giglio, Gironda, de Gennaro, del Giudice, Girifalco,

Luna, Proto, Santacroce, Scoppa, Stella, Uberi, Vulcano. — AUTORI: Almanacco di Gotha, Alfano (Descr. del Regno), Grutero, (Iscrizioni), Muzii (La sacra lega), Pacichelli (Regno di Nap. in prosp.), Sacco (Dizionario geografico), Troyli (Storia). — *Antonio* nel 1691 comprò la città e stato di Santaseverina sulla quale ottenne il titolo di Duca dall' Imperatore Carlo VI. *Antonio* nel 1732 ottenne da Carlo II d' Austria il titolo di Principe sul cognome per sè e suoi successori. *Pier Mattia* Principe, Duca di Santaseverina, patrizio di Colonia e di Roma, fu tra gli Arcadi Licildo Parteniate, ed autore di alcuni sonetti. Fu Colonnello di fanti in Germania e morì combattendo alla difesa del Gottardo nel 1743. *Antonio* Vescovo di Thiene, e confessore della Regina di Napoli. *Giovan Pietro* Colonnello, morì combattendo presso il fiume Berge a Temesvar. *Nicola* Principe, Duca di Santaseverina, Commendatore di S. Ludovico di Parma, Segretario di Legazione di Sua Maestà Siciliana presso la Corte di Berlino nel 1853. — ARMA: Di azzurro con tre gigli di argento posti 2, 1. Mantello e corona di Principe. — È rappresentata questa famiglia in Napoli dal Principe RENATO GREUTHER von Lilienstern, Duca di Santaseverina e Barone di S. Mauro.

**GUINDAZZO.** — Famiglia originaria di Salerno che ebbe per autore un *Bernillo Guindazzo* medico. Ha goduto nobiltà in Napoli ne' seggi di Nido e Capuano, *Salerno* nel seggio di Campo, *Sessa* e *Giovinazzo*. Vestì l' abito di Malta nel 1523. Un ramo della famiglia della Marra si estinse in Vincenzo che ebbe due figlie, maritate nelle famiglie *Guindazzo* e Sanfelice. — MONUMENTI: *Napoli* nel Duomo e nelle Chiese di S. Caterina a Formello, della Sanità, del Carmine, di S. Domenico maggiore, di S. Giovanni maggiore e di S. Restituta. — BARONIE: Acerno, Acquaviva, Agobio, Anogia, Apetina, Calabritto, Colaviti, Canneto, Cantarello, Carmiano, Casale, Cropalati, Crosia, Fornello, Grotteria, Martorano, Mirabella, Oppido, Pietrapaola, Sarno, Teora. — DUCATI: Apollosa, Roscigliano. — PARENTELE: Afflitto, d'Alessandro, Amendolea, Aquino Castiglione, Blanch., Boccapianola, Bozzuto, Brancia, Bucca, Capece, Caracciolo, Carafa, Carmignano, Dura, Filomarino, Galluccio, Gambacorta, della Marra, Spinelli, del Tufo, Zurlo. — AUTORI: Aldimari, Almagiore, Aloe, Ammirato, Araldi, Bonazzi (I reg. della nob.), Borrello (Vindex), Borrello (MS.), Campanile Giuseppe, Prignano (MS.), Contarino, Conti, Donnorso, Engenio, Filamondo, Fiore, Galluppi (Arm) Giustiniani, Granata, de Lellis, Lumaga, Marchese, della Marra, Mazza, Mazzella, Muratori, Pacca, Pacicchelli, Paglia, Panza, del Pozzo, Recco, Ricca, Rinaldi, Sacco, de Stefano, Summonte, Toppi (Bibl. Nap.) Torelli, Troyli. — *Sergio* Arcivescovo di Napoli in tempo dei Normanni. *Pandolfo* fu tra' Baroni del Regno che seguirono Re Manfredi, in aiuto dei Romani ribellati al Papa Alessandro IV. *Ligorio* fu tra' Baroni che seguirono il Duca di Calabria alla impresa di Toscana nel 1326. *Corrado* Capitan generale dei gaetani contro il Conte di Fondi. Venuti alle mani al Castello d' Itri, la vigilia di S. Andrea del 1340, restò ucciso e con lui, moltissimi gaetani. Gli altri nominarono loro Capitan generale Paolo Comite, il quale arrecò molto danno ai castelli nemici d'Itri, di Traetto ed altri. *Sergio* Giustiziere della penisola Sorrentina 1338. *Giovanni* e *Gabriele* guerrieri della Regina Giovanna I. *Bernilio* Maestro Razionale 1375. *Gregorio* Governatore del Principato di Acaia. *Francesco* o *Franceschello* Maresciallo del regno, Ciambellano e Regio Consigliere nel 1380, andò con Giovanni Tiene, vicentino, Ambasciatore pel Re a Firenze. *Maria* fu amata dal Re Ladislao, che concesse alla sua famiglia feudi e ricchezze. *Giovanni* Giustiziere di Abbruzzo 1427. *Pietro* fu tra' rappresentanti dei Seggi nel prestare omaggio alla Regina Isabella nel 1435. *Giacomo* col valore delle armi ripristinò la sua famiglia nelle grandezze, di cui era stata privata dalla Regina Giovanna II. *Francesco* Proconservatore generale del regio Erario di Re Alfonso I d'Aragona. *Giulio* ed *Ascanio* Governatori delle regie razze di cavalli in Abbruzzo 1589. *Ottavio* fu tra' fondatori del Monte grande dei maritaggi nel 1638. *Andrea* capitano di cavalli contro il Duca di Guisa, passato in Fiandra fu nominato Generale di battaglia, e chiamato di poi a Madrid, fu creato Vicerè e Capitan generale nel Principato di Catalogna nel 1675. *Pandolfo* si legge tra'Baroni del Regno che seguirono Re Manfredi in aiuto de' romani ribellati a Papa Alessandro IV, con Landolfo Maramaldo, Giovanni Maramaldo, Giovanni Capece, Pandolfo Aldemorisco, Roberto, Marino e Filippo Caracciolo, Giovanni Gaetani, *Pietro Guindazzo*, Tomasello Scrignario napolitano, Baio Cola di Giugliano, Tommaso Boccatorto, Cola Apocefalo, Bartolomeo Bonifacio, Berardo Mormile, Filippo Torrepanda, Pietro di Mastro Maimone, Bonaccolto Cafatino, Giovanni Ravignano, Giovanni Caritoso, Pietro Acciapaccia, Federico di Maio, Raone Caracciolo, Giovanni e Bartolomeo Boccapianoia, madama Maria Castalda, *Sarro Guindazzo*, Marino, Ligorio e Martuccio Gaetani, Bartolomeo dell'Aversana, Giovanni Boccafingo, Tommaso Dentice, Giovanni Caracciolo detto Barbo, Giovanni Bozzuto, Bartolomeo dell'Isola, Guido di Caste, Bartolomeo e Leonardo Capece, Martuccio di Franco, Errico d'Aprano, Landolfo, Bartolomeo, Sergio ed Andrea Tomacello, Pietro Carbone, Iacopo e Giovanni Galeota, Pietro Rè, Landolfo e Ligorio Minutolo, Carlo e Giovanni Berdesco, Pietro Varavallo, Tommaso d'Arbusto, Pietro Olopesce, Jacopo Filomarino, Guglielmo Cassano, Giovanni Romano, Pietro, Jacopo, Roggiero e Pandolfo Janario, madama Sighelgaita Orimina, Tommaso Janaro, Cesare Origlia, madama Altruda Janara, Catenaccio Arcura, Sergio Carmignano, Filippo Scrignaro, madama Maria Cotogna, Pietro Ipaco, Pietro Boffa, Pietro Boccatorta, madama Metrina d'Eusebio, Filippo e Landolfo Protonobilissimo, Tommaso e Gualtiero Scotti, Guercio di Dopno, madama Maria Caracciolo, Pietro e Ligorio Crispano, Giovanni, Siginolfo e Gualtiero Siginolfo, Matteo Gaetano, Francesco di Crescenzo, Tommaso d'Aquino, Offrido della Valle, Iacopo Aiossa, Menaglia di Gennaro, Assogna Pappansogna, Anello Mansella, Federico Spinelli, Giovanni Siginolfo, Giovanni Pignatelli, Ligorio Caracciolo, Errico di Castelvetere, Paolo e Simone Pignatelli, Bartolomeo d'Arco, madama Maria di Puteolo, Giovanni Ianaro, Allegrina di Scotto, Tommaso, Iacopo e Fecatello Vulcano, Lione Marogano, Petruccio Marogano, madama Fenice Brancaccio, Errico Brancaccio di Sicilia, Cesare e Giovanni Coppolato, Adinolfo d'Offiero, Pietro Dentice, Giovanni Ronchella, Gualtiero di Tauro, Giovanni Capuano, Trogisio della Grotta, madama Marotta Caracciolo, Landolfo di Donno Marino, Cesario Pignatelli, Tommaso Media, Corrado Boccatorto, Cesare Gaetano, Cola Macedonio, Iacopo Origlia, Tommasello Scrignaro, Anolo Manso, Landolfo e Roggiero Pignatello, Petrino Tomacello, Riccardo, Iacopo e Tommaso Caracciolo, Pietro d'Offerio, Pietro e Giovanni Brancaccio, madama Maria di Gennaro, Andrea e Simonello Scondito, madama Letizia Rumbo, Landolfo Poderico, Giovanni Dentice, Giovanni Barrile, Filippo Vulcano, Pietro Dentice, Cesario Gaetani, Giovanni Palerti, Landolfo e Ligorio Minutolo, Iacopo Filomarino, Guglielmo Cassano, Giovanni Piscicello, Tommaso Griffo, Marino Saccopanno, Pietro Torello, Giovanni Romano, Marino Latro, Landolfo Pardo, Ligorio e Pietro Scondito, madama Letizia Verticella, Matteo Pisquizio, Filippo Caracciolo Pisquizio, Tommaso d'Evoli, Pietro Seripanno, Giovanni Origlia, Filippo Protonobilissimo, Andrea Aiossa, Giovanni Loffredo, Notar Tommaso dell'Acerra, Riccardo Mastrogiudice, Marino Capece, Errico e Corrado Capece · Questa famiglia ora estinta usò le seguenti ARMI: 1º Di oro con tre bande spinate d'azzurro. — 2º Di rosso con la banda di argento, caricata da tre aquile di nero al volo spiegato coronato dallo stesso, con la bordura dentata di oro.

**GURGO.** — V. IIIº p. 140 — p. 141 C. Maria Eleonora Gonzaga Imperatrice di Austria fu vedova dell'Imperatore Ferdinando III nel 1668 — p. 142. *Camillo Gurgo* è Duca di Castelmenardo, Duca di Borgo Collefegato, Conte del S. R. I. e Conte di Felen Felt.

**IMPERIALI.** — V. IVº p. 102. — Nell'almanacco reale del 1772 leggesi: *Michele Imperiali* Marchese di Oyra, Principe di Francavilla, Principe di Montafia, Signore di Casalnuovo, Avetrana, Motonolo, Massafra, Uggiano, Montefuscolo, Carovigno, e Serranova, Marchese di Pianessa, Livorno, Roalto, Castelnuovo e Maretto nel Piemonte, Marchese di Dego, Cogna, Gesualla e Piana nel Monferrato, Grande di Spagna di 1ª Classe, Gentiluomo di Camera con esercizio, Cavaliere di S. Gennaro e Maggiordomo maggiore della Regina e Gran Camerario del Regno. Tutti questi titoli per le ragioni esposte a p. 103 ricaddero al Fisco, e solo il Principato di Francavilla ed il Marchesato di Oyra furono concessi al ramo *Imperiali* Marchesi di Latiano, restando nulla anche la onorificenza di Grande di Spagna annessa al Marchesato di Oyra.

**IOPPOLO.** — Famiglia di origine greca, passata in Napoli e portata poi in Sicilia, e propriamente in Catania da *Antonino Ioppolo* nel 1406. Ha goduto nobiltà in Sicilia ed ottenne il Grandato di Spagna nel 1716. Il ramo Duchi di S. Antonino si estinse nella famiglia Bonanno. Il ramo Duchi di Cesarò si estinse in *Rosalia* sposata a Calogero Gabriele Romano Colonna Marchese di Fiumedinisi. Il ramo Principi di Santelia si estinse in *Autonina*, che fu moglie a Cristofaro Filangieri, figliuolo del Principe di S. Flavia. Il ramo Conti di Villarosada e Baroni di Castelnormanno Val d'Ulmi si estinse nei Lucchesi Palli. — MONUMENTI: *Paler-*

*mo* nell'Abbadia Maggiore e nelle Chiese di S. Antonio e di S. Francesco, *Naso* nella Chiesa maggiore. — BARONIE: Agnoa, Caporlando, Castelnormanno Val d'Ulmi, Cianciana, Fego, Gialdineri, Giancascio, Ioppolo, Mammoli, Mandrilli, Regalmuto, Sanbiagio, Solanto.—CONTEE: Naso, Villarosada. — DUCATI: Cesarò 1693, Santantonino 1659, Sinagra 1649. — PRINCIPATI: Sandomenico 1685, Santantonino 1687, Santelia 1693. — PARENTELE: Bonanno, Castillo, Colnago, di Costanzo, Curtelli, Filangieri, Gianguerico, Grugno, Lucchesi Palli, Miccichè, Onofrio, Pallotta, Paternò, Pescatore, Romano Colonna, Sammartino, Sicomo, Sidoti, Sinigaglia, Spadafora, Vanni, Vela, Ventimiglia.—AUTORI: Mugnos, Palizzolo Gravina, Villabianca.—*Paolo* avendo militato pel Re Ludovico d'Angiò fu spogliato dei suoi beni da Re Ladislao e morì povero in Volterra. *Alfonso* Castellano di S. Filippo d'Argirò 1437. *Diego* edificò la terra di S. Biagio, fu Gentiluomo e Tenente generale di Re Ferdinando il Cattolico. *Armidoro* edificò la terra di Ioppolo. *Diego* primo Duca di S. Antonino nel 1659 e Reggente del Consiglio d'Italia, edificò la terra di Cianciana. *Antonino Giuseppe* Maestro Razionale del regio Patrimonio, Capitano giustiziere, Ministro della Compagnia della Carità e Pretore di Palermo 1691. *Giov. Antonio* Presidente del Supremo Consiglio d'Italia e Vicario di Messina. *Ludovico* ottenne il Grandato di Spagna, fu Colonnello d'un reggimento di Cavalleria e morì in battaglia presso Orano nel 1732. *Diego* Tenente Generale, e Governatore generale di Quipuzcoa in Ispagna 1763. *Pietro* Tenente delle Guardie Valloni negli Eserciti Spagnuoli, Colonnello di Cavalleria e Cavaliere gerosolimitano. *Antonio* Reggente del Supremo Consiglio d'Italia, fu primo Duca di Cesarò nel 1693. — ARMA: D'azzurro con due bande abbassate sotto una riga, sostenente un drago sinistrato da un giglio e cinque stelle poste 3 e 2, il tutto d'oro.

**LANCELLOTTI.** — Famiglia che trae la sua origine da Rinaldo di Durazzo Principe di Capua e figliuolo naturale di Re Ladislao, e che era detto comunemente *Lancillotto*. I discendenti di lui si dissero prima di Durazzo e poi di *Lancillotto* e si stabilirono in Foggia, ove *Rinaldo* ottenne alcune rendite sulla Dogana delle pecore ed altre concessioni, e sposò Sisola Castaldo, figliuola del milite Antonio di e Ceccarella Zurlo. Si trapiantarono di poi in Oppido e finalmente stabilironsi in Napoli, ove trovasi ascritta al Monte Manso. Ha goduto nobiltà in *Tropea*. Il ramo della famiglia Spinelli, Principi di S. Giorgio, Marchesi del S. R. I. e signori di Orsinovi, si estinse in Emilia, maritata a *Ramualdo Lancillotti* e morta nel 1859. — MONUMENTI: *Napoli* Chiesa di S. Lorenzo maggiore. *Oppido* Chiesa dei Riformati, gentilizia. — BARONIE: Castaldo, Castiglione, Morischi, Orsinovi. — MARCHESATO: Del S. R. I. — PRINCIPATO: Sangiorgio. — PARENTELE: Albertini, Orsini, de Raho, Spinelli.— *Francesco* signore di Castiglione, figliuolo di Rinaldo, fu posto sotto la tutela di suo zio il Conte di Oppido Orsini. *Carlo* figliuolo di Francesco, sostenne giudizio contro gli eredi di Camillo Tomacello, in seguito a che fu dichiarato unico erede del Principe *Rinaldo*. Fu fondatore, con le case Orsino e Zurlo, del Monastero dei Riformati in Oppido, nella cui Chiesa fondò una Cappella gentilizia, conservata finoggi dai rappresentanti della famiglia. *Francesco* signore di Morischi, valoroso capitano contro i francesi. *Ferrante* prode soldato, morì nelle guerre di Portogallo. *Antonio* Capitano di Artiglieria in Portogallo. *Ferrante* Barone di Morischi, ottenne privilegio di cittadinanza napolitana. *Antonio* Barone di Morischi ottenne dal Gran Camerario d'Avalos, il riconoscimento della sua discendenza da Rinaldo di Durazzo. *Giov. Ferrante* fu dichiarato cittadino napolitano ed esentato da qualsiasi pagamento per le proprietà di Oppido. Tal privilegio venne riconfermato ai suoi figliuoli dal Vicerè Marchese de los Veles. *Giuseppe* Vescovo di Sora nel 1702 riconsacrò il tempio di S. Lorenzo maggiore in Napoli, come si vede dalla iscrizione ivi esistente. *Filippo* chiaro giureconsulto, morto nel 1794. *Francesco* Gesuita, fu martirizzato a Goa nel 1794, predicando la fede Cattolica. *Carmine* Reggente di Vicaria e Ministro delle Finanze nel 1799, fu, unitamente al Marchese di Montagano, incaricato della soppressione dei luoghi Pii in Napoli. Nel 1808 ottenne Bolla di Cavaliere di devozione dell'Ordine gerosolimitano. Nel 1812 fu nominato Intendente dei Siti Reali e poi Direttore generale dei RR. Lotti. Fu componente della Commissione per la riorganizzazione delle Amministrazioni e nel 1823 fu Consultore di Stato. A lui Maria Carolina e Ferdinando I scrissero molte lettere, le quali sono in sua famiglia conservate. Diede alle stampe alcuni elogî di Carlo III, Ferdinando I e Maria Carolina di Austria. *Rocco* fu esimio magistrato. — ARMA: Interzato in palo: nel 1º di Ungheria, cioè fasciato di otto pezzi di argento e di rosso; nel 2° di Durazzo, cioè di azzurro seminato di gigli di oro col rastrello a tre pendenti di rosso; nel 3° di Gerusalemme, cioè di argento alla croce ricrociata di oro accantonata da quattro croci più piccole. — Questa famiglia è rappresentata in Napoli dal Cavaliere ROMUALDO LANCELLOTTI *di Durazzo*, e dal suo figliuolo CARMINE Principe di Sangiorgio, Marchese del S. R. I. e signore di Orsinovi.

**LANDOLINA.** — Famiglia che vuolsi originata da *Landolo* Conte di Absburgo e figliuolo di *Guntramo* Principe Normanno. *Rolando Landolina* commilitone del Conte Ruggiero Normanno passò in Sicilia, ove stabilì la sua famiglia. Ha goduto nobiltà in Sicilia e vestì l'abito di Malta nel 1564. Il ramo della famiglia Leofante Duchi della Verdura, si estinse nel 1696 in Brigida che sposò *Francesco Landolina* al cui discendente *Michele*, morto senza eredi nel 1800, successe lo zio Francesco Benso. Il ramo della famiglia Papè Duchi di Pratoameno e Baroni di Vallelunga si estinse nel 1780 in Rosalia, maritata a *Francesco Landolina* Duca della Verdura. Il ramo della famiglia Deodato Baroni di Burgio si estinse in Agnese, che andò sposa nel 1745 a *Girolamo Landolina* Principe di Torrebruna. — MONUMENTI: *Palermo* nelle Chiese di S. Agostino, di S. Maria del Gesù, dei Cappuccini e della Catena: in *Siracusa* ed in *Noto*.— FEUDI: Avola, Bauli, Belliscala, Belludia, Benvicini, Bibini, Bombiscuro, Bonfolà, Burgetto, Burgio, Cammaratini, Capopassero, Carcicera, Casale, Castello di Caltagirone, Chiopperia, Condoverno, Crampoli, Fatatenso, Fimogni, Fortezza e marina di Stampachi, Fortezza e terra di Mavanosa, Friddicelli, Frigintini, Fullo, Gisira, Imbaccari, Lancellotto, Moccari, Mancini, Mazzarone, Misilini, Molisina, Mongiolino, Murgo, Novaluce, Pantano, Petro, Pozzo, Ramione, Regalboni, Rigilifi, Rovetto, Salcine, Stafenda, Vallelunga. — MARCHESATI: Salinas 1881, Santostefano 1801, Trezzano 1653. — DUCATI: Pratoameno 1780, Rebuttone 1781, Sandonato 1753, Santalucia 1753, Sorrentino, Verdura 1696.— PRINCIPATO: Cuba, cambiato poi in Torrebruna nel 1744. — PARENTELE: Alagona, Alberti, Aragona, Arezzo, Asmundo, Barbilato, Belvis, Beneventano, Benintendi, Benso, Bonanno, Branciforte, Cannizzaro, Cardona, Chiaromonte, Daniele, Deodato, Estremola, Falcone, Fardella, Filangieri, Francica, Gaetani, Gravina, Grimaldi, Impellizzeri, Interlandi, Leofante, Maureal, di Napoli, Navi, Nicolaci, Papè, Paternò, Patti, Platamone, Ponce de Leon, Rao, Reggio, Riccioli, Rosso, Solonia, Santostefano, Sortino, Settimo, Sirignano, Speciale, Trigona. — AUTORI: Amico, Ansalone, Aprile, Araldi, Auria (Cron. dei Viceré), Auria (Disc. stor.), Barberio, Baronio, Bisaccioni, di Blasi, Buccellino, Caruso, Castelli, Collurasi, Crollalanza, Denza, Fazzello, Galluppi (Arm. ital.), Galluppi (Nob. di Messina), di Giovanni, Inveges, Lalande, Littara, Lumaga, Massa, Minutolo, Mongitore, Mugnos, Mulè Bertolo, Moscia, Neocastro, Palizzolo (Il Blas. in Sic.), Palizzolo (Uom. ill. Sic.), Piespordio, Pirri (Cronaca reg.), Pirri (Sic. sac.), del Pozzo, Villabianca (Sic. nob.), Villabianca (MS.). — *Giorgio* milite, in combattimento uccise il capo saraceno Molticabie Mulè e troncatagli la testa la presentò al Re Ruggiero Normanno, il quale in compenso dei suoi servigi lo nominò Castellano di Caltagirone, e gli confermò lo stemma della sua famiglia. *Luigi* Milite e Castellano di Noto pel Re Carlo I d'Angiò. *Bartolomeo* combattè con valore nelle guerre contro a'Francesi, ed in compenso ottenne dal Re Federico di Sicilia la conferma delle baronie di Cammaratini, Frigintini e Crampoli 1300. *Giovanni* valoroso Capitano e governatore di Noto 1358. *Rinaldo* ebbe concesso le Baronie di Burgio e Bellisari nel 1395, fu Consigliere e familiare di Re Martino e Giustiziere di Noto. *Ruggiero* cavallerizzo del Principe Carlo, figliuolo di Re Giovanni d'Aragona, 1459. *Vincenzo* Tesoriere generale dell'armata del Re Cattolico, 1558. *Giacomo* Cavaliere gerosolimitano, fondò la Commenda di Landolina, 1610. *Vincenzo* Governatore e Pretore di Palermo, Senatore di detta città e Governatore della compagnia dei Bianchi. *Giuseppe* fu tra'giudici delle giostre tenutesi nel 1662 e 1680 e Senatore di Palermo e Governatore dei Bianchi. *Vincenzo* Capitano a guerra della città di Noto. *Giuseppe* dottissimo gesuita, 1676. *Antonio* Barone di Belludia e primo Marchese di Trezzano 1653. *Michele* Duca della Verdura, Governatore dei Bianchi e del Monte di Pietà 1733. *Domenico* primo Duca di Sandonato e di Santalucia 1753, Giudice delle Appellazioni, Reggente Consultore nella Suprema Giunta di Sicilia e dei Domini di Parma e Piacenza presso la Corte di Napoli. *Antonio* fondò in Noto la Casa dei Crociferi. *Girolamo* Principe di Torrebruna ed insigne letterato. *Saverio* celebre archeologo e scienziato ed autore di più opere, 1790. *Mario* Commendatore dell'Ordine gerosolimitano, archeologo e distintissimo numismatico. *Pietro* Marchese di Trezzano e di Santalfano, Regio Procuratore della città di Noto, Segretario Distrettuale e Deputato al Parlamento nel 1814, Consigliere di Stato ordinario, Intendente della Provincia di Noto, Cavaliere gerosolimitano e gentiluomo di Camera con esercizio nel 1839. Alla sua morte gli fu eretto dal Decurionato di Noto un mezzo busto in marmo, collocato nella casa comunale. *Saverio* sacerdote dell'Ordine Teatino, insigne teologo e letterato e valente oratore. Fu Preposito in Siracusa, e Procuratore generale e socio di varie Accademie d'Italia. *Vincenzo* Marchese di Santalfano, Cavaliere gerosolimitano e gentiluomo di Camera con esercizio della Corte di Napoli. *Filippo* Barone di Rigilifi, Commendatore dell'Ordine di Francesco I, Intendente di varie Province e poi Consultore di Stato in Sicilia. *Ludovico* insigne letterato, archeologo e numismatico, fu autore di varie monografie sulle antiche monete di Sicilia. — ARMA : Partito d'argento e di nero incappato dell'uno nell'altro, al capo del secondo caricato da tre gigli d'argento. — MOTTO: *Ne me tangas.* — Questa famiglia è rappresentata dal Marchese di Santalfano PIETRO LANDOLINA e *Trigona* patrizio di Noto, Marchese di Trezzano, Barone di Belludia, Bommiscuro, Rovetto e Fullo, Senatore del Regno d'Italia.

**LAURO (di).** — Questa famiglia è un ramo della illustre Casa Sanseverino, e fu originata da *Roberto* signore di Lauro, dal quale feudo presero nome i suoi discendenti. Era egli figliuolo di Guglielmo Sanseverino Conte di Caserta e di Tricarico nel 1178. Qualche autore la vuole discesa dallo Ammiraglio Ruggiero di Loria confondendo la famiglia di Lauro con la Loria o Lauria; ed un moderno autore in un libro sulla Nobiltà sorrentina crea una novella origine a questa casa che dice greca, collegandola ad altra civile famiglia dello stesso cognome, ma del tutto diversa. La famiglia *di Lauro* ha goduto nobiltà in *Tropea, Catanzaro, Amantea* (1) nel Seggio di S. Basilio, *Castellammare* (2) e *Seminara.* Questa famiglia dai fratelli *Giovanni Maria* e *Giov. Nicola* fu divisa in due rami. Il primo si estinse in *Ilaria,* che sposò Errico Sanseverino ed il secondo nobile in Amantea si è estinto nella famiglia Mirabelli. — MONUMENTI : *Napoli* nella Chiesa S. Maria delle grazie a Capo Napoli, *Roma* nella Chiesa S. Clemente. — FEUDI : Ducenta, Lauro, Limatola, Machinale, Montorio, Morrone, Striano, Telese. — PARENTELE : Bacio Terracina, Borrello, Caracciolo, Carratelli, Cavallo, Doce (del), Ferrari, Galluppi, Maio, Mazzara, Migliarese, Mirabelli, Palma (di), Pelliccia, Sanbiase, Sanseverino, Tomarchelli ed altre. — AUTORI : Accattatis (Biog. degli uom. illus. delle Calabrie), Advocat, Almagiore (Giunte al Summonte), Amato (Pantop. cal.), Ammirato (Fam. nob.), Bacco (Descr. del regno), Campanile Giuseppe (Not. di nob.), Capecelatro (Diario), Capialbi (Biog. napol.), Cavaliere (Appar. Episcop.), Ciaccionio (Vite dei Cardinali), Giacconio (Addiz. all'Oldoino), Confuorto, Falcando, Fiore (Cal. illus.), Frechet (Teatro), Galluppi (Nob. di Messina), Gimma (Elog. accad.), de Lellis (Fam. nob.), de Lellis (MS.), Lumaga (Teatro della nob. d'Europa), Marafioti, della Marra (Fam. Nob.), Mazzella (Descr. del regno), Mugnos (Nob. di Sicilia), Muratori (Uom. illus.), Nicodemo (Addiz. al Toppi), Oldoino (Ateneo romano), Parisio (De risignat.), Platina (Vite dei pontefici), Recco (Notiz. di nob.), Ricca (La nob. delle Due Sicilie), Serena (La città di Amantea), Spera (Nobil. profes.), Toppi (Bibl. napol.), Tritonio (Vita del Cardin. Vinc. Lauro), Tuano (storie), Ughelli (It. sac.), Vincenti (Teatro degli uom. illus.), Zavarrone (Bibl. cal.).—*Roberto* signore di Lauro mandò mille fanti alla spedizione di Terrasanta, arricchì la cattedrale di Caserta ed edificò ivi le Chiese di S. Basilio, di S. Giacomo e S. Nicola. *Giovanni* Gran Protonotario del Regno nel 1220. Il Vincenti nel Teatro degli uomini illustri dichiara la discendenza di *Giovanni,* il quale portò la sua famiglia in Catanzaro ed in Amantea, le quali cose furono accettate dall'Ordine di Malta nel processo di Fra Francesco Cavallo. *Gualtiero* fu tra'feudatari di Calabria in tempo di

---

(1) Godettero anche nobiltà in *Amantea* le famiglie Alimena, Amati, Attaffi, Augurati, Baldacchini, Caballi o Cavalli, Carratelli, Cozza, Epiro (d'), Fava, Gioeli, Gracchi, Iacuzzi, Luca (de), Marino (de), Martino, Mileti, Mirabelli, Perrone, Picicci, Pittalia, Ranieri, Regionibus, Ruffo, Sacchi, Sclavelli, Stanti.

(2) Anche le seguenti famiglie hanno goduto nobiltà in *Castellammare* : Afflitto, Cacace, Castaldi, Certa, Comparati, Coppola, Coronati, Ischia, Longobardi, Marchese, Massa, Medici, Miro (de), Montenero, Napoldi, Napone (di), Orsi, Pandone, Plagesi, Pozzo (del) o Apuzzo, Ricci, Rogatis (de), Rosania, Scafarti, Sicardi, Soldano, Trentamolli, Vaccari, Vargari, Vitaja o Avitaja.

R e Carlo II d'Angiò. *Guglielmo* Castellano di Reggio, 1309. *Antonio* Regio familiare, Capitano di Napoli e Giustiziere di Abbruzzo 1460. *Berardo* Cavallerizzo maggiore di Re Ferdinando il Cattolico. *Giov. Pietro* Capitano di molto valore, militò con 200 cavalli proprî pel Principe di Oranges nel 1528. Fu Mastrodatto di Amantea e Protontino di S. Eufemia, ottenne pei suoi meriti un' annua pensione dall' Oranges Vicerè di Napoli. *Antonio* Canonico napolitano, Lettore degli studii, Vescovo di Stabia e Cappellano maggiore 1534. *Francesco* Reggente della Vicaria e Consigliere di Stato, 1520. *Scipione* familiare e continuo domestico di Carlo V, dal quale fu creato Conte Palatino e nobile del S. R. I. con tutti i suoi figli e discendenti dell'uno e l'altro sesso, e gli fu concessa l'aquila imperiale nel capo dello scudo, e la podestà di creare pubblici notai e due dottori nell' uno e l'altro dritto ogni anno, nonchè l'annua pensione di cento scudî romani sui beni dei ribelli Ignazio Scaglione di Nicastro, e Ferdinando Galdo di Napoli, e ciò pei servigi da lui prestati durante le turbolenze del Regno. *Mario* dell'Ordine dei predicatori, Vescovo di Campania e Satriano nel 1560, fu segretario di Papa Pio IV nel Concilio Tridentino. Fondò in Girifalco il Monastero dei Domenicani, e quello di Santa Maria delle grazie. *Vincenzo* uomo dottissimo, insigne medico e matematico, passato in Roma, entrò in Corte ed acquistossi con le sue virtù la familiarità e la benevolenza dei Cardinali Parìsio, Gaddio e Tevenone, del quale scrisse poi la vita. Fu dal Duca di Guisa proposto medico al Re di Navarra per opporsi alle dottrine dei protestanti che l'altro medico Garsieres cercava far penetrare in Corte, ed infatti egli preservò tutta la reale famiglia da quelle dottrine. Ritornato in Roma fu creato da Pio V Vescovo di Mondovì ed inviato Legato Nunzio Apostolico al Duca di Savoja ed alla Regina di Scozia, e da Gregorio VIII con la stessa carica al Re di Polonia. Nel 1583 fu creato Cardinale del titolo di S. Maria in Via. Fu Preposto della Congregazione di Riti e di quella dei Regolari in tempo dei Pontefici Gregorio XIV e Clemente VIII. Stampò molte opere e morì in Roma il 16 dicembre 1592. *Antonio* uomo dottissimo e vescovo di Belcastro 1599. *Giov. Battista* sacerdote, edificò a proprie spese la Chiesa madre di Amantea. *Gregorio* dotto teologo ed autore di più opere sacre, 1660. *Marcello* gesuita ed autore di panegirici. *Ignazio* Principe dell'Accademia degli Spensierati. *Giov. Mario* dell'Ordine dei predicatori, dotto e pio uomo, ed autore di varie opere 1743. *Sertorio* credenziero regio del fondaco del ferro in Amantea nel 1820, fu autore de' *Cenni storici di Amantea e sue famiglie nobili*, manoscritto che originariamente si conserva dai signori Mirabelli *di Lauro* di Amantea, ne' quali è estinta la famiglia *di Lauro*. — ARMA: Di oro all'albero di alloro sradicato di verde dal quale pende uno scudetto di azzurro seminato di gigli d'oro col rastello a tre pendenti di rosso nel capo.

**LA VIA.** — v. III° p. 146 — vs. 8 e 15. *C.* Ficilino — vs. 25 *C* Lanzirotti — p. 148 vs. 1° *C. Giacomo* Barone di S. Agrippina ecc. v. 4° Ficilino, v. 6° *C. Barnaba* fu membro nella riunione degli Scienziati nel 1845 e fu il fondatore, e non uno dei fondatori dell' Accademia Gioenia di Catania, dove dettò gratuitamente lezioni di storia naturale per dieci anni. — *Lorenzo* Barone di S. Agrippina, fu Capitano giustiziere di Nicosia ed Ambasciatore al Senato di Palermo. v. 21 *C* Ficilino.

**LEONESSA (della).** — v. II° p. 72 — FEUDI: Salsa. Il Ducato di Ceppaloni fu cambiato in quello di Mirabella di Ceppaloni. La famiglia d'Airola fu una diramazione della famiglia *della Leonessa*, così detta dal possesso del feudo di Airola.

**LOFFREDO.** — v. v° p. 92. — Il Marchesato di Tufara fu cambiato in quello di Zuncoli.

**LONGO.** — v. IV° p. 110 — MONUMENTI: *Rossano* Chiesa maggiore *C.* La famiglia *Longo* di Messina era semplice cittadina e fu elevata alla nobiltà di Messina nel passato secolo.

**LUCA (de).** — v. IV° p. 115 — La famiglia *de Luca* di Calabria, che ora risiede in Amantea, deriva dai *de Luca* nobili di Molfetta, dai quali si distaccò nel decimosesto secolo. Vivevano allora in Molfetta varii rami di questa famiglia, ed uno di essi nella seconda metà del seguente secolo decimosettimo era rappresentato dai fratelli *Marcello* e *Francescantonio*, figliuoli di *Marzio de Luca* morto nel 1662. Di *Marcello*, che nel 1675 acquistò il feudo di Lizzano ed ebbe sopra di esso il titolo di Marchese, fu erede l' unico suo figlio maschio *Marzio*; ma, essendo costui trapassato nel 1693 senza discendenza, a lui succedette la prima delle due sue sorelle per nome *Porzia*, la quale sposò nel 1697 Nicola Chyurlia Conte di Roccaforzata e nobile di Giovinazzo, ai cui discendenti ella trasmise il feudo ed il titolo marchionale di Lizzano. *Francescantonio* comprò quasi nello stesso tempo il feudo di Melpignano e diede origine ad un'altra linea, che ancora si conserva nella città di Molfetta e che sino all'abolizione della feudalità ha sempre posseduto quel feudo. — Questa famiglia è rappresentata in Amantea dal signor Claudio de Luca ed in Molfetta dal Marchese di Melpignano GIUSEPPE DE LUCA.

**MACEDONIO.** — V. IV° p. 127 — p. 153 v. 25 *C...* la sorella primogenita *Francesca* maritata....

**MACRIS.** — Questa famiglia è una diramazione della Montefuscolo della quale *Algiasio* nel 1492 fu detto de *Macris*, possedette le baronie di S. M. Ingrisone, S. M. a Toro, Ginestra, S. Felice di Lacu, S. Paolino, Castelmuzzo, Cortedonica, S. Niçola, Manfredi e Montefuscolo.—PARENTELE: Moccia, Carafa, de Ruggiero, della Marra, di Tocco, Minutolo, Griffo, Aquino ed altri. — AUTORI: Della Marra, Aldimari, Capaccio (Il forastiero), Campanile, de Lellis ed altri.—ARMA: Spaccato nel 1° di rosso al leone uscente d'oro; nel 2° di oro con tre rose di rosso poste 2, 1.

**MAYO.** — V. III° p. 149 — *C.* Il marchese *Acindino Mayo*, già Ciambellano di S. A. I. R. il Granduca di Toscana, Cavaliere di giustizia di S. Stefano di Toscana ecc. è anche Gran Croce decorato del Cordone di S. Gregorio Magno, Commendatore con placca degli Ordini di Francesco I e del Cristo di Portogallo. Egli appartiene a famiglia originaria della provincia di Molise passata poi negli Abbruzzi del tutto diversa dalla *Mayo* di Napoli.

**MANNO.** — Alcuni scrittori vogliono che questa famiglia fosse originaria di Francia. Altri dicono che fosse discesa da un *Corradino Manno* di Firenze, il quale era Condottiere di armi di Re Carlo I d'Angiò contro Federico II Re di Sicilia, e che in seguito passato ai servigi di questo Re, fu ricompensato con molte ricchezze e gli venne assegnata per residenza la città di Sciacca con la carica di Vicario generale di Val di Mazzara. Questa famiglia ha goduto nobiltà in Sicilia, ed tra vestito l'abito di Malta nel 1502.—BARONIE: Cuddia, Lazzarino, Caganaro, Misilabesi, Cusiano, Sanpietro sopra Patti, Scirinda. — PARENTELE: Grimaldi. — AUTORI: Ansalone (Sua de fam. opp. rel.), Araldi (It. nob.), Galluppi (Nobiliario di Messina), Mongitore (Bibl. Sicula), Mugnos (Sic. nob.), Palizzolo (Il Blasone in Sicilia), del Pozzo (Ruolo gen. dei Cav. geros.), Sacco (Dizion. geogr.), Sara (Caso di Sciacca).—*Pucci o* Senatore di Palermo 1368. *Alessandro* primo Barone di Lazzarino. *Gioacchino* primo Barone di Misilabesi. *Mariano* Vescovo di Tribuna. *Girolamo* Cavaliere gerosolimitano e Commendatore di Città di Castello 1502. *Fabio* Cavaliere di S. Stefano 1566. *Lelio* Cavaliere di S. Stefano 1569. — ARMA: di rosso alla croce di S. Andrea di oro accompagnata da quattro stelle dello stesso. Il ramo residente in Torino è rappresentato dal Barone ANTONIO MANNO R. Commissario della Consulta Araldica del Regno d'Italia uomo eruditissimo.

**MANSO.** — Famiglia originata da *Manso* o *Mansone* Doge della Repubblica Amalfitana. Ha goduto nobiltà in *Napoli* ed in *Ischia*. — MONUMENTI: *Napoli* Chiesa di S. Lorenzo al Seggio, di Porto, *Amalfi* e nel Monte *Manso*. — BARONIE: Casal S. Aitore, Bisaccia. — MARCHESATO: Villa.—PARENTELE: Belferato, Brancaccio, Capece, Guido, Regolano, Pugliese.—AUTORI: Con fuorto, Engenio, Galluppi (Arm.), de Lellis, Lumaga, de Petris.—*Antonio* familiare di Federico II Imperatore. *Giov. Battista* Consigliere di S. Chiara ed il Vicerè Duca d'Alba nella campagna di Roma per la guerra contro Paolo IV. *Giov. Battista* Marchese di Villa, uomo eruditissimo e Principe della famosa Accademia degli Oziosi in Napoli, fondò nel 1608 il Monte allo scopo di provvedere di dote le nobili donzelle che volevano monacarsi, e di sussidio i giovani anche nobili, che voleano addirsi al Sacerdozio o ascendere al Legale Dottorato. Dotato il Monte con le sue proprietà chiamò a goderne i discendenti bisognosi delle famiglie ascritt e ai Seggi di Napoli, e di altri 40 nobili fuori piazza da lui enumerate, e dispose che a misura che si estinguevano doveano essere sostituite da altre di uguale condizione. Volle che in quanto all'amministrazione dei beni, il Monte fosse governato sempre da cinque cavalieri, da scegliersi con regole da lui dettate tra le famiglie di Seggio e quelle fuori Seggio. Fu grande amico del Tasso. — ARMI: 1° D'argento alla scala d'oro in palo — 2° Inquartato a croce di S. Andrea di argento e di azzurro e sopra il tutto la scala di oro posta in palo.

**MARAMONTI o MAREMONTE.**—Tale famiglia ha goduto nobiltà in *Lecce* e trovasi posseder feudi in Terra di Otranto fin dal tempo di Federico II Imperatore.—MONUMENTI: *Lecce* nelle Chiese di S. Gregorio, di S. Maria degli Angeli e di S. Demetrio con padronato, ed in *Campisalentino*.—FEUDI: Atena, Atessa, Baroregno, Bigliastro, Casamasella, Castrignano, Cuma, Campisanlentino, Celle, Cigala, Cursi, Fera, Lettera, Matino, Minervino, Muttola, Palonzano, Poggiardo,

Roccadaspro, Sammarco, Sannicola, Scorrano, Spineto, Tuglie, Vioghiaturo.—CONTEE: Chieti 1306, Molise, 1258.—MARCHESATO: Botrugn—PRINCIPATO: Campi.—PARENTELE: Barone, de Lalsa, della Marra, Peruzî, Ugot. — AUTORI: Amato, Galluppi (Arm. ital.), Infantino, Lumaga, Mugnos, de Pietri, de Simone, Tutino—*Ludovico* e Ruggiero Monterone e Nicola Prato, offrirono pei cittadini la città di Lecce alla Regina Giovanna I, essendo morto Gualtiero II Duca d'Atene. *Aimario* signore di Atessa e Conte di Chieti nel 1305. *Ludovico* e suo figlio *Carlo* difesero con i Leccesi la Contessa Maria d'Engenio, contro Francesco del Balzo Duca d'Andria ed i Brettoni condotti da Giovanni di Montacuto e da quello assoldati, Egli tolse ai Brettoni molte bandiere che furono depositate nella Chiesa di S. Eligio, e che distrutte dal tempo, furono dipinte sulle mura della Chiesa, 1378. *Filippo* fu condottiero dei Leccesi stipendiati da Re Ladislao, per mandarli allo assedio di Roma. *Scipione* Cavaliere gerosolimitano nel 1791. — ARMA: D' azzurro a tre fasce ondate d'argento, col capo cucito del campo, e caricato da un monte a tre cime di oro.—Questa famiglia si estinse in Lecce nel 1854. Essa fu tra le famiglie, chiamate a godere da Bellisario Paladini, nobile leccese, nella sua disposizione fatta nel 1639. Egli edificò un convento, detto della Madre di Dio e di S. Nicola di Bari per le Teresiane scalze e volle che vi fossero mantenute dieci donzelle di nobili famiglie leccesi. Le altre famiglie da lui designate furono, oltre la propria, Brancaccio di Ruffano, Saraceno, Capece, Castriota, Marescalli, Guarini, Proto, della Porta, Lubelli, Ventura, Montefuscoli, Castromediano, Antoglietta, della Ratta, dell'Acaja. Il Papa Urbano VIII mandò come fondatrici di quel convento le suore Teresiane Francesca e Teresa Morra, Anna Maria Spinola e Maria Paleologo.

**MARCHESE.** — Famiglia originaria longobarda che credesi discesa dalla famiglia di Molise e propriamente dal Conte Alfano detto *Marchese*. Ha goduto nobiltà in *Napoli* fuori Seggio, in *Capua*, in *Salerno* nel Seggio di Portaretese, in *Roma*, in *Genova* ed in *Sicilia* e dal Marchese di Villa nel 1684 fu compresa tra le quaranta famiglie fuori Seggio. — FEUDI: Ancoraggio di Castellammare e di Pozzuoli, Baranello, Baruni, Buonalbergo, Buzzi, Calcabottaccio, Calimera, Campodipietra, Campomarano, Campora, Castellucito, Castelpagano, Civitta, Forestà, Gambatesa, Gualtieri, Guardiabruna, Guidomandri, Lentiscosa, Licosati, Limosano nel 1141, Lucito, Lupara, Macchia, Martano, Montepeloso, Montevairano, Nisita, Oliveto, Ottatello, Ottati, Poggiumbriatico, Pratella, Raneri, Rappisi, Ripalibottoni, Sanmauro, Sanlorenzo, Santangelo a Fasanella, Terra di Licata, Terra e Tufo.—MARCHESATI: Camerota 1605, Gerace. — DUCATO: Poderia. — PRINCIPATI: Scaletta 1614, Crucoli, S. Vito, Omignano cambiato in Montemarano 1624. — AUTORI: Aldimari, Campanile, Mugnos, Mazza (Storia di Salerno), Ansalone, del Pozzo, Granata (Storia di Capua), Ciarlante, Filamondo, de Pietri, della Marra, Toppi (Biblioteca), Panza (Storia di Amalfi), de Lellis (Famiglie nobili), Troily (Storia del Regno), Sacco, Alfano, Fiore, Pacichelli, Villabianca ed altri. — PARENTELE: di Capua, Filangieri, Orsino, Castriota, Sanframondo, Aquino, Carafa, Gonzaga, Malatesta, Evoli, Gaetani, Sersale, Sangro, Requesens ed altri. Ha vestito l'abito di Malta nel 1581. *Andrea* fu regio Consigliere e Castellano di Salerno 1322, e Sindaco dello Straticò con Iacopo Tomacello. *Ruggiero* Giudice del Regio Palazzo 1320. *Tommaso* valoroso nelle armi. *Luca* perchè fortissimo nel maneggio della lancia gli fu proibito di prender parte nelle giostre epperciò detto *Luca fuori Giostra*, 1440. *Orazio* Giustiziere di provincia. *Elio* scrisse un libro sulla nobiltà napoletana. *Saglinbene* Straticò di Messina 1400. *Andrea* Presidente della Regia Camera. *Fabio, Girolamo* e *Fabio* sono ricordati come celebri nelle lettere in Capua. *Fabio* Vicecancelliere del Reame fu Ambasciatore pel Re di Polonia a Gregorio XIII. *Orazio* Maestro di Campo e Marchese di Camerota fu uomo valoroso nelle armi; egli con Camillo delli Monti e Scipione Brancaccio furono Colonnelli di fanti italiani, nelle Fiandre nel 1582. *Paolo* socio dell' Accademia degli Oziosi in Napoli fu tra' fondatori del Monte Grande de' maritaggi. — MONUMENTI: *Napoli* nel Duomo e nella Chiesa di S. Lorenzo, *Salerno* nella Chiesa di S. Francesco.—ARMI: — 1.º Di argento con tre onde azzurre poste in palo, alla banda di argento caricata da tre leoni passanti di rosso: — 2.º Di argento con due fasce ondate di azzurro accompagnate nella punta da due voli spiegati di nero. — Ramo di Salerno: Di azzurro al leone di oro.

**MARI** — V. IVº p. 134 — Togliere il Ducato di Castellaneta per non essere mai stato concesso a tale famiglia.

**MARINCOLA.** — Famiglia originaria di Aragona, portata in Sicilia nel 1291 da *Leonardo Marincola* Provveditore delle armi del Re Federico III°. Essa fu divisa in tre rami: di Petrizzi, di Sanfloro e di Sancalogero. Ha goduto nobiltà in *Taverna* ed in *Catanzaro*, ed ha vestito l'abito di Malta. — MONUMENTI: *Napoli* Chiesa di S. Chiara, *Catanzaro* sulla fontana veechia e su quella di Tuvolo e nella Chiesa del Gesù con cappella gentilizia, *Petrizzi* Chiesa principale e *Cava* nell'Abazia. — FEUDI: Argusto, Falaga, Lochicello, Magliacane, Martino, Sancalogero, Sanfloro, Sellia, Soverato. — DUCATO: Petrizzi. — PARENTELE: Acciaiuoli, Aierbo, Alamanni, Aquino, Arceri, Casereto, Castiglione Morelli, Cobb Montaigne, Colonna, Correale, Crivelli, Dattilo, Ferrari, Francia (di), Gaeta, Gambacorta, Gregorio (de), Grimaldi, Imperiali, Lentini, Lieto, Lubrano, Marascolo, Mariconda, Medici (de), Miglio, Moio, Morano, Mottola, Nobile (dello), Paula (de), Pignatelli, Piscicelli, Pistoia, Piteri, Poerio, Ribera (de), Riso (de) Ruffo, Sanseverino, Tomarchello, Toraldo, Tranfo. — AUTORI: Araldo Alm. 1880, Amato, (Mem. di Catanzaro), Barrio, Beltrano, Bonazzi (Reg. della nob.), Broccoli, Cafasi, Campanile Giuseppe, Cleroni (Tabern. et Catanz. MS. Bib. Vat.), Engenio (Fam. nob. nap., MS. Bibl. Naz.), Fiore (Calab. illus.), Fiore (Cal. sac.), Giannone, Guillaume, Latty (du), de Lellis (Fam. nob.), Lumaga, Pertz, Ricca, Settembrini, Ughelli, — *Ricco* fu tra' Baroni siciliani, che giurarono fedeltà ad Eufemia d'Aragona Vicaria del Regno per la minoretà del Re Ludovico contro la invasione straniera sollecitata dai Chiaromontani. *Nicola* Cavaliere dell'Ordine di S. Giacomo. *Tommaso* familiare di Re Carlo III di Durazzo, ottenne i beni confiscati al vescovo di Trivento, dichiarato eretico. *Guido* fece parte dei cavalieri che da Sicilia accompagnarono Costanza che andò sposa al Re Ladislao. Egli stabilì la sua famiglia in Taverna. *Nicola* Vescovo di Taverna. *Avellino* Paggio del Re Alfonso I d'Aragona, morì combattendo contro i Turchi ad Otranto nel 1481. *Giov. Pietro* nel 1528 portò la sua famiglia da Taverna a Catanzaro. *Annibale* Abate di S. Maria di Pessaca 1533. *Avellino* 2° Barone di Soverato combattè valorosamente alla battaglia di Montesoro contro i Francesi, che aveano invaso Catanzaro, in tempo di Carlo V. *Cesare* Governatore delle armi in Calabria nel 1540. *Giov. Paolo* uomo eruditissimo, fu Vescovo di Teano e scrisse la difesa di Papa Paolo IV. *Tiberia* monaca, fondò in Taverna il Monastero di S. Caterina nel 1569, e quello di S. Chiara in Amantea nel 1603. *Domenico* valoroso Capitano d'armi, scrisse e dedicò al Capitan generale Caracciolo un libro di arte militare. *Francesco* Barone di Falaga, rovesciò da cavallo sulla pubblica piazza di Catanzaro un certo Carlo Pisani, che allo annunzio della rivolta di Masaniello, tentava far insorgere la plebe contro la nobiltà. *Orazio* Barone di Soverato e di Argusto diede origine ai *Marincola* Baroni di Sanfloro, a quelli Baroni di Sancalogero, a quelli Baroni di Falaga ed a quelli Baroni di Magliacane. Fra *Fabrisio* Cavaliere gerosolimitano. *Lelio* Generale dell'ordine dei Celestini ed Abate di S. Pietro a Maiella 1730. *Filippo* fu tra gli eletti della città di Catanzaro, mandati al Cardinale Ruffo, onde risparmiare il saccheggio alla città, che si obbligava di pagare ducati 12 mila e 36 cavalli da sella. Sposò Francesca Pistoia e diede origine al ramo detto *Marincola Pistoia*. Fra *Luigi* Cavaliere gerosolimitano. *Domenico* storico ed insigne letterato, ha lasciato vari scritti di archeologia e storia, Cavaliere della Corona d'Italia, membro dell'Accademia di Scienze e professore di Storia e letteratura. — ARMA: D'argento al mare di azzurro abbassato sotto un'ancora al naturale posta in palo, accompagnata nel capo da due stelle di azzurro. — Questa famiglia è rappresentata in Napoli da FRANCESCO MARINCOLA Duca di Petrizzi, patrizio di Taverna e nobile di Catanzaro. In Catanzaro dal Barone di Sanfloro FILIPPO MARINCOLA patrizio di Taverna e nobile di Catanzaro. — Altri rami sono rappresentati in Catanzaro da' signori CLEMENTE MARINCOLA *Politi*, DOMENICO MARINCOLA *Dattilo*, DOMENICO MARINCOLA *Pistoja*, e dall'avvocato IGNAZIO MARINCOLA *Cattaneo*.

**MARRA** (della) — v. IV° p. 139—*Giovanni* nel 1280 sposò Eleonora di Montefuscolo unica nata di Corrado barone di Grumo, Carbonara, S. M. Ingrisone, e Montaperto. *Francesco* Arcivescovo di Cosenza, 1330 — AUTORE: Fiore (Calab. ill.).

**MARTIRANO.** — Questa famiglia, detta pure *Martorano* si vuole che avesse avuta origine dalla Casa Sanseverino, e che avesse prese nome dalla Contea di Martorano che quella possedeva verso l'anno 1200. Questa famiglia ha goduto nobiltà nelle città di *Napoli* al Seggio di Capuana, *Cosenza*, *Tropea*, *Teramo*, *Lecce* (1) e *Messina*, il cui ramo si estinse. Ha vestito l'abito

(1) Anche le seguenti famiglie hanno goduta nobiltà in *Lecce* Acaia (dell'), Aiello, Alanni, Aldemoresco, Ammirati, Andrea (d'), Anna (d'), Antoglietta o Lantoglia, Arigliano, Baldoini, Barone, Barrera,

di Malta nel 1535. Da Cosenza un ramo fu portato in Tropea ed un altro in Lecce, donde ne uscì nel 1465, e vi fu riportato nel 1720. Un altro ramo si stabilì in Salerno, dalla quale città passò in Napoli nel 1800. Il ramo primogenito di questa famiglia si estinse in *Costanza* nell'anno..... Il ramo primogenito de'Martirano di Cosenza, nobile in Napoli, si estinse nel 1562 in *Lucrezia* che fu moglie del celebre giureconsulto Ludovico della Quadra. — MONUMENTI: *Napoli* Chiesa S. Domenico maggiore, *Cosenza* Chiesa dei Domenicani. — FEUDI: Aieta, Mauritano, Monteroni, Plutino, Sanmarco, Taurisano, Tortora.—PARENTELE: Adilardi, Adisi, Airoldi, Alimena, Angelo (d'), Arcella Caracciolo, Archis, Azzariti, Barone, Bernardini, Bozzi Corso, Bracco, Carbone, Casotti, Castrocucco, Cavalcanti, Cirilli, Corrado, Diano, Franchis (de), Francia (di), Frezza, Gaudino, Grifeo, Grimaldi, Guarino, Loria, Manieri, Marano, Marzano, Mottola, Pagano, Pinto, Bembo, Plutino, Prato, Quadra (della), Quattromani, Riso (de), Sambiase, Scattaretica, Tarsia (di), Tocco (di), Tommasi (de), Vulcano. — AUTORI: Accattatis (Biog. degli uom. illus. delle Calabrie), Almagiore (Giunte al Summonte), Amato (Pantop. Calabra), Ammirato (Fam. nob.), Araldi (It. nob.), Bacco (Descr. del regno), Barrio (De Situ Calabria), Beltrano (Descr. del regno), Bonazzi (I reg. della nob. delle prov. nap.), Borrello (App. his. MS.), Campanile Giuseppe (Notizie di nobiltà), Castiglion Morelli (De patr. Cons. nob.), Celano (Descriz. di Napoli), Galluppi (Nob. di Messina), de Lellis (Fam' nob.), Lumaga (Nob. dell'Europa), Martirani (Ragg. di Cosenza), Mugnos (Nob. di Sicilia), Muratore (Uom. ill.), Pallavicini (Stor. del Conc. di Trento), de Petris (Storia), del Pozzo (Ruolo gen. dei Cav. geros.), Quattromani (Nuovo diz. stor. nap.), Ricca (La' nob. delle due Sicilie), Sambiase (Fam. di Cosenza), Scradero (Monum. it.), Signorelli (Stor. dei teatri), Spiriti, Summonte (Storia del Regno di Nap.), Tafuri (Uom. illus. del regno), Tiraboschi (Stor. della lett. it.), Toppi (Bibl. Nap.), Vason (Diz. univ.). — *Fabio* Cassinese e Vescovo di S. Agata nel 1282. *Senatore* con Ruggiero Sambiase, Roberto de Archis e Giovanni Ruffo, Conte di Catanzaro, nel 1313 armarono grosso numero di Baroni e cavalli. *Senatore* uomo dottissimo e Vescovo di Martirano nel 1335. *Antonello, Gioele* e *Marzio* militarono pel Re Roberto contro gli Aragonesi. *Gregorio* Governatore di Tropea e Sindaco dei nobili nel 1566. *Giov. Battista* Cavaliere gerosolimitano e Commendatore di Cosenza nel 1535. *Giov. Battista* poeta, dotto giureconsulto e Reggente della Vicaria. *Bernardino* fu figlio del precedente, uomo dottissimo in giurisprudenza, Consigliere e Segretario di Stato del Regno per lo Imperatore Carlo V, il quale albergò per tre giorni nella villa di lui detta Pietrabianca presso Napoli, quando ritornò dalla guerra di Affrica. Scrisse un libro in latino sulle famiglie nobili di Cosenza, del quale tra gli altri parla il Falcone nella Biblioteca storica topografica delle Calabrie. Accompagnò *Bernardino* il Vicerè Carlo di Lannoy, che si recò in Lombardia per le contese tra Papa Clemente VII e le truppe Cesaree. Fu anche Capitano delle armi imperiali in Italia, e molto amico del Principe di Oranges. Quando nel 1537 il Conte di Nassau fu nominato Luogotenente del Regno, il *Martirani* ne prese possesso in nome di lui. Morì nel 1558 e fu sepolto nella Chiesa di S. Domenico maggiore. *Coriolano* Vescovo di S. Marco in Calabria, uomo eruditissimo ed insigne teologo e poliglotta, nonchè autore di più opere. Intervenne al Concilio di Trento, del quale fu Segretario interinale. *Giantommaso* erudito scrittore, filosofo e matematico, Cavaliere di S. Stefano. *Girolamo* Segretario di Stato del Regno. *Marzio* Segretario di Stato del Regno. *Geronimo* fu tra'patrizî di Cosenza a rappresentare questa città ai parlamenti generali tenuti in Napoli. *Scipione* dotto teologo, Protonotario Apostolico e Vicario generale in Lecce pel Vescovo Michele Pignatelli. *Luigi* Canonico e Dottore in teologia nel 1740. *Luigi* Protonotorio apostolico e dottore in teologia nel 1863.—ARMI: 1° Interzato in fascia: nel 1° di azzurro a tre

Basurto, Bavari, Bella (della), Bernardini, Bonavoglia, Bozzicorso, Brancaccio, Butera, Capece, Caracciolo, Carbonari, Carsette, Castriota, Castris (de), Castromediano, Catanetti, Cittaneo, Cesarini, Cigala, Condò, Cosma, Doce (del), Duranti, Falconi (delli), Florio (de), Franconio, Frisari, Georgi, Giudice, Giustiniani, Grassoglietto, Gravile, Guarino, Giudaris, Gustapani, Lottieri, Lubelli, Luca (de), Madaro, Mancaralle, Manieri, Maramonte, Marco (de), Marescallo, Mattei, Memoli, Monica, Montefuscolo, Monti (delli), Morelli, Muria, Musco, Natale, Nigris (de), Noja (de), Paladini, Palmieri, Panarelli, Perrelli, Perrone, Personè o di Persona, Petransi, Petraroli, Pitroni, Porcelli, Prato, Prioli, Raho (de), Ratta (della), Ricci, Rolli, Saetta, Sambiase, Sannelli, Santoro, Saraceno, Scaglione, Sementi, Siscio, Stabili, Stomei, Tafuri, Tresca, Valenti, Ventura, Verardi, Vignes, Vivo (de) o Viva.

stelle di oro: nel 2º di azzurro a tre fasce scaccate di oro e di nero a due file, attraversate dalla gemella di rosso posta in banda; nel 3º di rosso alla testa di leone di oro recisa e sanguinosa.—2º Di azzurro alla fascia scaccata di oro e di nero accompagnata nel capo da un rastello a tre pendenti di rosso. — MOTTO : Virtute dominiis et armis. — Questa famiglia è rappresentata in Lecce dal signor Cavaliere ANTONIO MARTIRANI. Il ramo di Salerno è rappresentato in Napoli dal signor MATTEO MARTIRANI.

**MARULLI**—v. IVº p. 145—C. il nome dell'attuale Duca di Ascoli è SEBASTIANO MARULLI.

**MASOLA**—v. IIIº p. 154—AUTORE: Malagola (Fam. nob. di Genova, MS. Bibl. Naz. Napoli). Ha vestito l'abito di Malta nel 1779 in persona di *Domenico* fratello del Marchese di Trentola, che provò nel processo discendere in linea retta da *Enrico Masola* Console della Repubblica di Genova nel 1199 (Vedi Araldo 1880 p. 51), p. 155 vs 31 *Giovanni* fu anche Anziano di Genova nel 1360. *Francesco Antonio* scrisse la vita di Geronimo Spinola. *Francesco* Abbate, fu autore di una orazione per la incoronazione del Doge Aleramo Pallavicino. *Gherardo* Conte Palatino, fu rinomato giureconsulto nel 1581, *Lorenzo* filosofo eccellente, avendo insegnato nei studi di Padova, Pavia e Ferrara, il Conte della Mirandola ed Alberto Conte di Carpi lo ebbero in gran pregio nominandolo loro maestro. Morì nel 1501, lasciando molte opere di logica e fu molto versato nella lingua greca.

**MASTELLONI.** — v. IVº, p. 154—p. 156, *Pietro Paolo* Eletto del Popolo nel 1701, nacque da *Salvatore* che sposò prima Dorotea Ametrano e che rimasto vedovo sposò Vittoria Scassa e morì nel 1662. Egli fu differente da altro *Pietro Paolo* che Barone di S. Nicola di Capograssi e Serramezzana nel 1700, ottenne il titolo di Marchese di S. Nicola nel 1723, sposò Maddalena Palumbo e morì nel 1734. Era egli figliuolo di altro *Salvatore*, che testava nel 1675, e di Margherita Venato.

**MASTRILLI.** — v. Vº p. 99—*Andrea* fu Arcivescovo di Messina nel 1618.

**MAZZACANE.** — Famiglia di cui le prime memorie si trovano nel Cilento fin dall'anno 1348, in persona di *Antonio Mazzacane* suffeudatario della casa Sanseverino e Barone di S. Giacomo, Sassano e Santarsenio. Egli era figliuolo di *Cesare* milite, e dalla Regina Giovanna Iª fu creato regio Familiare. Ha goduto nobiltà in *Salerno* nel Seggio di Portaretese, percui trovasi ascritta al registro delle Piazze chiuse del Regno, ed ha vestito l'abito di Malta.—MONUMENTI: *Salerno* nella Chiesa del Carmine—FEUDI: Casalciprano, Diano, Lustra, Rocchetta, Sangiacomo, Sanpietro di Diano, Santarsenio, Sassano, Sassinoro, Ustignano.—PRINCIPATO: Omignano. — PARENTELE: Cassano, Carafa, Cosentino, Lembo, Rocca, Rossi del Barbazzale. — AUTORI: Alberti, Aldimari, Alfano, Almagiore, Ammirato, d'Andrea, Bonazzi (I reg. della nob.), Campanile Gius., Gatta, Giustiniani, de Lellis, Lumaga, Mugnos, Sacco, Summonte, Terminio, Vico—*Leonetto* Barone di Diano sposò Porzia Capano, che gli portò in dote i feudi di Omignano e di Lustra. Fu familiare del Principe di Salerno Sanseverino, ed intervenne alla incoronazione dell'Imperatore Carlo V in Bologna, come si è detto nel discorso della famiglia Sanseverino, pel quale fatto assunse lo stemma con la celata di nero. Fu Capitano nella guerra contro Papa Paolo IV. *Giov. Giacomo* fu Governatore dei soldati che il Principe di Bisignano Sanseverino mandò a Carlo V. *Iacopo* Cavaliere di S. Giacomo, Provveditore generale e Comandante dello esercito reale nelle guerre di Spagna. *Giulio Cesare*, nel 1649 ottenne dal Re Filippo III il titolo di Principe sulla terra di Omignano. Fra *Antonio* e Fra *Giovanni*, Cavalieri gerosolimitani nel 1788, Fra *Luigi* Cavaliere gerosolimitano nel 1789, Fra *Antonio* Cavaliere gerosolimitano nel 1818.—ARMI:—1º Di azzurro alla fascia arcata di oro sostenente un cane uscente al naturale accompagnata da quattro stelle di oro.—2º Di azzurro alla fascia di oro accompagnata da quattro rotelle di speroni dello stesso, caricata da una celata di elmo di nero—Corona e mantello di Principe—Questa famiglia è rappresentata in Salerno dal Principe di Omignano ANTONIO MAZZACANE.

**MAZZEI.** — Discordi sono le opinioni circa la origine di questa famiglia, da alcuni creduta originata da un *Mazzeo Griffi*, da altri di comune origine con la Mattei, e da altri infine dicesi originata dalla Montefuscolo, famiglia normanna, che nel 1100 dal feudo di Montefuscolo prese nome. Tale ultima opinione è la più fondata perchè avvalorata da documenti. Dalla Montefuscolo ebbe origine anche la famiglia Macris. — Godette la Montefuscolo nobiltà in Lecce ed in Taranto, vestì l'abito di Malta nel 1586, possedette i feudi di Cellino, Colonito, Corciano, Festolano, Lentace, S.Maria a Vico, Zuncolo, Montaperto, Bagnuolo, Spezzano, Ceppaloni, Tursi, Grumo, Carbonara, Tricarico, Uggiano, S. Maria Ingrisone, Tricarico, Soplessano, Pagliara, Cortevecchia, Erchie, Specchio e Taurisano, Cortedonica, Santangelo, Ginestra, Castelmezzano — Goffredo Montefuscolo, Capitano valoroso fu Giustiere di Calabria nel 1207, Riccardo e Tommaso con Filippo ed Ettore Guarino Giustizieri, Giovanni Capitano Generale e Giustiere di Basilicata per Carlo I, Federico e Goffredo con Ettore Guarino ebbero da Federico II in custodia alcuni ostaggi lombardi. Pietro Segretario di Giovanna I e Notaro della R. Cancelleria nel 1350, Luigi e Nunzio rinomati guerrieri sotto gli Aragonesi, Ruggiero fu tra quelli che accompagnarono in Palermo dalla Grecia la moglie ed i figli del Re Manfredi. Si estinse il ramo principale in Corrado Montefuscolo Barone di Grumo, Carbonara, Montaperto e S. M. Ingrisone dal quale nacque solo Eleonora sposata nel 1286 a Giovanni della Marra. Usò per arme: Spaccato da una fascia di argento; il 1º di argento al monte nero di tre cime, e il 2º di nero pieno. — —Non mancano infine autori che vogliono la famiglia Mazzei originaria di Lucca, fuggita in Napoli per la tirannia di Castrucci, signore di quella città, Questa famiglia passò in Sicilia, dopo la morte di Re Manfredi, e fu aggregata all' Ordine Senatorio di Messina. Il ramo de' Marchesi di S. Teodoro si estinse in *Teresa* sposata ad Antonio Avignone. Ha goduto nobiltà nelle città di *Nola, Messina e Benevento;* il cui ramo si estinse. —MONUMENTI: *Cosenza* Chiesa di S. Francesco d' Assisi, *Messina* nell' Arciconfraternita dei Verdi. — FEUDI: Castelluzzo, Santamaria Ingrisone. — MARCHESATO: S. Teodoro 1729. — PARENTELE: Alberti, Aliquò, Argentio, Avignone, Biondi, Bonina, Calvi, Campagna, Campolo, Caposcrofa, Cappabianca, Corvaia, Foggia, Fontanarosa, Gagliardi, Grillo, Longo, Mannuccio, Marifeolo, Marulli, Montanari, Munafò, Palma (di), Picchichè, Rocca, Rocco, Saccano, Seripando, Squallati. — AUTORI: Ambrogio di Leone (Sull'antichità di Nola), Andreotti, Ansalone (Sua de fam. opp. rel.), Araldi (It. nob.), Bandi e Comandamenti per la incorporazione dei beni dei Messinesi, Miscellanea nella Bibl. di Messina, Borrello (App. hist. MS. alla Bib. Naz.), Confuorto (Giunte al de Lellis), Gallo, Galluppi (Arm. ital.), Galluppi (Nob. di Messina), Mazzei (Carmi), Mazzella (Descr. del Regno), Mollica, Palmeri (Stor. di Sicilia), Recco (Not. di fam. nob.), Ricca (La nob. delle due Sicilie), Spinelli (Giornali), Toppi (Bibl. Nap.), Toppi (Orig. trib.). Torrioni (Pestilenza di Messina), Villabianca (Sicilia nobile). della Vipera (MS). — *Mazzeo* nel 1260 seguì con molti altri cavalieri il Re Manfredi, che si recò in Foggia, dove un giorno, un saraceno capitano della Guardia del Re, alla presenza di questo gli diede un pugno, al quale il *Mazzeo* rispose con un tempione così forte da fargli grondar sangue, perlochè si venne alle armi tra napolitani e saraceni. Il Re depose dal grado il saraceno, ed ordinò che a *Mazzeo* si mozzasse la destra, ma poi in grazia gli fè mozzare la sinistra. *Pietro* Segretario della Regina Giovanna I e suo Familiare e fedele. *Giovanni* allievo di Alberico da Barbiaro Conte di Cuneo, fu valoroso Capitano di Re Ladislao. *Pirro, Filippo* e *Giov. Felice* furono prodi e rinomati giostratori. L'ultimo fu inviato due volte Ambasciatore dal Re Ferdinando I d' Aragona a Mattia Corvino Re di Ungheria, suo genero. *Francesco* Maestro Razionale del regio patrimonio. *Girolamo* Senatore di Messina 1591. *Paolo* Senatore di Messina 1597. *Antonio* Governatore degli Azzurri e dell'Ospedale massimo. Fra *Paolo* Provinciale dei Cappuccini ed uomo di grande filantropia. *Mazzeo* e *Lazzaro* Cavalieri di S. Stefano nel 1644. *Francesco* celebre oratore e Provinciale dei Paolotti. *Giovanni* Governatore degli Azzurri e Senatore di Messina nel 1691, fu egli il solo che rimase della sua famiglia in Messina, perchè dopo la funesta lotta scoppiata nel 1672 tra il Senato di Messina e la Spagna, la famiglia *Mazzei* fu avvolta in quelle sventure e, dichiarata ribelle, venne spogliata di ogni suo avere e dovè fuggire per campare la vita. Ad essa restarono solamente le doti per le donne, dette di paraggio. Esulati quindi, ad evitare l'ira di Carlo II, il ramo di *Litterio* fuggì in Malta, e quello di *Francesco* in Livorno, donde ritornò in Messina dopo lo indulto generale. Un altro ramo passò a stabilirsi in Barcellona presso Castroreale, *Francesco* Governatore degli Azzurri. Nel 1729 fu investito del titolo di Marchese di S. Teodoro, che gli fu dato da suo zio Francesco Campolo. Quel titolo era stato concesso nel 1633 da Re Filippo IV a Giacomo Campolo. *Antonino-Mario* fu inviato in Palermo per ottenere un decreto di separazione di Barcellona da Castroreale. Egli tanto operò per cinque mesi, che giunse ad ottenere nel 15 maggio 1815 il decreto di separazione dei due Comuni. *Felice* Dottore in legge, occupò diverse cariche amministrative e giudiziarie. — ARMI: 1º D'azzurro al guerriero armato al naturale, le mani e la faccia di carnagione impugnante con la destra il bastone di nero in atto di percuotere un leone di oro affrontato ad un albero di verde fustato di oro, sormontato nel capo da una stella dello stesso e terrazzato al naturale; — 2º Di azzurro al braccio destro vestito di ferro, tenente una mazza d' armi; — 3º Di azzurro al monte di argento sormontato da un leone del medesimo, tenente una mazza. — MOTTO : Onor, virtutis, praemium. — Questa famiglia è rappresentata in Barcellona Pozzo di Gotto del signor SEBASTIANO MAZZEI egregio cultore di belle lettere, il quale avendo scongiurato con grave pericolo della sua vita, il terribile alluvione del torrente Termini, che nel gennaio 1880 minacciava di distruggere la intera borgata di S. Antonio, ha meritato che la Giunta Municipale di Barcellona domandasse al Governo del Re un titolo nobilare per lo stesso sulla detta Borgata di S. Antonio.

**MELATINO** — v. Vº p. 102 — AUTORE: Toppi (Bibl. nap.) — *Andrea* esimio scrittore 1548.

**MIRABELLI** — Questa famiglia fu originata da *Trasmondo* signore del castello di Mirabello, dal quale presero nome i suoi discendenti. Egli fu tassato per sei militi pel feudo che possedeva in tempo del Re Guglielmo il Buono. Qualche autore crede che questa famiglia sia di origine francese portata in Sicilia da *Autilio Mirabel* gentiluomo francese, che fn Coppiere della Regina Eleonora, moglie del Re Federico II, e poi Governatore di Siracusa. Ha goduto nobiltà nelle città di *Tropea, Cosenza, Catanzaro, Amantea* al Seggio di S. Basilio, *Siracusa, Messina, Modica, Scigliano* e *Forli*. Ha vestito l'abito di Malta nel 1796. Un ramo dei *Mirabelli* si stabilì in Modica. La famiglia di Lauro patrizia di Amantea, si estinse in un ramo della *Mirabelli*, che ne aggiunse il cognome. — MONUMENTI : *Amantea* Chiesa di S. Berardino, *Mazzara* Chiesa di S. Agostino, *Scigliano* Chiesa di S. Agostino. — FEUDI : Colletorto, Curia della Bagliva di Nicastro e di Maida, Mirabello, Radusa. — PARENTELE : Baldacchini, Broccardo, Caselli, Cavallaro, Cavallo, Cilestri, Centurione, Grimaldi, Lauro (di)-Maiorano, Mazzara, Moyo (di), Mollo, Paternò, Pizzuti, Platamone, Rinaldo (de), Saravia, Sca, lambro, Spiriti, Stocco. — AUTORI: Accattatis (Biogr. degli uom. illus. delle Calabrie), Allegretti (Fam. nob. della città di Forli), Almagiore (Giunte al Summonte), Amato (De Amanthea ejusque erga reges fidelitates laconismus), Amato (Pant. Calab.), Ammirato (Fam. nob.), Bacco (Descr. del Regno), Bonazzi (Elenchi), Castiglion Morelli (De Patr. Cons. nob.), Crescenti (Cor. della nob. ital.), Galluppi (Nob. di Messina), De Lellis (Fam. nob.), Lumaga (Teatro della nob. d'Eur.), Minutolo (Priorato di Messina), Mongitore (Bibl. Sicula), Mugnos (Nob. di Sicilia), Palizzolo (Il Blasone in Sicilia), Ricca (La nob. delle Due Sicilie), Toppi (Bibl. Napol.), Zavarrone (Bibl. Cal.), Zazzera (Fam. illus. d'It.) — *Guglielmo* e *Giovanni*, Rettori e Senatori di Siracusa e Percettori della Camera Reginale nel 1395, Il primo fu anche regio Consigliere. *Dionigi* (figliuolo di *Guglielmo*) stabilì la sua famiglia in Forlì. *Giovannatonio* Capitano di Lentini e Castellano di Vizzini. *Lorenzo* primo Barone di Colletorto. *Carlo* e *Russo*, Consiglieri e familiari della Regina Giovanna II. *Tommaso* Giurato di Siracusa e Maestro razionale della Camera Reginale nel 1421. *Giovanni* stabilì la sua famiglia in Mazzara nel 1460, della quale città acquistò la Portolania. *Andrea* Regio familiare 1465. *Giacomo* Cavaliere di S. Giacomo della Spada, e Giurato di Siracusa nel 1472. *Paolo* Giurato di Mazzara nel 1480. *Chiatto* Capitano a guerra di Scigliano e poi di Amantea pel Re Ferdinando II. d'Aragona. Egli, con gli altri nobili di Amantea, contribuì a mantenere la città fedele al Re, per lo che questi il dì 8 maggio 1495 gli diresse da Messina una lettera di ringraziamento, nella quale lo chiamò « *fedele, dilettissimo nostro* e *magnifico uomo* ». In seguito lo creò regio familiare e Consigliere suo, e gli concesse in feudo per sè e i suoi successori la Curia della Bagliva di Nicastro e di Maida. *Pietro* Giurato di Mazzara nel 1502. *Giovanni* Portulano del Carcatore. *Antonio* dotò con una rendita annuale la Cappella maggiore della Chiesa di S. Agostino di Mazzara. *Muzio, Annibale* e *Mario* Capitani, furono reintegrati alla nobiltà di Cosenza nel 1635 dal Vicerè Conte di Monterey. *Pietro* Dottore e Giudice della Corte Capitaniale di Mazzara nel 1643. *Roberto* Gesuita, Teologo e filosofo insigne e celebre predicatore, stampò sermoni e discorsi sacri, 1662. *Lorenzo* uomo di grande pietà e autore di più opere. *Mario* Signifer Magnus nella guerra del Milanese. *Antonio* fu creato Vescovo di Termoli da Papa Innocenzo XI, ma non prese possesso del Vescovado. *Geronimo* celebre dottore in legge. *Flaminio* Cavaliere aurato fu uomo dottissimo. *Saverio* Maestro giurato e primo Eletto di Amantea nel 1735. *Giambattista* Eletto dei nobili di Amantea, 1735. *Saverio* Comandante della Fortezza di Messina. Pei suoi meriti

il Senato di Messina, con decreto del 15 agosto 1782, gli conferì la cittadinanza della città
Egli sposò Maria Centurione nobile di Genova, ed i suoi discendenti aggiunsero al proprio
quel cognome. *Fortunato* Cavaliere Gerosolimitano *1766. Luigi* Professore di giurisprudenza,
celebre avvocato cosentino e Socio dell'Accademia Cosentina e della Società Economica, 1840.
*Pasquale* Cavaliere di Giustizia dell'Ordine Costantiniano e Commendatore di Francesco I e
di S. Silvestro fu Intendente della Provincia di Avellino. — ARMI: Ramo di Sicilia: Di rosso
al leone di oro coronato di argento tenente uno stendardo di azzurro svolazzante a sinistra
seminato di gigli d'oro caricati da un lambello a tre pendenti di rosso — Ramo di Calabria:
Di azzurro alla sirena al naturale accompagnata nel capo di una fascia di rosso caricata da tre
stelle di oro — Vivono in Napoli due rami di questa famiglia, il primo è rappresentato dal
Cavaliere FILIPPO MIRABELLI *Centurione* patrizio di Amantea, già Sottointendente di Penne
e di Altamura, ed il secondo dal signor ROBERTO MIRABELLI *di Lauro* patrizio di Amantea.

**DI MIRO** — Famiglia originaria di Gragnano, da qualche autore creduta consanguinea delle
famiglie Sanseverino e Filangieri. Ha goduta nobiltà in Sorrento nel Seggio di Porta.—BA-
RONIA: Ripaluce. — CONTEA: Monterisi. — DUCATO: Collecorvino. — PARENTELE: Barrile,
Carafa, del Borgo, di Palma, de Vicariis, Aquino, Comite. — AUTORI: Aldimari, Campanile,
Capaccio (Storia Napolet.), Donnorso, Maldacea, Sacco. — *Roberto* fu paggio di Federico II
Imperatore. *Gaspare* Giustiziere di Calabria, 1262. *Carlo* Luogotenente del Gran Camerario.
*Andrea* Presidente della R. Camera e Regio Cimiliarca. *Angelo* Segretario di Roberto d'An-
giò principe di Taranto e Imperatore di Costantinopoli, edificò la Chiesa di S. Angelo in
Gragnano. *Roberto* Ciamberlano del Re Ladislao. *Agostino* Presidente di Camera 1419. *Vin-
cenzo* Consigliere di S. Chiara e Reggente del Collaterale sotto Carlo VI Imperatore. Questa famiglia fondò in Gragnano il Monastero di S. Nicola detto di Miro. — ARMA: Di rosso
al leone di oro col capo cucito in azzurro col giglio di oro accompagnato da due torri al naturale. Vive in Napoli questa famiglia rappresentata dal Duca di Collecorvino N. DE MIRO.—
N. B. Di questa famiglia parla estesamente il Duni nel Discorso storico dell'origine delle
Case di Miro e Sanseverino, il quale, atteso la inesattezza delle notizie asserite, non abbiamo creduto di seguire.

**MIROBALLO.** — Famiglia originaria di Napoli e di cui si hanno le prime memorie nel 1270.
Ha goduto nobiltà in *Napoli* ai Seggi di Montagna e Portanova ed in *Avellino.* Il ramo
Duchi di Campomele, Marchesi di Agropoli e Marchesi di Frignano si estinse in due so-
relle. La prima, *Marianna*, sposò Carlo d' Evoli Duca di Castropignano, e la seconda ma-
ritata nella famiglia Frisari Duchi di Scorrano. Il ramo Principi di Castellaneta e Duchi di
Bracigliano si estinse nell'ultimo Principe, marito di una Rospigliosi, al quale, per man-
canza di eredi, successe il Fisco. Un altro ramo si estinse nella famiglia Sarriano Conti di
Casalduni e Duchi di Ponte; e l'ultimo ramo è finito verso la metà del corrente secolo in
Suor *Concetta* monaca nel Monastero di S. Chiara. — MONUMENTI: *Napoli* nelle Chiese di
S. Severo e di S. Giovanni a Carbonara, *Avellino* nella Chiesa di S. Domenico. — FEUDI:
Angri, Casalteverola, Franche, Gragnano, Lettere, Miroballo, Montorio, Fietro, Pimonte, Pi-
sticcio, Positano, Pratis, Rocchetta, Salpi, Sanfelice, Sangiorgio, Sanmazzaro, Serra, Som-
matino, Supino, Torregallo, Valle Beneventana, Viesti. — MARCHESATI: Agropoli, Delicito,
Frignano. — DUCATI: Bracigliano, Campomele. — PRINCIPATO: Castellaneta. — PARENTELE:
Alagona, Bozzuto, Brancaccio, Branciforte, Caracciolo, Carafa, Cicinelli, Evoli, Filangieri,
Filomarino, Frisari, Galluccio, Mazza, Milano, Pappacoda, Pasquale, del Pozzo, Rospigliosi,
Sangro, Sanseverino, Sarriano, Zattera, Zurlo. — AUTORI: Aldimari, Almagiore, Bacco, Ca-
mera, Campanile Gius., Capaccio, Capecelatro (Diario), Contarino, Costo, Cristofaro, Enge-
nio, Filamondo, de Franchis, Galluppi, Giustiniani, de Lellis, Lumaga, Mazzella, Pazzino,
Recco, Ricca, Termino, Toppi, Tristano Caracciolo—*Girolamo* Regio Consigliere e Dottore
in legge, 1427. *Andrea* valoroso Capitano. *Antonio* Presidente della regia Camera della Sommaria 1452. *Fabio* Doganiere e Capitano della Grascia di Abbruzzo, 1559. *Antonio* Duca di
Campomele e Reggente del S. R. C. *Carlo* e *Tommaso* avendo prestato omaggio al Re di
Francia, pel quale Lautrec guerreggiava nel Regno, e successa la vittoria degl' Imperiali,
furono privati dei loro feudi. A *Tommaso* fu mozzato il capo e *Carlo* fuggì e visse mise-
ramente in Roma. *Antonio* ottenne di far riedificare Vieste sul Monte Gargano, che era stata
saccheggiata e distrutta nel 1480 da Aamet Bassà. Detta città fu nell'epoca di Carlo V as-

salita e saccheggiata nuovamente da uno schiavo chiamato Dragut Raij, che con 6 galere era venuto ad infestare le Puglie a richiesta del Re di Francia. *Giovanni* Presidente della regia Camera. *Troiano* Duca di Campomele, Reggente del S. R. Consiglio di Spagna. *Antonio* Consigliere del Colletterale e Reggente della Cancelleria nel 1660.—ARMA: Di azzurro al leone di oro armato e lampassato di rosso aggrappato sopra un monte a tre cime dello stesso movente dalla punta, addestrato da un ramo di palma di oro la cima curva e circondante la testa.

**MOCCIA**. — Famiglia originaria napoletana di cui si hanno memorie nel secolo XIII. Ha goduto nobiltà in *Napoli* ai Seggi di Nido, Montagna e Portanova, e presso quest'ultimo possedeva una contrada detta l'*Appennino delli Moccia*. Per serie quistioni sorte tra le famiglie del detto Seggio di Portanova, gl'individui di questa famiglia misero mano alle armi per le pubbliche vie, e per tal ragione furono relegati in Isernia con le famiglie Fellapane, Liguori e Scrignario, mentre la famiglia Griffi fu mandata in Aquila e la Caputo in Eboli. — MONUMENTI : *Napoli* nella Chiesa di S. Pietro a Maiella, ed in quella di S. Maria di Portanova. — BARONIE: Castromezzano, Ceriglialo, Cisterna, Colledanchise, Dottore, Ducenta, Gioia, Iolsa, Mignanello, Sannicola, Sanpaolo, Sansossio, Santamaria Ingrisone, Santamaria a Tuoro, Santangelo, Vallebeneventana. — CONTEE : Fontanella, Nicastro 1141. — MARCHESATI: Casabona, Montemare. — DUCATO : Scarfizzi. — PARENTELE: Carafa, Ferrillo, di Palma. — AUTORI: Aldimari, Almagiore, Capaccio, Contarino, Engenio Filamondo, Galluppi, de Lellis, Lumaga, della Marra, Mazzella, Ricca, Sacco, Terminio, Torelli, Tutino, Vincenti.— *Gentile* e *Giovanni* Sindaci dell'Università di Napoli 1298. *Truccolo* Giustiziere di Terra di Lavoro 1311. *Antonio* Giustiziere di Terra d' Otranto 1398. *Pietro* Consigliere di Carlo Illustre Duca di Calabria. *Antonio* Cameriere di Re Alfonso d'Aragona. *Pietro* Maestro Portulano di Napoli 1470. *Altobello* Regio Falconiere 1475. *Pietro* uomo d'armi del Re nel 1480, con Carlo Francipane, Consalvo Gallego, Loise Filangieri, Giacomo Stendardo, Luigi Andreu, Federico Buondelmonti, Loise de Mendoza, Mario Petrucci e Ruggiero Bulgarella. *Severo* Eletto pei Seggi di Napoli in occasione della cavalcata fatta il 23 maggio 1495 da Ferdinando II d'Aragona per avergli il Re Alfonso, suo padre, ceduto il Regno all'opprossimarsi di Carlo VIII di Francia. Gli altri Eletti furono Giovanni Scondito, Pietro Pignone, Baldassarre N., Pietro Liguoro e Lancellotto Agnese. — ARMI : 1° Di rosso al leone di oro fasciato d'azzurro. — 2° Di rosso al leone bandato di oro e d'azzurro.

**MOLIGNANO**. — Famiglia creduta originaria romana, passata in Amalfi, dove se ne trovano notizie fin dal tempo de' normanni. Si diramò in Napoli ed in Capua. Godette nobiltà in *Amalfi*, in *Napoli* al seggio di Porto, ed in *Sorrento* nel seggio di Dominova, dove si trasferì da Amalfi nel 1407. Da Sorrento un ramo passò in Napoli, e si disse *Molignano* Sorrentino e poi semplicemente Sorrentino — FEUDI: Chianchetella, Pomigliano d'Arco, S. Pietro S. Angelo, Valva, Merardinetto. — MONUMENTI : *Amalfi* Cappella di S. M. di Vettica — PARENTELE: Aldimari, Brancia, Candida, Corsari, del Doce, Falangola, de Flure, Magnocavallo, Mastrogiudice, di Palma, Vulcano. — AUTORI: Alfano (Desc. del Regno), Almagiore, Bacco, Bolvito (MS. Bibl. Naz.), Camera (Cron. del D. di Amalfi), Donnorso (Stor. di Sorrento), Panza (Stor. di Amalfi)—*Mariano* valoroso capitano, 1256. *Giovanni* donò varie entrate che possedeva in Mazzara a' monasteri di S. Elena, S. Nicolò e S. Basilio di Amalfi con l'obbligo di ricevere in ogni tempo e senza pagamento di sorta una donzella di sua famiglia. *Nardello* e *Giovanni* Giudici Annali di Amalfi, 1418. *Antonio* e *Gabriele* Canonici Cardinali della Chiesa Amalfitana, 1422. *Carletto* Vescovo di Marsico nel 1440. *Cesare* valente istorico, pubblicò una succinta memoria sulla città e sulle antiche famiglie di Sorrento nel 1607. — ARMI : 1ª Bandato di oro e di rosso. — 2ª Di oro con tre melenzane al naturale. — Questa famiglia si estinse in Amalfi, ed il ramo di Sorrento finì verso la fine del passato secolo.

**MOLISE**. — Famiglia di origine Normanna, che vuolsi del sangue di quei Re, e detta *Molise* dal feudo di tal nome. Altri vogliono che fosse una diramazione della Casa Filangieri. Ha goduto nobiltà in *Napoli* fuori Seggio ed in Sicilia, ed è stata una delle sette grandi Case del Regno. Essa per aver posseduto grandi territorii nel reame, quei siti furono detti *Contado di Molise*, come pure *Molise* si chiamò un castello dalla stessa edificato presso le rovine dell'antica città di Tiferno. — MONUMENTI : *Ailano* Chiesa dei Cassinesi. — FEUDI: Alberona, Bonito, Campochiaro, Castelpagano, Castelminardo, Castelvetere, Ceppo, Cercemaggiore, Cerigliano, Ferrazzano, Gioia, Maralfia, Miranda, Montenero, Osciano, Quadrano, Roccamandolfa, Roccasicona, Sanbenedetto, Sangiovanni in Golfo, Sepino, Serracapriola, Tappiano, Volturara. — CONTEE : Boiano, Campobasso, Catanzaro, Celano, Isernia, Marigliano, Molise, Venafro, Viticuso. — PARENTELE: Alemagna, di Baro, Bellacera, Cantelmo, Caracciolo, Carafa, di Franco, Galluccio, Gambatesa, Gesualdo, Licinardo, Monforte, Morra, Origlia, de Ponte, Sanframondo, Scillato. — AUTORI: Albino, Aldimari, Ammirato, Borrello (MS.), Campanile Gius., Ciarlante, Fazzello, Galluppi (Arm. ital.), Giustiniani, Inveges, de Lellis, Lumaga, della Marra, Minieri, Mugnos, Pacca, Pietrasanta, de Pietri, Recco, Riccardo da S. Germano, 'Rossi, Sàcco, Spinelli, Summonte, Tutino, Vitale, Zazzera.—*Rodulfo* Conte di Boiano 1094. *Ugone* Conte di Molise sposò Clemenzia Contessa di Catanzaro e signora di Campobasso, che era figliuola naturale di Re Ruggiero Normanno, Egli donò al Monastero di Montecassino il castello di Viticuso e sue pertinenze. Nello stesso tempo il Conte Berardo di Sangro donò al detto Monistero Lacuvino, Godi e Pontano. In *Ugone* si estinse la prima delle due linee di questa famiglia. Ebbe una sola figliuola maritata a Teobaldo di Baro, che fu signore di Compobasso, ed in seconde nozze sposò Corrado di Licinardo. Il feudo di Campobasso fu conceduto nel 1277 a *Roberto Molise* della seconda linea, il quale procreò *Guglielmo* e questi ebbe una figliuola, *Tommasella*, maritata prima a Bernardo d'Aquino, e poi a Riccardo di Monforte nel 1326, il cui successore Nicolò fu privato della Contea di Campobasso da Re Ferdinando II d'Aragona, perchè partigiano di Re Carlo VIII. *N. Conte di Molise*, fu tra' Baroni che accompagnarono il corpo di Federico II Imperatore morto il 13 dicembre 1250, il cui cadavere fu messo in lettiga coverta di velluto cremisi, seguito dalla Guardia Saracena, da sei compagnie di cavalli, da molti Sindaci del Reame e da gran numero di Baroni, tutti vestiti di nero, tra'quali erano Princivalle di Sangro, Corrado di Gambatesa, Lione di Montagano, Gerio Ruffo, e Bartolomeo della Castagna. *Amelio* Cameriere di Re Manfredi, che stava col suo esercito accampato presso Barletta, si allontanò dal campo e passò la notte presso una bellissima giovanetta di quella città. I parenti di lei ricorsero a Manfredi, che fece arrestare *Amelio* e gli comandò di sposare la fanciulla. *Amelio* messo alle strette mandò a chiedere il consenso al *Conte di Molise* suo zio, che sdegnando tal matrimonio consigliò *Amelio* di offrirle una somma di danaro. Il Re però volle assolutamente il matrimonio pel quale ordinò gran festa e donò ad *Amelio* il feudo di Alberona in Capitanata. Le donne di Barletta fecero sentita dimostrazione a Manfredi, acclamandolo giusto e leale cavaliere. Dopo tal fatto i cortigiani del Re, impararono ad essere più cauti, poichè a quello era facil cosa conoscere gli avvenimenti, stando molto in contatto col popolo, e vogliono gli storici che la sera percorresse Barletta accompagnato da alcuni suonatori siciliani. *Nicola, Delfino, Simone* e *Matteo* si leggono tra'Baroni di Capitanata nel 1278, con Pietro Maramonte Barone di Montecorvino, Ademario Provenzale, Ferrerio di Cassarano, Teobaldo di Bellovario, Riccardo di Marzano, Guglielmo di Gambatesa, Raone di Santacroce, Roberto di Guardia, Nicola e Matteo d'Errico, Goffredo di Santovito, Guglielmo Provenzale, Matteo di Guardia, Gualtiero di Pietragrandine, Giovanni di Grandinato, Rinaldo e Riccardo di Serramala, Giovanni Saraceno e Giacomo della Vipera. *Antonio* Ciambellano della Regina Giovanna I. *Tommaso* Conte di Molise nel 1341 fu con cavalli inviato dal Papa a rinforzare Spoleto. *Giacomo* ed *Antonio* militi sotto Re Ladislao.—ARMA: D'oro alla banda di azzurro.

**MONCADA** — v. II° p. 78 — p. 83. vs. 22. *Luigi Guglielmo* fu anche Principe di Paternò, Duca di Montalto, Duca di Bivona, Conte di Caltanisetta, Conte di Caltabellotta, Conte di Golisano, Conte di Sclafani, Conte di Centorbe e Conte di Adernò nel 1635.

**MONROY** — v. II° p. 85 — p. 91 vs. 9 C. Principe di S. Giuseppe e non di Belmonte.

**MONSORIO o MONSOLINO.** — Questa famiglia è originaria di Francia e fu portata in Regno da *Gaspare Monsorio* che seguì Carlo I d'Angiò, del quale fu Governatore in Provenza. Qualche autore la crede di origine spagnuola. Un ramo di questa famiglia fu portato nella Spagna ed un altro fu stabilito in Reggio di Calabria. Ha goduto nobiltà in *Napoli* al seggio di Nido, in *Reggio* in *Messina* ed in *Roma*. Vestì l'abito di Malta nel 1591. Il ramo di Napoli si estinse nel 1590 in *Ferrante* Abate di S. Maria d'Avanzo in Puglia. — MONUMENTI: *Reggio* Chiesa dei Cappuccini. — FEUDI: Alonsorio, Avanzo, Candia, Castelvetere, Cusano, Faicchio, Fellecchia, Fiscali di S. Agata, Fragnito, Mareri, Massa inferiore, Massafra, Pugliano,

Sangiovanni, Sansalvatore, Solopaca, Torello, Tortorella, Veneri. — PARENTELE : Alagona, Bisignano, Blasio (de), Capua (di), Carafa, Cardone, Filomarino, Gambacorta, Gennaro (de), Gerìa, Granata, Ildaris, Loffredo, Logoteta, Malgeri, Monti (delli), Palma (di), Rossi, Sangro, Spanò. — AUTORI: Almagiore (Giunte al Summonte) , Amato (Pantop. Calab.), Araldi (It. nob.), Bartoletti (Santuario Atessano), Bonazzi (Reg. della nob. delle prov. nap.) , Borrello (App. Hist. MS. nella Bib. Naz.), Campanile Gius. (Notiz. di nob.), Capaccio (il Forestiere), Crescenti (Corona della nob. ital.), Donnorso (Stor. di Sorrento), Fiore (Cal. illus.), Galluppi (Nob. di Messina), de Lellis (Fam. nob.) , Lumaga ( Teatro della nob. d' Europa ), Mazzella (Descriz. del Regno), Minutolo (Priorato di Messina), Mugnos (Nob. di Sicilia), de Pietri (Storia), del Pozzo (Ruolo gen, dei Cav. geros.), Ricca (La nob. delle Due Sicilie), Sacco (Dizion. geogr.), Situaz. pagam. fiscali—*Aurelio* Cubiculario di Re Carlo I d'Angiò, dal quale ottenne i feudi di Candia, S. Giovanni e Tortorella. *Federico* Consigliere di Re Carlo I d'Angiò, dal quale gli fu concesso di mettere il giglio d'oro nello stemma. *Bernardo* Capitan generale nello Stato Romano pel Re Roberto d'Angiò, che in compenso del suo valore, gli concesse le terre di Fragnito, Pugliano, Solopaca e Veneri, delle quali fu spogliato dalla Regina Giovanna I<sup>a</sup> perchè partigiano del Re d'Ungheria. Gli vennero poi restituite da Carlo III di Durazzo, che lo creò suo Ciambellano e Cavaliere. *Iacopo* Abate di S. Maria d'Avanzo nelle Puglie. *Gilberto* Ciambellano della Regina Giovanna II. *Arduino* e *Giovanni* Cavalieri e familiari di Re Alfonso I d' Aragona , pei servigi resi ottennero la esenzione dei pagamenti fiscali. *Giovanni* Maggiordomo del Re Ferdinando I d'Aragona, dal quale ottenne il castello di Torello ed altre terre. *Roberto* donò ai PP. Cappuccini di Reggio un sito per fabbricarvi il convento. *Andrea* Ambasciatore per la città dei Reggio al Re Ferdinando I d' Aragona. Egli nel 1481 combattè contro i Turchi ad Otranto con i seguenti: Andrea Gambacorta con 6 cavalli, Andrea Gazzullo di Valenza cortigiano del Re, Alfonso Centelles cortigiano del Re, Andrea Passarotto, Alfonso Gambacorta con 6 cavalli, Alfonso Latro, Alberico Caracciolo con 6 cavalli, Aldasso d'Aiello con 5 cavalli , Agostino Fontana, Alessandro Faenza, Alicante di Giannotto, Alfonso d'Alagno d'Amalfi, Americo dell'Aquila, Andrea Caffarelli romano, Eduardo di Ruvo con 8 cavalli, Andrea Brosco regio Cortigiano, Facio di Caiazzo, Fabrizio di Notale, Federico Boccolino con 5 cavalli, Ferrante Sasso, Diego Cavaniglia Colonnello di 10 Compagnie , Galderisio di Rinaldo con 5 cavalli, Galiotto Pagano con 6 cavalli, Ferrante Quarata, Ferrante e Pietro Pagano con 5 cavalli, Ferrante de Gennaro con 7 cavalli, Florio Gizzio con 5 cavalli, Filippo Mareri con 6 cavalli, Florio e Salerno di Castrovillari, Berardino Ricci, Francesco Bisbal con 6 cavalli, Francesco Calò, Saladino Bruno, Donato Calò, Francesco Catalano, Francesco Foresta regio condottiere, Francesco Galeota, Francesco Moccia Barone di Cerigliano con una compagnia di fanti, Francesco Morano con 5 cavalli, Galeazzo Caracciolo Generale di Ferrante I, Garopalo Calò, Giacomo Conti romano condottiere di 90 cavalli, Giacomo della Volta, Giovanni Cacciola, Giovanni Azzia con 12 cavalli, Giovanni Capano con 6 cavalli, Giovanni Castagna con 5 cavalli, Giovanni Ciccone, Angelo Marchese, Stefano Pepi, Giovanni Catina con 5 cavalli, Giovanni Castagna, Nicola di Tarsia, Giovanni Marullo e Fabrizio Colonna con 120 cavalli, Giovanni Filomarino con 6 cavalli, Giovanni Fiorillo, Giorgio Matto, Giorgio Fuchino, Giovannello de Pietro, Cola Mattuzzo, Giovanni Galeota, Tommaso Carafa, Berardino Gattola, Giovanni Gramatico con 5 cavalli, Giacomo della Tolfa paggio del Re, Carlo Pandone Capitano di 300 cavalli, Carlo Gesualdo Capitano d'una compagnia, Carluccio de Grifis con 5 cavalli, Antonio de Rinaldo, Antonio di Castrovillari, Antonio Caracciolo, Angelo Maiorano, capitano di 5 celate, Angelo di Bartolomeo, Acesio Apicella, Baldassarre di Amatrice con 6 cavalli, Baldassarre Pagano con 5 cavalli, Bartolomeo dell'Aquila, Baldassarre di Costanzo, Berardo della Scala con 12 cavalli, Antonio Baldino, Antonio Bonito con 6 lance, Antonio de Paola di Diano, Antonio Marchese, Antonio Gentile, Guglielmo di Diano Capitano di una compagnia, Antonio Pepe Balestriere a cavallo , Antonio Gargano con 5 cavalli , Antonio di Laurenzana, Antonio Pappacoda con 6 cavalli, Bartolomeo Fontanarosa, Battaglino Sanseverino con 20 cavalli, Berardino Brancia, Berardo di Chieti , Berardo Mormile con 7 cavalli, Berardino Bonito con 6 cavalli, Berardo de Mercato del Cilento , Buonfiglio Caracciolo, Buonanno de Rinaldo, Giovanni Lombardo con 6 cavalli, Giovanni Musitano, Giovanni Piccinino con 5 cavalli, Giovanni Pallubar, Artusio Pappacoda con 11 cavalli, Giordano

Sanseverino con 5 cavalli, Michele Barrile, Nicola di Matera, Scaranulfo dell' Aquila, Giovanni Schiavone, Giovanni Tedesco, Giovanni di Transo con 5 cavalli, Giovanni della Vacca con 15 cavalli, Giovanni del Tufo, Giovanni Guindazzo, Giovannotto Morano, Giov. Antonio delli Falconi capitano di 400 soldati, Giovanni delli Monti signore di Corigliano Capitano di 2 mila fanti, Francesco e Giacomo Palagano, Francesco de Megino, Francesco e Salvatore Turri, Gabriele Bove, Franceschello di Raymo con 5 cavalli, Galasso Turri, Franceschello Carlino con 6 cavalli, Francesco Moccia Contestabile di cavalli, Gabriele Caravita Marco Calò, Paolo Papadia, Domenico Pinto, Renno Parabito, Gabriele Ruto con 5 cavalli, Luigi Gentile, Bartolomeo dell'Anguillara, Matteo Martinengo, Luca d' Amato, Galderisio de Rinaldo, Buonomo e Michelangelo di Rinaldo, Galasso Spinelli Capitano di Cavalleggieri, Galeazzo Caracciolo con 5 cavalli, Berardino Caracciolo con 5 cavalli, Giov. Battista Sanseverino con 6 cavalli, Marcantonio Filomarino con 6 cavalli, Paolo Carafa con 6 cavalli, Galeazzo Mascabruno con 6 cavalli, Achille di Tocco dei Despoti di Romania con 6 cavalli, Giovanni di Cardines, Bartolomeo di Costanzo, Gismondo di Sangro, Francesco Marotta, Francesco Bisbal—*Giovanni* tenne lance in real servizio per il Re Alfonso II d'Aragona, con Nicolò di Procida, Fabrizio Ajossa, Cesare Pandone, Pietro Tomacello, Giovanni e Sforza Gambacorta, Princivalle Protonobilissimo, Giov. Tommaso Brancaccio, Ruggiero Gesualdo, Ambrogio Milano, Ettore Caracciolo, Luigi Seripando, Bertoldo, Diomede e Galeotto Carafa, Tommaso Filomarino ed Errico Loffredo. *Alfonso* Paggio del Re nel 1500. *Bernardo* Sindaco di Reggio ed Ambasciatore per la città allo Imperatore Carlo V nel 1530. *Giov. Maria* Sindaco e Console della città di Reggio nel 1560. Fra *Giuseppe* e fra *Paolo* Cavalieri gerosolimitani. Il primo, avendo salvata la città di Reggio dai Turchi, ebbe 360 ducati di annua pensione dal Re di Spagna. Egli fondò un Conservatorio di donne e lo dotò con annue rendite. *Giov. Battista* Sindaco di Reggio e Capitano del Battaglione della città nel 1619. Fra *Carlo* Cavaliere gerosolimitano nel 1633. Fra *Nicola* Cavaliere gerosolimitano nel 1644. *Giov. Battista* ottenne la cittadinanza romana per sè e la sua famiglia, che fu ascritta alla nobiltà di quella città, con diploma dato in Campidoglio il dì 13 giugno 1702, rilasciato dai Signori Marchese Marcantonio Olgiati, Conte Francesco Maria Petronio e Giov. Battista Alone. Fra *Cesare* Cavaliere gerosolimitano nel 1790.—ARMI:—1º Di azzurro al monte di oro di nove cime sostenente un giglio del medesimo.—2º Di oro al monte di nove cime di verde cimato da una rosa di rosso gambata e fogliata diverde.—Questa famiglia è rappresentata in Napoli dal Cavaliere FERDINANDO MONSOLINO patrizio di Reggio.

**MONTAPERTO.** — v. IV.º p. 169 — Tra le altre opinioni circa l'origine di questa famiglia vi è quella di crederla originata dalla famiglia Tommasi, così detta pel feudo di Montaperto.

**MONTI (delli)** — Famiglia di origine francese, venuta in Regno con Carlo I d'Angiò. Alcuni vogliono che fosse originaria della città di Capua. Ha goduta nobiltà nelle città di *Napoli* fuori seggio, *Capua, Roma, Brescia, Verona, Vicenza, Terni*, in Francia e nella Spagna. — MONUMENTI: *Napoli* nel Duomo e nelle Chiese di S. Severino e di S. Maria la Nuova. Il ramo Marchesi di Acaia e Corigliano si estinse nei Sanfelice Duchi di Laureana, i quali per obbligo si dissero *delli Monti Sanfelice*, e si estinsero in Maria Caterina Duchessa di Laureana e Signora di Agropoli e Santomango, maritata nei Caracciolo Marchesi di Pannarano. — FEUDI: Abbatemarco, Aieta, Alife, Bagliva di Capua, Calimera, Castromonticelli, Cirella, Faicchio, Griffuni, Martano, Montevairano, Piscopo o Aiuntavelle, Pozzuoli, Racali, Sangiovanni in golfo, Sanmartino, Santamaria in Valle, Satura, Telese. — MARCHESATI: Acaia, Corigliano. — PARENTELE: Acciapaccia, Afflitto, Alneto, Aquino Castiglione, Brayda, Candida, Capece, Caracciolo, Carafa, Colonna, Gambacorta, Gonzaga, Monforte, Risballa, Sanfelice, Sanseverino, Tufo (del). — AUTORI: Aldimari, Almagiore, Ammirato, Bianco, Cartari, Contarino, Crescenti, Filamondo, Galluppi (Arm· ital.), del Giudice (Cod. diplom.), Giustiniani, Granata, de Lellis, Lumaga, della Marra, Mazzella, Molina, Pacicchelli, de Pietri, de Puteo, Quintana, Ricca, Sacco, de Stefano, Troyli, Tutino.— *Gualtiero* ebbe in custodia Goffredo Brugnano lombardo, fatto prigione da Federico Imperatore. *Ludovico* Capitan generale, Giustiziere di Terra d' Otranto e Luogotenente in Sicilia pel Re Carlo I d'Angiò. *Bernardo* Regio Consigliere. *Nicolò* Luogotenente della regia Camera nel 1460, fu insigne giureconsulto e chiaro letterato. *Ippolita* fu madre dei tre fratelli Sanseverino figli di Ugo Conte di Saponara, i quali furono avvelenati. *Camillo* valoroso Capitano e Condottiere di eserciti. *Francesco* Ambasciatore pel Re Ferdinando I d'Aragona in Ungheria e presso il Papa. *Francesco* Signore di Corigliano condusse i Leccesi alla difesa d' Otranto contro i Turchi nel 1481. *Andrea* Marchese di Acaia , Capitano di 800 fanti in Alemagna nel Terzo del Marchese di Campolattaro Blanch. *Alessandro* Maestro di Campo di un Terzo di fanteria in Fiandra, ove si distinse alla presa di Rimberga e nei fatti d' arme di Grol nel 1603. *Ferrante* Marchese di Corigliano valoroso condottiero di armati, Generale di Cavalleria sotto il comando del Vicerè Conte di Monterey. Morì assassinato nel 1648.—ARMA: Di oro alla croce patente di nero caricata nel capo dal rastello a tre pendenti di rosso.

**MORESE**. — Questa famiglia è originaria di Provenza e venne in Regno, portatavi da *Pietro de Mores* il quale seguì le armi di Carlo I d'Angiò, e fu nominato Giustiziere di Sicilia Citra e nel 1275 ottenne dal Re 16 once per un cavallo. Egli, come rilevasi da più documenti, fu detto *de Mores, Moresio* e *Moresius*. Questa famiglia è compresa tra le 23 famiglie di Montecorvino, che da Re Alfonso II° d' Aragona furono nel 1494 riconosciute di generosa nobiltà, ed ottennero co' loro discendenti, tutti i privilegii e tutte le prerogative comunemente attribuite alle famiglie nobili. La famiglia *Morese* trovasi tra le famiglie nobili dimoranti in Salerno, che nel 1804 si leggevano ascritte alla nobile congrega di S. Antonio di Salerno, che aveva per istituzione di rendere gli aiuti spirituali e corporali ai condannati a morte. Le altre erano: Mazzacane Principi di Omignano , de Vicariis Marchesi di S. Lucia, de Vicariis Moscati, Ruggi d'Aragona marchesi, Pinto Baroni di S. Martino, Moscati Baroni di Olevano, Ruggiero Baroni di Tolve, Confalone e Mezzacapo Marchesi di Monterosso.— MONUMENTI: *Montecorvino* Chiesa di S. Tecla, *Salerno* Chiesa Cattedrale. — FEUDI: Conversano. 1271, Entrate feudali di Nociglia e Faucesi 1637, Montella, Nociglia 1601. — PARENTELE: Agostino (d'), Budetta, Carrara, Cavacchioli, Cavaliere, Enza (d'), Laudisio, Meis (de), Moscati, Pinto, Simone (de), Serfilippo, ed altre. — AUTORI: Araldi (It. nob.), Borrello (App. hist. MS nella Bibl. Nap.), Minieri Riccio (Itinerario di Carlo I° d'Angiò), Repertorii nello Archivio di Stato in Napoli, Serfilippo ( Ricerche sulla origine di Montecorvino ). — *Tommaso* Giu dice nel 1269. *Ado* signore di Conversano e Castellano del Castello di Trani nel 1271. *Matteo* nel 1290 fu tra' Giudici di Salerno, che intervennero in una sentenza riguardante il Vescovo di Ravello. Qui si fa notare che Giuseppe Campanile attesta che la carica di Giudice era dinotazione di nobiltà. *Tommaso* nel 1279 fu nominato scudiere e familiare regio, con altri individui delle famiglie Sicola, Pandone, Severino, Griffo, Pignatelli, Crispano, Brancaccio, Filomarino, Bozzuto, Dentice, Aquino, Sanseverino, Evoli, Pagano, Ajossa, Filangieri ed altre. *Guglielmo* signore di Montella e Milite con Aldoino Carbone 1302. *Ado* Vicegerente del Commestabile del Regno nella provincia di Terra d'Otranto nel 1305, e General Capitano e Giustiziere di Terra di Bari nel 1321. *Nicolò* Giudice ed Assessore di Capua ed Assessore presso lo straticò di Salerno Guglielmo de Pontiaco milite, ciambellano e regio Consigliere 1327. *Alessandro* Maestro razionale della G. Corte, 1330. *Pietro* Priore di S. Nicola di Bari 1337. *Nicolantonio* Regio Capitano di Guardiagrele. *Roberto* Regio Capitano di Lanciano 1545. *Loise* padrone dell'ancoraggio di Otranto 1565. *Gaspare* insigne giureconsulto. Egli nel 1578 intraprese un viaggio per la Spagna insieme al Dottore Leonardantonio Recco, per ottenere dal Re la reintegrazione della città di Montecorvino nel regio Demanio, mediante il pagamento di ducati 18,000, quanti ne avea sborsati Nicolò Grimaldi nello acquistarla. Ebbe a sostenere il *Morese* serie contrarietà fino a che il Re Filippo II° nel 1591 reintegrò Montecorvino nel Regio Demanio. *Giovanni* nel 1591 ebbe 800 ducati annui sugli arrendamenti della Dogana di Puglia. *Vespasiaao* Barone di Nociglia 1601. *Ludovico* e *Tiberio* dotarono la cappella fondata dai loro antenati, nella Chiesa di S. Tecla in Montecorvino, sotto il titolo di S. Maria e di S. Giacomo Apostolo. *Giuseppe* nel 1796 portò la sua famiglia da Montecorvino in Salerno. — ARMA: Di azzurro alla testa di moro con un turbante di rosso orlato di oro, accompagnata nel canton destro dello scudo da una stella a sei raggi di oro. — È rappresentata questa famiglia in Salerno dal Cavalier GIUSEPPE MORESE Patrizio di Montecorvino e dal suo figliuolo ALBERTO Cavaliere di Giustizia dell' Ordine Gerosolimitano.

**MORMILE**. — Famiglia di origine napoletana, di cui si hanno le prime memorie in persona di *Giovanni Mormile*, che nell'anno 876 sotto Basilio Imperatore possedeva terreni presso Napoli. Ha goduto nobiltà in Napoli ai seggi di Capuano e Portanova, ed ha vestito l'abito di Malta. Il ramo primogenito, Duchi di Campochiaro, si estinse; come pure quello dei Duchi di Carinari finì in due sorelle, una delle quali sposò Carlo Lignì Principe di Capossele. — MONUMENTI: *Napoli* nel Duomo e Chiese di S. Severino, S. Pietro martire e S. Agostino. — FEUDI: Acquaborrana, Albidona, Bagnolo, Bugnara, Calvi, Campagna, Cangiano, Caprino, Carinola, Carpino, Carpinone, Casapicella, Cascinoro, Castellabate, Castellana, Castelluccio, Castelpetroso, Cese, Colledanchise, Eboli, Ferrignano, Fiscali su Sarno, Frattura, Isola, Lenonio, Levano, Malvito, Marcianello, Marigliano, Marlono, Marzanetto, Marzano, Montecorvino, Montelateglia, Montenegro, Palmerola, Palmi, Palmola, Petrella, Roccasassone, Roccasecca, Sangiovanni Rotondo, Sanpolo, Santangelo, Teverola, Vairano, Vastogirardo, Viscegleto. — CONTEA: Lauria 1495. — MARCHESATI: Lauria, Ripalimosano. — DUCATI: Barrea, Campochiaro, Carinari, Castelpagano, Fragnito, Macchiagodena, Montenero, Sancesario, Santangelo. — PRINCIPATO: Santangelo. — PARENTELE: Aierbo, Alagno, Alagona, Aragona, Capano, Capece, Capua, Caracciolo, Carafa, Colonna, Confalone, Galluccio, Gesualdo, Gonzaga, Leyva, Lignì, Loffredo, Luca (de), Moccia, Pignatelli, Sanfelice, Siscara, Statella, Toraldo, Torno, Vigne. — AUTORI: Alfano, Almagiore, Ammirato, Ansalone, Biondo, Bonazzi (I reg. della nob.), Borrello, Campanile Fil., Campanile Gius., Capaccio, Carafa, Celano, Ciarlante, Contarino, Donnorso, Facio, Fiore, Galluppi (Arm. ital.), Garubba, Giordano, de Lellis (Fam. nob,), de Lellis (Nap. sac.), Lumaga, Maione, Maldacea, Marchese, della Marra, Mazzella, Normandia, Notar Dionigi, Pacca, Parrino, de Pietri, Pontano, Sacco, de Stefano, Terminio, Tettoni e Saladini, Toppi, Tutino, Zazzera. — *Donadeo* Console della Repubblica napoletana 1190. *Berardo* leggesi tra' feudatari del Regno nel 1275 e fu Familiare di Re Carlo I. *Tommaso* Consigliere e familiare di Re Roberto. *Nardo* Arcivescovo di Sorrento. *Giov. Luigi* fu uomo dottissimo, Familiare di Re Roberto e Presidente del Supremo Consiglio del Regno, Presidente della regia Camera e Giudice Civile e Criminale. *Cobaccio* Preside di Basilicata pel Re Roberto, *Nicolò* fu eletto della Piazza di Portanova nel capitolo tenuto da Re Roberto contro i rapitori di donzelle. *Pierino* Familiare della Regina Giovanna Iª, fu tra quelli che l'accompagnarono in Avignone, quando andò dal Papa per discolparsi dello assassinio di Andrea d'Ungheria. *Andrillo* accompagnò Carlo III di Durazzo in Puglia contro Luigi d'Angiò. Fu Castellano del Castelnuovo pel Re Ladislao, al quale prestò danaro e fu Maggiordomo della Regina Margherita. *Annecchino* valoroso condottiero di armati, Consigliere di Re Ladislao e Giustiziere degli Abbruzzi. Egli e suo fratello *Francesco*, che era Maresciallo del Regno, tennero lance in servizio del Re, e con Ottino Caracciolo liberarono la Regina Giovanna IIª che era tenuta prigioniera dal Re Giacomo suo marito. Poichè nel momento che quella, per permesso avuto, passeggiava in giardino, essi fecero appressare una carrozza, con la quale la condussero al palazzo dell'Arcivescovo, muovendo i cittadini contro del Re che spaventato dalle grida del popolo che acclamava la Regina, partì dal Regno. I *Mormile* ed il Caracciolo però non furono rimunerati dalla Regina, che, amante di Sergianni Caracciolo profuse a questo tutte le sue grazie, sicchè si diedero allo Sforza nemico di Sergianni, il quale ajutato da Francesco Orsino Prefetto di Roma, vinse lo Sforza presso Castelnuovo imprigionando i suoi nemici. *Francesco* fuggitosene seguì lo Sforza, col quale nel 1423 ritornò in Napoli per soccorrerla contro l'Infante Don Pietro d'Aragona. *Nardo, Simone* e *Luigi* Familiari di Re Ladislao e della Regina Giovanna IIª *Arrigo* Familiare di Giovanna IIª e suo Vicario in Terra di Lavoro e Molise. *Nicolò* e Lancillotto Agnese furono Sindaci per la Piazza di Portanova per giurare fedeltà alla Regina Isabella moglie di Re Renato. *Francesco* Vescovo di Sarno e poi di Cava. *Emilio* Maestro razionale della regia Zecca. *Berardo* Governatore di Mileto e di Nicotera. *Carlo* ebbe donata da Re Alfonso I, del quale era Familiare, la Badia di S. Pietro in Salerno, con mille scudi annui. Fu autore di più opere. *Antonio* fu tra' Paggi di Re Alfonso I. *Troiano* Governatore delle province di Principato e Basilicata, combattè valorosamente con propri cavalli contro i turchi ad Otranto, ove venuto a tenzone con un Capitano Musulmano lo uccise e recisogli la testa la portò in mostra pel campo sulla sua lancia. Nel rinnovarsi la Chiesa di Sanseverino egli diede 500 ducati annui a que'monaci che donarono a lui ed alla sua famiglia tutta la Cappella dell'Altare maggiore. Fu *Troiano* inviato contro Carlo VIII di Francia, che invadeva il Reame, dal quale fatto prigioniero in Abbruzzo, mentre riuniva armati. Liberato di poi, fu tra' capi della congiura, che richiamarono sul Trono Ferrante d'Aragona, al quale

apri la porta del Carmine alla testa d'immenso popolo. *Cesare*, cavaliere molto amato dal popolo, ostacolò Don Pietro di Toledo nella idea di stabilire la Inquisizione in Napoli, per lo che
temendosi che il Vicerè lo imprigionasse, fu organizzata una guardia di popolani al suo palazzo. Odiato però dal Toledo, spogliato dei suoi beni e dichiarato ribelle, fuggì in Francia ove fu bene accolto da quel Sovrano. Successa di poi la ribellione del Principe di Salerno Sanseverino, che chiamò alla conquista del reame il Re di Francia, fu *Cesare* destinato a dirigere le prime mosse e ad assoldar gente. *Fabrizio* valoroso Capitano nella guerra
del Tronto contro i Francesi. *Giov. Camillo* ereditò da Giacomo Sannazaro la Villa di
Mergellina, ove egli edificò un palazzo. *Carlo* illustre nelle armi, combattè valorosamente
alla battaglia di Pavia, rimanendo prigioniero dei Francesi. *Andrea* faceva parte dell'Accademia degl'Incogniti inaugurata in Napoli nel 1546. *Troiano* Duca di Campochiaro fu
tra gli Eletti dei Seggi inviati Ambasciatori per la città in Gaeta per salutare la Principessa Maria figliuola di Re Filippo II di Spagna, che andò sposa al Re di Ungheria. *Cesare* prese parte al torneo fatto dai cavalieri napoletani in occasione delle nozze di Carlo II
di Spagna con Maria Luisa di Borbone. — ARMA : D'oro alla banda d'argento bordata di
nero, caricata da tre aquilotti dello stesso. — CIMIERO: Un'aquila nera al volo spiegato. —
Questa famiglia è rappresentata in Napoli dal Cavaliere ANTONIO MORMILE de' Duchi di
Carinari Patrizio napoletano.

**MOTTOLA.** — V. Vº, p. 121. — Il ramo principale di questa famiglia vive in Catanzaro ed è
rappresentato da'signori GIOVAN BATTISTA, RAFFAELE e GIUSEPPE MOTTOLA. — Erroneamente fu asserito che questa famiglia godette nobiltà in Manfredonia, mentre colà fu nobile
la famiglia Mettola.

**MUSCETTOLA.** — v. V.º p. 123 — FEUDO: Sancrispiero. — *Antonio* Presidente della Regia Camera nel 1517.

**MUZIO.** — Vogliono alcuni autori che questa famiglia sia di origine romana e la dicono anche
Muti. Il certo si è che nei primi del secolo XVI *Vincenzo Muzio* da Genova portò la sua
famiglia in Palermo, ove fu ascritta alla Senatoria nobile. Il ramo della famiglia Santagata
Baroni delli Manganelli, nobile di Messina, si estinse in Faustina sposata a *Tommaso Muzio*
e Chacon Barone di S. Antonino. — FEUDI e BARONIE: Capisetto, Cascarino, Giusso, Grottarossa, Iannello, Manganelli, Santantonino. — PARENTELE : Albergo (d'), Bromè, Calascibetta,
Cardinale, Cavallo, Chacon, Chiaromonte, Colnago, Forni, Groppo, Helblinch de Hirzenfelt,
Maria (de), Migliaccio, Napolino, Ortolano, Palizzolo, Palmerino, Piragno, Salerno, Salvo, Sanfilippo, Sanpolo, Santagata, Settimo — AUTORI : Amato (De princ. temp. Panorm.), Anonimo (Sicolae nob. criterium), Baronio (Carmen ad S. D. Franciscum Mutium), Baronio (Si-
culae nob. auspic.), Baronio (de Maj. Panorm.), Cantù (Stor. ital.), Galluppi (Arm. ital.), Giustiniani (Diz. geog.), de Lellis (Fam. nob.), Mongitore (Bibl. Sic.), Mugnos (Nob. del mondo),
Mugnos (Nob. di Sicilia), Palizzolo (Il Blasone in Sicilia), Villabianca (Opuscoli), Villabianca
(Diarii palerm.), de Vio (de Priv. Panorm.). — *Giov. Battista* Barone di Cascarino e Senatore
di Palermo 1539. *Francesco* Barone di Grottarossa, Maestro Notaro del Senato di Palermo nel
1632, Maestro Notaro ed Archivario della Corte Pretoriana nel 1637, Maestro Segreto del
Regno di Sicilia nel 1640 e Giudice della R. Corte Pretoriana nel 1641. *Casimiro* Barone di
Grottarossa, Senatore di Palermo, e Marammiere del Duomo nel 1691. *Antonino* Barone di
Cascarino e Senatore di Palermo nel 1711. *Casimiro* Giudice delle appellazioni di Palermo
nel 1750 e Giudice della R. Corte Pretoriana e del Tribunale del Concistoro nel 1761. *Giovanni*
Governatore di Palermo nel 1762. *Innocenzo* Barone delli Manganelli, Senatore di Palermo nel
1763, Governatore della Tavola, Spedaliero di S. Bartolomeo, Governatore del Monte di Pietà
e Tesoriere del Senato. *Francesco* Ufficiale di carico del Ministero e Real Segreteria di Stato
in Sicilia. — ARMA: D'oro al destro braccio armato d'argento impugnante una spada alta in palo
sopra un vaso di nero fiammeggiante di rosso. — Questa famiglia è rappresentata in Palermo
dal Barone di Grottarossa INNOCENZIO MUZIO e *Salerno* già Rettore dell'opera di Navarro
e Percettore del Circondario Monte di Pietà in Palermo, e dal suo figlio BASILIO CESARE
MUZIO e *Salerno* Socio della R. Accademia araldica italiana, e della Società Siciliana di Storia patria.

**NAPOLI (di).** — Questa famiglia dicono alcuni autori che fu originata da Nicolò Caracciolo,
del ramo da cui derivarono i Duchi di Martina, il quale essendo passato in Sicilia, in tempo

del Re Federico II d'Aragona, fu detto *di Napoli* dalla patria , qual nome fu ritenuto dai suoi discendenti come i Colonna furono in Sicilia chiamati Romano, ed i Beccadelli detti di Bologna. Per trovarsi però notizie anteriori in Sicilia di questa famiglia, devesi aggiustar fede ad un certificato del 20 Dicembre 1730 col quale alcuni signori napoletani riconoscevano il principe di Resuttano *Pietro di Napoli* discendere da Enrico Caracciolo che nel 1272 portò la sua famiglia in Sicilia e pei segnalati servigî prestati a quel Sovrano, fu creato Governatore perpetuo della città di Troina, ove stabilì la sua famiglia, la quale si diramò in altre città della Sicilia, e specialmente in Palermo, come pure un ramo fu portato nella città di S. Maria nel 1625 da *Giovanni* fratello di *Giuseppe di Napoli* Duca di Campobello per matrimonio contratto con la signora Zenobia Lanza patrizia di Capua. Questa famiglia ha goduto nobiltà in Sicilia ed in *Benevento*, vestì l'abito di Malta nel 1475 ed ebbe il Grandato di Spagna nel 1709. Il ramo dei *di Napoli* di Sicilia decorato del titolo di Marchese da Carlo VI, si estinse nel 1755 in *Anna Caterina* sposata a Giacomo Bajada, la cui famiglia si estinse nella famiglia Brancaccio di Napoli. Il ramo dei *di Napoli* Principi di S. Stefano e Duchi di Campobello si estinse in *Antonio*, del quale fu erede la moglie Maria Gomez da Silvera, che nel 1668 sposò in seconde nozze Giuseppe Lanza Duca di Camastra. Il ramo della famiglia Bellacera Principi di Monteleone si estinse nel 1689 in Giuseppe morto senza figliuoli, il quale ebbe una sola sorella, Eleonora, che sposò *Federico di Napoli* Principe di Resuttano. La detta Eleonora avea ereditato il Principato di Buonfornello da sua zia Anna Bellacera la quale restata vedova di Blasco Alliata Principe di Buonfornello, e senza prole, comprò il detto Principato e ne fu investita il 30 luglio 1683, e sposò in seconde nozze Cesare Lanza Principe di Trabia, col quale neppure ebbe figliuoli, per lo che, venuta a morte, lasciò erede del detto Principato la nipote, con la condizione d'investirne il suo secondogenito *Cristofaro di Napoli*, aggiungendo l'obbligo di assumere il cognome e le armi dei Bellacera. Il ramo della famiglia Buonfiglio Principi di Condrò e Marchesi di Leonvago, si estinse nel 1743 in Paolo morto celibe, e nella unica sorella Felicia che sposò *Federico di Napoli* Principe di Resuttano e Duca di Campobello, il quale nel 1751 vendette il Marchesato di Leonvago a Pietro Maiorana. La famiglia *di Napoli* in Sicilia si divise in quattro linee principali, cioè: 1ª Principi di Resuttano, Duchi di Campobello e Duchi di Bissano: 2º Principi di Buonfornello e Baroni di Pirraino: 3ª Duchi di Cumia e Baroni di Boccarato, di Targioni e di Francavilla: 4º Marchesi di Melia e Baroni di Longi. — MONUMENTI: *Palermo* nel Duomo e nelle Chiese dei Cappuccini e di S. Giuseppe dei Chierici regolari, *Santamaria* Chiesa di S. Ignazio. — FEUDI: Alessandria, Alessano di Mazzara, Boccarato, Cattimini, Cimisi, Contraineri, Cuba, Ficarra, Francavilla, Gaesi, Longi, Mensagno, Noce, Oliveto, Pietromicca, Pirranio, Rampinferi, Salvatore, Scorciavacca, Targioni. — MARCHESATI :Leonvago, Melia 1702, Sancalogero 1759. — DUCATI: Bissana 1671, Campobello 1638, Cumia 1781, Vatticani 1746.—PRINCIPATI: Bellacera, Buonfornello 1718, Condrò 1743, Monteleone 1689, Resuttano 1627, Santostefano 1639. — PARENTELE: Alcivar, Andreotti, Antiochia, Balsamo, Barrese, Basilio, Bassano, Bellacera, Benedetto (di), Bologna, Bonaiuto, Bonanno, Bonfiglio, Caracciolo, Castelli, Cattaneo, Filangieri, Fuchs, Galletti, Giovanni (di), Gomez de Silvera, Gregorio (de), Grimaldi, La Grua, Landolina, Lanza, Larcan, La Via, Leontini, Macdonald, Massa, Minutolo, Moleti, Montaperto, Morreale, Palizzi, Papardo, Paternò, Pomar (di), Rampolla, Romano Colonna, Rosso, Rosta, Settimo, Sollima, Spadafora, Timpanaro, Trigona, Turrisi, Colonna, Uberti (degli), Visarti, Valgnarnera, Zati. — AUTORI: Araldi (It. nob.), Araldo Almanacco Nobiliare, Bonazzi (Reg. della nob. delle prov. nap.), Bonazzi (Elenchi), Bosio (Stor. di Malta), Fazzello (Stor. di Sicilia), Galluppi (Arm. ital.), Galluppi (Nob. di Messina), Leontino (Elog. della fam. Leontino), Lumaga (Teatro della nob. d'Europa), della Marra (Famig. nob.), Minutolo (Prior. di Messina), Mongitore (Bibl. Sic.), Moreri (Diction. hist.), Mugnos (Nobiltà del mondo), Mugnos (Nob. di Sic.), Orioles (Trattato della fam. Spadafora), Palizzolo (Il Blasone in Sicilia), Paltero (Geneal. della fam. Denti), de Pietri (Storia), Pirri (Sicilia sacra), del Pozzo) Ruolo gen. dei Cav. geros.), Ricca (La nob. delle Due Sicilie), Rossi (Teatro della nob. d'Italia), Sacco (Diz. geog.), Toppi (Bibl. napol.), Torremuzza (Fasti di Sicilia), Villabianca (Sicilia nobile).—*Ugone* Vice Protonotario del Regno di Sicilia nel 1343, fu anche Maestro Razionale della Gran Corte. *Francesco* familiare e commensale del Re Martino, *Nicolò* Senatore di Troina, 1434. Questa carica fu varie volte occupata da' suoi discendenti. *Antonino* Giudice della Corte pretoriana ad avvocato fiscale della R. Corte, 1500. *Marco* valoroso cavaliere, combattè sotto gli ordini di Consalvo di Cordova. *Francesco* Vicario generale del Regno e Reggente del Supremo Consiglio d'Italia, 1557. *Girolamo* Presidente del Concistoro Maestro razionale e Deputato del Regno di Sicilia, 1594. *Giuseppe* Consigliere del Re Filippo IV, portò da Troina in Palermo la sua famiglia. Fu Presidente del regio Patrimonio e Reggente del Supremo Consiglio d'Italia. Nel 1618 fondò la terra di Campobello sulla quale nel 1638 ottenne il titolo di Duca; nel 1624 fondò la terra di Resuttano, sulla quale il suo figliuolo *Girolamo* Cavaliere d'Alcantara ottenne nel 1627 il titolo di Principe. *Antonino* Duca di Campobello, Cavaliere di S. Giacomo della Spada e Capitano di Palermo, fu il primo Principe di Santostefano per concessione di Re Filippo IV di Spagna nel 1659. *Carlo* Somigliere di Corte ed Elemosiniere maggiore di Re Filippo IV, Abate di S Maria della Noara e di S. Andrea di Piazza, 1648. *Vincenzo* Vescovo di Patti, e poi Arcivescovo di Palermo, 1648. *Giuseppe* Duca di Campobello, Principe di Resuttano, e Governatore della Compagnia dei Bianchi e del Monte di Pietà, 1654. *Pietro* primo Duca di Bissana, Cavaliere di Calatrava, Menino della Regina Elisabetta di Spagna, e Generale delle galere del Regno, 1670. *Giuseppe* primo Marchese di Melia, quale titolo ereditò nel 1702 da sua madre Melchiorra Morreale. *Federico* Principe di Resuttano Duca di Campobello e Duca di Bissana, Grande di Spagna, di 1.ª Classe, Gentiluomo di Camera e Consigliere dell' Imperatore Carlo VI di Austria, dal quale ottenne il Privilegio di aggiungere nella sua arma, un Leone d'oro ed il motto *Viro costanti*, pel valore dimostrato nel tremuoto del 1726. Fu Capitano Giustiziere, Pretore e Vicario generale di Catania. *Pietro* Principe di Resuttano, Principe di Monteleone, Principe di Bellacera, Duca di Campobello e Duca di Bissana, Grande di Spagna e Gentiluomo di Camera del Re Carlo IIIº di Borbone, Capitano e Pretore di Palermo. Vicario generale della Noara e Deputato del Regno di Sicilia nel 1741. Nel 1759 vendette il Principato di Bellacera a Viperano Balsamo Barone della Statera, il quale chiese al Re ed ottenne che fosse commutato in quello di Castellaci. Fu tra coloro che assistettero alla incoronazione di Re Carlo III. *Federico* Principe di Resuttano e Duca di Campobello, Gentiluomo di Camera del Re e Pretore di Palermo nel 1753. *Giuseppe* primo Duca di Cumia nel 1781 ebbe un solo figliuolo, *Paolo*, che morì lasciando una figlia, *Marina*, erede del titolo, la quale sposò Marcello Fardella di Torrearsa Cavaliere gerosolimitano. *Domenico* del ramo di S. Maria fu ricevuto Cavaliere di Giustizia nell'Ordine Gerosolimitano nel 1797. — ARMI: 1º D'oro al leone di azzurro con lo scritto *Viro costanti*. — 2º D'azzurro al leone d'oro nella punta, sormontato dal motto *Viro costanti* di nero in fascia, col giglio d'oro posto nel capo, accompagnato da due stelle dello stesso. — 3º D'azzurro con un giglio d'oro, accompagnato da due stelle del medesimo. — Questa famiglia è rappresentata in Sicilia dal Principe di Resuttano, Principe di Condrò, Duca di Campobello, Duca di Bissana GIROLAMO DI NAPOLI e *Settimo*, e dal Principe di Buonfornello e Barone di Pirraino FRANCESCO PAOLO DI NAPOLI e di Napoli. Il ramo di S. Maria è rappresentato in Blevio dal signor GIUSEPPE DI NAPOLI Cavaliere dell'Ordine di Francesco I, decorato della medaglia dell'assedio di Gaeta.

*NB*. Altra famiglia *di Napoli* si trova fin dall'anno 1400 nella provincia di Salerno facendo dimora nelle città di Lustra e Roccacilento ed infine in quella di Capaccio, ove ha goduto nobiltà con le famiglie de Angelis di Trentenara, Cannicchi, Eliseo, Laudisio, Niglio, Tanzi, Vignati, Zappulli, Pasca e de Vita, come rilevasi dai molteplici autori che di quella città hanno discorso. Ignoriamo se detta famiglia *di Napoli* fosse una diramazione di quella nobile a Benevento ed a Brindisi. Essa usò per arme: Diviso da una fascia d'argento, nel 1º un campo rosso caricato da tre stelle di argento, e nel 2º di verde con un cavallo al naturale corrente.

**NAVARRO.**—Famiglia originaria di Gozzo, presso Malta. Alcuni la credono di origine spagnuola ed altri infine la dicono araba, nel cui idioma *Navarro* significa sollecito. Nel secolo XII si diramò in Napoli. Ha goduto nobiltà in *Lucera*. — MONUMENTI: *Napoli* nella chiesa di S. Maria La Nuova. — FEUDI: Atina Miraglia.—MARCHESATO: Cameli. — PARENTELE: Ambrosio (d'), Beccadelli, Blasio (de), Castellet, Corvera, Cusabo, Pavie (di), Tamburri. — AUTORI: Accattatis, Amely, Falconi, Fiore, Galluppi, Lancia, Lumaga, Morgigni, Mugnos, Palizzolo, Tosti, Villabianca.—*Giovanni* accompagnò in Sicilia il Re Martino I, del quale fu Consigliere e familiare, e stabilì la sua famiglia in Licata. *Andrea* Governatore dell'Isola di Gozzo pel Re

Alfonso I d'Aragona ed Algozino, ossia Magistrato addetto ad istruire i processi ed assistere il Gran Giustiziere. Ebbe dal Re il feudo di Miraglia e 150 ducati annui sui beni feudali ricaduti alla Corona, e la concessione di poter usare la stessa arma del Regno di Navarra, cioè d'azzurro con catenelle d'oro a quadrati concentrici. Nel 1470 fu inviato a Tunisi dal Re Giovanni d'Aragona per trattare con quella Reggenza. Istituì un beneficio perpetuo per soccorrere le donzelle indigenti di Palermo, e fondò in Cotrone un Monastero dal titolo di Gesù e Maria. *Pietro* Generale e valoroso Condottiero d'armati di Re Ferdinando il Cattolico sconfisse i francesi presso S. Germano e li scacciò da Melfi, da Venosa e da altri paesi della Basilicata. Andò alla spedizione di Barberia ove conquistò Orano e Tripoli, e combattette contro i mori valorosamente in Castiglia. Nel 1512 fu fatto prigioniero dai Francesi alla battaglia di Ravenna ed essendosi rivolto a Ferdinando il Cattolico per essere riscattato, ebbe un formale rifiuto, perlocchè restituiti i suoi brevetti, prese servizio nello esercito di Francesco I. di Francia, pel quale combattè in Navarra, in Vigevano ed in Pavia. Fu Gentiluomo di Camera ed ottenne il titolo di conte per sè e suoi eredi e successori. Nel 1528 morì e fu sepolto in Napoli nella Chiesa di S. Maria la Nuova, ove Consalvo di Cordova fecegli erigere un sepolcro. Fu lo inventore delle mine. *Pietro Paolo* Gesuita, uomo dottissimo e zelante missionario, fu martirizzato nel Giappone nel 1622. *Melchiorre* (Conte) Reggente di Cancelleria. *Giuseppe* (Conte) Capitano di Fanteria. *Bernardo* Giudice della G. C. della Vicaria, Caporuota del S. R. C. e Consigliere della R. Camera di S. Chiara. *Francesco* cavaliere Costantiniano e dell'Ordine di Francesco I, Presidente della suprema Corte di Giustizia, solerte ed insigne magistrato. Nel 1849 fu nominato Ministro per gli affari ecclesiastici, e per la Istruzione pubblica, carica che egli rifiutò. Sposò Raffaella Tamburri erede del marchesato di Cameli. Nel 1848 fu nominato Pari del Regno, e con lui i seguenti: Principe di S. Antimo Ruffo, Duca Riccardo di Sangro, Duca di Campomele Francesco Evoli, Luigi de Biase, Duca Mario Mastrilli di Gallo, Maresciallo Sozii Carafa, Barone Luigi Rodinò, Marchese Giuseppe Letizia, Raffaele Longobardi, Conte di Montesantangelo Nicola Serra, Maresciallo Francesco Saverio Garofalo, Barone Francesco Ciccarelli, Marchese Andrea Santasilia, Marchese Giuseppe Donnaperna, Duca di Terranova, Giustino Fortunato, Francesco Saverio d'Andrea Avvocato Generale della G. Corte dei Conti, Carlo Cianciulli e Nicola de Luca Avvocato Generale della Suprema Corte di Giustizia.—*Bernardo* cavaliere dell'Ordine Costantiniano, e di Francesco I, Sottointendente di Pozzuoli. — ARMI: — 1° Inquartato: nel 1° di rosso alla freccia di oro, nel 3° di rosso all'aquila spiegata di nero, nel 2° e 4° di argento con la catena di oro posta in sbarra attraversante sul tutto. — 2° Di rosso con catenelle di oro in quadrati concentrici. — 3° D'azzurro a quattro bande di oro, le due di mezzo accostate da tre stelle d'argento. — MOTTO: *Vera domitus catena.*—È rappresentata in Napoli dal marchese di Cameli FRANCESCO NAVARRO.

**DE NICASTRO.** — Questa famiglia è di origine Normanna, e prese nome dalla città di Nicastro che possedeva nel secolo XI. Ha goduto nobiltà in *Napoli* nel Seggio di Capuana nel 1443, *Barletta, Benevento, Giovinazzo* (1), *Lucera, Manfredonia, Messina, Trani.* Avendo vestito l'abito di Malta trovasi ascritta al registro di Malta. I *Nicastro* di Barletta per serie questioni con la famiglia della Marra, furono espulsi da quella città; confiscati i loro beni passarono a stabilirsi in Messina, in Calabria ed in Manfredonia, donde un ramo si stabilì in Lucera nel 1550 per parentela contratta con la famiglia Candida. La famiglia Meroldi, nobile di Andria si estinse nei *Nicastro.* Come pure la famiglia Scassa decorata dal titolo di Marchese, patrizio di Lucera. — MONUMENTI: *Lucera* nel Duomo e nelle Chiese dei Domenicani, di S. Agostino, dei Riformati e dei Conventuali, *Manfredonia* nel Duomo e nelle Chiese dei Domenicani e di S. Francesco, *Andria* Chiesa dell'Annunziata, *Bari* Chie-

(:) In *Giovinazzo* ànno goduta nobiltà anche le famiglie: D'Agostino, Aprano, Arcamone, Armenta, Avantaggiato, Barnaba, Bellacosa, Blanchi, Boccapianola, Brayda, Bruni, Caccavo, Cagnoli, di Capua, Castellano, Castiglia, Celentano, di Cesare, Chyurlia, Ciardi, Colletta, Coves, Diacodamis, Donnanno, Dragonibus, Elefante, Encraprera, Fanelli, Frammarino, Friciis, Gaeta, Gaudio, Gaudone, de Gemmis, Grassis, Griffi, Grimaldi, Guidone, Guindazzo, Imperati, Isolani, Iurado, de Leon, Liuzzi, Lupis, Maggiovecchio, Magronibus, Marramaldo, Mena, Missere, Morola, Nocera, Origlia, Orsino, Paglia, Papai, Pascale, Pavone, Pepe, Piccolo, Pisani, Planca, Porro, Preclosi, Ragonibus, Riccio, Risi, Roberti, Rosa Caccianini, Rota, Rufoli, Sagarriga, Saraceno, Sasso, Scaglioli, Seripando, Severo, Siciliano, Sindolfi, Spinelli, Stanga, Tresca, Triples, Turcolis, Vallone, Vernice, Volpicella, Zurlo.

sa di S. Nicolò, *Barletta* nel Duomo. — FEUDI: Alboraggio dl Manfredonia, Binetto, Cagnano, Ceglie, Cella, Ferentino, Firenzuola, Girone, Ischitella, Nicastro, Passo di Candelaro, Rodi, Salina e Dogana di Manfredonia, Viesti. — MARCHESATO : Villabianca 1726. — PARENTELE : Afflitto, Amely, Antinori, Arcamone, Berlingieri, Boccapianola, Bonelli, Borgenza, Candida, Capece Zurlo, Caracciolo, Compagna, Dattilo, Galeota, Galloberti, Gentile, Gisulfo, Grata, Gravina, Insula, Lombardo, Longo, Macedonio, Nunziante, Orsini, Pignatelli, Santacroce, Torres, Trotti, Vischi, Visconti ed altre. — AUTORI: Almagiore (Giunte al Summonte), Amely (Stor. di Lucera), Bacco (Descr. del regno), Bonazzi (Cron. di Massilla), Bonazzi (I regis. della nob. delle prov. nap.), Galluppi (Arm. ital.), Galluppi (Nob. di Messina), Giustiniani (Diz. geog.), Lumaga (Teatro della nob.), Mongitore (Bibl. Sic.), Mugnos (Nob. di Sicilia), Muratore (Uom. illus.), Pacichelli (Regno di Napoli in prosp.), Paglia (Stor. di Giovinazzo), de Pietri (Storia), Recco (Notiz. di nob.), Troyli (Storia), Zurita (Ann. d'Aragona).—*Ottone* Vescovo di Ostia e Cardinale nel 1088, fu Ministro del Papa Urbano II al Re di Francia. *Ruggiero* Milite e Castellano di Barletta. *Ruggiero* e *Nicolò* (figliuoli del precedente) nel 1198 donarono alcuni beni al Monastero del Monte Sacro in Barletta. *Riccardo* Assessore e Capitano di Lucera e della provincia di Aquila, ed Erario del Re Carlo II d'Angiò. *Matteo* Barone di Cella e Binetto, milite e regio familiare, ottenne dal Re Ladislao uno scudo al giorno sopra l'ufficio del Giustizierato di Bari ed il privilegio d'imbarcare in qualsiasi porto di Puglia vettovaglie raccolte nei suoi beni, senza pagar dritti fiscali. In tal diploma si ricorda altre concessioni fatte alla famiglia *de Nicastro* dal Re Carlo I d'Angiò, dicendola del regio sangue normanno e cognominata dal possesso della città di Nicastro, e riconfermando ad essa lo stemma gentilizio. *Nicolò* familiare e Cappellano di Re Ladislao. *Normanno* Ambasciatore e segreto di Calabria. *Tommaso* ridusse la città di Manfredonia all'obbedienza di Re Alfonso d'Aragona. *Giovannello* pei tanti servigi resi ad Alfonso d'Aragona, e per aver sottoposta alla obbedienza del Re la città di Manfredonia che parteggiava per Renato d'Angiò, fu coi suoi discendenti ascritto al seggio di Capuana in Napoli con diploma del 13 dicembre 1443, ed ebbe concesse e riconfermate varie proprietà e le baronie di Alboraggio di Manfredonia e Passo di Candelaro. I discendenti di lui *Domenico* e *Francesco* nel 1748 aveano lite di reintegra al detto seggio. *Antonio* abate del Monastero della Trinità di Siponto. Fra *Pietro* Cavaliere gerosolimitano e Priore dell'Ospedale di Barletta. *Giovanni* fu inviato da Don Ferrante Gonzaga Duca di Mantova e Generalissimo del Regno di Napoli per lo Imperatore Carlo V, per conchiudere gli sponsali che egli volea contrarre con Isabella di Capua Principessa di Molfetta, e gli concesse il suo palazzo in Giovinazzo, il feudo di Girone e la Mastrodottia di Molfetta. *Annibale* Capitano di fanti nella guerra della campagna di Roma nel 1557. *Antonio* fondò in Manfredonia il Convento dei Cappuccini nel 1573. *Francesco Paolo* nel 1726 ebbe concesso dallo Imperatore Carlo VI il Marchesato di Villabianca in Abbruzzo, passato nella famiglia Emanuele. — ARMA: D'argento con cinque punte di lancia in banda col rastello di rosso a cinque pendenti posto nel capo. — Questa famiglia è rappresentata in Napoli dal Marchese NICOLA DE NICASTRO Patrizio di Lucera e Cavaliere del S. M. O. Gerosolimitano.

**NOBILIONE.** — Famiglia ora estinta, originaria della città di Sorrento. Ha goduto nobiltà in *Sorrento* ed in *Nicotera*. — BARONIA : Spineta. — PARENTELE : Minutolo, di Palma, Piscicelli, Sclano, Sersale. — AUTORI: Campanile, Donnorso, Lumaga, Maldacea.—*Ottavio* Capitano d'infanteria di Re Ferdinando I d'Aragona, pel quale ottenne una vittoria presso Sarno. *Cherubino* Vescovo di Avellino, 1726. — ARMA: Spaccato di oro e di rosso al leone dell'uno nell'altro, accompagnato nella parte posteriore da dieci plinti di argento.

**NORMANDIA.** — Questa famiglia è di origine Normanna. Essa trovasi notata tra le famiglie feudatarie nel tempo dei Re Normanni. Ha goduto nobiltà in *Sarno* (1) al Seggio dei nobili. Questa famiglia, al pari delle altre nobili di Sarno, ottenne molti privilegî dai Re Angioini, ed Aragonesi, che vennero ad esse riconfermati dal Pontefice S. Pio V, il quale nel 1568, ordinava al popolo di Sarno di rispettare e riconoscere per nobili alcune famiglie di quella città, tra cui la *Normandia*, sotto severe pene. In detta città eravi nobiltà con distinzione e separazione dal popolo, il quale non poteva concorrere ad alcuni uffici riservati alla no-

(1) Anche le seguenti famiglie sono state nobili in *Sarno*, Abignente, Altenda, Amando, Aprile, Balzorano, Capparelli, Combi, Daldis, Giulio (di), Guirardi, Lupis, Montorio, Pandone, Specchio.

biltà. Questa famiglia ha occupato in Sarno i principali ufficii e possiede da tempo antichissimo una Cappella gentilizia, sotto il titolo di S. Maria Maddalena. — PARENTELE: Abignente, Altenda, Basile (de), Balzorano, Colli, Conte, Crescenzi, Fabbricatore, Jannelli, Lanzara, Lupi, Maneusi, Montoro, Negrì, Origo, Pati, Rocco, de Silva ed altre. — AUTORI: Araldo Almanacco nob. del 1878, Borrello (App. hist. MS.), Beltrano (Descr. del Regno), Borrello (Difesa della nob. nap.), Lumaga (Teatro della nob. d'Europa), Mazzella (Descr. del regno), Normandia (Storia di Sarno), Siani (Storia della città di Sarno), Summonte (Storia di Napoli). — *Antonio* Giudice annuale nel 1397. *Galeotto* Luogotenente del Gran Giustiziere nel 1407. *Luigi, Antonio* e *Giacomo* nel 1415 furono nominati procuratori della nobiltà di Sarno nel giudizio tra essa e la Università di quella città, che non voleva riconoscerla ed esentarla dai balzelli. *Giov. Domenico* nel 1457 donò alcuni suoi beni al Monastero di S. Anna di Nocera. *Giacomo* nel 1459 fu Sindaco dei nobili, e fu inviato dalla Università di Sarno a prestare omaggio di fedeltà al Re Ferdinando I d'Aragona. *Francesco* Giudice annuale nel 1469. *Giovanni* Sindaco dei nobili nel 1476, fu inviato dalla città di Sarno al Re Ferdinando I d'Aragona, che era in quel castello per ringraziarlo di alcune concessioni e privilegii largiti alla città stessa. *Francesco* uomo dotto, fu Giudice annuale nel 1517. *Giov. Vincenzo* Vicario generale della Diocesi di Sarno, e Rettore dello insigne Collegio di S. Matteo Apostolo. Nel 1578 fondò con proprio danaro il Monte di pegni, pel quale ottenne dal Re Filippo II di Spagna tutti i privilegii concessi al Monte di Pietà di Napoli. Egli donò altri suoi beni all'Ospedale degl'Incurabili di Napoli. *Antonio* uomo dotto nell'uno e l'altro dritto, fu nominato nel 1680 Arcidiacono della Cattedrale di Sarno. Egli fu il promotore del Sinodo Diocesano tenuto dal Vescovo di Sarno Monsignore Nicolantonio de Tura. *Andrea* insigne matematico nel 1766. *Giacinto* insigne teologo nell'anno 1870 fu Abate dei Benedettini di Montevergine. *Giacinto* dotto avvocato e socio di diverse Accademie nel 1850, stampò le *Memorie Storiche ed Industriali della città di Sarno*, e fu autore di altri opuscoli riguardanti industrie rurali e coltivazione. Fu anche Sindaco della città di Sarno nel 1861, nel quale anno morì. — ARMA: Di argento all'aquila nera al volo spiegato tenente nello artiglio destro una stella e nel sinistro una torta, e la banda di rosso attraversante sul tutto. Questa famiglia è rappresentata in Sarno dal Cav. ANDREA NORMANDIA Patrizio di Sarno.

**NOYA, DELLA NOYA o LANNOY.** — Famiglia originaria di Fiandra, che prese nome dal Castello di Lannoy, che possedeva in feudo. Passò nel Reame ed un ramo fu portato nel Barese. Il ramo della famiglia Guevara Conti di Potenza si estinse nel 1600 in Alfonso che ebbe due sole figliuole delle quali la prima ebbe nome *Porzia* sposò *Filippo Lannoy* Principe di Solmona. Ne' Lannoy si estinse un ramo della famiglia Acquaviva ed il ramo principale della famiglia Folliero. Ha goduto nobiltà in *Napoli* al Seggio di Nido, vestì l'abito di Malta ed ottenne l'Ordine del Toson d'oro. — MONUMENTI: *Napoli* nella Chiesa di S. Chiara e di Montoliveto, *Mola* di Bari nella Chiesa dei MM. OO. con cappella gentilizia. — FEUDI: Bitetto, Capriata, Caramanico, Entrate feudali di Noci, Francienes, Grumo, Guardia, Magnavalle, Montemesole, Prata, Quaranta, Ruvalai, Sancelles, Sanpaolo, Tino, Vulernai. — CONTEE: Asti, Potenza, Venafro. — DUCATO: Boiano. — PRINCIPATO: Sulmona 1526. — PARENTELE: Afflitto, Avalos, Belprato, Candida, Caracciolo, Carafa, Carretto (del), Colonna, Cotino, Folliero, Friozzi, Guerrera, Lamberti, Monbel, Morese, Palmieri, Pappacoda, Pinto, Rebullo, Sallotti, Sanseverino, Santacroce, Tuttavilla, Vairo. — AUTORI: Aldimari, Cambray, Campanile Gius., Carpentieri, Engenio, Fatalò, Galluppi (Arm. ital.), Infantino, De Lellis, Lumaga, Mazzella, Parrino, de Pietri, Spenero, Summonte, Tesauro, del Tufo. — *Gilberto* fu inviato dal Duca di Borgogna al Re Alfonso I d'Aragona per consegnargli l'Ordine del Toson d'oro. *Guglielmo* Colonnello di Cavalleria. Per la sua antica nobiltà e pei meriti che acquistò scacciando i francesi che nel 1509 aveano invaso Mola di Bari ed i Veneziani che ne aveano occupato il castello, ottenne da Re Ferdinando il Cattolico per sè e suoi successori i beni del Duce Veneziano, e tra gli altri un fondo di cento moggia, che *Vito Noja* Cavaliere di Giustizia dell'Ordine Costantiniano possedeva ancora nel 1818. *Francesco* Viceré di Sardegna. *Carlo* Principe di Sulmona, Signore di Sancelles, Cavaliere del Toson d'Oro, Grande Scudiere della Cesarea e Cattolica Maestà di Carlo V, Viceré e Capitan generale del Regno, sposò Donna Isabella di Monbel, che avea dato latte allo Imperatore Carlo V, nato in Gant nei Paesi Bassi. Ottenne in dono il Castello Capuano. Fu capo della Lega contro il Re di Francia Francesco I, il quale fatto prigioniero dal Marchese di Pescara, fu dal *Lannoy* inviato nella Spagna senza il parere del Pescara, che per tal ragione lo sfidò a duello, che non potette aver luogo per la morte avvenuta dell'Avalos. Fu il Re Francesco I tenuto sei mesi prigioniero, finchè firmata la pace fu liberato ed accompagnato dal Vicerè e da tutti i Signori sino ai confini, ove lo aspettava Monsieur de Lautrech, che con buona scorta di cavalleria lo ricondusse in Francia. *Bartolomeo* Presidente della regia Camera 1528. *Orazio* fu creato Colonnello di 3000 fanti, assoldati in tempo che i Turchi facevano grandi apparecchi di guerra per conquistare Malta. Allora il Vicerè Afan de Rivera Duca d'Alcalà, per sicurezza del Regno, formò il detto reggimento che affidò al *Lannoy*, oltre a che mandò a Taranto Francesco Loffredo con 600 fanti, a Gallipoli il Conte di Ugento con 500, a Brindisi il Marchese di Lucito con 2000, ad Otranto il Duca di Nardò con 700, a Monopoli il Marchese di Arienzo con 500, a Bari Don Giovanni Guevara con 500, a Bisceglie Pier Giacomo de Gennaro con 400, a Trani il Marchese di Capurso con 1000, a Barletta il Duca di Nocera con 1200, a Manfredonia il Conte di Macchia con 600, a Viesti Tiberio Brancaccio con 200, a Cotrone il Marchese di Cerchiara con 600, ed a Lipari Francesco del Porto con 200. *Rodolfo* Baglivo d'Amiens, Gran Cancelliere del Regno di Napoli pel Re Luigi XII. *Filippo* Principe di Sulmona e Conte di Venafro, morto senza figliuoli e passati i suoi stati alla regia Corte, questa vendè Sulmona a casa Borghese e Venafro a casa Spinola. — ARMI:—1. Di azzurro a tre leoni di oro, coronati dello stesso, e linguati di rosso. — 2° D'argento a tre leoni coronati di verde, 2 e 1. — CIMIERO: Un leone uscente e coronato di verde.—Vive questa famiglia in Mola di Bari ed è rappresentata dal Barone di Bitetto FERDINANDO AUGUSTO NOYA.

**OREFICE o AURIFICE.**—Famiglia che da alcuni è creduta originaria della città di Napoli. Ha goduto nobiltà nella città di Napoli al Seggio di Porto, in *Sorrento* al Seggio Domininova, *Palermo, Siracusa, Trapani* ed *Erice*. Vestì l'abito di Malta nel 1615. Il ramo primogenito della famiglia Mendozza si estinse negli *Orefice*, i quali possedevano in Sorrento il palazzo di Torquato Tasso. — MONUMENTI: *Napoli*, Chiesa di Monteoliveto.—FEUDI: Piano del Pozzo, Rovetto, Salina, Terraloggia. — PRINCIPATO: Sansa 1618. — PARENTELE: Caracciolo, Latro, Macedonio, Mastrogiudice, Mendozza, Molignano, Palma, Sangro, Sanseverino, Strambone, — AUTORI: Ansalone, Campanile Giuseppe, Capaccio, Donnorso, Galluppi (Arm. ital.), Lumaga, Maldacea (Storia di Sorrento), Mugnos, del Pozzo, Vincenti.—*Nicolò* Contestabile di Napoli sotto Federico II Imperatore. *Berardo* e Cesare di Donno, Francesco Loffredo, Pandone Aldemoresco, Francesco Lottiero, Margaritonno Scrignario, erano giudici di Napoli. *Aloisio* Cavaliere gerosolimitano, 1615. *Antonio* Presidente della Regia Camera e Vice Protonotario 1618, *N.* Straticò di Messina, 1618. *Francesco* Vice Pronotario del Regno. *Giovanni* ultimo principe di Sansa intrigatosi contro gli spagnuoli in favore del partito francese ebbe confiscati i beni e mozzato il capo, nel tempo in cui governava il Vicerè Duca di Medina. Ebbe un sol fratello, *Luigi*, il quale non lasciò che una sola figliuola sposata al Duca di Laurito Monforte. — ARMA: D'oro al leone di rosso, tenente con le zampe un ramo d'alloro al naturale.

**PACCA.**—Famiglia originaria del napoletano della quale si hanno le prime notizie in Amalfi sotto il Regno del Re Ladislao di Durazzo. Fu ascritta al patriziato di Benevento nel secolo XVIII ed ha vestito l'abito di Malta nel 1757.—FEUDO: Cerretiello. — MARCHESATO: Amatrice.— PARENTELE: Aquila (dell'), Bernaudo, Capasso, Capozzi, Caracciolo, Capobianco, Carissimo, Cordova, Folgori, Leone, Malaspina, Mansella, Mastrillo, Pascale, Rotondo, Rubino, Sabariano, Sanseverino, Sozì Carafa, della Vipera. — MONUMENTI: *Benevento* Chiesa de' Gesuiti. *Napoli* Chiesa di S. Agostino. — AUTORI: Carafa (Stor. nap.), Alfano (Descrizione del Regno), Galluppi (Arm.), Pacichelli (Regno di Nap. in prospettiva), Sarnelli (Mem. Coll. S. Spirito), de Stefano (Nap. sac.), Sacco (Diz. geogr.), Troyli (Storia gen. del Regno). — *Andrea* familiare della Regina, 1427. *Giovanni* professore di dritto civile, fu ambasciatore ad Innocenzo VIII nel 1486 per la città di Benevento. *Cola* Coppiere del Re Ladislao, morì dello stesso veleno propinato al Re in Capua prima di venire all'assedio di Napoli. Salvò la vita il Re rimanendo balbuziente. *Orazio* e *Donato* edificarono in Benevento la Chiesa di S. M. del Popolo nel 1623. *Pietro Paolo* ricevuto di minoretà nell'ordine gerosolimitano nel

24 gennaio 1757 fece le sue prove che rimontavano a *Ladislao Pacca* vivente nel 1511. *Bartolomeo* Cardinale dì S. Chiesa. *Bartolomeo* Cardinale di S. Chiesa, 1875.—ARMA: Interzato in fascia: nel 1.° di oro al giovine guerriero uscente, armato di corazza ed elmo, il tutto al naturale; nel 2.° d'azzurro col guerriero vecchio uscente, armato come sopra; nel 3.° di nero al teschio umano di argento accollato da due ossa passate in croce di S. Andrea. — Questa famiglia, ascritta al Registro di Malta, è rappresentata in Benevento dal Marchese di Amatrice BARTOLOMEO PACCA Patrizio di Benevento.

**PAGLIARA.** — Famiglia detta prima *Palear* o *de Paleariis* originaria Normanna, vuolsi che fosse una diramazione della famiglia Gentile Conti di Lesina, ora estinti. Ha goduto nobiltà in *Salerno* al seggio di Portaretese. — MONUMENTI: *Salerno* nel Duomo.—FEUDI: Casaletto, Castellone, Coperchio, Filetta, Piedimonte, Sancipriano, Torraca. — PARENTELE: Aiello, Cappasanta, Cioffi, Comite, Coppola, Correale, Folliero, Giudice (del), Grillo, Marchese, Mazza, Pagano, Retese, Scattaretica, Serluchi, Vicariis (de). — AUTORI: Beltrano, Brunetti, Galluppi (Arm. ital.), Lumaga, Panza, de Pietri, Prignano (MS.), Toppi (Orig. trib.), Ughelli. — *Gualtiero* fu Cancelliere dello Imperatore Errico VI in Sicilia, e nei documenti è detto *Affine* e *familiare*. *Iacopo* stando a guardia della città di Salerno quando colà vennero i francesi, aprì a questi le porte per ordine del Principe di Salerno Ferrante Sanseverino. Cacciati però i francesi dal regno, egli fu arrestato e condannato ad essere prima trascinato a coda di cavallo e poi squartato, ed i brani del suo corpo furono appesi alle mura della Città. *Sebastiano* morì difendendo valorosamente Roma durante lo assedio messovi dal Contestabile di Borbone Generale dello Imperatore Carlo V. *Pandolfo* e *Riccardo* presero parte alle discordie tra le famiglie Aiello e Santomango, le quali divisero in due fazioni i cittadini di Salerno. — ARMA: Di azzurro con tre losanghe di oro poste in banda, caricata ciascuna da una losanga più piccola di azzurro e la bordura dentata di oro in giro dello scudo. Per privilegio dei Re Francesi usarono in ciascuna losanga un giglio di oro. Questa famiglia si estinse in *Matteo* Chierico Teatino, la cui unica sorella *Claudia* fu sposata nella famiglia Cioffo o Zoffo.

**PALAGANO.** —Famiglia originaria normanna. Essa fu Signora di Trani nel 1041. Ha goduto nobiltà in *Napoli* fuori seggio, ed in *Trani* al seggio di Portanova. I *Palagano* aveano l'ufficio di Protontino di Trani. — FEUDI: Arpaia, Guarino, Montalba, Sangiacomo, Sanvito. — PARENTELE: Arcamone, Capece, Caracciolo, Giudice, Girifalco, Pignatelli, Sanfelice, Sifola. — AUTORI: Almagiore, Borrello (MS.), Campanile Gius., Filamondo, de Lellis, Lumaga, della Marra, Recco, Tutino. — *Guerriero* Giustiziere di Re Manfredi. *Pietro* Vice Senescallo di Provenza, 1315. *Petrillo* Protontino di Trani, 1364. *Pietro* Consigliere della Regina Giovanna II fu tra' congiurati che uccisero Sergianni Caracciolo. *Colamaria* Galuppo del Re, 1472. *Alonso* prode guerriero e Capitano di fanti, 1587. — ARMA: Di argento alla banda di nero. — Questa famiglia, molto potente in Trani, si estinse in *Ippolita* maritata a Nicolò Giudice nobile genovese.

**PALIZZI o PALIZZOLO.** — v. II° p. 92. — p. 93 vs. 30, C 1354 e non 1554.

**PALMA (di).** — v. III° p. 168. — Il ramo de' signori di Castiglione è rappresentato in Napoli da MICHELE DI PALMA Castiglione, già Guardia del Corpo a Cavallo e poi Ufficiale Superiore nello esercito napoletano, Cavaliere di dritto dell'Ordine di S. Giorgio della Riunione ed insignito delle medaglie commemorative della campagna del Volturno e Garigliano e dello assedio e difesa di Gaeta 1860-61.

**PANDONE.** — v. II° p. 95. — FEUDI: Agrano, Forli, Monterisi, Sanvincenzo. — La famiglia Danza decorata del titolo di Marchese si estinse nella *Pandone*. — p. 95 vs. 14. C..... il fratello *Carlo* che procreò *Anna* maritata nella famiglia Alfarano Capece Baroni di Giurdignano e Lugugnano nobile di Lecce.

**PAPPACARBONE.** —Famiglia originaria di Salerno, ove ha goduto nobiltà al seggio di Portaretese. Vuolsi che S. Alferio, che visse nel 1050, fondò il Monastero della Trinità di Cava e fu Ambasciatore del Principe di Salerno presso lo Imperatore Ottone, appartenesse a questa famiglia, ora estinta. — MONUMENTI: *Cava* Monastero della Trinità. — PARENTELE: Capograsso, Calenda, Manganaro. — AUTORI: Beatillo, Beltrano, Lumaga, Pacicchelli, Prignano (MS.), Surio, Ughelli. — ARMA: Spaccato: nel 1° di oro al gallo naturale tenente in bocca un pezzo di carbone; nel 2° di oro a tre bande di nero.

**PAPPACODA.** — Famiglia che da alcuni autori credesi originaria francese e da altri napolitana. Di essa si hanno sicure memorie fin dal tempo di Re Guglielmo il Malo, e fu una
delle sei famiglie dette Aquarie per aver fondata l'Estaurita di S. Pietro a Fusariello. Si diramò in Ischia, ove regnando Carlo I d'Angiò teneva, con la famiglia Cossa, una galera in
servizio dello Stato. Ha goduto nobiltà in *Napoli* al seggio di Porto ed in Ischia, ed ha
vestito l'abito di Malta nel 1496. Il ramo *Pappacoda* Principi di Centola e Marchesi di Pisciotta si estinse nel 1773 in *Giuseppe*, che fu Reggente della G. C. della Vicaria, Gentiluomo di Camera, Cavaliere di S, Gennaro e fece parte della Reggenza nominata durante la
minoretà di Ferdinando IV di Borbone. Egli dalla moglie Maria Spinelli di Fuscaldo ebbe
una sola figliuola maritata nei Doria Principi di Angri. Il ramo Principi di Triggiano e
Marchesi di Capurso si estinse in *Anna* sposata al Principe della Rocca Giov. Battista Filomarino. Il ramo della famiglia de Angelis Principi di Bitetto, Marchesi di Mesagne e
Marchesi di Ceglie si estinse nei *Pappocoda* Principi di Triggiano. — MONUMENTI: *Napoli*
Chiese S. Giovanni maggiore, S. Giovanni Evangelista, S. Lorenzo, S. Nicola dei Pappacoda, S. Chiara e S. Pietro a Fusariello. *Lecce* nel Duomo.—FEUDI: Abatemarco, Aieta, Barbaro, Binetto, Briatico, Cancellara, Carbonara, Castellabate, Castenalelli, Cedogna, Cropani, Cuccari, Futani, Lacedonia, Larino, Massafra, Messanelli, Montoro, Palagiano, Pappasi-
dero, Petrella, Primo, Procida, Ripalimosano, Sanserio, Tortorella, Trecase, Tremiti, Ver-
bicaro, Zagarise. — CONTEE: Belcastro, Casalnuovo, Cerchiara, Noya.—MARCHESATI: Aiello, Capurso 1558, Ceglie, Mesagne, Pisciotta 1617. — PRINCIPATI: Bi-
tetto, Centola, Triggiano. — PARENTELE: Acciapaccia, Afflitto, Aierbo, Angelis (de), Aquino
Castiglione, Aragona, Caracciolo, Carafa, Doria, Filangieri, Filomarino, Gesualdo, Macedonio, Mastrogiudice, Mattei, Raho (de), Rossi, Sanfelice, Sangro, Sersale, Siscara, Spinelli,
Toraldo, Tufo (del). — AUTORI: Afflitto, Aldimari, Almagiore, Ammirato, Bezi, Bonazzi (I
reg. della nob.), Borrello (MS.). Capaccio, Contarino, Crispi, Donnorso, Engenio, Filamondo,
Fiore, Galluppi (Arm. ital.), Giovio, Giustiniani, de Lellis, Lumaga, Marchese, della Marra,
Mazzella, Mugnos, Parrino, de Pietri, Pozzo (del), Recco, Sacco, de Stefano, Terminio, Torelli, Volpi. — *Iacopo* prestò danari a Re Carlo I d'Angiò. *Alfonso* Ammiraglio di Re
Carlo I d'Angiò. *Valente* guerreggiando pel Re Carlo II d'Angiò fu fatto prigioniere e dal
nemico gli fu cavato un occhio e mozzate le mani. *Iacopo* ed *Arturo* Cortigiani e Cavalle-
rizzi di Carlo Illustre Duca di Calabria. *Linotto* Giustiziere di Principato, 1401. *Baordo* fu
fatto prigioniero nella rotta che ebbe Re Ladislao dal Re Luigi presso Roccasecca. *Artusio*
Gran Siniscalco del Re Ladislao e suo Consigliere, edificò la Chiesa di S. Giovanni Evangelista presso S. Giovanni maggiore, e la Cappella di S. Nicola dei Pappacoda. Fu uno dei
favoriti ed amanti della Regina Giovanna II. Ignorasi se artatamente o per disgrazia fu sepolto vivo, perchè trovossi dopo qualche tempo il suo cadavere in atto di forzare il coperchio
della cassa. *Baldassarre* Cavallerizzo maggiore di Re Ferdinando I d'Aragona. *Giov. Lorenzo* fu carissimo alla Regina Bona Sforza di Polonia, la quale lasciato il Regno al figliuolo
Filippo, volle seguire a Bari il *Pappacoda*, al quale donò il Prìncipato di Triggiano, la Contea di Noya ed altre ricchezze. *Artusio* combattè con propri cavalli alla guerra d'Otranto.
Egli fu tra' 450 cavalieri delle Gramaglie per la morte della Regina nel 1496. *Petraccone* Galuppo del Re, con Giacomo Mastrogiudice, Paolo del Tufo, Ferrante d'Alagno, Carlo Zop-
po e Pietro Andrea Carafa. *Sigismondo* eletto Cardinale da Papa Clemente VII, ricusò il
Cappello Cardinalizio per non lasciare il Vescovato di Tropea, al quale era molto affezio
nato. *Baldassarre* fu tra gli Ambasciatori inviati nelle Fiandre dalla città di Napoli allo Imperatore Carlo V, 1517. *Giov. Antonio* Vescovo di Tropea. *Angelo* Vescovo di Martorano
nel 1537, fu esempio di carità ed amore pei poveri. *Scipione* valoroso guerriero sotto il
comando di Prospero Colonna. *Alfonso* fu tra' Capitani di Don Giovanni d'Austria alla presa di Tunisi, con Antonio Miroballo, Fabio Sorgente, Lucio e Mario Pignatelli, Ottavio di
Capua, Scipione Carafa. *Antonio* Cavaliere gerosolimitano e Capitano di galere, 1592. *Gaspare*
Cavaliere gerosolimitano e Capitano di galere 1631. *Federico* Marchese di Pisciotta, fu tra'fondatori del Monte grande dei maritaggi, 1638. *Giov. Lorenzo* Principe di Triggiano fu Castellano di Bari in tempo della rivolta di Masaniello. *Cesare* socio della famosa Accademia
degli Oziosi in Napoli. *Girolamo* Dottore in legge e Vescovo di Tropea. — ARMA: Di nero
al leone di oro, con la coda rivolta sopra la testa e tenuta fra' denti.

PAPPALETTERE. — Famiglia originaria Normanna. Si ha memoria di un *Giordano* vivente nel 1119. Sotto la dominazione dei Normanni possedè i FEUDI di Cerina e Guadagno e il DUCATO di Papavero. Ha goduto nobiltà in *Barletta* e vestì l'abito di Malta nel 1650, e quello dell'Ordine di S. Giacomo in tempo di Re Alfonso II d'Aragona. — MONUMENTI : *Barletta* Chiese di S. Maria e di S. Andrea. La famiglia de Cecco, oriunda di Toscana, si estinse in due sorelle, Olimpia sposata nei *Pappalettere* e Lucrezia nei Carcani di Trani. — PARENTELE : Acconciaioco, Azzariti, Bacile, Bonelli, Bozzicolonna, Bozzicorso, Briganti, Bruno, Calò, Campanile, Casamassima, Camonte, d'Elia, Esperti, Filo, Filomarino, Frisari, Gadaleta, Gaeta, Galiberti, Gattinara, Gattini, Mongiò, Orsini, Palmieri, Paredes, Quarto, Rogadeo, Sambiase, Sylos, Tafuri, Torelli, Tresca Carducci, Vischi. — AUTORI: Almagiore, Bacco, Lumaga, Pacicchelli, Petroni, del Pozzo, Ridola, Tafuri. — *Manfredi* fu creato Cavaliere dal Re Guglielmo II. *Stefano* Notaio e Sindaco di Barletta, ove stabilì la sua famiglia. Da quella città fu inviato Ambasciatore al Re Manfredi. *Ascanio* Milite, leggesi tra'feudatarii del Regno in tempo di Re Carlo III di Durazzo. *Signorello* Giureconsulto e confidente della Regina Giovanna II tenne a proprie spese due galere in regio servigio. *Girolamo* Cavaliere di S. Giacomo e Capitano delle armi di Re Alfonso II. *Giuseppe* Capitano di cavalli in Lombardia pel Re Filippo IV di Spagna. *Francesco Saverio* Cavaliere gerosolimitano, essendo stato aggredito il suo fratello *Giovan Benedetto*, egli uccise l'aggressore, per lo che fuggì in Malta, ove ottenne incolumità da quel Gran Maestro. Tornato di poi in Napoli fu spedito Capitano di galere in Fiandra dal Re Filippo IV, ove prese un legno francese conducendolo prigioniero a Cadice. Da Maestro di Campo pugnò allo assedio di S. Omer, ove morì colpito da un proiettile di moschetto. *Francesco Saverio* Cavaliere gerosolimitano nel 1688, e poi Balìo dell'Ordine. *Ruggiero* Cavaliere gerosolimitano morì combattendo sulla galera di Malta detta S. Maria della Vittoria comandata dal Commendatore Marulli. *Ettore* Cavaliere di S. Stefano di Toscana. — ARMA : Di oro con l'uccello volante di nero imbeccante una cartella svolazzante di argento, sulla quale è scritto *Pappalettere*. — CIMIERO: Un drago alato uscente di rosso. — Questa famiglia è rappresentata in Barletta dal Signor GAETANO PAPPALETTERE ed in Bari dal Signor ETTORE PAPPALETTERE

PARISI, PARISIO o PARRASIO. — Famiglia creduta originaria francese, fu portata in Sicilia da *Gaalterio* e *Pagano Parisi* che seguirono i Principi Normanni. Si diramò in Messina, Mineo, Castrogiovanni e Lentini. Altri rami passarono in Cosenza, Napoli e Bologna. Alcuni autori credono avesse avuta origine da *Parisio*, figliuolo del Conte *Pagano* Governatore di Cosenza e che nel 1531 fosse portata in Sicilia da *Angelo Parisi*. Ha goduto nobiltà in *Messina*, ove nel 1807 fu ascritta alla Mastra nobile, *Palermo, Mineo, Lentini, Castrogiovanni, Ravello, Cosenza, Reggio* e *Bologna*. Vestì l'abito di Malta nel 1584. Un ramo si estinse nel 1784 in *Ignazio* morto celibe. Dal ramo di Castrogiovanni discesero i Marchesi di Ogliastro e Principi di Torrebruna, patrizii di Palermo. — MONUMENTI: *Roma* nella Chiesa di S. Giovanni in Laterano e S. Maria degli Angeli alle Terme, e *Cosenza* nella Chiesa di S. Francesco d'Assisi. — FEUDI: Albano, Aliprandi, Altavilla, Brindisi in Basilicata, Busso, Castelluccio, Comuni, Crucoli, Fiumefreddo, Laino, Limina, Milocco, Nasizia, Paternò, Pelliosi, Pietra, Ponte, Rapì, Santostefano, Sortino, Tortoreto. — CONTEE: Adernò, Caltabiano. — MARCHESATI: Ogliastro, Panicocoli. — PRINCIPATO : Torrebruna. — PARENTELE : Abbenante, Barone, Bilotta, Cannizzaro, Capecelatro, Carola, Cianciulli, Cimorelli, Corigliano, Garofalo, Grimaldi, Gualtieri, Latino, Macchiarosi, del Pezzo, Perrotti, Sozii Carafa, Telesio, Ugo. — AUTORI: Accattatis, Aldimari, Alfano, Almaggiore, Ansalone, Araldi, Bacco, Borrello (MS.), Camera, Campanile, Castiglione Morelli, Engenio, Galluppi (Arm. italiano), Galluppi (Nobiltà di Messina), Galluppi (Stato presente della nobiltà di Messina), de Lellis, Lumaga, della Marra, Mazzella, Mugnos, Nicodemo, Pacicchelli, Palizzolo, del Pozzo, Ricca, Sambiase, Ughelli, Zavarrone. — *Ruggiero* fu tra' Baroni che sotto Guglielmo II andarono a combattere in Terrasanta. *Eugenio* Gran Giustiziere nel 1197. *Simone* Gran Cancelliere di Re Carlo I. *Giovanni* si legge tra gli Ostiari, Scudieri e Valletti del Re e della Regina nel 1271. *Guglielmo* si legge tra' feudatarii del Regno nel 1279. *Giovanni* fu tra' Baroni che seguirono il Re nello Stato Romano nel 1302. *Parisio* Regio Scudiero, 1335. *Raimondo* Segretario di Re Alfonso I d'Aragona e Presidente del Regno di Sicilia. *Dionisio* Segretario, Tesoriere e Luogotenente del Maestro Segreto. *Ruggiero* Regio Auditore, 1463. *Andrea* Segretario del Re

Ferdinando I. d'Aragona. *Tommaso* Dottore in giurisprudenza e Consigliere del S. R. C. 1480.
*Giov. Paolo*, detto *Aulo Giano Parrasio*, uomo eruditissimo ed autore di più opere. *Prospero*
Governatore di molte città sì del Regno che dello Stato Pontificio, combattè valorosamente
alla battaglia di Curzolari contro i Turchi. *Francesco* Regio Consigliere. *Geronimo* Capitano
di Cavalli, da Consalvo di Cordova gli fu commessa la espugnazione del castello di Rocca
nel 1504. *Pietro Paolo* celebre Dottore e Lettore in Roma, Padova e Bologna, Auditore
Generale della Camera Apostolica ed autore di più opere. Fu Vescovo di Nusco nel 1538,
e poi Cardinale ed Amministratore della Chiesa di Anglona. *Giacomo* morì in concetto di
santità. *Troiano* Principe di Torrebruna, Cavaliere di Calatrava e Governatore del Monte
di Pietà, 1634. *Simone* Principe di Torrebruna, Governatore della Compagnia della Pace e
del Monte di Pietà, 1663. *Giuseppe* Cavaliere Gran Croce dell'Ordine di S. Giorgio, Socio
di molte Accademie, Consigliere di Stato, Ispettore del Genio, Tenente generale dei reali
eserciti e Ministro della Guerra nel 1820. *Giuseppe* insignito di più Ordini equestri sì del
Regno che esteri, fu Socio di molte Accademie e Direttore di quella detta Gioenia di Catania ed Intendente di Catania e poi di Messina. Nel 1847 fu nominato Ministro dell'Interno, Direttore dei Dazii indiretti e Pari del Regno. Nel 1855 ebbe la nomina di membro della
Commissione dei Trattati e poi di Plenipotenziario pel trattato con l'Inghilterra.—ARMI:—
1º (Ramo di Calabria). Di azzurro alla fascia di oro accompagnata nel capo da due stelle,
ed in punta da una stella e da un tronco di albero, il tutto di oro. — 2º (Ramo di Sicilia).
Di azzurro a tre fasce di oro accompagnate nel capo da un giglio e da tre stelle, due tra
la prima e la seconda, ed una nella punta dello scudo, il tutto dello stesso. Il ramo di Calabria è rappresentato in Napoli dal Marchese GIUSEPPE PARISI Patrizio Cosentino.

**PASCA.** — V. Vº p. 132. vs. 4 C..... *Domizio* fu pronipote del primo *Domizio*.

**PASCAL, PASCALE o PASQUALE.** — Questa famiglia è originaria della Spagna, dove nella città
di Val di Zarata possedeva un antico castello. Di essa si hanno memorie antichissime ed ono-
revoli. Da quella città si diramò in Castiglione ed in Navarra. Molti autori attestano che
in epoca remotissima, tre fratelli di questa famiglia furon fatti bruciare, perchè non vollero
abiurare il Cristianesimo. Fu portata tre volte nel Napoletano: la prima nel secolo XIII, e
si stabilì in Cosenza, donde si diramò in Giovinazzo, Sessa, Brindisi, Conversano e Lucera,
ove il ramo passatovi nel 1400 si estinse dopo tre secoli. Il ramo di Cosenza si suddivise
in due, il primo dei quali si estinse. Un secondo ramo da Valenza fu portato in Sicilia da
*Giacomo Pascale* che nel 1807 fu ascritto alla Mastra nobile di Messina. Un terzo ramo tuttora
vivente, si stabilì in Napoli nel 1668 circa, venendovi dalla Spagna portato da *Domenico Pascal*
Capitano allo assedio di Barcellona, il quale pel suo valore ottenne un attestato dal Re. Questa
famiglia ha goduto nobiltà nella città di *Cosenza, Brindisi, Lucera, Sessa* (1), *Giovinazzo,
Aquila, Benevento* e *Messina.* Il ramo de'signori di Castrocucco si estinse in *Camilla* che
sposò Giovanni Baraballo, al quale portò in dote quel feudo. — MONUMENTI: — *Toledo* in Spagna Chiesa di S. Lucia: *Napoli* Chiesa di S. Maria del Carmine. — FEUDI: Boeza, Quintavilla, Borrello, Castelluccia, Castrocucco, Ceriglione, Cirella, Laino, Sangiacomo, Scalea,
Valva. — CONTEA: Alife. — PARENTELE: Alberico, Alvarez, Baraballo, Capuano, Carissimo,
Castelli, Cavalcanti, Colonna, Guiros, Loria (di), Mansoy Ramires, Mastelloni, Medina, Minutolo, Monforte, Pasa d'Avalos, Perez, Pescara, Ratta (della), Ribera, Rossi, Ruiz de Carral,
Sanchez, Stocchi, Tafuri, Toraldo, Tortora Brayda, Tosti, Transo, Vergara, Waltmann ed
altre. — AUTORI: Accattatis (Biogr. degli uomini illus. delle Calabrie), Almagiore (Giunte
al Summonte), Amato (Pantop. Cal.), Amely, Ansalone (Sua de fam. opp. rel.), Araldi (Italia

---

(1) Anche le seguenti famiglie hanno goduta nobiltà in *Sessa:* Abenavolo, Altissimo, Alvito, Anna,
Aranda o Aranna, Asprello, Atti, Baccari, Bacio, Brancaccio, Cafatino, Caracciolo, Cerasuolo, Cesto
(delle), Contestabile, Conti, Cordova (di), Cornelio, Coscia, Damiano, Fiascone, Florimonte, Francesco
(di), Frezza, Fundi (de), Gaetani, Galluccio, Gottola, Gaudio (del), Giove (di), Guindazzo, Isola (dell'),
Landi, Ledesme, Liguoro, Lorenzo (de), Love de Vega, Magnati, Marra (della), Marulli, Matritiis,
Mattei, Mercadante, Monforte, Montaquila, Niffo, Nisio (de), Nulfi (de), Ozias, Papa, Paulo (de), Pippo,
Piscicello, Ratta (della), Ricca, Ritta, Rosa, Rosso, Sabucco, Santacroce, Santopaulo, Sersale, Sessa,
Sessano o Testa, Sesto (del), Spinelli, Squacquaro, Tagliacozzo, Tara, Tomacelli, Toraldo, Transo (di),
Valle, Vitale, Vulcano, Zio (dello).

nobile), Argote de Molina (Nobleza de Andalusia), Bacco (Desc. del Regno), Borrello (App. hist. MS. nella Bibl. Naz.), Campanile Gius. (Not. di nob.) Castiglion Morelli (De Patricia Cons. nob.), Croniga de los reges Moros, Fiore (Calab. ill.). Galluppi (Nob. di Messina), Gill Gonzales (Tratt. eccles.), de Lellis (Fam. nob.), Lopez de Haro Nob. di Spagna), Lumaga (Teat. della nob. d'Europa), Marieta (Dei Dott. spag.), Marieta (Storia eccl.) Marquez (Sull'Ord. di S. Agostino), Mugnos (Nob. di Sicilia), Pacicchelli (Reg. di Napoli in prosp.), Paglia (Stor. di Giovinazzo), Palizzolo (il Blasone in Sicilia), de Pisa (Storia di Toledo), Ricca (La nob. delle Due Sicilie), Sacco (Diz. geog.), Sandova (Fondaz. del mon. di S. Benedetto), Spiriti (Memorie degli scrittori cosentini), Toppi (Bibl. Nap.), Toppi (Orig. Trib.) Troyli (Storia del Regno), Ughelli (Italia sacra). — *Felice* servì valorosamente il Re Don Sancio il maggiore nel 998. *Pasquale* Arcivescovo di Toledo morì nel 1067. *Achille* nel 1072 donò molte ricchezze al monastero di S. Chillano nella Spagna. *Domingo* nel 1176 confermò con altri individui una donazione alla città di Avila nel 1205. *Vieres* fu trai cavalieri che seguirono il Conte di Castiglia Don Garcia Gonzales, quando con poderoso esercito mosse da S. Estevan contro il Re Almanzar di Cordova, al quale combattendo, *Vieres Pascal* prese la bandiera, e fu proclamato vincitore. *Domingo* fu tra' Cavalieri, che seguirono il Re Don Alfonso IV, alla battaglia della Navas di Tolosa, combattuta il 16 luglio 1212, e la vittoria fu a lui dovuta come raccontano gli storici. *Pasquale* Menino Major di Nayera e Riosa nel 1229. Il Re Ferdinando di Castiglia gli concesse i feudi di Boera e Quintavilla. *Domingo* Arcivescovo di Toledo nel 1262. *Carlo* Giustiziere di Calabria pel Re Carlo 1º di Angiò. *Giovanni* Ambasciatore di Re Carlo d'Angiò e Giustiziere di Cosenza nel 1271 combattette alla battaglia di Benevento. *Pasquale* Vescovo di Burgos, e poi di Iacre nel 1285. *Carlo* milite di Re Roberto d'Angiò. *Guglielmo* si legge tra' Familiari e Scudieri del Duca di Calabria Carlo Illustre nel 1320, con Bertrando di Villanova, Gualtiero di Tarascono, Giovanni d' Eboli, Bertrando di Bullano, Guglielmo di Barrasio, Berengario di S. Amanzio, Contelino di Casselia, Guglielmo di Cabano, Pietro e Guglielmo di Cossa, Pietro di Villanova, Guglielmo di Aquinate, Pietro de Istrio, Oberto di Ventimilia Goffredo di Majnero, Porcello de Turribus, Berengario Bernardi di S. Marcello, Ruggiero di Sanseverino, Ugone Fulcone di Sangerio, Giacomo de Baruli, Goffredo di Lambisco ed altri molti. *Galeotto* Familiare di Re Ladislao, *Francesco* Consigliere di Re Ladislao, *Angelo* Sindaco dei nobili di Lucera. A richiesta di lui la città ottenne nel marzo 1451 da Re Alfonso d'Aragona di poter tenere in ogni anno una fiera di 8 giorni, *Colafrancesco* Regio milite nel 1460. *Perrotto* Castellano di Siracusa nel 1463. *Pasquale* Vescovo di Burgos nel 1496. *Tommaso* Senatore di Messina nel 1535. *N.* Conte di Alife, ultimo del suo ramo fu decapitato in tempo di Papa Paolo IV. *Nicolò* nel 1584 fondò in Lucera il Monte dei pegni. *Filippo* insigne giureconsulto, avvocato, ed autore di pregiate opere, fu Consigliere di Re Filippo II di Spagna, Uditore delle Province di Principato Citra e Basilicata, Giudice della G. C. della Vicaria e Consigliere di S. Chiara. *Giovanni* Cavaliere di S. Giacomo, Consigliere del Re Filippo III di Spagna, Pagatore generale dell'Esercito e Tesoriere generale nella Spagna. *Nicola* Colonnello dei Re Filippo III e Filippo IV di Spagna, servì sotto gli ordini di Don Giovanni d' Austria. *Orazio Filippo* Cavaliere di S. Stefano, 1644. *Scipione* Ambasciatore pel Re Cattolico al Duca di Mantova nel 1613 fu Vescovo di Casal Monferrato e Nunzio in Polonia. *Francesco* Preside di Calabria nel 1664. *Giuseppe Antonio* Cavaliere di S. Stefano, 1693. *Diomede* Cavaliere gerosolimitano nel 1695. *Bartolomeo* Tesoriere generale del Regno e Direttore dei reali siti in Capitanata. *Luigi* addetto al Consiglio di Stato in Napoli e Presidente della regia Delegazione per la conservazione dei Monumenti spagnuoli. *Giovan Paolo* Cavaliere di S. Stefano, 1701. *Domenico* Sindaco de' nobili di Cosenza, 1753. *Luigi* avendo donato ducati ottocento alla Provincia di Capitanata per formare un cordone sanitario all'epoca di una epidemia, ottenne la croce dell'Ordine Costantiniano. *Giovanni* Cavaliere dell'Ordine dei SS. Maurizio e Lazzaro, e Consigliere della Corte di Appello di Napoli. — ARMI — 1.º (Ramo di Calabria). Di azzurro alla fascia di oro sormontata da un leone passante del medesimo, accompagnata nella punta da tre gigli di oro posti in fascia. — 2.º Di oro a quattro pali di rosso con l'agnello di argento attraversante sul tutto. — 3.º Di verde all' agnello pasquale sostenente una bandiera bianca con croce rossa. — CIMIERO: Una stella di oro. — Questa famiglia è rappresentata in Roma dal Signor EMILIO PASCALE Commendatore degli Ordini dei

SS. Maurizio e Lazzaro e della Corona d'Italia ed Avvocato Generale alla Corte di Cassazione di Roma.

**PASSALACQUA.** — Famiglia di cui si hanno le prime memorie in persona di *Enrico de Passalacqua* che in tempo del Conte Ruggiero si distinse allo assedio di Capua contro Sergio Duca di quella città. Un ramo nel 1213 passò da Squillace in Cosenza, e da questa città si diramò in Novara con *Pietro Ludovico*, che ottenne il titolo di Marchese. Ha goduto nobiltà in *Cosenza* ed in *Novara*. — FEUDI: Castel Suberati, Pittarella, Soveria. — PARENTELE: Caselli, Cavalcanti, Ferraritiis, Firrao, de Gennaro, de Martino, Milano, Scaglione, Spiriti, Telesio. — AUTORI: Accattatis, Alfano, Almagiore, Andreotti, Bacco, Castiglion Morelli, Lumaga, Sambiasi. — *Ferdinando* valoroso cavaliere, Confidente e Consigliere dello Imperatore Federico II fu propugnatore degli Svevi in tempo che Federico fu pupillo sotto il baliato del Papa. Ottenne il feudo di Soveria. *Errico* Ciambellano e familiare di Carlo Illustre Duca di Calabria. *Guglielmo* familiare di Re Ferdinando I d'Aragona. *Camillo* e *Fabio* Segreti delle Provincie di Calabria. *Cesare* valoroso capitano alla battaglia di Pavia, fu nominato dallo Imperatore Carlo V Segretario delle regie Università, con facoltà di potere ammettervi chi meglio credesse. Tale ufficio il ritennero i *Passalacqua* per 110 anni. Egli ottenne anche la conferma dell'arma che usava e cento scudi annui pei servigi prestati, e specialmente pel valore addimostrato alla battaglia di Pavia, e fu tra' delegati alla guardia dello illustre prigioniero Francesco I. Tenne di poi a proprie spese una banda di soldati in servizio dello Imperatore quando vi fu lo assedio di Catanzaro, ed ottenne da quello il cingolo militare. *Muzio* Cavaliere gerosolimitano, Capitano di fanteria nella Spagna e Cavallerizzo dei Principi di Savoja. Il Re Filippo III di Spagna lo nominò Prefetto delle cacce del Regno e Montiero maggiore. Fu poi creato Generalissimo dell'armata di mare. Egli con Vincenzo Bombini e Saverio Donato contribuì alle spese di rifazione del Monastero di Costantinopoli in Cosenza. — ARMI: 1.ª Diviso: di argento con due stelle di azzurro, e di azzurro con una stella di argento. — 2.ª Di azzurro alla fascia di argento accompagnata da tre stelle di argento, poste 2, 1. — Questa famiglia è rappresentata in Cosenza dal Cavaliere FRANCESCO PASSALACQUA patrizio di Cosenza.

**PATRIZI.** — Questa famiglia è creduta originaria di Siena, nella quale città fin dal 1200 ha goduto onori e dignità, ed ha occupato uffici principalissimi e vi fabbricò la famosa Torre assieme alle famiglie Piccolomini e Sansedoni. Un ramo di questa famiglia ha portato nel Napoletano nel 1456 da *Francesco Patrizi* che fu creato Vescovo di Gaeta da Papa Pio II Piccolomini. Un altro ramo fiorì in Roma, mentre quello di Siena si estinse nel secolo XVI. I *Patrizi* hanno goduto nobiltà nelle città di *Roma, Siena, Monopoli* (1) *Taverna* (2) e *Lucera* dove fu graduata delle 60 some di terraggio nel 1780, ed in *Napoli* fuori Seggio, per lo che fu ascritta al Monte Manso (3). Il ramo della famiglia Mazzaccara Duchi di Castelgaragnone si estinse nel Duca Pietro il quale ebbe tre sorelle delle quali la prima Carolina sposò

(1) Hanno goduto anche nobiltà in *Monopoli* le famiglie: Acconciaioco, Affaitati, Arponi, Barba, Borrassa, Carbonelli, Chiantera, Ferro, Fulgheri, Galderisio, Guida, Indelli, Manfredi, Mariani, Marzato, Mastelloni, Mastrogiudice, Mazzalorsi, Morano, Palmieri, Passarelli, Preconio, Ratta, Rendella, Risi, Romanelli, Sandalaro, Sforza, Tarsia, Taveri, Veneziani.

(2) Hanno goduto nobiltà in *Taverna* anche le famiglie: Anania, Blasco, Carafa, Carpanzani, Catizzoni, Cirillo, Egrafi; Ferrari, Filante, Gizzolini, Gigliarano, Madotti, Mandeli, Marincola, Maselli, Mazza, Monizio, Morrone, Pistoia, Poerio, Ricca, Rotella, Schipani, Teutonico, Veraldi.

(3) Nel 4 di aprile 1880 la famiglia *Patrizi* insieme con le famiglie Afan de Rivera, Ferri, Frezza, Lancellotti, Mastelloni, Mirelli e Volpicella fu ammessa tra le quaranta famiglie nobili fuori seggio, le quali con tutti i nobili degli antichi sedili della città di Napoli hanno il diritto di amministrare il Monte istituito nel 1608 da Giambattista Manso Marchese di Villa e di goderne i beneficii. Le altre famiglie che presentemente fanno parte delle quaranta fuori Seggio, sono quelle di Messanelli, Regina e Tufo aggregate dallo stesso fondatore nel 1608; quelle di Como, Marulli e Vespoli aggregate nel 1748; quelle di Afflitto, d'Andrea, Barberini, Brancia, Caravita, Castiglione Morelli, Castromediano, Ceva Grimaldi, Cigala, Folgori, del Pezzo, Pescara, Porcinari, Ravaschieri Fieschi, de Rosa, Ulloa y Lanzina e Vargas Macciucca aggregate nel 1794; e le famiglie Gallerani, Mastellone e Sambiase aggregate pochi anni or sono. Vi furono pure ascritte molte altre, prima dal medesimo Manso e poi nei tempi posteriori; ma esse in parte si estinsero ed in parte uscirono dall'ordine delle famiglie fuori seggio per essere state aggregate ai sedili di Napoli. Ora ne mancano ancora sei per potersi dir compiuto il numero delle quaranta stabilite dall'istitutore del Monte.

*Stefano Patrizi*; procreò il detto Pietro una sola figliuola Giulia Duchessa di Castelgaragnone la quale è moglie di Serafino Albano, e non ha figliuoli. La famiglia *Patrizi* ottenne il titolo di Marchese dal Re Ferdinando IV. — MONUMENTI : *Roma* Basilica di S. Maria Maggiore, *Siena* Chiese della SS. Trinità e dei Padri Servi di Maria, *Monticiano* Chiese dei PP. Serviti e degli Agostiniani, *Gaeta* Chiesa Cattedrale e *Napoli* nella Chiesa dei SS. Apostoli della Sanità, della Bolla e di S. M. La Libera di padronato della famiglia *Patrizi*, e nell' altra presso la Villa *Patrizi* al Vomero, ricordata dal Celano nella Descrizione di Napoli, nella quale avvi un teatro alle cui rappresentazioni assistette più volte il Re Ferdinando IV — BARONIE : Sangiovanni in Roccapiemonte, Santofano Gherardi, Surbo. — PARENTELE: Bessincara, Bulgarini, Burali d' Arezzo, Cesarea, Como, Cugini, Filo, Gaetani, Gattola, Gori, Guillamat, Lombardi, Marincola, Mazzaccara, Morbilli, Pagliara (della), Piccolomini, Ricciardi, Scarpati, Tafuri, Ugurgieri ed altre. — AUTORI : Accattatis (Biogr. degli uom. illus. delle Calabrie )' d' Alessio ( Alfabeto istorico ), Almagiore (Giunte al Summonte), Amely ( Stor. di Lucera ), Ammirato (Fam. nob.), Bacco ( Descr. del regno ), Bayle ( Dizion. Stor.), Benvolienti ( dell' Orig. della città di Siena), Bonazzi (Cron. di Vincenzo Massilla), Borrello (App. ad cronol. MS. nella Bibl. Naz.), Celano (Descr. di Nap.), Chiarini (Descr. di Nap.), Colletta (Stor. di Nap.), Diario Sacro dell' Ordine dei Servi di Maria, Einecci (Elem. Iuris Germanici), Fesetrio (Sena Vetus), Ferrario (Fasti Senesi), Gaddio (De script.), Gigli (Diario Senese), Giustianiani (Mem. stor.), Guerra (della Chiesa di Monteoliveto), Herrera (Alfabeto Agostiniano), Lami ( Novelle lett. ), Lumaga ( Teatro della nob. d'Europa), Malavolta (Storia di Siena), Mattei (Repubb. feudale), Mire (Scrittori del Secolo XVI), Moreri (Distion. histor.), Muratori (Script. rerum ital.), Perifano ( Elogio ), del Pozzo (Storia di Napoli), Puerane (Provanza di nob. delle fam. nob. di Siena), Sacco (Dizion. geog.), Sestigiani (Ord. armi, ecc. delle fam. di Siena), Summonte ( Storia ), Tommasi (Storia di Siena), Ughelli (Italia sacra), Ugurgieri (Fasti Senesi), Vitale (Stor. diplom. dei Senatori di Roma), Zavarrone (Bibl. Calabra).—*Ranieri* nel 1246 fu uno dei Deputati del Comune di Siena , fu dei quattro Provveditori della città e Consigliere del Senato, e nel 1260 fu tra' 24 governatori di essa città. *Uguccione* nel 1248 fu inviato a Pisa per sostenere gl' interessi di Siena, e nel 1249 fu Governatore di quella città. *Patrizio* nel 1275 fu uno dei quattro Provveditori del Magistrato di Biccherna e del Consiglio generale della Campana, e nel 1276 Ambasciatore a Firenze pei Consoli di Mercanzia. *Davide* Vescovo di Savona nel 1275, fu inviato a Carlo Re di Napoli per implorare perdono pei Senesi contro dei quali il Re muovevasi per avere quelli ucciso un suo favorito, spedito colà per provvedere ai disordini della città. Istituì *Davide* un magistrato di 36 nobili e popolani. *Bandino* nel 1275 fu inviato Ambasciatore a Nicolò III Papa per far tornare in Siena i fuorusciti ghibellini. *Antonio* dell'Ordine di S. Agostino, morì nel 1311 e fu beatificato nel 1504 da Papa Pio VII. Il suo corpo si venera nella Chiesa degli Agostiniani di Siena. *Patrizio* con Berardo Tolomei ed Ambrogio Piccolomini, stanchi del pessimo governo di Siena, si fecero frati ed istituirono presso Arezzo l'Ordine dei Benedettini Bianchi, con lo assenso del Papa Giovanni XXII, del quale Ordine fu *Patrizio* il primo Abate. Fu poi beatificato. *Francesco* dal Vescovo e Clero di Siena fu inviato Ambasciatore al Papa Clemente V. Vacato in seguito il Vescovado di Siena, fu obbligato ad accettarlo, cosa che non fece per la sua grande umiltà e modestia. Egli era dell' Ordine dei Servi di Maria, morì nel 1326 e fu beatificato. Il suo corpo in ogni anno viene esposto con grande pompa nella Basilica di Siena. *Nicola* nel 1335 fu uno dei 4 Provveditori del Magistrato di Siena. *Giovanni* Ambasciatore a Firenze pel Comune di Siena nel 1349. *Guido* Senatore di Roma nel 1354. *Fra Giovanni* Vescovo nel 1356. *Giovanni* fu del governo di Siena nel 1373. *Francino* fu tra'Magistrati dei Regolatori nel 1376. *Francesco* fu inviato in Roma dal Comune di Siena per tener compagnia allo Imperatore Federico III. *Nanni* nel 1416 fu tra i Priori e Governatori della città di Siena, nel 1428 Gonfaloniere e nel 1440 Capitano del popolo, quale carica avea la facoltà di creare Cavalieri dello Speron d'oro. *Francesco* Priore e governatore di Siena nel 1446 fece parte del governo della città nel 1455 fu con altri congiurati esiliato da Sicna con la sua famiglia. Da Papa Pio II fu creato Vescovo di Gaeta, ove stabilironsi i suoi congiunti. Avendo concesso al chierico Giovanni, figliuolo di Re Ferrante d'Aragona, un Beneficio, ottenne dal Re il feudo di Roccapiemonte nel 1473. Fu uomo dottissimo, profondo filosofo ed autore di opere lodatissime più volte ristampate, e dedicate al Duca di Calabria ed alla sua patria. — Fu socio della celebre Accademia grande Sienese. *Agostino* nel 1473 fu creato Governatore di una terra dal Re Ferrante d'Aragona, dal quale nel diploma è detto nobile della Città di Siena. A questo *Agostino* rimontano le prove di nobiltà fatte dal vivente Commendatore Fra *Luigi Patrisii* presso l' Ordine di Malta. *Francesco* nel 1597 istituì un maggiorato pei primogeniti della sua famiglia. *Erasmo* Primicerio della Cattedrale di Gaeta nel 1609. *Giovanni Antonio* nel 1660 fu Capo di reggimento della città di Monopoli, e nel 1668, di unito agli altri nobili, provvide al nuovo · governo della città. *Stefano* nel 1781 ottenne il titolo di Marchese dal Re Ferdinando IV per sè, suoi eredi e successori. Fu Consigliere e poi Caporuota del S. R. C. e Consigliere della R. Camera di S. Chiara, Ministro della Giunta di Stato in Sicilia e Vicepresidente della Udienza generale e Guerra e Casa reale. Lasciò opere dottissime sul Dritto pubblico ecclesiastico e feudale, che dedicava al suddetto Sovrano, oltre ad altre opere, che non diede alle stampe. Morì nel 1797 e fu sepolto nella cappella gentilizia di sua famiglia nella Chiesa dei SS. Apostoli. *Scipione* (figlio del precedente) Giudice della G. C. della Vicaria. *Pietro* Consigliere del S. R Consiglio, sposò Maria Giuseppa Cesarea, nobile Messinese ed ultima della sua famiglia, per cui *Pietro* ereditò, tra gli altri beni, il padronato della Chiesa detta della Cesarea con cospicua Abbadia ed Ospedale, con dotazione di Ducati 60 mila. *Agostino* (Marchese) dotto canonista del S. Collegio dei Teologi. *Francesco* (Marchese) Direttore del Ministero di Polizia, Consultore di Stato e Presidente della Commissione di pubblica Beneficenza. Possedeva alla Bolla un gran palazzo, ove recavansi i Reali di Napoli per esercitarvi la caccia. *Stefano* Cavaliere della Legion d'onore, e Tenente Colonnello nei reali eserciti. — ARMA: Fasciato d'argento e di nero. — Questa famiglia è rappresentata in Napoli dal Marchese FRANCESCO PATRIZI già Eletto della città di Napoli e dal suo germano Fra LUIGI PATRIZI Commendatore di giustizia del S. M. O. gerosolimitano, e Commendatore dello I. O. di S. Gregorio Magno e Cavaliere di giustizia del S. M. O. Costantiniano.

**PELLICCIA.** — v. V° p. 137. — Le prime memorie di questa famiglia si hanno nel 1268 nel qual tempo Carlo I d'Angiò nominava *Paolo Pellizza* custode del porto di Nicotera — p. 138 C. *Margherita* moglie del milite Goffredo Ursoleone nel 1393 edificò la Chiesa della SS. Trinità volendo che fosse un priorato per se, sottoposto alla Chiesa di S. Spirito de' Celestini di Solmona, e Bonifacio IX nel 1402 conferì un breve di indulgenze per la festività del Corpus Domini. — MONUMENTI: *Aversa* nel Duomo con Cappella gentilizia e nella Chiesa di S. Nicola, in *Casaluce* nel castello, in *Napoli* nella Chiesa di S. M. di Costantinopoli.— Fra *Francesco* Cavaliere Gerosolimitano, 1468. *Vittoria* nel 1500 concorse alla riedificazione della Chiesa di S. Nicola di Aversa caduta per tremuoto. *Antonio* nel 1560 con dieci altri cittadini aversani fondava il Monastero dello Spirito Santo. *Emanuele* celestino, fu autore di una difesa pel suo compagno Celestino Azzia nel 1700. *Gennaro* Vicario di Aversa, *Muzio* Vicario di Aversa e Protonotario, scrisse sulla Giurisprudenza Beneficiale.

**PEPOLI.** — Credesi originata da un cadetto della Real casa d'Inghilterra a nome *Pepulo* il quale stabilitosi in Bologna diede origine alla famiglia che da lui trasse il nome. Un ramo di questa famiglia fu portato in Sicilia da *Covino Sigerio dei Pepoli* Segretario del Re Manfredi e Castellano di Trapani nel 1257. I *Pepoli* hanno goduto nobiltà in *Bologna*, in *Napoli*, in *Trapani* e nel Cilento. Vestirono l'Abito di Malta nel 1582.—Questa famiglia ebbe gran numero di Consoli, Confalonieri e Senatori di Bologna. — FEUDI: Albero, Abriasche, Bertinoro, Bitonto, Bonafede, Bruscolo, Calcasi, Campomarino, Campobasso, Capucchio, Cilio, Crevalcore, Crovara, Culcari, Dozza, Faenza, Fagnano, Fontanasalsa, Fiumegrande, Gualdo, Guarano, Guastamonti, Ischi, Lago, Lausetto, Libra, Lugnano, Mangiadaini, Medola, Melfi, Michelcavari, Montecaduno, Nonantola, Ortona, Porcile, Pietratagliata, Rabici, Rubi, Salina S. Teodoro, Sanagia, Sangiovanni, Santagata, Santodaro, Sartirana, Sassatello, Serravalle, Trapani, Tremole, Vallebellogna, Valleconti, Vallelesigrei, Vallemaggiore, Ventimiglia.—CONTEE: Castiglion dei Gatti, Terlizzi, Trivento 1349, Terracina 1349. — MARCHESATI: Caseli, Pianzi, Preda, Scurano. I tre ultimi furono cambiati in quello di Guiglia. — PARENTELE : Abbate, Abrignano, Albergati, Alidosi, Amari, Andalò, Angioielli, Anguissola, Aquino, Ariosto, Autino, Ayala, Bandini, Barciacornari, Beccadelli, Bentivoglio, Bianchini, Biondi, Bolognini, Bombaci, Bono (del), Boschetti, Brena, Buoncompagni, Burgio, Canetoli, Capponi, Carissima, Caro, Carrara, Cattaneo, Cesarini, Cibo, Clavica , Conti, Crapanzano, Emmanuele, Ercolanı, Fantucci, Felicini, Ferro, Fogliani, Fontanellati, Fortebraccio, Foscarini, Gallucci, Ghisilieri, Gonzaga, Gozzadini, Grimaldi, Guerrieri, Incodina, Isolani, Lambertini, Legnani, Lofaso, Ludovisi, Malaspina, Malatesta, Malvezzi, Manfredi, Manfroni, Mansuoli, Marano, Mariscotti, Marsilii, Mollica, Montecalvi, Nobile, Notarbartolo, Olloqui, Omodei, Orsi, Orsini, Paleotti, Palizzolo, Pallavicino, Palmieri, Papazzoni, Pasqualino, Passaponeri, Piatesi, Pico, Pio, Platamone, Poeti, Poggi, Pugiades, Ramponi, Rangoni, Ravidà, Riario, Ricciu, Rodoaldi, Rossi, Rovini, Samaritani, Sampieri, Sassuoli, Scaligeri, Scoti, Staiti, Tagliavia, Tiene, Torci, Torfanini, Trigona, Trotti, Ubaldini, Ventimiglia, Visconti, Vizani, Volta ed altre. — AUTORI: Aldimari (Fam. nob.), Aprile, Araldi (It. nob.), Ciacconio (Vite dei Pontef. e Card.), Crescenti (Corona della nob. d' It.), Dolfi (Fam. nob. di Bologna), Gualfredo Arturo (Storico inglese), Lumaga (Teatro della nob. d'Europa), Minutolo (Priorato di Messina), Mugnos (Nob. di Sicilia), Pacicchelli (Descrizione della Piaggina), Pacicchelli (Regno di Napoli in prosp.), Palizzolo (Il Blasone in Sicilia), del Pozzo (Ruolo gen. dei Cav. geros.), Ruscelli (Le imprese), Salvetti (Scrittori di Bologna), Tettoni e Saladini (Teatro Araldico), Villabianca (Sicilia nobile), Villani (Stor. Fiorentine), Zazzera (Fam. il lus. d'Italia).—*Ubaldo* Cardinale nel 1140. *Pepolo* Vicario e Capitan generale nelle Puglie nel 1159. *Romeo* e *Filippo* Confalonieri di giustizia di Bologna. *Guido* prode Capitano in Terrasanta. *Guglielmo* fu beatificato, 1219. *Pietro* Arcivescovo di Ravenna nel 1279. *Caismigerio* Castellano di Sciacca. *Sigerio* Cavaliere della Corte di Re Federico II di Sicilia e Castellano di Trapani nel 1296. Da lui un ramo della famiglia *Pepoli* si disse di *Sigerio* o *Sigerio Pepoli* o *Sieri Pepoli*. Usò per arme: Di oro alla croce di S. Andrea di verde. Lo Imperatore Carlo V portatosi in Palermo alloggiò nel palazzo di tale famiglia la quale è ora rappresentata in Trapani dal Barone di S. Teodoro SALVATORE SIERI PEPOLI. *Giulio* Arcive, scovo, Ambasciatore e Nunzio presso molti Potentati. *Pietro* Giudice e Consigliere di Matilde d'Este. *Nicolò* beatificato fu contemporaneo di S. Francesco e discepolo del Beato Berardino Quintavalle, col quale introdusse in Bologna l' Ordine dei Minori. *Taddeo* Gran giurista fu creato dal Papa Vicario di Bologna che governò con lode e coniò moneta. *Giovanni* ottenne dallo Imperatore Ludovico un privilegio, dato a Roma il 25 Settembre 1329, col quale egli ed i suoi posteri poteano armare Cavalieri. Fu Generale del Re Roberto d'Angiò, che gli concesse il titolo di Conte, e lo creò suo familiare e Consigliere di Stato nel 1335. *Giacomo* Generale di Re Roberto d'Angiò. *Galeazzo* prode e valoroso guerriero, combattè pel Papa Urbano VI contro le armi della Regina Giovanna I. Liberò Roma e scacciò dallo Stato Pontificio Roberto Sanseverino Condottiero di poderoso esercito. Ottenne del Papa molti stati e fu ricevuto in trionfo in Roma il 29 aprile 1379. *Francesco* Capitano giustiziere di Val di Mazzara. *Riccardo* Capitano d'armi a guerra e Vicario generale di Girgenti, ed Ammiraglio del Regno nel 1390. *Riccardo* Capitano di galere ed Ambasciatore nel 1395. *Giulio* nel 1412 fu acclamato Doge di Bologna da tutto il popolo Bolognese, ma egli rifiutò tanto onore, e riconfermò l'omaggio di fedeltà della città alla Santa Chiesa. *Francesco* Capitano giustiziere di Trapani nel 1438. *Pietro* Capitano giustiziere di Trapani nel 1440. *Romeo* Generale, Luogotenente e Commissario del Papa Nicola V. *Ugo* difese valorosamente la città di Bologna in favore del Papa e contro i Bentivoglio. Fu Capitano e Luogotenente generale del presidio di Genova, e Colonnello di 600 fanti pel Re Luigi di Francia, che lo decorò del Collare dell'Ordine di S. Michele. *Andrea* Prefetto e Senatore di Trapani nel 1478. *Cornelio* Cavaliere dell'Ordine di S. Stefano e Senatore di Bologna. *Fabio* Governatore di Cremona, fu Condottiero di gente d'armi e militò valorosamente in Francia contro i Turchi. *Giacomina* sposò Obizzo d'Este Signore di Ferrara. *Giacomo* Prefetto e Senatore di Trapani nel 1561. *Giuseppe* Prefetto di Trapani nel 1573. *Guido* Protonotario apostolico, Tesoriere generale e poi Cardinale, creato da Papa Sisto V. *Giacomo* Commendatore gerosolimitano e Capitano delle galere dell'Ordine. *Francesco* Senatore di Trapani nel 1585. *Guido* Giudice ed insigne giureconsulto Commendatore di Romagna dell'Ordine di Malta. Fra *Marco* Cavaliere gerosolimitano combattè alla guerra di Candia contro i Turchi nel 1662. *Pietro* Capitano giustiziere di Trapani nel 1740. *Giuseppe* Capitano giustiziere di Trapani nel 1770. *Pietro* Capitano nello Esercito italiano nel 1863. *Stanislao* Capitano nello Esercito italiano nel 1878 — ARMA: Scaccato d'argento e di nero di sei file. — CIMIERO: Un leone uscente coronato d'oro, tenente con le zampe e con la bocca una spada d'argento manicata d'oro.—

È rappresentata questa famiglia in Trapani dal Barone di Rabici PIETRO PEPOLI e *Palizzolo*.

**PERALTA.** — Famiglia originata nella Navarra fin dall'epoca di Carlomagno, trovandosi tra' Capitani di questo un cavaliere di tal cognome, che combattè contro i Mori. Alcuni autori la vogliono discesa dai Re d'Aragona. Essa passò due volte in Sicilia: la prima portatavi da un *Guglielmo* che accompagnò il Re Pietro I nel 1282, e la seconda da un *Raimondo* che fu Capitan generale nella guerra di Cardenna. Ha goduto nobiltà in Sicilia. — FEUDI: Borgetto, Bivona, Calatuso, Castel del Golfo, Castelluccio, Ciminna , Neria, Pandolfina. — VISCONTEA : Ambite. — CONTEE : Alcamo, Caltabellotta, Caltanisetta, Chiusa, Sclafani. — MARCHESATI: Calatafimi, Calatamauro, Esteban, Mazzara. — DUCATO: Castelluccia. — PARENTELE : Braslo, Caldora, Cardenas, Figueroa, Grimaldi y Ceba, Luna, Valera. — AUTORI : Aviles, Barsellas, Blanca, De Benter, Contzen, Fazzello , De Gregorio, Inveges , Les nob. linages de l'Esp., Leontino, Lumaga, Maresti (Teatro gen. delle fam. nob. di Ferrara), Mugnos, Palizzolo, Pirri, Sacco, Salazar, Sanchez, Villabianca, Zurita. — *Raimondo* si legge tra' cavalieri, che furono all'assedio di Lerida. *Nicolò* Gran Giustiziere di Sicilia. *Raimondo* Gran Cancelliere e Gran Camerario di Sicilia, 1473. *Guglielmo* Presidente di Sicilia, Gran Cancelliere e Tesoriere , 1475 , sposò Donna Eleonora d'Aragona. *Luigi* Reggidor di Madrid e Contador dell'Ordine di S. Jago. *Giovanni* sposò Donna Eleonora di Navarra. *Urbano* Reggidor di Madrid. — ARMI: — 1.º Di rosso alla fascia d'argento, con la bordura d'azzurro. — 2.º Diviso d'azzurro e d'argento.

**PESCARA.** — Famiglia originaria del Piemonte venuta in Napoli ai tempi di Re Carlo I d'Angiò. Si crede che avesse preso nome dalla signoria di *Pescara*. Un ramo si disse *di Diano* dal feudo di tal nome e si estinse nel secolo XVI. Ha goduto nobiltà in *Napoli* al Seggio di Capuano, *Reggio* e *Sanseverino* (1). Vesti l'Abito di Malta nel 1659. Un ramo si estinse nella famiglia Capece ed un altro, Duchi di Calvizzano e di Bovalino finì nella famiglia Morra Principi di Morra. Il ramo della famiglia Giffone Marchesi di Cinquefrondi si estinse nei *Pescara*. Il ramo principale della famiglia Ruggiero si estinse in due femmine sposate nei *Pescara* e nei Gaetani. La famiglia Quintana nobile della Spagna finì in tre sorelle maritate nei *Pescara*, nei Tovar e nei Carnero. — MONUMENTI : *Napoli* nel Duomo e *Diano* nella Chiesa principale. — FEUDI : Bagnorosolo, Benestare, Brienza, Calvatone, Calvello, Camerota, Cammarano, Campora, Cirella, Copersito, Corleto, Diano, Fisciano, Giffone, Grottaminarda, Latronico, Lungaro, Mattafellone, Pescara, Ripacandida, Roccaromana, Sanlorenzo, Sanpietro, Sansosto, Santangelo, Tarsia, Torchiara. — CONTEE : Piadena, Rinasco. — MARCHESATI : Cassano, Castelluccio, Cinquefrondi. — DUCATI : Bovalino, Calvizzano, Saracena. — PARENTELE : Angelo (d'), Ayerbo d'Aragona, Brancaccio , Capece , Carafa , Castaldo , Correale , Giffone, Loffredo, Marra (della), Morra, Pandone, Pignatelli, Porta, Quadra (della), Quintana, Reggio, Ruggiero (de), Santomango, Tufo (del), Zurlo. — AUTORI : Aldimari, Almagiore, Bonazzi (La nob. delle prov. nap.), Borrello (MS.), di Costanzo, de Lellis, Lumaga, della Marra, Mazzella, de Pietri, Ruffo, Sacco — *Bernabeo* Secreto degli Abbruzzi, 1284. *Francesco* Giustiziere di Calabria pel Re Roberto. *Giovanni* Giustiziere di Terra di Lavoro. *Marino* Regio Consigliere e Maestro razionale della regia Corte, prestò 500 once di oro al Re Carlo III di Durazzo. *Marino* Senatore di Roma 1390. *Giov. Alfonso* valoroso Capitano in Lombardia. *Barnaba* Commendatore dell'Ordine gerosolimitano e Colonnello di Carlo V. *Giov. Battista* Consigliere del Collaterale. *Mario* Cavaliere di S. Giacomo della Spada, 1538. *Innocenzo* Balio dell'Ordine gerosolimitano, 1556. *Giacomo* Cavaliere gerosolimitano, 1659. *Domenico* Cavaliere gerosolimitano, 1714. *Antonio* Cavaliere gerosolimitano, 1747. *Raffaele* Cavaliere gerosolimitano, 1782. *Giuseppe* e *Camillo* Cavalieri gerosolimitani, 1787. — ARMA : Di rosso con due caprioli d'argento sormontati da due stelle del medesimo.

**PETRIS (de).** — Famiglia originaria degli Abbruzzi. Si hanno memorie di un *Roberto de Petris* Barone di Orza in tempo di Re Carlo I d'Angiò. Ha goduto nobiltà in *Aquila, Chieti, Sulmona, Bari* e *Barletta* ed ha vestito l'Abito di Malta nel 1794 e trovasi ascritta al Registro delle Piazze chiuse. — FEUDI : Oza, Pentimo. — MARCHESATO : Castiglione della Pesca-

---

(1) Anche le seguenti famiglie hanno goduto nobiltà in *Sanseverino* : Abbadessa, Antinori, Capassino, Correale, Daniele, Folliero, Gajano, Galluccio, Lamagna o Alemagna, Pandone, Petrone, Prignano, Sanbarbato, de Santis, de Sarno, Severino, Stella, Villani.

ra. — PARENTELE: Angelis (de), Brancaccio, Cappa, Capua (de), Fraggianni, Galluppi, Grazia, Marciano Simonetti, Mendez y Villa Real, Sardi, Sanseverino, Severino Longo, Ventimiglia. — AUTORI: Bonazzi (I reg. della nob. nap.), Bonazzi (La cron. del Massilla), Petroni (Storia di Bari), Summonte (Storia). — *Raimo* accompagnò Nicolò Acciajuoli valoroso capitano quando si portò a prender possesso di Atene in nome della Regina Giovanna I con Ludovico Maramonte e Nicolò Prato. *Lorenzo* Consigliere del S. R. Consiglio, Capo Ruota e Consigliere della R. C. di S. Chiara, nel 1757 fu ascritto, con i fratelli *Michele* e *Carlo*, alla nobiltà di Barletta e di Bari. Sposò Gildippe Fraggianni nobile di Barletta, unica figliuola ed erede del Marchese Nicola, per lo che aggiunse al proprio il cognome Fraggianni, ed il titolo di Marchese fu per grazia Sovrana passato sulla terra di Castiglione. *Nicolò* Marchese di Castiglione, Cavaliere gerosolimitano 1794. — ARMA : Partito : nel 1º di azzurro al monte di verde movente dalla punta con la banda d'argento filettata di oro e caricata da uno scorpione, accompagnato nel capo da una testa bifronte con una faccia di uomo ed un'altra di donna; nel 2º d'azzurro alla torre al naturale poggiata su di un campo di verde sinistrata e spezzata in due parti da un leone di oro. — Questa famiglia è rappresentata in Napoli dal Marchese di Castiglione della Pescara PIETRO DE PETRIS *Fraggianni*, Patrizio di Bari.

**PETTINI.** — Famiglia di origine Piemontese, di cui si ha memoria fin dal 1200 in persona di *Mentore Pettini* valoroso capitano d'armi. Fu portata in Sicilia, e propriamente in Messina, da *Giov: Marcello Pettini* che venne in servizio di Re Carlo III di Borbone, e del quale fu Capitano d'armi di Valdemone, quale carica, secondo il Mugnos, era concessa a famiglie nobili e feudali. Ha goduto nobiltà in Messina. — CONTEA: Bavuso. — PARENTELE : Ottaviani, Perini, Villadicani, Vita Calopai. — AUTORI: Galluppi (Nob. di Messina), Galluppi ( Stato pres. della nob. messinese ), Lumaga ( Teatro della nobiltà di Europa), Mazzei, Mugnos (Nob. di Sic.), Palizzolo (Il Blasone in Sicilia), Torremuzza (Fasti di Sicilia), Villabianca (Sic. nob.)—*Giov: Marcello* Cavaliere Costantiniano. *Francesco Marcello* Senatore nella Liguria. *Giov: Marcello* Cavaliere Aurato. *Francesco* Capitano d'armi. *Domenico* nel 1807 fu ascritto alla Mastra nobile di Messina. Fu Dottor in legge, e Socio delle accademie del Buongusto di Palermo e della Peloritana di Messina, Deputato al Parlamento Siciliano nel 1813 pel Distretto di Castroreale, Giudice della regia Udienza di Messina, e poi del regio Patrimonio, e quindi della Gran Corte di Palermo. Nel 1819 acquistò da Carlo Cottone Principe di Castelnuovo la terra di Bavuso col titolo di Conte, già concesso a Stefato Cottone dal Re Filippo II nel 1590. — ARMA: Inquartato: nel 1º d'oro alla torre di rosso merlata alla guelfa di quattro pezzi; nel 2º di rosso al leone d'argento tenente con le zampe un ramoscello di palma al naturale; nel 3º di azzurro al braccio armato di ferro al naturale con la mano di carnagione tenente un nastro di azzurro orlato di oro; nel 4º di oro al leone di rosso tenente con la zampa destra una spada al naturale alta in palo; con la fascia d'argento attraversate sul lutto, caricata dalla stella d'azzurro ad otto raggi. — MOTTO *Ne pereat.*—Questa famiglia è rappresentata in Messina da FRANCESCO MARCELLO PETTINI Conte di Bavuso, patrizio messinese, già Consigliere Provinciale di Messina e Deputato delle opere pubbliche, già Consigliere d'Intendenza e Sottointendente di Acireale, ex Deputato al Parlamento Italiano. Nel 1866 il Consiglio di Acireale gli concesse il diploma di quella cittadinanza, ed il Circolo dei Commercianti collocò il suo ritratto nella grande sala dell'Associazione. Egli è Socio dell'Accademia Peloritana di Messina, e della Daforica e dei Zelanti di Acireale, Socio promotore di vari stabilimenti di pubblica beneficenza d'Italia e di Francia. Nel 27 luglio 1873 ottenne la facoltà di trasmettere, in mancanza di maschi, ad una delle sue figliuole il titolo di Conte di Bavuso. È rappresentata anche questa famiglia dai suoi fratelli RAIMONDO, dimorante in Palermo, e SAVERIO dimorante in Barcellona Cavaliere degli Ordini di Francesco I della Corona d'Italia, e del SS. Salvatore di Grecia.

**PICO di Montecorvino.** — Questa famiglia credesi diramazione dei *Pico* della Mirandola. *Ruggiero* e *Riccardo Pico* portarono in Napoli la loro famiglia, in tempo di Re Carlo I d'Angiò, e fu aggregata al seggio di Portanova. Il primo fu creato Ciambellano del Re nel 1268, ed il secondo Barone di Campora nel 1291. Un ramo da Napoli si trapiantò nella città di Montecorvino, e si estinse nella famiglia Budetta. Ha goduto nobiltà in *Napoli* al seggio di Portanova, in *Montecorvino* ed in Sicilia. — FEUDI: Arisca, Campora. — PARENTELE : Aquino, Budetta, Carafa, Sifola, Torello ed altre. — AUTORI: Aldimari (Fam. nob.), Almagiore (Giunte al Summonte), Ammirato (Fam. nob.), Ansalone (Sua de fam. opp. relat.), Beltrani (Descr. del Regno), Borrello (App. hist. MS. nella Bibl. Naz.), Engenio (Nap. Sac.), Galluppi Nob. di Messina), de Lellis (Fam. nob.), Lumaga (Teatro della nob. d'Europa), Mazzella (Descriz. del Regno), Mugnos (Nob. di Sicilia), Padre Gonsaga, Recco (Not. di fam. nob.) Serfilippo (Ricerche sulla orig. di Montec.), Summonte (Storia), Tutini (Orig. dei Seggi), Ughelli (It. sacra). — *Giovanni* (da Montecorvino) Monaco dell'Ordine Francescano, uomo dottissimo ed insigne teologo, fu conciliatore tra Papa Gregorio X e lo Imperatore di Costantinopoli per la unità della Chiesa Cattolica. Andò come Missionario Apostolico nelle Indie Orientali, ove fece prodigi di carità ed abnegazione. Penetrò col suo coraggio nelle province Settentrionali della Cina, ed ottenne da quello Imperatore grandi benefici in favore del Cristianesimo nel 1306. Convertì il Re Giorgio di Hambahc e gran parte dei suoi sudditi. Dal Papa Clemente V fu creato Arcivescovo di tutta l'Asia Orientale e Legato Apostolico di tutto l'Oriente. *Nicola* (da Montecorvino) Minore Osservante fu celebre missionario nell'America del secolo XVI. — ARMI: Di azzurro alla pica al naturale poggiata su di una corona reale sostenuta da un cuscino di rosso.

**PIETRAFESA.** — Famiglia che prese nome della signoria di Pietrafesa. Ha goduto nobiltà nel Cilento. — BARONIE: Castelglorioso, Castellito, Laurioso, Panno, Pietra, Pietracastalda, Pietrafesa, Ruvo della Montagna, Salvia, Sancipriano, Sasso. — CONTEA: Candela. — PARENTELE: Aquino, Caiano, Comite, Porta (della), Sanseverino, Torella. — AUTORI: Borrello, Campanile Gius. Galluppi (Arm. ital.), de Lellis, della Marra. — *Salomea* si legge tra'feudatari che andarono a combattere in Terrasanta sotto Re Guglielmo il Buono. *Errico* Contestabile di Foggia, 1271. *Nicola* ebbe ordine da Re Carlo I d'Angiò di assistere, durante la sua assenza, il figliuolo Carlo Principe di Salerno, unitamente a Riccardo d'Aiello, Gravilone di Valva, Filippo di Santomango, Giovanni d'Apia, Giannotto della Leonessa, Tommaso da Procida, l'erede di Simone Guarna, Nicola di Senerchia, Ugone di Palo, Balduino d'Alagno, Simone di Niella, Nicolò della Porta, Guglielmo Pontiaco, Gerardo di Follia, Filippello Braerero ed altri. — ARMA: d'azzurro al castello d'oro. — Questa famiglia si estinse in *Covella Pietrafesa* maritata a Giacomo Comite di Salerno.

**PIETRAMALA.** — Famiglia originaria di Bari. Se ne hanno memorie sotto Re Guglielmo I Normanno, nel qual tempo leggesi di feudatarie. Ha goduto nobiltà in Sicilia ed un ramo si stabilì in Arezzo. — BARONIE: Burgegna, Cassallongino, Pasolo. — PARENTELE: Alagno, Carafa, Gianvilla, Vulcano. — AUTORI: Aldimari, Ammirato, Ansalone, Borrello, Galluppi (Arm. ital.), Ginanni (Arte del Blasone), de Lellis, Lumaga, Panvinio. — *Galeotto* Cardinale di Santa Chiesa 1378. — ARMA: Di azzurro con sei plinti d'oro 3, 2 e 1, col capo di argento all'aquila di nero al volo spiegato.

**PIGNATELLI.** — v. IV° p. 174. — C. Togliere i Principati di Racle e di Cerchiara e la Contea di Acerra, erroneamente attribuiti a questa famiglia. — p. 176 *C.* Il ramo de' principi *Pignatelli* Marchesi di Cerchiara si estingue nella famiglia Potowsky — p. 175 vs. ultimo... *Francesco* non avendo avuti figliuoli successe ne' titoli di Conte di Acerra e Marchese di Laino la sorella del padre di Maria Giuseppa a nome Giovanna sposata ad Antonio Spinelli principe di Scalea. — AUTORI: Fiore (Calab. ill.). — Nel 1609 questa famiglia edificò in Briatico il Monastero di S. Maria de Raccomandatis e quello della Maddalena. *Ettore* Duca di Monteleone nel 1533 edificò in detta città il convento di S. Maria del Gesù. *Camillo* Duca di Monteleone edificò ivi il Conservatorio dello Spirito Santo nel 1633. *Fabrizio* Marchese di Cerchiara edificò in Cerchiara il Monastero di S. M. di Loreto.

**PINELLI.** — Famiglia originaria della Germania. Nel 1159 passò in Genova, ove occupò posti insigni, e fu tra le 28 famiglie nobili che formarono i così detti Alberghi. Ha goduto anche nobiltà in *Napoli* fuori Seggio e nella Spagna ed ha passato l'abito di Malta nel 1760. — Il ramo Principi di Belmonte, Duchi di Acerenza, Marchesi di Galatona e Conti di Copertino si estinse in *Anna* che sposò Antonio Pignatelli di Monteleone nel 1721. Il ramo Duchi di Tocco finì nella famiglia Montalto Duchi di Fragnito. — MONUMENTI: *Napoli* Chiesa S. Domenico maggiore. — FEUDI: Acquaviva, Belluccia, Fragnito, Gioia, Giugliano, Leverano, Montesilvano, Moscuso, Spoltore, Veglie, Vicoli. — CONTEE: Copertino, Conti Palatini. — MARCHESATI: Civitasantangelo, Galatona, Tursi. — DUCATI: Acerenza, Tocco. —

PRINCIPATI: Belmonte. — PARENTELE: Cantelmo, Guevara, Minutolo, Montalto, Pignatelli, Ravaschieri, Spinelli, Spinola, Tomacello. — AUTORI: Aldimari, Alfano, Campanile Gius., Chiusole (Genealogia moderna), Crescenti, Engenio, Franzone, Galluppi (Arm. ital.), Ginanni (Arte del Blasone), Giustiniani, Lumaga, della Marra, Mazzella, Molina, Palizzolo, Ughelli, Vitignano.—*Guidone* Ambasciatore della Repubblica di Genova presso Carlo I d'Angiò. *Agostino* Doge della Repubblica di Genova nel 1569. *Domenico* Cardinale nel 1600. *Agostino* Doge della Repubblica di Genova, 1609. *Cosmo* Gran Cancelliere del Regno. *Galeazzo* Gran Cancelliere del Regno. *Giovanni*, fratello dell'ultimo Duca di Tocco, fu Brigadiere dei reali eserciti e Governatore di Reggio, e morì ucciso nelle Calabrie.—ARMA: Di rosso con sei pigne di oro.

**PINTO.** — v. IV° p. 198. — *Lorenzo* Luogotenente del Regio Castellano del castello di Salerno operò prodigi di valore difendendosi contro i francesi nel 1653. Comandava le forze di Salerno il Marchese della Guardia Antonio Solimele valoroso e buon capitano — p. 200 vs. 11. *Fortunato Maria* Cavaliere gerosolimitano di Giustizia, ricevuto di minorità nel 1741, fu Vescovo di Tricarico, Arcivescovo di Salerno nel 1772, e fu Commendatore dell'Ordine delle Due Sicilie. *Felice* Cavaliere Gerosolimitano, Canonico di Salerno.

**PIRONTI.** — Famiglia originaria di Ravello, donde passò un ramo in Barletta e da questa città si diramò in Napoli. Le prime memorie di essa si hanno nel 1220; trovasi feudataria fin dal 1391 ed ebbe il titolo di *Miles* nel 1404. Ha goduto nobiltà in *Napoli* fuori seggio, *Ravello* ed in *Barletta*. Il ramo di Ravello è estinto. Fu tra le nobili famiglie enumerate nel 1420 dalla Regina Giovanna II. — FEUDI: Gallano, Sanbenedetto. — DUCATO: Campagna. — PARENTELE: D'Afflitto, Caputo, Caracciolo, Carafa, de Florio, Folliero, Frezza, Gaetani, Galeota, Galluccio, Garofalo, Gravina, Gualtieri, Manganaro, Maresca, di Palma, della Posta, Rossi, Sersale, Supino, di Transo, Winspeare. — AUTORI: Aldimari, Alfano, Almagiore, Bacco, Campanile Filib. Engenio, Bonazzi (Cron. di Massilla), Giustiniani, de Lellis, Lumaga, Mazzella, de Pietri, Recco, Sacco, Troyli, Ughelli. — *Mauro* ed *Angelo* con molti altri nobili prestarono danaro al Re Carlo I d'Angiò. *Giacomo* ed Ugo Castaldo furono Vice maestri Portulani e Procuratori della Curia degli Abbruzzi. *Raffaele* Colonnello di Cavalleria nello esercito napolitano, Cavaliere dell'Ordine di S. Giorgio della Riunione ed insignito della medaglia commemorativa del Volturno e Garigliano. — ARMA: Spaccato: nel 1° d'azzurro all'albero di pero al naturale, accostato da due leoni di oro; nel 2° sbarrato di rosso e di argento. — Questa famiglia è rappresentata in Napoli dal Duca di Campagna.

**PISCICELLI.** — v. V° p. 143.—AUTORE: Fiore (Calab. ill.)—*Berardo* Vice-Segreto di Basilicata nel 1270. *Ursone* Vice-Segreto di Principato, Terra di Lavoro ed Abbruzzo nel 1270.

**PIZZOLI.** — Questa famiglia detta pure *Piccolo*, *Picciolo* e de *Piczolis* e talvolta anche nome forse di un qualche suo componente simultaneamente *Pizzoli* o *de Enrico seu Pizzolo* credesi fosse venuta nel napoletano dal milanese dove un tale cognome, illustre dal 1081 in Padova e Bologna, trovasi ricordato tuttavia ne' ruoli della nobiltà lombarda sovranamente riconosciuta, pubblicati dal Governo Austriaco nel 1828 e 1840. Nelle nostre provincie tale cognome è ricordato dal 1282 godendo da tempi antichi nobiltà in *Barletta*, in *Giovinazzo* ed in *Cotrone* ed in *Napoli* al Seggio di Capuana. Seguendo la Corte di Isabella d'Aragona si trasferiva in Bari dove fissava la sua dimora e si estingueva nella famiglia Bonazzi Patrizia di Bari, la quale avendo tutto ciò, presso la Consulta Araldica del Regno, legalmente dimostrato veniva con RR. Decreti del 13 dicembre 1881 e 5 luglio 1882 riconosciuta nel dritto di fare uso del titolo di Barone col predicato ex feudale di S. Nicandro appartenente precedentemente alla detta estinta famiglia *Pizzoli*. — FEUDI: Belcastro 1419, Roccasecca 1422, Sannicandro 1497, Mulati. — MONUMENTI: Bari nel Lazzaretto. Una via in Bari ed un' altra in Capurso ricordano il nome di questa famiglia. — PARENTELE: Amantea, Bonazzi, Calco, Capece Galeota, Caracciolo, de Caris, Comite, de Corticiis, Gargano, Gentile, Gualandi di Pisa, di Lauro, de Leo, Marulli, Orsini, Poeta, Positano, Rinaldi, Rogadeo, del Vecchio. — AUTORI: Alidosi, Aloe (Cong. de'Baroni), Bacco, Borrello (App. hist. ms.), Cenni storici sulla fam. nob. di Padova, Fattorini (Prof. di Bologna), Garubba, Gatta (Mem. della Lucania), Giustiniani (Diz. geogr.), Lumaga, Lupis (Cron. di Giovinazzo; pubblicata da de Ninno), Milanti (De Episc. Stabiens.), Muratori (Rer. Ital. vol. XXII), Notar Giacomo (Cron.), Orlandi (Le Cento città), Petroni, Putignani (Vindice Vitae). Recco, Ricca, Sanuto (Diario), Tettoni e Saladini, Veniero (Le disavv. di Bari), de Vit (Lago magg.), Volpicella (I Diurnali di Giac. Passaro).— *Nicolò* valoroso seguace del Doge Andrea Dandolo uno de' dodici crociati che elessero l'Imperatore di Costantinopoli. *Bartolomeo* Vescovo di Torcello nel 1330 ed Arcivescovo di Naxivano. *Picciolo* fu decapitato in Padova per ordine di Ezzelino III da Romano. *Agostino* R. Consigliere in Milano. *Pietro* milite residente in Trani fu annotato nella inquisizione fatta per ordine del Re Carlo I d'Angiò tra' nobili atti a portare le armi. *Antonello* signore di Sannicandro corteggiano del Duca di Calabria Generale e Percettore delle sue rendite nel 1491, fu Castellano del Castello dell'Uovo in Napoli che difese contro i Francesi. Sottoscrisse con altri testimoni il testamento di Re Alfonso II nel 1495. Inviato ambasciadore a'Veneziani, trattò delle vertenze pel possesso del castello di Mola. Qual cortegiano del Re Federico lo seguì contro il Principe di Salerno, trovandosi alla presa del forte castello di Diano ed alla resa degli altri castelli de' Sanseverino. Ritiratosi in Bari fu da Isabella d'Aragona nominato suo Maggiordomo. *Pierangelo* Castellano di Bari, ebbe per successore Francesco Cattaneo nobile novarese dal quale discesero i Cattaneo o Capitaneo di Modugno. *Maria* Dama della detta Isabella d'Aragona dalla quale ebbe per testamento ducati mille. *Sabinella* amica d'infanzia di Bona Sforza Regina di Polonia, ottenne dalla stessa pel suo marito Felice Positani e suoi discendenti di poter usare per arma una colonna d'argento coronata di oro in campo azzurro. *Sigismondo* fu uno de' quattro Capitani delle milizie cittadine di Bari nel 1568, chiamati a sostituire gli Spagnuoli. *Francesco* Canonico di Bari si segnalò per carità nella peste nel 1656, presedendo al Lazzaretto posto fuori le mura della città, *Federico* fu tra'deputati di Bari per ricevere con onore Carlo III di Borbone e la Regina sua moglie, quando si recarono a visitare per la prima volta la tomba di S. Nicolò. *Nicolò* Canonico dotto e valente teologo, pubblicò varie opere di Teologia.— ARMA: Di azzurro alla fenice bruciante sul rogo al naturale, fissante il sole posto nel cantone destro. — CIMIERO: Una fenice bruciante sul rogo. — MOTTO: Post fata resurgo. La detta arma fu riconosciuta dalla R. Consulta Araldica del Regno.

**PLAYA.** — Famiglia originaria della Catalogna, portata in Sicilia da *Ruggiero Playa*, che seguì il Re Pietro I nel 1282, e si stabilì in Palermo, della quale città fu Balio e Senatore. Ha goduto nobiltà in Sicilia. Il ramo Baroni di Vatticani si estinse in *Costanza* che sposò Giulio Termine e Beccadelli. — MONUMENTI: *Palermo* nella Chiesa di S. Domenico e sulla Porta di Castro. — BARONIE: Conteraineri, Noce, Salvatore, Scorciavacca, Vatticani.— PARENTELE: Pipitone, Termine. — AUTORI: Baronio, Cannizzaro, Inveges, Mugnos (Nob. d'Europa), Palizzolo (Geneal. della fam. Termine), Palizzolo (Il Blasone in Sicilia); Sanchez, Villabianca.—*Ruggiero* Capitano d'armi di Sciacca, Termine e Girgenti. *Giacomo* Consigliere di Re Alfonso d'Aragona ed Avvocato fiscale della regia Corte. *Pietrantonio* Senatore di Palermo 1508. *Pompilio* Senatore di Palermo 1618. — ARMA: Fasciato di oro e di azzurro col capo di rosso caricato da tre palle di oro.

**PLATAMONE.** — Famiglia di origine greca, che prese nome dell'Isola di *Platamone*. Passata in Napoli, fu poi portata in Sicilia da un *Bernardo Platamone*, che nel 1306 ottenne da Re Federico II molti beni e la carica di Giustiziere di Siracusa. Stabilì in Catania la sua famiglia, che si sparse in Siracusa e Palermo. Qualche autore la crede originaria di Alessandria d'Egitto. Ha goduto nobiltà in *Amalfi, Salerno, Palermo, Catania, Siracusa* ed in Grecia, ed ha vestito l'abito di Malta nel 1574. Il ramo dei Marchesi di Mezzoiuso si estinse nel 1784 in *Concetta* maritata nella famiglia Lucchesi Palli. — MONUMENTI: *Palermo*, Chiese del Gesù e di S. Zita. — FEUDI: Acireale, Aldimaro, Camanda, Casa, Cattafi, Cipolla, Colle soprano e sottano, Criscina, Curchi, Faverchi, Gagliotto, Galerno, Gambardi, Iacè, Improso, Matello, Modoli, Palmola, Poicira, Priolo, Raicalmarini, Ripimini, Risichitti, Ritellini, Rosolina, Spina, Timparossa. — CONTEE: Gabelloto di Terrazzi. — MARCHESATO: Mezzoiuso. — DUCATI: Belmurgo, Cannizzaro. — PRINCIPATI: Cutò, Roccapalomba, Rusolino. — PARENTELE: Alagona, Alliata, Barrile, Beccadelli, Bonanno, Buglio, Cannizzaro, Deodato, Filangieri, Gambacorta, Gulfi, Lucchesi Palli, Moncada, Morso, Nicosia, Paceco, Requesens, Sandoval, Spatafora, Statella, Ventimiglia. — AUTORI: Ansalone, Baronio, Camera, Capaccio (Storia), Falco, di Giovanni, de Gregorio, Inveges (Pal. nob.), de Lellis, Leontino, Lombardo, Lumaga, della Marra, Mazza, Mazzella, Minutolo, Mugnos (i Vespri), Mugnos (Nob. d'Eur.), Pacicchelli, Palizzolo, Panormita, Panza, Pirri, Toppi (Bib. nap.), Toppi (Orig. trib.), Villabianca.—*Ruggiero* Paggio del Re 1308. *Riccardo* Straticò di Messina 1317. *Cinto* prese parte alle discordie tra gli Aiello ed i Santomango in Salerno 1337. *Giulio* Maestro razionale e Straticò 1411. *Bernardo* Maestro razionale. *Giovanni* Straticò di Messina. *Antonio* Benedettino fu Vescovo di Malta, 1412. *Giov. Battista* Consigliere di Re Alfonso I d'Aragona, suo Ambasciatore presso varie Corti, e Vicerè di Sicilia. *Sancio* Maestro razionale e Straticò di Messina 1442. *Tommaso* Straticò di Messina 1454. *Ludovico* Vescovo di Siracusa 1518. *Andrea* Cavaliere gerosolimitano e Ricevitore dell'Ordine in Augusta, fu alla presa della Vallone ed allo assedio della piazza della Canea. — ARMA : D'oro col monte di cinque cime di nero movente dalla punta, sormontato da tre conchiglie di rosso in fascia ed un giglio del medesimo posto nel capo.

**PODERICO.** — Famiglia detta prima *Soderico*, le cui memorie giusta gli autori, risalgono all'anno 550 dell'era cristiana, e vuolsi che S. Agnello, protettore della città di Napoli, le fosse appartenuto. Essa trovasi feudataria fin dall'anno 1258, godette nobiltà in *Napoli* al Seggio di Montagna e vestì l'abito di Malta nel 1586. La famiglia Moltefalcione Marchesi di Montefalcione si estinse nella *Poderico* nel 1584.—MONUMENTI : *Napoli* Chiesa S. Pietro ad Aram, S. Lorenzo, S. Agnello, S. Patrizia, S. Maria delle Grazie a Capo Napoli, S. Maria del Popolo e nel Duomo. *Montesantangelo* Chiesa maggiore. — FEUDI: Albano, Binetto, Calvello, Cancello, Cannicchio, Capurso, Colobrano, Laurenzana, Lauriano, Malicalzati, Montesantangelo, Novelle, Precipe, Roseto, Salza, Salandra, Sanmauro, Serra, Sternazia, Stornara, Teverola, Trentola, Vallata. — MARCHESATO: Montefalcione. — PARENTELE: Caracciolo, Cicinello, Ferrillo, Galeota, Montefalcione, Piccolomini d'Aragona, Sangro, Severino, Tufo, Verve (de), Vulcano.— AUTORI: Almagiore, Bacco, Borrello (Vindex), Borrello (MS.) Campanile, di Costanzo, Costo, Engenio, Filamondo, Fiore, Galluppi (Arm. ital.), de Lellis, Lumaga, Marchese, della Marra, Mazzella, Mugnos, Napodano, Padiglione, Paglia, de Pietri, del Pozzo, Sacco, Spinelli, de Stefano, Summonte, Terminio, Torelli, Troyli, Ughelli, Zurita. — *Attanasio* fu tra' cavalieri che giostrarono in Bari per onorare l'Imperatore Baldoino in tempo di Re Manfredi. *Bartolomeo* fu tra' cavalieri che prestarono danaro a Carlo I d'Angiò. *Giovanni* Balio di Napoli in tempo di Re Roberto d'Angiò. *Nicolò* fabbricò e dotò la Chiesa di S. Pietro in Napoli. *Lorenzo* Tesoriere e Procuratore nel Piemonte pel Re Roberto d'Angiò. *Landolfo* Ostiario e Segreto della Regina Giovanna I e Governatore di Manfredonia. *Matteo* Presidente della regia Camera e Consigliere di Re Ladislao e della Regina Giovanna II. *Antonello*, Giovanni Bozzuto e Francesco Orsino andarono Ambasciatori per la Regina Giovanna II al Re Alfonso d'Aragona, adottato dalla stessa, che guerreggiava in Corsica, per chiedergli aiuto contro Luigi d'Angiò. *Giselda* balia e damigella della Regina Giovanna II. *Antonio* Maestro razionale della Gran Corte, regio Consigliere e Presidente della Regia Camera, 1440. *Giov. Maria* Vescovo di Nazaret, Cappellano maggiore e regio Consigliere. *Giov. Antonio* Tesoriere dei Re Ferdinando I, Alfonso II e Ferdinando II d'Aragona. Pagò ai seguenti Caposquadre le somme ad essi dovute: Al Conte Alberigo di Lugo per 50 cavalli D. 49, ad Antonello d'Airola per 9 cavalli D. 8, a Galasso de Turri per 6 cavalli D. 5 e gr. 12 ed a Ferrante d'Avalos per 15 cavalli D. 14 e gr. 3. Fra *Giov. Ludovico* Cavaliere Gerosolimitano, 1586. *Ottavio* Vescovo di Umbriatico, 1647. *Luigi* Generale di Artiglieria, fece prigioniero il Duca di Guisa presso Capua, nella sollevazione di Masaniello. Fu Cavaliere di Calatrava, Capitan Generale e Vicerè di Gallizia e Maestro di Campo nella Spagna. In lui si estinse la linea primogeniale dei *Poderico*.—ARMI: — 1° Fasciato di oro e di rosso, col capo di azzurro caricato da un crescente di oro. — 2° Fasciato di oro e di rosso col capo di azzurro caricato da un'aquila spiegata di oro. — CIMIERO: Una testa di cane di oro.

**POERIO.** — Famiglia francese. Ha goduto nobiltà in *Cosenza, Catanzaro, Taverna* e *Nicastro*, vestì l'Abito di Malta nel 1588. — MONUMENTI: *Napoli* Piazza della Carità, *Catanzaro* Chiesa di S. Domenico. — FEUDI: Altamura, Andali, Belcastro, Cardito, Cerva, Coturello, Cropani, Ferolito, Lochicello, Poerio, Rocca, Sanmarco, Scalpa. — PARENTELE: Caracciolo, Carafa, Imbriani, Orsino, Ruffo, Schipani. — AUTORI: Accattatis, Bonazzi (Elenchi delle famiglie ricevute nell'Ordine Gerosolimitano), Campanile Gius., Capialbi, Fiore, Galluppi (Arm. ital.), Lumaga, Palizzolo, de Riso, Sacco, Serravalle, Toppi (Bibl. nap.), Villabianca.— *Gualtiero* Presidente della regia Camera 1456. *Goffredo* Vescovo di Sammarco 1484. *Ferdinando* Dottore in legge, domestico e regio Commensale, 1551. *Bonaventura* Generale dei MM. OO. e poi Arcivescovo di Salerno. *Orazio* Cavaliere Gerosolimitano, 1588, e regio Commensale. *Ortensio* Cavaliere Gran Croce dell'Ordine Gerosolimitano. *Raimondo* insigne Teologo e Vescovo di Belcastro 1618. *Carlo* illustre scrittore ed autore di più opere 1780. *Giuseppe* uomo dottissimo e grande oratore, appellato il Tullio napolitano, Consigliere di Stato, Commissario del Re in varie province e Procuratore Generale presso la Corte di Cassazione di Napoli. *Leopoldo* combattè con valore nelle guerre Napoleoniche e fu Generale. *Domenico* morì combattendo nella presa di Terragona in Ispagna. *Carlo* illustre uomo politico. *Annibale* ufficiale nella Marina napolitana. — ARMI: — 1º D'azzurro col crescente montante di oro, sormontato nel capo da una stella a sei raggi d'argento. — 2º D'azzurro col capriolo d'oro, caricato da un nodo a quattro punte di nero accompagnato nel capo da due stelle crinite d'oro.

**DE PONTE e D'APONTE.** — Famiglia originata da *Gaino* signore di Ponte e fratello di Teodino Conte de' Marsi. Il Santanna nella Storia di tal famiglia la dice di origine romana. creando a tal'uopo un romanzo. Però documenti dello Archivio di Stato, ed i nomi più antichi usati da' *de Ponte*, provano esser certa l'origine di essi dai Conti de' Marsi. Tal famiglia si diramò nella Spagna ed in molte città d'Italia. Ha goduto nobiltà in *Napoli* al Seggio di Portanova, *Amalfi, Taranto, Rossano, Roma, Padova, Genova, Venezia*, in Sicilia, nell'Umbria e nella Spagna. Vestì l'Abito di Malta. I *de Ponte* Duchi di Flumeri si estinsero nella famiglia Cavaniglia Marchesi di S. Marco dei Cavoti, la quale finì nei Caracciolo Duchi di Santovito. Il ramo de'*de Ponte* Marchesi di Morcone si estinse nelle famiglie Petrone e del Tufo. — MONUMENTI: *Napoli* Chiese di S. Maria la Nuova, del Gesù di S. Agostino, di S. Luigi di Palazzo, di S. Severino, della Sanità, della Pietrasanta e di S. Francesco di Paola fuori Porta Capuana. *Antignano* Chiesa di Santa Maria di Costantinopoli. *Amalfi* nel Duomo. — FEUDI: Agliano, Agnone, Albona, Aquara, Aruncula, Auricolo, Avezzano, Bagliva di Manfredonia, Bagliva e Mastrodattia di Matera, Barchinonia, Buonabitacolo, Cantalupo, Capriglia, Capurso, Casamendosa, Cascano, Castelbaronia, Castelgiudice, Castelvipera, Cerizza, Chiusano, Dragonara, Fontanarodina, Fossacieca, Genzano, Golfiano, Grottacastagnara, Grottolella, Guiparano, Latronico, Matelica, Matrice, Montagna, Morano, Panni, Pasano, Pettorano, Pietracastello, Poggio, Ponte, Raiano, Rocco di Cerri, Saccumo, Sanfelice, Sanmartino, Sannicola dei Garcisi, Sannicola a Ripa, Santagata, Santamaria, Sassinoro, Sava, Sculcula, Sorbello, Spilibergo, Stornara, Tagliacozzo, Tramonti, Vipera. — MARCHESATI: Coglionise, Morcone, Padula, Santangelo. — DUCATI: Flumeri, Sessa. — PARENTELE: Acugno, Afflitto (d'), Antignano, Aquino Cast., Barrile, Bonito, Brancaccio, Cantelmo, Capece, Capuano, Caracciolo, Carafa, Cavaniglia, Castriota, Castrocucco, Colonna, Coppola, Confalone, Filangieri, Galeota, Gargano, Gennaro (de), Gesualdo, Grandinato, Grisone, Lanario, Macedonio, Marra (della), Mastrilli, Medici, Molise, Mormile, Nassau, Orsino, Pagano, Posta (della), Ruggiero (de), Sambarbato, Sambiase, Sangro, Severino, Spinelli. — AUTORI: Aldimari, Almaggiore, Aloe, Bacco, Borrello, Bzovio, Camera, Campanile Fil., Capaccio, della Chiesa, Celano, Ciacconio, Ciarlante, Crescenti, Engenio, Fazzello, Freccia, Freschot, Gimma, Gizgio, Guicciardini, Imhoff, Inveges, de Lellis, Los nobles linages de l'Espana MS. Bib. Naz., Lumaga, Macrino, della Marra, Mazzella, Molino, Mugnos, Pietrasanta, Platina, del Pozzo, Sacco, Sansovino, Santanna, Silos, Terminio, Tettoni e Saladini, Toppi, Torelli, del Tufo, Tutino, Volfango Lagio, Zazzera, Zurita.— *Gregorio* Cardinale nel 1230. *Andrea* si legge tra' Baroni del Regno nel 1279, e fu Giustiziere degli Abbruzzi. *Agato* Capitan generale in Provenza 1284. *Rinaldo* Priore di S. Eufemia dell'Ordine gerosolimitano e Capitan generale dei Saraceni 1295. *Gualtiero* Gran Siniscalco del Regno, 1298. *Giovanni* Scudiero di Re Roberto. *Odorisio* si legge tra' Baroni del Regno, 1320. *Ruggiero* Giustiziere degli Abbruzzi pel Re Roberto. *Berardo* Familiare e Cameriere di Re Roberto. *Giacomo* Potestà di Orvieto e Prefetto di Messina. *Francesco* Maestro di Campo di Carlo V e Castellano di Manfredonia. *Pietro* Balio di S. Eufemia e Gran Maestro dell'Ordine di Malta, 1534. Minacciata Tripoli dal corsaro Barbarossa che si era impadronito di Tunisi, egli inviò contro di lui una forte squadra sotto il comando del Commendatore de' Grolèe, al quale unitasi la squadra colà inviata da Carlo V, presero Tunisi discacciandone il corsaro nel 1535. *Giulia* stampò una raccolta di erudite lettere, 1546. *Giov. Francesco* Reggente della Vicaria, diede alle stampe dei volumi di giurisprudenza. *Cesare* ed i suoi figliuoli fecero costruire il cortile dei Gesuiti in Napoli. *Nicolò* Ambasciatore al Concilio di Trento, rese segnalati servigî alla Repubblica di Venezia, perlocchè fu appellato Principe della Patria, 1578. *Matteo* Sergente maggiore dei battaglioni di Basilicata e di Principato 1582. *Vincenzo* Ricevitore dell' Ordine gerosolimitano in Napoli, 1593. Fu Presidente del S. R. Consiglio e lasciò molti maritaggi annui al Monte della Misericordia. *Marcantonio* Marchese di Santangelo, Presidente del S. R. Consiglio e del Consiglio di S. Chiesa, 1493. *Giov. Girolamo* edificò la Chiesa di S. Francesco di Paola fuori Porta Capuana. *Erasmo* Reggente del Supremo Consiglio d'Italia. *Roberto* Gesuita, morì in concetto di Santità, 1640. *Giov. Battista* edificò per pubblica utilità l'edifizio del Collegio dei Gesuiti. Fu Ministro della Guerra nella Spagna. *Francesco* Marchese di Morcone e di Padula, Reggente del Supremo Consiglio d'Italia. Fu poi monaco Teatino. *Giuseppe* Protonotario, edificò la Chiesa di S. Maria di Costantinopoli ad Antignano. *Andrea* Duca di Flumeri, nel 1667 riedificò la Chiesa di S. Maria Maggiore della Pietrasanta. — ARMA: Di azzurro al ponte a due archi sormontato da due torri, il tutto d'argento. Lo scudo in cuore dell'aquila bicipite imperiale. — N. B. La famiglia de Ponte Duchi di Casamassima, ora estinta, era di origine popolare.

**PORTIO o PORCO.** — È opinione degli autori che questa famiglia sia di origine romana. Essa fu tra le nobili famiglie Messinesi, che favorirono il passaggio dei Normanni in Sicilia, e che istituirono la Congrega dei Verdi in difesa della Santa Eucarestia ai tempi dei Musulmani. Più volte fu detta dal Conte Ruggiero, e da altri Monarchi di Sicilia *Regia Consanguinea*. Questa famiglia ha goduto nobiltà in *Messina*, e vestì l' abito di Malta nel 1580, e si estingue in *Antonietta* vedova del Colonnello Annibale Muratti. — MONUMENTI: *Messina* nel Duomò e nelle Chiese della SS. Trinità e di S. Maria della Scala. — FEUDI: Ancigliatura, Asaro, Bagliva di Aversa, Centola, Fiumefreddo, Foresta di Taormina, Gualtieri, Protonotaro, Rappisi, Ratta, Senerchia, Tonno di Milazzo, Vigliaturi. — VISCONTEA: Ari. — MARCHESATO: Camporotondo 1772. — PARENTELE: Abate, Alifia, Amato, Amodei, Angotta, Anna (d'), Antignoli, Balsamo, Bonfiglio, Brunaccini, Caracciolo, Cervellis, Cigala, Conchiglia, Cottone, Ducio, Faraone, Foti, Galluppi, Gasparino, Gentileschi, Inciscar, Inferrari, La Boccetta, La Rocca, Lofosso, Marchese, Marchetti, Marini, Marullo, Minutolo, Opizzinga, Ores, Parisi, Piervitale, Polizzi, Pozzo (del), Reitano, Romano Colonna, Romeo, Rossi Barbazzale, Saccano, Sangaluppi, Sardo, Siscar, Sollima, Spadafora, Stagno, Staiti, Villadicani, Viperano, Vitali ed altre. — AUTORI: Accattatis (Biogr. degli uom. illus. delle Calabrie), Alfano (Descr. del Regno), Ammirato (Fam. nob.), Ansalone (Sua de fam. opp. rel.), Araldi (It. nob.), Beltrani (Degli Studi su Camillo Porzio), Bombini (MS.), Campanile (Not. di nob.), Gallo (Annali di Messina), Galluppi (Arm. ital.), Galluppi (Nob. di Messina), Lafarina, de Lellis (Fam. nob.), Leontino, Lumaga (Teatro della nob. d'Europa), Minutolo (Priorato di Messina), Mongitore (Bibl. Sic.), Mugnos (Nob. di Sicilia), Palizzolo (Il Blasone in Sicilia), Pirri (Sicilia Sacra), del Pozzo (Ruolo gen. dei Cav. gerosolimitani), Sacco (Dizionario geog.), Situazione pagam. fisc., Spanò Bolani, Stellafusca (Mamertinae nobilitatis), Toppi (Bibl. Napol.), Toppi (Orig. trib.), Villabianca (Sicilia nobile). — *Cataldo* fu tra' fondatori della Congrega dei Verdi, combattè valorosamente per liberare Messina dalla schiavitù musulmana, per lo che diede quattrocento soldati armati a Roberto, fratello del Conte Ruggiero Normanno, ed uccise nel combattimento il grande Amira dei Saraceni. Fu Consigliere di Re Guglielmo. *Genuese* Consigliere di Re Tancredi. *Guglielmo* Vicario di Sicilia per lo Imperatore Federico II di Svevia. *Guglielmo* Straticò di Messina nel 1266, ottenne in dono dal Re Carlo I d' Angiò un prezioso anello, e la concessione dei gigli reali nello stemma. *Petrino* e *Tiberio* accompagnati dalle rispettive mogli, Lucrezia Gentileschi e Candora Polizzi, combatterono con gran valore per la fede contro i Turchi. *Genuese* Consigliere e familiare del Re Federico III di Sicilia e Luogotenente del Maestro Giustiziere. Nel 1395 acquistò il feudo di Protonotaro e fu Comandante di due regie galere. Con proprio danaro redimette la Corona reale, che il Re Martino I e sua moglie la Regina Maria aveano data in pegno a Giaime di Villaraut, e ne fece dono al Re, il quale con lettera, riportata dal Gallo negli annali di Messina, lo ringraziò, autorizzandolo a ripigliarsi il danaro sugl'introiti delle gabelle di Messina. La Corona era di oro ornata da 24 balassi, 21 raffiri, 110 perle ed altre più piccole, ed era stata pegnorata per 60 once di oro. *Nicolò* Barone di Protonotaro, Secreto e Senatore di Messina nel 1416. Il suo ramo si estinse nel 1500 in *Nicoletta Porco*. *Pietro* nel 1447 acquistò il feudo di Longarino, fu Consigliere di Re Alfonso I d'Aragona e fu più volte Senatore di Messina. *Giacomo* Arcivescovo di Messina nel 1449. *Francesco* Abate di Nicosia, Canonico di Messina e Cappellano reale. *Bartolomeo* nel 1489 acquistò il feudo di Limina. *Simone* celebre filosofo nel 1500. *Camillo* autore della istoria della rinomata Congiura de'Baroni. *Antonio* Vescovo di Monopoli 1577. *Federico* Barone di Protonotaro e di Longarino, Governatore del Monte di Pietà e degli Azzurri di Messina, Protospatario imperiale allo ingresso in Messina dello Imperatore Carlo V, dal quale ebbe donato il proprio ritratto e concesso l'Ordine di Calatrava. *Bernardo* Cavaliere gerosolimitano e Ricevitore dell'Ordine in Messina nel 1580. *Fra Vincenzo* Cavaliere gerosolimitano nel 1582. *Federico* Abate di S. Filippo, Arcidiacono e Vicario di Messina. *Floridia* restaurò a proprie spese la Chiesa di S. Maria della Scala in Messina. *Maurizio* Senatore di Messina e l Ambasciatore della città per ricevere il Vicerè Marcantonio Colonna nel 1593. *Vincenzo* Ambasciatore per la città di Messina nel 1594. *Maurizio* Giudice e Luogotenente di Messina nel 1619. *Agnello* Giudice di Vicaria e Consigliere della R. Camera di S. Chiara. *Giuseppe* Senatore di Messina nel 1634. *Placido* Senatore di Messina nel 1635. Fra *Antonio* Cavaliere gerosolimitano e dell'Ordine della Stella di Messina, fu Capitano di galere nella squadra di Malta nel 1650. *Giov. Battista* nel 1772, per dritto della moglie Agata de Gregorio, fu investito del Marchesato di Camporotondo, che avea la prerogativa di Pari del Regno di Sicilia Fra *Francesco* Balio Gran Priore dell'Ordine gerosolimitano in Napoli. — ARMI: — 1° Di rosso alla banda di oro accompagnata da due gigli del medesimo. — 2° Di oro alla quercia di verde con cinque porci al naturale pascolanti su di un terreno erboso di verde. — MOTTO: *Nunquam obliviscar.*

**POZZO (del)** — Famiglia originaria del Piemonte. Trovansi di essa le prime memorie in Biella nel 1048. Si disse anche *de Puteo, de Puzzo, ed Apuzzo,* e si sparse in molte città d'Italia. Il ramo più illustre che signoreggiò la città di Alessandria ed ebbe grandi onorificenze e possedimenti si è estinto a'giorni nostri in S. A. R. la Principessa della Cisterna *Vittoria del Pozzo* moglie a S. A. R. il Principe Amedeo di Savoja già Re di Spagna. Nel Regno di Napoli la famiglia *del Pozzo* ha goduto nobiltà in Napoli nel Seggio di Capuana, Salerno, Amalfi, Montuoro, Lucera dove fu graduata delle 60 some, Castellammare, ed in Sicilia il qual ramo si estinse in *Giovanni* Principe di Parco, la cui primogenita *Giovanna* nel 1728 sposò Placido Castelli Marchese di Condagusta la quale non avendo avuta prole ereditò il titolo la sorella *Violante* sposata nel 1737 a Bernardo Papardo. La Commissione de'titoli di nobiltà nel 1838 riconobbe la generosa nobiltà della famiglia *del Pozzo* di Lucera proveniente dalla diramazione di Montuoro colà portata dal ramo che godeva nobiltà in Napoli. — MONUMENTI: *Napoli* Chiese di S. Agostino, S. M. della Vittoria, S. Lorenzo, Montecalvario, e Monteoliveto, in *Lucera* nel Duomo e Chiesa Maggiore, in *Teano* nel Duomo. — FEUDI: Belvedere, Francavilla, Gallidoro, Grottarossa, Montefusco, Torremontanara. — PARENTELE: Accascina, de Angelis, Brancaccio, Buonfiglio; Candida, Capece Galeota, Carafa, Castelli, Cirino, Colombo, Corrado, Gargano, Giordano Lanza, de Gregorio, La Forza, Orioles, Pignone, de' Rossi, Scassa, del Tufo, del Vecchio ed altre. — AUTORI: Afflitto (Costituz.), Afflitto (Decis.), Aldimari (Fam. nob.), Almagiore, Amely (Stor. di Lucera) Ansalone, Araldi, Bacco, Beltrano, Borrello MS. Broccoli (Teano Sedicino), Camera, Capaccio (Stor.), Capece (De inv. feudorum), Engenio (Nap. Sac.), Galluppi (Nobil. Messina), Giustiniani (Scrittori), Libone (Geneal. della fam. del Pozzo), Lombardi (Vesc. Baresi), Lumaga, Minutolo (Prior. di Messina), Mugnos, Padiglione (Tav. stor. di casa Candida già Filangieri), Toppi (Bibl. nap.), Toppi (Orig. Trib.), Torremuzza (Fasti di Sicilia), Troyli (Storia), Villabianca (Sicilia nob.), Villarosa (Notiz. di Cav. Geros.). — *Francesco* familiare del Duca di Calabria Carlo Illustre. *Giovanni* Capitano della città di Palermo, 1357. *Simone* Vescovo di Catania e Cappellano Maggiore di Re Martino I. *Carlo* Castellano di Montemiletto pel Re Ladislao. *Lorenzo* Cavaliere Gerosolimitano e Balio dell'Ordine in Napoli, 1419. *Giacomo* Cavaliere Gerosolimitano 1428. *Filippo* Ambasciatore della città di Messina nel 1450, portò da Messina la sua famiglia in Sutera. *Pietro* Senatore di Messina e Maestro della Zecca. *Paride* celebre Giureconsulto, Consigliere della Camera di S. Chiara, Uditore ed Inquisitore Generale del Regno di Napoli e Consigliere del Re Ferrante I d'Aragona, scrisse varie opere legali, fra le quali celebratissima quella *De Sindicatu*. *Giov. Battista* Capitano e Governatore di Piazza e Condottiero di 50 corazze nel 1532. *Giovan Vincenzo* Credenziere della Terra di S. Lucido nel 1551. *Francesco* Vescovo di Girgenti, Archimandrita e Visitator Generale delle Chiese di Sicilia e Cappellano Maggiore del Re Filippo II di Spagna. *Giacomo* Arcivescovo di Bari e poi Cardinale, fu legato a presiedere il Concilio di Trento in luogo del defunto Cardinale Seripando. *Ilaria* edificò nel 1560 la Chiesa di Montecalvario in Napoli. *Nicolò* Cavaliere Gerosolimitano combattette valorosamente contro i Turchi nel 1565. *Pietro* Sindaco e Capitano di Sutera ed Ambasciatore al Vicerè di Sicilia nel 1579. *Antonio* Arcivescovo di Bari e Legato *a Latere* del Papa all'Imperatore Rodolfo II di Germania nel 1587. *Antonio* Principe di Parco e Cavaliere Gerosolimitano, fu Principe dell'Ordine della Stella di Messina nel 1628. *Giovan Francesco* Principe di Parco fondò in Messina la Commenda di Alcina dell'Ordine Gerosolimitano. *Clemente* Vescovo di Aquila, uomo eruditissimo, 1651. *Antonio* Arcivescovo di Sorrento nel 1652. *Andrea* Provinciale della Compagnia di Gesù in Sicilia. *Saverio* Capitano della milizie di Lucera nel 1743. *Ottavio* Vescovo di Catanzaro nel 1749. *Luigi* Cappellano di Camera del Re Ferdinando II di Borbone, Prelato Protonotario Apostolico, Cavaliere dell'ordine di Francesco I, nel 1851 diede alle stampe il Quadro Cronologico de' Sovrani e nel 1857 la Cronaca civile e militare delle Due Sicilie. — ARMI: 1°—Diviso: nel 1° d'argento al pozzo di rosso; nel 2° di rosso a tre bande d'argento — 2° Di oro col pozzo di rosso accostato da due draghi alati di verde controrampanti ed affrontati con le code annodate e passate in croce di S. Andrea. — MOTTO: *Consilio et virtute.* — Vive in Lucera un ramo di questa famiglia ed è rappresentato dal Cavaliere VINCENZO DEL POZZO Patrizio Lucerino, Socio di molte Accademie scientifiche, autore ed erudito raccoglitore di patrie memorie e Direttore della Biblioteca comunale di Lucera.

**PRATO.** — Famiglia di cui si hanno memorie fin dal tempo dei Normanni. Ha goduto nobiltà in *Aquila, Lecce, Gallipoli e Genova.* — MONUMENTI: *Venezia* Chiesa di S. Giovanni e Paolo, *Lecce* Chiesa di S. Francesco. — FEUDI: Alliano, Ansiano, Arnesano, Apiliano, Aquarica, Castrignano, Cercito, Civitella, Ficola, Fossacieca, Galugnano, Fasano, Sava, Stigliano, Tromacara, Zullino. — MARCHESATO: Arnesano. — PARENTELE: Carafa, Marescallo, Paladini, Palumbo, della Quadra, Tufo (del). — AUTORI: Aldimari, Almaggiore, Argentone, Bacco (Descr.), Beatillo, Bembo, Bianco, Bonazzi (la Cron. del Massilla), Infantino, Lumaga, Mazzella, Muratori, Pacicchelli, Panvinio, Platina (Vita de' Pontefici e Cardinali), Pietri (de), Sacco, de Simone, Vincenti. — *Andrea* ottenne da Carlo II d'Angiò alcuni feudi in Val di Crate. *Gualtiero* Consigliere di Gualtiero di Brenna, allorchè venne alla conquista del Regno. *Nicolò* Cardinale, 1313. *Raimondo* Vice Almirante del Regno, 1306. *Giov. Filippo* Balio della città di Lecce. *Pietro* Cardinale 1316. *Francesco* Consigliere di S. Chiara e valente avvocato. *Nicolò* Siniscalco di Re Ferrante I°. *Fra Leonardo* Balio di Venosa dell'Ordine gerosolimitano e Capitano di Cavalli dei Veneziani, al quale la Repubblica per le vittorie, pel valore di lui ottenute, gli fece ergere una statua in Venezia. Alla presa di Rodi uccise un gigante turco stimato invincibile. Morì a Bellacre ucciso in guerra da Gastone di Foix. In Lecce vi è l'arco *Prato* in memoria di lui. *Andrea* Cardinale 1523. *Mariano* fu valoroso Condottiero di armati. — ARMA: Di azzurro con cinque gigli di oro, posti 3, 2. — Questa famiglia è estinta.

**PROCACCINI.** — Questa famiglia ascritta alla nobiltà di Penne (1) nella metà del secolo XVII, trae origine da Bologna dove con molte altre famiglie si trova nel 1228 essere di parte popolare, come si rileva dal Savioli — Carlo Cattaneo Alfiere delle Guardie del Corpo del Re, e poi Brigadiere dei RR. Eserciti, dei Marchesi di Montescaglioso, ottenne il titolo di Marchese nel 1807 dal Re Carlo IV di Spagna come leggesi nella Gazeta de Madrid del 29 Maggio 1807. Dalla sua moglie Maria Giuseppa Pignatelli di Strongoli ebbe una sola figliuola, Giulia, sposata al nobile Ferdinando Rohrlach di famiglia viennese, ajutante di Campo di S. A. R. il Duca di Lucca dal quale fu fatto Ciambellano, fu Cavaliere della Croce d'oro ed anche Cavaliere della Corona di Ferro d'Austria. Egli con la suddetta procreò due figliuoli cioè Carlo morto senza lasciar prole e Giuseppa maritata nella famiglia *Procaccini.* — BARONIE: S. Egidio, Set. — PARENTELE: Aitoro, Amore, Amatucci, Aponte, Bartoli, Bellucci,

---

(1) Anche le seguenti famiglie hanno goduta nobiltà in *Penne*: Aliprandi, Apollinare, Armenio, Castiglioni, Scorpione, Torres, Trasmondi.

Bilotta, de Blasio, Buontempo, Capuano, Caracciolo, Censale, de Cicco, Columbo, Copaelo, Covoni, de Curtis, Dragonetti, Famiglietti, Ferri, de Filippo, Formicola, Franco, de Franciscis, de Fusco, de Gennaro, Giannelli, Gizzio, Goglia, Iannaccone, de Martino, Mazzella, Mellusi, Meoli, Natellis, Paolizzi, Paoletti, Pedicini, Peise, Picciotti, Picone, Pretola, Radoazzi, Rohrlach, Salomone, Santilli, Sellaroli, de Silvestri, de Simone, Venezia, Verrusio ed altri. — AUTORI: Angiolella (Poesie ined.), Atti (Vite de' XXI Vescovi di Ripatrans.), Baldinucci (Vite di pittori), Betti (Ital. ill.; Biogr. univ.), Boschini (Sest. di dorso duro), Bosca (De orig. Bibl. Ambr.), Bumaldi (Mon. Bononiae), Calà Ulloa (Conclusioni), Cappelli (Ch. d'Ital), Cantù (Stor. univ), Coleti (Add. all'Ughelli), Carosi (Origo fidel. civit.) de Dominicis (Vite di Pittori), Enciclopedia italiana, Enciclopedia popolare, Enciclopedia dell'Ecclesiastico, de Franchi (Avellino ill.), Gams (Series Episcop.), Gigli (Pittura trionf.), Ladvocat (Dizion.), Lanzi (Stor. della pittura), Lucenti (Cont. all' Ughelli), Loncazzi (Teatro) Montefuscolo (Stemm. delle fam. ital.), Malvasio (Felsina pittrice), Moroni (Diz. Stor.), Orlandi (Abbec.), de Palma (Stor. civ. ed eccl. degli Abbruzzi), Parascandalo (Supp. alla Bibl. Stor. degli Abb.), Pignatelli (Autobiografia MS.), Piperno (De mag. eff. noc. Benev.), Ticozzi (Dizion.), Soranzo (Poesie), Savioli (Annali bolognesi), Ughelli (Ital. Sac.), Ursini (Sinodi Benev.), Zigarelli (Stor. catt. di Avellino), Zigarelli (Viagg. a Montevergine) ed altri. — MONUMENTI: *Vitulano* nella Chiesa di S. Gio. e Paolo, e Chiesa Arcipretale. *Melizzano* Chiesa di S. M. delle Grazie. *Avellino* nel Duomo, *Frigento* nella Chiesa principale, *Ripatransone* Chiesa di S. M. della pietà. — *Alberto* è tra'testimoni che firmarono l'atto col quale il comune di Bologna si unisce a quello di Reggio nel 1214. A lui scrisse il governo allorquando Imola si assoggettò a Faenza. *Cacciancmico* fu tra quelli che giurarono a nome di Bologna i patti co'Fiorentini e fu tra' rappresentanti del paese nel 1220 e tra' vessilliferi de' Bolognesi che combatteVano contro Imola. *Sforza* con Ludovico Cusano ed Agostino Santillo seguirono fra Vincenzo Gonzaga Prior di Barletta alla conquista di Malta. *Callisto* celebrato filosofo e medico fu autore del trattato « Libellus de nutritione humani corporis in re medica » del quale fu fatta una seconda edizione nel 1650. *Ercole, Camillo, Giulio, Carlo* ed *Ettore* furono celebratissimi pittori de'quali fanno ampia menzione e molte lodi chiari autori. Di essi *Giulio* ed *Ettorc* 2° ebbero dal Duca di Savoia la collana d'oro. *Domenico* Comandante della Rocca beneventana 1645. *Marcantonio* Prelato del Re Filippo IV in Madrid. Ritornato in Regno si stabilì in Lucera dove dal Re ottenne la prima carica nel capitolo e scudi 300 annui. *Pompeo* Cavaliere di S. Stefano, ottenne nel 1641 i feudi di Castel S. Egidio e di Set, fu comandante delle truppe in Penne, familiare del Re e Governatore della Dogana di Abbruzzo. *Francesco* Capitano di Cavalli in Solmona, Penne e Lanciano e poi Governatore di Altamura. *Giulio* reclutò a sue spese una compagnia di fanti in servizio di Filippo IV. *Pietro* Vicario di Aquila, 1642. *Simone* Vicario Generale di Penne, 1646. *Pietro* Protonotario Apostolico e Vicario Generale di Penne, Macerata e Montefiascone e nel 1695 Vescovo di Ripatransone dove resse la Chiesa con accorgimento e lode. Fu poi Vescovo di Avellino nel 1704 dove contribuì al miglioramento del Seminario ed allo splendore della diocesi. *Carlo* filosofo e medico stimato, lasciò manoscritte alcune opere filosofiche. *Giuseppe* Cavaliere aurato cioè dello Speron d'oro e Conte del S. Palazzo Lateranense, nominato nel 25 Aprile 1725. Lasciò scritti quattro volumi in latino di Commentari alle istituzioni di Giustiniano. Morì nel 1779. *Giovannangelo* filosofo rinomatissimo, ricordato da vari autori. *Paolino* de' Benedettini di Montevergine, fu Abbate del Monastero di Arienzo dal 1786 al 1789. *Carlo* Teologo Consultore della Città di Napoli nominato nel 1795. *Agostino* Segretario del Priorato Costantiniano, 1860. — ARMA: Diviso da una fascia di oro; nel 1° di rosso alla croce di argento; nel 2° di azzurro al pino di verde col leone di oro rampante a sinistra, e a destra una spada con la punta in su. — È rappresentata questa famiglia in Napoli dal Marchese CARLO PROCACCINI.

**QUARTO.** — Questa famiglia è originaria del Piemonte e prese nome dal castello di Quart nella Valle d'Aosta. Il primo di cui si ha memoria nel Regno è *Giovanni Quarto* milite dello Imperatore Federico II svevo dal quale ebbe concessa una foresta denominata Montegrosso in tenimento di Bari. Dallo stesso ceppo uscirono i Marchesi di Carpineto e Conti di Bagnasco. La famiglia *Quarto* ha goduto nobiltà in *Salerno* nel Seggio di Portaretese, Venezia,

*Andria* (1), *Barletta* e *Bitonto* (2). Vesti l'abito di Malta nel 1662 e trovasi ascritta al Registro delle Piazze Chiuse — FEUDI : Alboraggio di Barletta, Gioia, Laurenzana, Quarto, Tressanti. — CONTEA : Vaglio. — DUCATO : Belgioioso. — PARENTELE : Avalos, Bonelli, Castriota, Capecelatro, Carafa, Dentice, Giliberti, Gironda, Mazza, Mezzacapo, Ruggiero, Sorvillo, Vargas, Volpicella ed altre. — AUTORI: Alfano (Descr. del Regno), Almagiore (Giunte al Summonte), Araldi (It. nob.), Bacco (Descr. del Regno), Bonazzi (I reg. della nobiltà nelle provincie napolitane), Bonazzi (Elenchi fam. Ord. Ger.), della Chiesa (Cor. reale di Savoia), Galluppi (Nob. di Messina), Lumaga (Teatro della nob. d' Europa), Mongitore (Bibl. Sic.), del Pozzo (Ruol. gen. dei Cav. geros.), Recco (Not. di fam. nob.), Ricca (La nob. delle due Sicilie), Toppi (Bibl. napol.), Urso d' (Storia di Andria) — *Nicola* Regio milite nel 1269. *Baldassarre* fu mandato nel 1308 dalla Città di Andria a festeggiare il matrimonio di Bertrando del Balzo con Beatrice figliuola del Re Carlo II d' Angiò e per invitar gli sposi a recarsi in Andria. *Nicola* Luogotenente di Bitonto nel 1427, fu creato Giudice dal Pontefice per giudicare Angelo Tartaglia di Lavello, chè il Papa avendolo inviato con mille cavalli in favore di Francesco Attendolo Sforza e contro Braccio da Montone perugino, il Tartaglia, invidioso della gloria di Sforza, avvertì Braccio da Montone di ciò che si operava a suo danno. *Francesco* Abate del Tempio di Gerusalemme. *Lorenzo* Milite, fedele, diletto e familiare del Re Alfonso I d'Aragona, dal quale ottenne il feudo di Tressanti. *Oddone* Capitano d'una galera in soccorso di Giorgio Scanderbech, che era confederato di Re Ferdinando I d'Aragona. Combattè con valore alla guerra d'Otranto contro i Turchi. *Paolo Maria* nel 1611 si ascrisse alla Religione de' Chierici Regolari, si distinse per i suoi studi sopra la Teologia Morale e sopra i sacri Riti e diede alla stampe varie opere che da' canonisti sono tenute in molto conto. *Giovanni* Commendatore di Nardò e Grassano dell' Ordine gerosolimitano, e Capitano d'una galera dell'Ordine contro i Turchi nel 1662. *Ettore* Cavaliere gerosolimitano nel 1669. *Giov. Battista* Cavaliere gerosolimitano nel 1715. *Giovanni Maria* Cavaliere gerosolimitano nel 1778. — ARMA: Di oro al bisante tripartito di argento, di azzurro e di nero, sormontato da un falcone al naturale al volo abbassato. — Questa famiglia è rappresentata in Napoli dal Duca di Belgioioso e Conte di Vaglio FRANCESCO MARIA QUARTO Commendatore dell'Ordine dei SS. Maurizio e Lazzaro.

**RASCICA.** — Famiglia originaria d'Amalfi, di cui si hanno memorie fin dal 1179. Essa passò in Salerno, ed abitò nella via dei Veteresi, luogo donato agli Amalfitani dai Principi Longobardi di Salerno. Ha goduto nobiltà in *Amalfi* ed in *Salerno* nel Seggio di Portaretese. — MONUMENTI: *Salerno* Chiesa dei Domenicani. — BARONIA : Sanpietro Indelicato. — PARENTELE : Alagno, Dommusco, Giudice (del), Guarna, Pinto, Santomango, Tendo, Tufo (del). — AUTORI: Almagiore, de Lellis, Lumaga, Prignano (MS.). — ARMA: Di rosso alla banda di argento caricata da tre rose di rosso, con la bordura di azzurro. — Questa famiglia si estinse nel 1624 in *Matteo Rascica*, morto senza discendenza.

**RATTA (della).** — v° II° p. 106 — FEUDI : Consa, Loise, Murato, Schiattone, Zaccari. — AUTORI: Infantino (Lecce sacra), Fiore (Cal. illus.). — MONUMENTI : *Lecce* Chiesa S. Giovanni — p. 109 vs. 32 C.... Questa famiglia è estinta, non trovandosi documenti che giustificano l' attacco del Cav. Lorenzo della Ratta con la famiglia di cui si è discorso.

**REBURSA.** — Famiglia di origine Normanna. Fu tra le dodici che riedificarono Atella chiamandola Aversa, perchè tra esse eravi *Aversa* cavaliere Normanno. Questa famiglia possedè Aversa, ma per essersi ribellata a Carlo I d'Angiò, perchè partigiana degli Svevi, fu la città presa d'assalto e messa a sacco. La famiglia fu del tutto distrutta, dopo essere stata spo-

---

(1) Godettero nobiltà anche in *Andria* le famiglie: Accetto, Alessi, Andriesi, Braida, Carbutto, Conoscitori, Curtopasso, Eccelsi, Fanelli, Fellecchia, Giannotti, Giugno, Guadagni, Lupicini, Maggio, Maroldi, Marulli, Mele, Meone, Perusi, Rimedi, Sagarriga, Tesorieri, Tota, Vanulli, Vitani, Volponi, Zapputi.

(2) In *Bitonto* hanno goduto nobiltà anche le famiglie: Abenante, Affaitati, Afflitto, Alitto, Alvaro, Barone, Bovio, Castagna, Cazzani, Corneliis, Ferrara, Gentile, Giannone, Girardi, della Guardia, Ildaris, Labini, de Lerma, de Luciis, Maggiore, Monte, Paduli, Perrese, Pietate, Planelli, Regna, Ripa, Rogadeo, de Rossi, Saluzzo, Sansone, Santorello, Sasso, Scaraggi, Scarappo, Scatiggio, Spinelli, Sylos, Tacola, Valeriano, Veritate, Volpone, Zurlo.

gliata d'ogni suo avere unitamente alle famiglie Capece, Filangieri, Castagna ed altre. Ha goduto nobiltà in *Aversa*. — FEUDI:Arienzo, Arpaia, Aversa, Pipone, Pomigliano, S. Antimo, S. M. Fossaceca, Longano. — CONTEA: Caserta—AUTORI: Campanile Gius., Ciarlante, Collenuccio, Galluppi (Arm ital.), Lumaga, Pacicchelli, de Pietri (Stor. nap.).—*Riccardo* si legge tra'feudatari sotto Re Manfredi , con Benvenuto Severino, Pietro Galluccio, Guglielmo Gentile ed altri. Fu *Riccardo* Regio Provveditore nel 1269. Ebbe mozzato il capo con Marino Capece, Bartolomeo di Gesualdo, Giovanni d'Aquino, Ruggiero Ruffo, Enrico di Castiglia, Galvano Lancia ed altri italiani e tedeschi seguaci di Corradino. — ARMA : D'azzurro alla gemella di argento posta in banda.

**REGINA (de).** — Famiglia originaria napoletana, di cui si hanno memorie dal tempo di Re Guglielmo II Normanno. Ha vestito l'abito di Malta nel 1664 ed ha goduto nobiltà in Napoli fuori Seggio. Il Ramo della famiglia Macedonio Duchi di Grottolelle si estinse in Eleonora che sposò *Nicola de Regina* Conte di Macchia — FEUDI : Baja, Carpinone, Castel di Ruvo, Castelluccio, Ferrari, Gambatesa, Latini, Malamerenda , Migliarello, Montefuscolo, Orso, Pietracupa, Sanmarco Lacatola , Trecchina, Vastofalcone. — CONTEE : Castel S. Vincenzo 1741, Macchia di Valfortore 1559. — DUCATO: Peschici 1624. — PARENTELE: Bucca, Costa, Doria, Macedonio, Maza, Sangro. — AUTORI : Alfano , Borrello (MS.), Campanile Gius., Ciarlante, Fiore, Galluppi (Arm. ital.), Lumaga, Mazzella, Mugnos, Ricca, Rinaldi, Sacco, — *Giov. Antonio* Giustiziere di Lecce 1577. — *Francesco* Giustiziere di Calabria 1596. *Landolfo* Cappellano Regio e Canonico Napolitano — ARMA: D'argento a tre punte di nero moventi dalla punta sormontata ciascuna da un uccello dello stesso; col capo d'azzurro. — ARMA : Di rosso alla banda di oro caricata da tre rose di rosso. — Questa famiglia è rappresentata in Napoli dal Conte di Macchia NICOLA DE REGINA.

**REGGIO.** — Di questa famiglia si hanno memorie fin dall'anno 1310. Essa ha goduto nobiltà in Toscana, Napoli e Sicilia, dove essendo numerosa si diramò in Palermo , Randazzo e Messina, nella quale città fu ascritta alla Mastra nobile nel 1807. Vestì l'abito di Malta nel 1582, ed ha ottenuto il Grandato di Spagna di 1ª Classe, e l'Ordine del Toson d'Oro. — MONUMENTI : *Napoli* Chiesa di S. Giovanni a mare. — FEUDI : Alichia, Barrofando , Bonaccorso, Briatico, Brucato, Calvello , Carmito , Cattaimo , Catenanuova, Campofranco, Consolazione, Conteraineri, Longano, Malinventre, Noce , Pisano , Ragali, Reitano , Saline di Terranova, Salvatore, Sangiacomo, Santalucia, Scarciavacca, Terragiordana, Trizzo, Valguarnera.—MARCHESATI : Ginestra 1652. — DUCATI : Valverde 1686, Vatticani 1698. — PRINCIPATI : Aci S. Antonio e S. Filippo 1671, Campofiorito 1660, Campofranco 1653, Catena 1668. — PARENTELE : Afflitto, Barrese, Beccadelli, Bonfiglio, Branciforte, Celestri, Colonna, Corvino, Diano, Giffone, Giliberti, Gioffredo, Gravina, Grifeo, Lanza, Locampo, Moncada, Pescara, Polia, Requesens, Ruffo, Saladino, Santostefano , Statella , Vanni , Ventimiglia ed altre. — AUTORI : Alegambe, Araldi (It. nob.), de Blasi, Borrello (App. hist. MS. nella Bibl. Naz.), Caruso (Stor. di Sic.), Campanile Gius., Cannizzaro, Ciarlante (Il Sannio), Crescenti (Cor. della nob. d'It.), Fazzello (Stor. di Sic.), Galluppi (Arm. ital.), Galluppi (Nob. di Messina), Inveges (Palermo nobile ), Lumaga (Teatro della nob. d'Europa), della Marra (Fam. nob.), Minutolo (Prior. di Messina), Mongitore (Bibl. Sic.), Mugnos (Nob. di Sic.) , Palizzolo (Il Blasone in Sicilia), del Pozzo (Ruolo gen. dei Cav. geros.) Radogna (Monog. di S. Giov. a Mare), Ricca (La nob. delle Due Sicilie), Rossi (Teatro della nob.), Ruffo (Stor. dei Giffone), Sacco (Dizion. geogr.), de Stefano, Toppi (Bibl. Nap.), Villabianca (Sic. nob.)—*Antonio* signore del feudo di Carmito e Maestro razionale del regio Patrimonio. *Leone* Maestro razionale e Siniscalco del Regno, fu tra'Baroni chiamati in regio servizio nel 1312. *Nicolò* Capitano e Castellano di Francavilla e Cameriere di Re Federico III di Sicilia. *Matteo* prestò 88 once d'oro al Re Federico III e n'ebbe in pegno un fiore della corona reale. *Pietro* Maestro razionale del regio Patrimonio nel 1361. *Antonio* Castellano di Siracusa e regio cameriere nel 1364. *Farinata* Regio milite nel 1366. *Guglielmo* Ciambellano di Re Alfonso I d'Aragona. *Giuliano* Maestro razionale, milite, Capitano di Palermo e regio Consigliere nel 1496. *Luigi* Senatore e Governatore della Tavola di Palermo nel 1528. *Stefano* Senatore e Governatore della Tavola di Palermo nel 1580. *Fabrizio* Senatore di Palermo e Commissario generale per la fabbrica dei ponti nel 1581. *Giuliano* Abate di S. Lucia e Cappellano maggiore del Regno nel 1585. *Stefano* Marchese di Ginestra nel 1652, e primo Principe di Campofiorito nel 1660, Capitano e Pretore di Palermo, Straticò di Messina e Maestro razionale. *Luigi* Primo Principe di Catena nel 1668, Maestro razionale nel 1673. *Stefano*, Principe di Aci S. Antonio e S. Filippo nel 1671, Capitano giustiziere di Palermo, Cavaliere di Calatrava e Gentiluomo di Camera del Re Carlo II di Spagna. *Antonino*, Principe di Catena, Maestro razionale, Consigliere e Tesoriere generale del regio Erario nel 1681. *Carlo* Commendatore Gran Croce ad honores dell'Ordine gerosolimitano, Capitano di galere e Ricevitore dell'Ordine, Gran Croce dell'Ordine della Concezione di Spagna e Tenente generale delle armi Spagnuole nel 1670. *Andrea* Tesoriere generale del Regno nel 1695. *Luigi* Principe di Aci, Gran Croce gerosolimitano e Commendatore di S. Calogero, Cavaliere di Calatrava, di S. Gennaro e di S. Michele di Francia, Grande di Spagna di 1ª Classe, Generale delle galere del Regno, Capitan generale di Biscaglia e Viceré di Valenza, Ambasciatore pel Re Cattolico alla Repubblica di Venezia ed Ambasciadore straordinario e Ministro plenipotenziario presso la Corte di Francia. *Andrea* Principe di Catena e Governatore della Compagnia di Carità in Palermo nel 1738, fondò la terra di vassallaggio con popolazione, detta Catenanuova, nella Baronia di Malinventre. *Michele* Balio dell'Ordine gerosolimitano, Cavaliere del Toson d'Oro e dell'Ordine di S. Gennaro, Capitan generale delle galere e di tutta la Marina del Regno, con gli onori di Viceré di Napoli per carico avuto dal Re Carlo III di Borbone. Ebbe poi affidata la Reggenza del Regno per la minoretà del Re Ferdinando I. *Stefano* Principe di Aci, Principe di Campofiorito, Maestro razionale di Cappa e Spada del regio Patrimonio, Gentiluomo di Camera del Re, Tenente generale Comandante il Castello nuovo di Napoli, Ambasciatore presso la Corte di Madrid, Capitan generale di tutte le armi del Regno e Reggente del Regno nel 1751 col precedente *Michele* suo cugino. *Agatino* Vescovo di Cefalù, e poi Arcivescovo di Iconio nel 1755, e Giudice della Monarchia. *Raffaele* Cavaliere gerosolimitano, e Maresciallo di Campo nella Spagna. *Antonio* Maestro notaro dell'Udienza della gente di guerra di tutto il Regno, Consigliere e Tesoriere generale della Regia Camera nel 1762, e Governatore della Compagnia di Carità. *Agostino* Abate di S. Giuseppe Lo Pisano, Abbadia di padronato di sua famiglia, fondata un tempo da Monsignore *Andrea Reggio* Vescovo di Catania e Patriarca di Costantinopoli, il cui ramo si estinse in *Antonia Reggio* e Requesens, che sposò Leopoldo Grifeo e Migliaccio dei Principi dei Partanna. *Giuseppe* Cavaliere di S. Gennaro, Gentiluomo di Camera, Tenente generale e Pretore di Palermo nel 1820. Fu assassinato dal popolo tumultuante. *Andrea* Principe di Aci, Cavaliere dell'Ordine di S. Gennaro, Gentiluomo di Camera, Tenente generale ed Aiutante generale del Re. — ARMI:—1° Di azzurro alla fascia di oro sormontata nel capo da una cometa di argento, ed accompagnata da tre stelle del medesimo. — 2° Di azzurro alla fascia di oro, accompagnata da quattro stelle dello stesso poste tre nel capo ed una nella punta. — È rappresentata questa famiglia in Palermo dal Principe di Aci, Marchese di Ginestra GIUSEPPE REGGIO.

**REGNA.** — Famiglia originaria di Milano, donde passò in Regno e stabilissi in Bitonto, ove ha goduto nobiltà. Ha passato l'abito di Malta nel 1780. — MONUMENTI: *Bitonto* Chiesa dei MM. OO. detta di S. Maria de Stabilini. — BARONIE : Binetto, Ceglie. — PARENTELE : Bovio, Candida, Gadaleta, Rogadeo, Sisto, Tupputi, ed altre. — AUTORI : Almagiore, Apollinare ( Il Cav. Romito ), Araldo 1880, Bonazzi ( Elenchi di fam. ricevute nell'ord. Gerosolim. ), Bacco, Lumaga, Pacichelli, Sylos (Cronaca de' pp. Teatini ) — *Paolo* Milite dato dai Milanesi in ostaggio allo Imperatore Federico II nel 1242, fu quegli che stabilì la sua famiglia in Puglia. *Tommaso* prestò danari al Re nel 1301. *Bernardo* Milite e familiare di Ludovico Duca di Durazzo 1376, fu mandato dalla città di Bitonto a governare la Serra di Palo. *Antonio* Regio familiare, Consigliere e Cappellano. *Giovanni* Sindaco dei nobili di Bitonto, 1403. *Luca* Familiare e domestico di Re Ladislao. *Leone* Familiare della Regina Giovanna IIª. *Bernardino* Milite e Consigliere di Re Ferdinando I d'Aragona. *Riccardo* Avvocato fiscale della Vicaria. — ARMA : Interzato in fascia nel 1° di azzurro alla stella a sei raggi di oro; nel 2° di argento pieno; nel 3° di azzurro con tre bisanti di oro. — È rappresentata questa famiglia in Bitonto dal Signor DOMENICO REGNA Patrizio di Bitonto.

**REVERTERA.** — v° v° p. 155 — vs. 8 *C* 1235 non 1535.—È rappresentata questa famiglia del Duca di Salandra e Conte di Tricarico GIOVAN VINCENZO REVERTERA Patrizio napoletano.

**RICCARDO.** — Famiglia che vuolsi originata da *Riccardo* dell' Aquila Doge di Gaeta nel 1105, il cui figliuolo fu detto *di Riccardo* e fu Vice Governatore di Sicilia al tempo dei Normanno. In Benevento fuvvi una famiglia *Riccardo* fin dal 1268, che ebbe una sua Cappella gentilizia nel Duomo, e si estinse nel 1700 in *Feliciana* maritata ad un cavaliere spagnuolo· Non si sa se fosse stata di comune origine con la prima, come non è a tacersi che un ramo della famiglia del Giudice, nobile di Amalfi, per essersi soprannominata *Riccardo*, originò una famiglia di tal nome. Ha goduto nobiltà in *Napoli* fuori seggio, *Amalfi*, *Benevento*, *Aversa, Avellino, Ortona, Genova* nello Albergo Doria ed in Sicilia. Vestì l' Abito di Malta nel 1588. — Il ramo primogenito si estinse nella famiglia Acquaviva, ed un altro ramo nella Castrocucco.—MONUMENTI: *Napoli* Chiesa dello Spirito Santo, *Avellino* nel Duomo. — FEUDI: Alanno, Bifaro, Bucchianico, Busso, Campogiove, Campomarino, Casolà, Castelrodi, Cerchiara, Cerzapiccola, Civitaquana, Corsano, Cugnoli, Farafiliorum Petri, Forca, Fossacieca, Giugliano, Isola, Iuradamia, Lentisco, Leognano, Macchia, Montesantangelo, Montesilvano, Montevairano, Moscuso, Muzzo, Olando, Ortona, Pagliano, Pagliara, Pellatto, Pescara, Pizzocorbario, Rignano, Rocca, Sandufarno, Santilario, Santoiacopo, Spoltore, Termolano, Termoli, Tollo, Torchia, Torsicio, Tussitra, Vicoli — MARCHESATO: Ripa — PARENTELE Acquaviva, Alessandro (d'), Bonifacio, Borgia, Caldora, Camponesco, Carafa, Castrocucco, Gatta (della), Giffone, Maramaldo, Ratta (della), Sclano, Severino, Zurlo. — AUTORI: Aldimari, Almagiore, Ammirato (Fam. fior.), Ansalone, Bonazzi (Cron. del Massilla), Campanile Gius., Confuorto, di Costanzo, Eugenio, Franchis, Galluppi (Arm. Ital.), Gamurrini, de Lellis, Lumaga, della Marra, Mazzella, Mugnos (Nob. d'Europa), de Pietri, del Pozzo, de Raho Ruffo, Ughelli — *Francesco* Maresciallo del Regno e Siniscalco di Re Ladislao 1413. *Giovanni Antonio* insigne avvocato. *Francesco* Paggio di Re Alfonso I d'Aragona, uomo valoroso, regio Consigliere e Castellano di Castelnuovo. *Giulio Cesare* Vescovo di Bari nel 1592. — ARMI: 1° Di rosso al monte di argento movente dalla punta cimato da una pianta a cinque foglie del medesimo — 2° (Ramo di Benevento): Ondato increspato di oro e di azzurro, al capo di azzurro caricato da tre pigne di oro — 3° Spaccato merlato di argento e di rosso.

**RISO (de).** — Famiglia originaria d'Inghilterra, passata poi in Francia e propriamente nella Normandia. Venne nel Reame seguendo i Normanni e stabilissi in Sicilia, donde, per essere devotissimo agli Angioini, passò in queste province all' epoca dei famosi Vespri siciliani. Trovasi feudataria fin dall' epoca di Carlo I d' Angiò, ed ha goduto nobiltà nelle città di *Napoli, Messina, Catanzaro, Lettere, Rossano* (1), *Nola, Cotrone, Capua, Cosenza, Bari, Monopoli, Giovinazzo, Roma, Narni* e *Milano*. Vestì l' abito di Malta nel 1663, e trovasi ascritta al registro delle Piazze chiuse — La famiglia Macedonio nobile napoletana Marchesi di Ruggiano e Marchesi di Oliveto si estinse in Giustina Macedonio che nel 1808 sposò *Domenico de Riso* Barone di Carpinone. — MONUMENTI: *Napoli* nelle Chiese di S. Maria delle Grazie a Caponapoli, S. Maria della Vita e S. Maria la Nuova con Cappella gentilizia. — FEUDI: Belvedere, Bono, Botricello, Bracello, Cameri, Carpinone, Casalcoglianello, Cassano di Bari, Castelnuovo, Cerenzia, Cogliano, Fanzano, Laino, Lutro, Mottola, Pietraferrazzana, Policastro, Racanino, Renicola, Sanbenedetto, Sangiorgio, Sannicola alla Strada, Sanpaolo, Terragiordana, Teverola, Vico di Caserta.—MARCHESATI: Crecchio, Oliveto, Ruggiano — PARENTELE: Ancora (d'), Annibali (degli), Arciere, Beccadelli, Berlingieri, Bernarda, Betti, Brancia, Broncoll, Capece Minutolo, Capuano, Carafa, Carvaial, Castagnola, Castro (de) Cattaneo, Coscia, Fabli (dei), Ferrari Acciaiuoli, Gennaro (de), Grimaldi, Laudato, de Liguoro, Longo, Macedonio, Massimi, Marincola, Mele, Messanelli, Novellis (de), Pasca, Peredes, Perrotta, Pisani, Pistoia, Piterà, Rota, Rufolo, Sanseverino, Sanfelice, Siscar, Suriano, Tanzi, Tocco (di), Tolfa (della), Voraido, Zurlo. — AUTORI: Accattatis, Aldimari, Almagiore, Alfano, Amato (Mem. di Catanzaro), Ammirato, Ansalone, Araldi, Bacco, Bonazzi (La nob. delle prov. napol.), Bonazzi (Cron. del Massilla), Bonfiglio, Borrello (MS.), Campanile Gius., Ciarlante, Donnorso, Galluppi (Arm. Ital.), Galluppi (Nob. di Messina), de Lellis (Fam.

---

(1) Han goduto nobiltà anche le seguenti famiglie in *Rossano*: Abenante, Aldimari, Alessandro (d'), Amarelli, Armengani, Blaschi, Britto, Campana, Caponsacco, Caselli, Cherubini, Cito, Crispo, Curti, Dattilo, Falco, Ferrari, Foggia, Interzati, Malena, Mandarini, Mandatoricci, Marini, Martucci, Mazziotti, Mezzomonaco, Monticelli, Muro, Negri, Pietra, Pisciotta, Ponti o Pontei, Protospataro, Rapano, Rocco, Romano, Russis o Rossi, Sersale, Stefano (de), Tagliaferri, Toscano, Zanfino.

nob.), de Lellis (Nap. sacra), Lumaga, della Marra, Mazzella, Mugnos (Nob. di Sicilia), Pacicchelli, Padiglione (Mem. di S. M. a Caponapoli), Paglia, Palizzolo, del Pozzo, Ricca, Sacco, Sagarriga, Toppi (Bibl. nap.ʼ, Toppi (Orig. trib.).—*Bartolomeo* fu tra'nobili di Messina mandati in esilio da Arrigo Svevo Re di Sicilia, per essere partigiano dei Normanni, come osservasi nel diploma di quel Sovrano dell'anno 1194, 13ª Indiz:. Gli altri furono: Margaritus Brundusio, Cataldus de Camuto, Bonannus de Comitibus, Raimondus Guercius Ansaldi filius, Ansolinus Comitus, Guidaccius Miles, Donatus Mattonus, Guglielmus Admiratus, Fabius Comitus, Eutichius de Gabatore, Mattheus Castello, Guglielmus Peregrinus, Rogerius frater ejus, Salernus Strambus, Joannes Maria de Cartusata Venetus filius Ursonis Fagiolani, Rainerius Sopina, Nicolaus de Anfuso, Joannes de Leontino deʃConte, Salice Serafulla, Caesarius Paschalis de Abrola, Bartolomeus de Marmina, Raimundus Cultellarius, Peregrinus de Castello, Martinus Marcellus, Blasculus Milesius, Vivaldus Buccabarius. — *Nicolò* veniva chiamato *Milite, nobile, fedele* e *diletto* da Re Carlo I d'Angiò. pel quale fu Giustiziere della Provincia di Bari, ove stabilì la sua famiglia. *Barnaba* Segreto delle Puglie. *Raimondo* Protontino di Calabria e di Sicilia pel Re Carlo I, dal quale fu inviato con 9 galee contro i ribelli. *Rinaldo* Vice Segreto della Curia in Terra di Bari. *Matteo* Milite e feudatario in Calabria, Protontino di Sicilia pel Re Carlo I e suo Ambasciatore a Tunisi. *Palamede* Milite e lettore degli Studii di Napoli. *Errico* Milite e Segreto di Calabria e di Puglia, avendo perduto i suoi beni in Sicilia nell'epoca dei Vespri, per fedeltà serbata agli Angioini, ottenne da Carlo I sei once di oro al mese. *Guglielmo* Segreto, Maestro ʼPortolano e Giudice delle province di Terra di Lavoro ed Abbruzzo. *Gaudio* Vice Segreto di Terra di Bari. *Nicolò* Giustiziere di Bari. *Squarcio* Milite e regio familiare e Giustiziere di Abbruzzo. *Matteo* Milite e Maestro della Zecca di Messina. *Goffredo* Scudiere di Re Roberto e Maestro della Maresciallia. *Corrado* pe' servigi resi a Re Roberto, ottenne beni feudali in Calabria. *Nicola* Giudice della Corte della Regina Giovanna I. *Geronimo* Familiare e Domestico di Re Ladislao, e suo Capitano perpetuo della città di Campagna, ove stabilì la sua famiglia. *Agazio* Regio familiare. *Agostino* familiare e regio Segretario. *Gabriele* Credenziere della regia Dogana. *Antonio* Guardiano del porto di Barletta. *Vincenzo* Giudice del Porto di Barletta. *Riccardo* insigne giureconsulto, nel 1507 fu inviato dal Re Ferdinando il Cattolico suo Agente generale nella Corte di Roma, ove stabilì la sua famiglia, che poi diramossi in Narni. Il suo figliuolo *Giov. Cesare* fu tenuto al fonte battesimale da Carlo V, con procura fatta al Cardinale Carvaiale. *Bartolomeo* Capitano dei Cavalleggieri dei Pontefici Pio V e Gregorio XIII. *Nicolò* Prelato Referendario dei detti Pontefici. *Francesco* Capitano di fanti e cavalli per la Santa Sede, combattè valorosamente per la Lega contro i Turchi, sotto il comando di Marcantonio Colonna Capitan generale di Santa Chiesa. Avendo perduto il braccio sinistro e proseguendo a combattere con grande valore fu cognominato il *Capitan Destro.* Fu Governatore e Castellano della fortezza di Palliano. *Giov. Cesare* Preposito generale dei Chierici regolari. *Angelo* Cavaliere gerosolimitano, 1609. *Francesco* Cavaliere gerosolimitano, 1633. *Alfonso* e *Girolamo* Cavalieri gerosolimitani 1655. Il primo fu Commendatore di Melfi, ed il secondo morì combattendo contro i Turchi. *Francesco* Celebre Avvocato in Roma, fu da Papa Innocenzo X nominato Segretario del Senato in Campidoglio. *Marcantonio* Avvocato fiscale di Vicaria Criminale e del Regio Patrimonio, Presidente della Regia Camera e Reggente del Consiglio d'Italia 1608. *Pietro* Capitano di Cavalli, morì pugnando con valore in Lombardia. *Flaminio, Giov. Cesare, Ferdinando, Camillo* e *Nunzio* Conti Palatini e Paggi nobili del Papa Clemente XI. I primi tre furono dei 14 Caporioni ʼdel Senato di Roma. *Bernardo* ( Marchese )ʼ uomo dottissimo ed autore di più opere e Socio di varie Accademie, occupò lodevolmente diverse cariche amministrative, 1800. *Nicola* Guardia del Corpo a Cavallo 1830. — *Eugenio* dotto giureconsulto, autore di pregiato opere di dritto pubblico, fu Deputato al parlamento e prese gran parte nella rivoluzione del 1848. *Bernardo* abbate Benedettino di Perugia. ARMA; D'azzurro alla fascia d'oro accompagnata nel capo da una stella, e nella punta da due gigli, il tutto dello stesso. — CIMIERO : Una fenice che si brucia. — MOTTO : Semper eadem. — Questa famiglia è rappresentata in Napoli dal Marchese di Ruggiano, Marchese di Oliveto e Barone di Carpinone CESARE DE RISO. Il ramo nobile in Catanzaro è diviso in tre linee rappresentate dal Marchese GIROLAMO DE RISO, dal Commendatore TANCREDI DE RISO Senatore del Regno, e dal Cavaliere BERNARDO DE RISO.

**RISTALDA.** — Famiglia originaria di Francia, venuta in Regno seguendo Carlo I d' Angiò. Ha goduto nobiltà in *Napoli* fuori seggio ed in *Scala*. — MONUMENTI: *Napoli* Chiesa San Agnello. — BARONIE: Sanbarbato, Santamaria. — PARENTELE: Afflitto, Albertino, Carafa, Gattola, Guardati, Liguoro, Santomango. — AUTORI: Aldimari, Almagiore, Camera, Campanile Gius., de Lellis, Lumaga, della Marra. — ARMA: Di azzurro al capriolo di argento accompagnato da due stelle nel capo ed un giglio nella punta, il tutto di oro, alla bordura dentata di argento.

**RIVERA (Afan de).** — v° 1° p. 66.—Intorno alla discendenza di questa famiglia è mestieri fare alcune necessarie modificazioni. Don *Perafa de Ribera o Rivera* primo Adelantado Maggiore di Andalusia e Capitan Generale della Frontiera del Regno e richo hombre cioè Grande di Spagna, derivato da Don Belloso che tutti i genealogisti ritengono nato da Don Ramiro III Re di Leon, ebbe cinque figliuoli che diedero origine a cinque rami diversi cioè 1.° Conti della Torre spenti in Casa Albuquerque de la Cueva nel XVII secolo; 2.° un ramo estinto nella casa Ponce de Leon Duchi d'Arcos; 3.° Conti de los Molares e Signori di Alcalà estinti in casa Euriquez (che prese il cognome di *Afan de Rivera* e si divise in Duchi di Alcalà e Marchesi di Tarifa, Conti di Ornose Vernosa, estinti in Casa della Cerda; in Marchesi di Villanuova del Rio finiti in Casa Toledo. (I due Viceré di Napoli appartennero agli Euriquez ed il primo di essi fu ascritto con la famiglia a Napoli nel seggio di Montagna). 4.° Signori di Malpica estinti in Casa Barroso poi Marchesi di Malpica. 5.° I Marchesi di Villanueva de las Torres suddivisi in tre rami, di cui il primo decorato del trattamento di grande di Spagna della Contea del S. R. I. Contea e Magnate di Ungheria, estinto in Casa Caracciolo Principi di Torchiarolo, ed il terzo originato da Don Perafan Viceré di Navarra è ora rappresentato in Napoli dal Cav. GUGLIELMO AFAN DE RIVERA.

**RODINO'.** — Famiglia che vuolsi di origine greca. Si stabilì in Catanzaro nel 1658. Ha goduto nobiltà in *Catanzaro*, *Reggio* e *S. Giorgio di Polistena*. Trovasi ascritta al Registro delle famiglie feudatarie, ed ha posseduto la *Baronia* di Miglione. — PARENTELE: Aiossa, Alberti, Amendola, Asciutti, Assalti, Augimeri, Arati, Baldery, Barba, Barilli, Bisogni, Blasio (de), Bonamici, Bova, Bozzuto, Capogreco, Cauzzi, Cavatore, Celano, Correale, Coscina, Faccioli, Ferraro, Franco, Furnari, Gagliardi, Galluccio, Galzerano, Genne, Grillo, Grimaldi, Grutter, Guida, Ferace, Imperiale, Lacquaniti, Larossa, Lidonnici, Lombardi, Comito, Lozada, Macedonio, Marigliano, Marincola, Marzano, Maurizio Colonna, Migliorino, Musco, Pozzo (del) Pugliese, Receputo, Ridola, Rodio, Rossi, Sanseverino, Scoppa, Sergio, Spaventa, Valensise, Zerbi. — AUTORI: Accattatis, Araldo 1879, Bonazzi (I Registri della nobiltà), Buttà, Gagliardi, Lumaga, Marzano, Pacicchelli, Sarconi, Sterlich—*Giov. Francesco* Barone di Miglione, uomo dotto e poeta, occupò varie cariche amministrative e fu Sottointendente del Distretto di Palmi. *Luigi* Barone di Miglione, Maggiordomo di Settimana del Re di Napoli e Pari del Regno nel 1848, Gran Cordone dell'Ordine di Francesco I. e Commendatore dell'Ordine di S. Gregorio Magno. — ARMI: 1ª Spaccato: nel 1° di verde con tre rose al naturale; nel 2° di oro al monte di verde di tre cime. — 2° Partito: nel 1° di oro con mezz' aquila di nero al volo abbassato coronata di oro movente dalla partizione; nel 2° di argento con tre rose di rosso. — MOTTO: In virtute robur—Questa famiglia è rappresentata in Napoli dal Barone di Miglione GIOVAN FRANCESCO RODINÒ Gentiluomo di Camera di Sua Maestà Siciliana.

**ROMANO.** — v° v° p. 164. — Fu nobile in Tramonti (1) — CONTEA: Capaccio. — AUTORI: Fiore (Calabria illus.).

**RONCA.** — Famiglia originaria di Bagnuoli. Ha goduto nobiltà in *Salerno* al Seggio di Campo e diede nome ad una porta di quella città. BARONIA: Casignano — DUCATO: Sanmartino.— PARENTELE: Aldimari, Centomani, de Lieto. — AUTORI: Almagiore, Lumaga, Prignano (MS.) Sacco—Il ramo Baroni di Casignano e Duchi di Sanmartino del Cilento, si estinse ne' due fratelli *Michele* e *Luigi* morti celibi; ad essi successero le sorelle maritate nelle famiglie Centomani, Aldimari e de Lieto di Capodimonte. — ARMA: Di azzurro alla picca di argento manicata di nero

---

(1) Godettero anche nobiltà in *Tramonti* le famiglie: Fontanella, Formosa, Lanario, Santella, Luciano, Maio, Maranta, Palsembi, Positano, Romano, Sparano, Vitagliano, Vitto (de).

**ROSSI** — v. IV° p. 201. — Il ramo del Leone godette nobiltà in Montalto (1) Bernardo Tanucci chiamato da Carlo III da Pisa fu Segretario di Stato e Ministro nel 1759, ottenne il titolo di Marchese e fu Gentiluomo di Camera e Cavaliere di S. ¦Gennaro. Ebbe un figliuolo, che morì fanciullo ed una figliuola maritata nei *de Rossi* Marchesi di S. Secondo. — p. 209 vs 29... ottenne 50 once annue quale stipendio della carica a lui accordata di Giudice delle Giostre—p. 213 vs. 37 *C* 1811 non 1820—Il rappresentante del ramo de'Rossi del Barbazzale in virtù di R. Decreto del 28 Aprile 1881 è stato *reintegrato* al Libro d'oro ed al Registro de'feudatarii unitamente a' suoi figliuoli, e con Decreto Ministeriale di riconoscimento degli 11 Aprile 1881 è stato ascritto ai Registri della Consulta Araldica. Ha queste cose ottenute avendo dimostrata la sua discendenza da *Fabio Rossi* Patrizio Napoletano ascritto al Patriziato Romano nel 1564 coi suoi figliuoli e discendenti — ARMA: Rossi del Barbazzale riconosciuta dalla Consulta Araldica: Di azzurro al barbazzale di oro sormontato da un rastello a tre pendenti di rosso, al capo di azzurro, sostenuto da una cotissa di nero, caricato da tre stelle di argento.

**ROSSO.** — v° III° p. 187 — p. 189 vs. 7 *C* Battaglia di Milazzo. — p. 188 vs. 10 e 11. *C* Mangeri e Musmeci — p. 190 vs. 37 *C feudalis communis ac Siculi in theses redactus]* *Neapoli* 1792.—p. 190 vs. 39. *Emanuelo* dotato di una grande eloquenza si rese celebre nei Parlamenti Siciliani del 1810 e 1814 ed in quello di Napoli nel 1820 e veniva onorato di suoi concittadini col nome di *Mirabeau Siciliano*. *Andrea* distinto in sapienza ed operosità benefattrice fece parte del Parlamento siciliano del 1814 e fu Consigliere provinciale di Catania più volte a cominciare dal 1820.

**ROTA.** — Famiglia creduta originaria di Asti, che per questioni avute con la famiglia della Rovere, passò nel Reame seguendo Re Carlo I. d'Angiò. Ha goduto nobiltà in *Bergamo*, *Brescia*, *Milano*, *Monferrato*, *Napoli* fuori seggio, *Cosenza* e *Sorrento* al Seggio di Porto. Il ramo de' *Rota* Principi di Gerenzia nobili di Cosenza, si estinse nella famiglia Giannuzzi, quello dei Principi di Caposele finì in due sorelle maritate, la prima nella famiglia Ligny e la seconda nei Caracciolo di Castelluccia, e quello dei Marchesi di Colletorto si estinse nel 1782 in *Francesco Saverio*, la cui sorella fu maritata nei Pignatelli Casalnuovo, ed ebbe un maschio che morì celibe ed una femmina, che sposò il Marchese d'Andrea di Pescopagano, il quale ereditò i titoli ed i beni di questo ramo. — MONUMENTI: *Napoli*, Chiese di S. Chiara, S. Domenico Maggiore, e S. Pietro a Maiella. — FEUDI: Belvedere, Castelrota, Cinque, Malapezza, Marano, Mastrato, Melito, Prata, Prignano, Protella, Puglisi, Rizzacorno, Rodi, Rosciolo, Rosiello, Sangiuliano, Trentenara, Turano. — CONTEA: Copertino. — MARCHESATI: Colletorto, Sangiuliano. — DUCATO: S. Paolo. — PRINCIPATI: Capossele, Gerenzia, —PARENTELE: Accrocciamuro, Brancaccio, Brancia, Capano, Capece, Caracciolo, Coscia, Dura Giannuzzi, Ligny, Minutolo, Pignatelli, Riso (de), Ruffo, Strangia. — AUTORI: Almagiore, Borrello (MS.), Campanile Filiberto, Capaccio, Confuorto, Contarino, Donnorso, Galluppi (Arm. ital.). Ginanni (Arte del Blasone), de Lellis, Lumaga, Maldacea, della Marra, Mugnos, Pacicchelli, del Pozzo (Ruolo), Sacco, de Stefano. — *Rinaldo* Familiare e Cameriere di Re Carlo II° d'Angiò. *Riccardo* Cameriere di Carlo II° d'Angiò è ricordato come capitano valoroso diede pe'suoi feudi sette soldati e otto servienti nel 1322 per servizio dello Stato. *Roberto* fu tra'baroni che accompagnarono in Toscana Carlo Illustre Duca di Calabria. *Guglielmo*, Castellano di Bagnara, 1334. *Giovanni* capo del presidio di Rocca di Tropea per Alfonso I° essendo stato assediato da Ludovico d'Angiò, non potendosi difendere, promise a quest'ultimo di render la rocca se non gli venisse ajuto dal Re Alfonso tra venti giorni. Informatone il Re a Cagliari mosse in ajuto di Tropea con 26 galere. Giunse però il ventesimo giorno, ed a causa del mare grosso, non potendo sbarcare, fu il *Rota* costretto a mantenere la sua parola, e quindi aperte le porte si rese agli Angioini — *Antonio* Presidente della R. Camera e Consigliere di Re Ferdinando I° d'Aragona. *Berardino* fu quegli che salvò Mandella Gaetani, moglie del Principe di Bisignano, ed i suoi figliuoli dalla vendetta di Ferdinando I. dopo lo congiura dei Baroni, perlocchè fu incarcerato e dopo 7 anni di prigionia

---

(1) Altre famiglie che godettero nobiltà in *Montalto*: Alimena, Aristotile, Barbolei, Bellomine, Bernaudo; Califane, Cananea, Cesare, Ferrara di Francia, Giudice (del), Iacobelli, Iannoccaro, Iodice, Lupinaro, Maramonte, Marinis (de), Mazzara, Mollo, Nardi, Paladini, Paola, Ricci, Rossi, Sardi, Sprovieri, Tedeschi.

fu liberato per le premure del Papa. *Alfonso* prode guerriero nelle guerre di Tunisi ed Algeri, che pei servigi resi ottenne da Carlo V, di mettere lo scudo in cuore dell'aquila bicipite. *Bernardino* insigne poeta ed autore di più opere in latino ed in italiano di cui fanno onorata menzione il Tasso, il Bembo ed altri. Fu carissimo a Carlo V, e fu cavaliere di S Giacomo (1). — ARMA: D'azzurro alla ruota di oro di otto raggi. — Lo scudo accollato dall'aquila bicipite spiegata di nero.

**RUFFO.** — v. v° p. 167. — FEUDI: Arena. — AUTORI: Fiore. (Cal. illus.) — Il Fiore nell'opera Calabria illustrata, (v. 1°, p. 200) dice essere falso che i *Ruffo* avessero posseduto la città di Catanzaro nel 1100, come dice il della Marra, che adduce per prova lo scritto della campana, mentre è fuori dubbio che Catanzaro nel 1086 fu di Ugone di Filoch e nel 1177 di Ugone Conte di Catanzaro, figlio di Roberto Conte di Loritello della stirpe Normanna di Umfrido, e dal 1200 al 1205 fu posseduta da Riccardo di Filoch, le quali notizie si traggono dalla platea vescovile. Nel 1250 possedettero i *Ruffo* Catanzaro per concessione del Re Corrado, riconfermata da Re Carlo d'Angiò, essendone stati spogliati da Re Manfredi. *Giov. Battista* Maestro di campo. — Il ramo dei *Ruffo* signori di Tropea, si estinse in *Errichetta* Marchesa di Cotrone sposata a D. Antonio Centelles, che ribellatosi al Re Alfonso d'Aragona fu spogliato dei feudi, e Tropea ritornò ad essere città Demaniale. p. 182, 15 C Togliere il Principato di Foresta. In Messina il ramo dei *Ruffo* di Foresta è rappresentato dal Principe di Foresta, Duca CALOGERO RUFFO dei Principi di Scaletta.

**RUGGI d'Aragona.** — Famiglia originaria Normanna, creduta del sangue dei Guiscardi. Ha goduto nobiltà in *Trani* ed in *Salerno* al Seggio di Campo. Ha vestito l'abito di Malta e trovasi ascritta al Registro delle Piazze chiuse. Un ramo passò a stabilirsi in Francia e si disse *Rouge.* — MONUMENTI: *Napoli* Chiesa A. G. Plena. — FEUDI: Albanella, Dogana di Salerno, Dritti sulle meretrici in tutti i venerdì dell'anno e nello intero mese di Settembre. — PARENTELE: Cappasanta, Caracciolo, Coppola, Cretazzo, Gattola, Guastaferro, Naccarella, Pagliara, Serluco. — AUTORI: Almagiore Bacco, Bonazzi (I reg. della nob.), Brunetti (Giurisdizioni), Capiblanco (de Baronibus), de Lellis, Lumaga, Pacicchelli, Prignano (MS.), de Raho, Sicola, (Vita di S. Aspreno), Toppi (Bib. Nap.) — *Francesco* Capitano di Cavalli nel Milanese. *Nicola* Abate di Montecassino nel 1480, fu inviato dal Re, a trattare la pace tra il Papa e Virgilio Orsino. *Benedetto* Ambasciatore per il Re Ferdinando II° d'Aragona alla Repubblica di Venezia. *Matteo* Cavaliere gerosolimitano, morì combattendo valorosamente alla guerra di Rodi, 1599, *Gerardo* e *Francesco* Cavalieri gerosolimitani 1776. *Matteo* (Conte) Preside e Governatore delle armi in Principato Ultra. — ARMI: 1° Di rosso alla banda di argento caricata da un gatto nero passante — 2° Di rosso alla banda di argento caricata da un leone al naturale, accompagnata da due rose di oro.

**RUGGIERO (de).** — Famiglia di origine Normanna, che trovasi feudataria dal Secolo XIII. Ha goduto nobiltà in *Salerno* ove, essendo numerosa d'individui, ebbe un Seggio proprio, che si disse dei *de Ruggiero*, e poi fu ascritta a quelli di Campo e di Portaretese. Godette anche nobiltà in *Capua, Cosenza, Bitonto, Foggia, Scala, Sessa* e *Barletta*. Ha vestito l'abito di Malta, e trovasi ascritta al Registro delle Piazze chiuse. — MONUMENTI: *Napoli* Chiese di Monteoliveto, S. Matteo e delle Crocelle; *Salerno* nel Duomo, ed i padronati delle Chiese di S. Eusebio, S. Giovanni di Gerusalemme e di S. Martino. Essa per aver dato gratuitamente alcune case per ingrandire la piazza del Duomo di Salerno, riceveva nella ricorrenza della festività di S. Matteo un ramo di mirto, che le era portato processionalmente dal Capitolo della Chiesa di Salerno. Il ramo de' *de Ruggiero* Baroni di Laurenzano si estinse in *Giulia de Ruggiero*, maritata ad Alfonso Gaetani. La famiglia de Piro Marchesi di Trelingue si estinse in Marianna che sposò *Antonio de Ruggiero* Duca d'Albano e Marchese di Monti. — FEUDI: Acqua della mela, Acquaviva, Aiello, Bagliva di Caserta, Binetto, Calestro, Castelsaraceno, Chiavici, Copersito, Ducenta, Frattamaggiore, Ginestra, Lancusi, Laurenzana, Lazano, Loreto, Lorignano, Losito, Morrone, Rotino, Sangiovanni Rotondo, Tolla, Torchiara, Torre del greco. — MARCHESATI: Monti, Trelingue. — DUCATI: Albano, Montemurro. — PARENTELE: Affaitati,

(1) L'ordine di S. Giacomo della Spada fu istituito nel 1170 per combattere i mori che turbavano i pellegrini che andavano a S. Giacomo di Compostella. Nel 1523 il Re di Spagna se ne fece il Gran Maestro. Anche per combattere contro i mori furono fondati gli Ordini di Calatrava nel 1158 per difendere la città di Calatrava, e quello di Alcantara nel 1177.

Afflitto, Anzani, Aurineta, Bologna, Calenda, Campana, Candida, Capece, Capecelatro, Capograsso, Caposcrofa, Carafa, Cimaglia, Comite, Filangieri, Gaetani, Gesualdo, Gonzaga, Granito, Lembo, de Macris, Pescara, Pinto, Quarto, Rossi, Ruggi, Sanseverino, Santomango, Scondito, Tufo (del), Valva, Vicariis (de). — AUTORI: Afflitto, Almagiore, Ammirato, Bacco Beltrano, Bonazzi, (I reg. della nob.), Bonazzi, (La Cron. del Massilla), Bosio, Campanile Gius., Capaccio, Codice diplomatico, Galluppi, (Arm. ital.), Giustiniani, Granata (Stor. civ.), Granata (Stor. eccles.), Guazzo (Stor.), de Lellis (Fam. nob.), de Lellis (Nap. sac.), Lumaga, della Marra, Mazza, Mazzella, Mugnos, Panza (Stor. di Amalfi), Petra (Addiz.), Petra (Riti), de Pietri, del Pozzo, Prignano (MS.), Sacco, Santoro, (Stor.), Syllabus, Volpi (Cron. Vescovi pestani)—*Nicola* Protonotario, fu tra'Cavalieri che intervennero alla incoronazione di Ruggiero I, Normanno. *Ruggiero* Segretario dello Imperatore Federico II. *Giovanni* Maresciallo in Roma pel Re Carlo I. Sindaco dell'Università di Cantalupo e Maestro giurato in Capitanata, *Matteo* (detto di Salerno), fu armato Cavaliere da Re Carlo I e fu suo Consigliere, Giustiziere in Calabria ed in Sicilia, Provveditore e Prefetto dei navigli. Fu Maestro Razionale di Re Carlo II, il quale, partendo per Roma, lasciò suo figlio Vicario del Regno e tra' Consiglieri e Maestri razionali che doveano assisterlo fuvvi *Matteo*, che rimasto vedovo, fu Cavaliere gerosolimitano, Balio di S. Eufemia e Generale contro i Mori. *Riccardo* familiare del Re, 1291. *Giovanni* andò con Riccardo Donmusco, Ambasciadore al Papa per la successione al Regno di Re Roberto, del quale fu familiare, Cavaliere e Ciambellano. Fu Maestro Ostiario del Regno e Giustiziere di Terra di Bari. Ebbe incarico di armare cinque galere nell'Arsenale di Salerno. *Giovanni* Canonico di Salerno. Dovendosi eleggere lo Arcivescovo di Salerno dal popolo, come era costume, egli con la forza e coi raggiri ottenne quel posto. Saputosi ciò da Papa Clemente V, privò i Salernitani d'un tal privilegio. *Guglielmo* Cavaliere di Re Roberto e suo Vicerè, e Capitan generale in Terra d'Otranto, fu anche Ciambellano di Re Carlo III di Durazzo, dal quale ottenne 200 fiorini annui sulla gabella del sale di Salerno. *Riccardo* Arcivescovo di Capua. *Giovanni* Ciambellano di Re Carlo III di Durazzo. *Matteo* Cardinale Arcivescovo di Capua. *Giuliano* (detto di Nocera) Commissario in Dalmazia, 1407. Fra *Pantaleone* Cavaliere gerosolimitano e Commendatore di Sulmona, 1417. *Nicolò* Cortigiano del Re, teneva lance a proprie spese, 1437. *Carlo* Ambasciatore pel Re Ferdinando I. d'Aragona presso la Repubblica di Venezia. *Giovanni* Ambasciatore del Re presso il Papa. *Andrea* Vescovo di Sarno, 1481. *Giulio* Nunzio pel Papa Pio V, presso Sigismondo Re di Polonia, 1570. *Giosuè* Maggiordomo maggiore e Tesoriere d'Isabella d'Aragona Duchessa di Milano, 1571. *Trottola* donna insigne in medicina, stampò alcune opere. *Prospero* nel 1571 andò in soccorso di Cipro, con Fabio Sorgente, Ottone de Capua, Lucio e Mario Pignatelli, Scipione Carafa ed altri comandati dal Colonnello Sigismondo Gonzaga. *Vespasiano* ed *Ottavio* Cavalieri gerosolimitani, 1577. *Lorenzo* Cavaliere gerosolimitano, 1696. *Giovanni* Giudice della G. Corte, 1717. — ARMI: 1° D'azzurro a sei crocette di oro ordinate 3. 2, 1, col capo di rosso al lambello di tre pendenti di oro.—2° D'azzurro a sei gigli di oro ordinati 3, 2, 1 col capo di rosso al lambello a tre pendenti di oro.

**RUTH.** — Famiglia originaria di Francia, passata nel Reame all'epoca di Carlo V, seguendo il Generale Lautrech. Ha goduto nobiltà in Napoli fuori Seggio — MONUMENTI: *Napoli* Chiesa dell'Annunziata. — FEUDI: Aquino, Bonito, Durazzano, Flumeri, Grottaminarda, Lago, Melito, Rocchetta. — MARCHESATO: Quarata. — PARENTELE: Carafa, Colonna, Lautrech. — AUTORI: Aldimari, Ciarlante, Engenio, de Lellis, Lumaga, Mazzella, Mugnos. — *Francesco* nel 1532 da Carlo V ebbe il Marchesato di Quarata, e le terre di Bonito, Grottaminarda, Melito, Rocchetta delle quali era stato spogliato Ladislao d'Aquino dichiarato ribelle per aver seguite le parti di Lautrech che nel 1528 aveva invaso il Regno pel Re di Francia. — ARMA: Di azzurro alla banda di oro accompagnata da sei spade con le else in su, poste 3, 3.

**SABRANO o SABRAN.** — Famiglia originaria francese, che vuolsi uscita dalla real Casa d'Angiò. Fu portata in Regno da *Eliazaro* e *Savrano de Sabran*, che seguirono Carlo I. Ha goduto nobiltà in Napoli fuori Seggio, ha vestito l'Abito di Malta nel 1364 e possedè Anfoise ed altre 6 castella in Provenza. — FEUDI: Acerenza, Agnone, Amando, Bomba, Caccavone, Calabritto, Calitri, Cardolo, Casalduni, Castelfranco, Castelnuovo, Felitto, Giffoni, Guasto, Macchiasaracena, Maddaloni, Montecalvo, Monteleone, Padula, Pagliara, Poggiomichele, Pizzocorbaro, Pozzuoli, Roccadarce, Sancosimo, Sangiovanni, Sangiuliano, Sanleucio, Sanmau-

ro, Sammartino, Tollo. — CONTEE: Anglone 1381, Apici 1323, Ariano 1272, Ascoli 1343.—
PARENTELE: Acciaiuoli, Acerno, Arcuccio, Balzo (del), Carafa , Dinissiaco, Filangieri, Gianvilla, Marzano, Orsino, Sanseverino, Tocco. — AUTORI: Aldimari, Amato, Ammirato, Campanile Gius. , Carafa , Ciacconio, Ciarlante, di Costanzo, Contarino (Ant. di Nap.), Fiore
(Calab. ill.), Galluppi (Arm. ital.), Giustiniani, Gris de guerre et devises, de Lellis, Lumaga,
della Marra, de Nicastro (Pinacotheca Benev.), Panvinio, de Pietri, del Pozzo (Ruolo), Summonte (Storia), Toppi, Tutino, Vadingo. — *Ermengano* Conte di Ariano , Gran Giustiziere
del Regno e parente di Re Carlo I. Egli e Ruggiero di Sangineto Conte di Corigliano accompagnarono in Sicilia Eleonora d'Angiò, figliuola di Carlo II d' Angiò, che andò sposa
al Re Federico d'Aragona, e condussero il suo cavallo pel freno, quando in gran pompa si
portò alla Reggia di Messina. *Eleazaro* Conte di Ariano nel 1307, fu santificato e trovasi nel
martirologio il 27 Settembre. *Guglielmo* Giustiziere di Terra di Lavoro, Calabria e Molise, 1319
e Capitan generale degli Abbruzzi, 1329. *Nicolò* fu tra' Deputati che vigilavano il governo
durante la minoretà di Ladislao. *Eleazaro* Cardinale e Penitenziere maggiore. *Ludovico* Se
natore di Roma e Viceré di Sicilia. *Raimo* Cavaliere gerosolimitano, 1364. — ARMA : Di argento al leone coronato di rosso con la coda forcata. — MOTTO : Noli irritare leonem. —
Questa famiglia si estinse nel 1415 in *Ermengano* marito di Adriella Carafa.—Qualche autore
dice la famiglia SABARIANI o SAVARIANI antica patrizia di Benevento esser diramazione della
famiglia *Sabrano*. Edificò in Benevento la Chiesa di S. Marco di *Sabariano* nel 1288.—FEU-
DI: Petruro, Aprano, 1368. — MONUMENTO: Benevento Chiesa S. Marco.— *Ettore, Ruggiero,
Domenico* e *Luigi* sono ricordati come illustri nelle armi. *Ruggiero* Giudice, per aver parteggiato per l'Antipapa Clemente VII fu da Carlo III di Durazzo spogliato di feudi che fu
rono dati a Zeulo d'Afflitto. — PARENTELE: Leonessa, Mascambruno, Sellaroli, della Vipe.
ra.—AUTORI : Capaccio (Il forastiero), Mazzella (Descriz.), de Nicastro (Pinac. Benev.), Summonte, Vipera MS.—ARMA : Di azzurro alla fascia di argento accompagnata da tre bisanti
di argento 2, 1, caricati ciasçuno da un ramoscello di sabina, con la bordura dentata di oro.

**SALERNITANO.** — Famiglia originaria di Salerno, che prese nome della patria, ove ha goduto
nobiltà al Seggio di Portanova ed in *Napoli* fuori seggio. — MONUMENTI : *Napoli* Chiesa di
S. Maria delle Grazie. — FEUDI: Frosolone, Limosano.—PARENTELE: Antinori, Azzia, del
Balzo, Brancaccio, Carafa, Castriota Scanderbech, Granai, Guevara, Salines.—AUTORI: Al-
magiore, d'Anna (Alleg.), Bacco, Campanile Fil., Cangiano (Vita del Card. Arezzo), de Curti,
Engenio, Franchis (Decis.) de Lellis, Lumaga, Mazzella, Pelusio (Crot.), de Ponte (Consigli),
Prignano (All.), Rinaldi (Accad.), Summonte, Toppi (Orig. Trib.), Vincenti (I Protonotarii).—
*Dauferio* Cardinale, 1122. *Giovanni* Cardinale, 1181. *Tommaso* Ambasciatore in Alemagna,
Reggente della Cancelleria e Presidente del S. R. C. e della R. Camera della Sommaria,
1557. *Scipione* Vescovo di Acerra. *Pompeo* Consigliere di S. Chiara, 1581. *Giovanni* Auditore
di Provincia. *Domizio* valoroso soldato. — ARMA : Spaccato: nel 1.° di argento al monte a
tre cime di rosso movente dal lato sinistro con la stella crinita del medesimo , posta nel
cantone destro ; nel 2.° d' argento con tre fasce di azzurro.

**SAMBIASE.** — V. III° p. 192. — FEUDI : Canale, Macherati—*Roberto* Vescovo di Lecce.

**SANCHEZ o SANCES.** — Famiglia originaria della Spagna. Alcuni autori dicono che discenda
da *Fernando Sanchez* figliuolo di Giaime 1° Re di Aragona nel 1269; ma tale opinione vien
distrutta dal fatto che si trovano memorie fin dall' anno 995 del Conte *Garzia Sanchez* ,
Grande di Spagna. Altri la dicono un ramo della famiglia di Luna. Passò in Sicilia seguendo
Re Pietro 1° d' Aragona nel 1282, ed un ramo venne di là in Napoli mentre quello rimasto
in Sicilia si estinse nella famiglia Ventimiglia. Vuolsi che la famiglia Garavito  nobile spagnuola sia stata originata dalla *Sanchez*. Ha goduto nobiltà in *Napoli* al Seggio di Montagna, per lo che trovasi ascritta al Libro d'Oro, in Sicilia, Aragona e Castiglia. Vestì l'abito
di Malta ed ottenne il Grandato di Spagna. La famiglia *Sanchez* si divise in più rami: il primo, Duchi di Santarpino, si estinse in *Alonso* morto il 28 febbraio 1842. Egli dalla moglie
Giovanna d' Avalos ebbe due figliuoli; il maschio *Giovanni* Guardia del Corpo a Cavallo,
gli premorì, e la femmina *Teresa* sposò Carlo Caracciolo Duca di S. Teodoro, e morì nel
1837 di colera in Livorno, ove era fuggita da Napoli per evitare il morbo. Un altro ramo
si estinse in *Alonso*, mentecatto, il quale ebbe due sorelle maritate nelle famiglie Guevara
e Porcinari. Un terzo ramo finì in *Isidoro*, che ebbe tre sorelle , la prima morta nubile e

le altre due maritate nelle famiglie Castriota e Messia de Prado. Un ramo portato in Lucera anche si estinse. Il ramo della famiglia Rossi Duchi di Casal di Principe (feudo che Re Carlo III. di Borbone diede in cambio di quelli di Serre, Controne e Bosco di Persano, per formare di questi il real sito di caccia) si estinse nei *Sanchez.*—MONUMENTI: *Napoli* nelle Chiese della SS. Annunziata, di S. Maria la Nuova e di S. Severino: *Palermo* nelle Chiesa di S. Francesco e di S. Zita: *Avellino* nella Chiesa di S. Agostino ed in *Aragona* Chiesa di S. Giovanni della Pegna. — FEUDI: Ailano, Benevello, Boiano, Borgoroso, Borrei, Cantalupo, Caporosso, Castellania di Aversa, Cibellina, Ciudes, Cosentino, Estivel, Friddi, Friddicelli, Gotor, Huessa, Illueca, Infantado, Leossa, Lodio, Massalubrense, Medina del Pomar, Mena, Molinares, Monbarchero, Mongiabar, Monteplano, Nascera, Porroy, Racalsano, Sambucheto, Sansano, Sanstefano di Castero, Santangelo, Segura, Trolles, Valtorres, Villareiosa. — CONTEE: Carbonara 1580, Carrion 1376, Marotta, Ragal, Sanstefano del Porto 1454.— MARCHESATI: Gagliato 1626, Grottola 1574, Pascarola, Vico di Pantano. — DUCATI: Casal di Principe, Santarpino. — PARENTELE: Alagona, Anna (d'), Avalos, Azzia, Brancaccio, Caracciolo, Carafa, Castriota, Castromediano, Gambacorta, Guevara, Laviano, Lieto, Loffredo, Luna (di), Maio, Melendez y Pico, Mendozza, Messia de Prado, Milano, Porcinari, Romano Colonna, Rossi, Ruffo, Sambiase, Scondito, Severino, Spinelli, Toledo, Ventimiglia. — AUTORI: Adriani (Storia), Agil, Aldimari, Almagiore, Amely, Beuter, Bonazzi (I reg. della nob.), Camilli (Impr. illus.), Campanile Giuseppe, Cantalicio, Capaccio (Il forest.) Ciarlante Engenio, Escolano (Stor. di Valenza), Fazzello, Franchis, Galluppi (Arm. ital.), Giustiniani,. Inveges, Lanuzzi (Stor. escl.), de Lellis, Lengueglia (Dei Moncada), Lopez, Lumaga, Mazzella, Molino, Mugnos (I Vespri), Mugnos (Sic. Nob.), Pirri (Sic. sac.), Rivera (Vita di S. Teresa), Rossi (Diarî), Sacco, Salazar (Orig. delle dignità di Castiglia), Sandoval, Torelli, Troyli, Tutino, Villabianca, Zurita (Annali).—*Lopes* Maggiordomo maggiore del Re di Aragona e Grande di Spagna nel 1075. Da costui vuolsi che tragga origine la famiglia Mendozza. *Martino* Gran Giustiziere del Regno di Burgos e della Biscaglia 1082. *Ramiro* e *Nugno* Grandi di Spagna, 1086. *Fernando* aio dei figliuoli del Re Alonso VI e Gran Protonotario di Castiglia, 1195. *Martino* Capitan generale e Adelantado maggiore del regno di Leon, 1217. *Sancio* Gran Giustiziere del regno di Castiglia, 1220. *Diaz* Gran Siniscalco e Alcade della casa reale, 1236, e Adelantado del regno di Andalusia. *Diaz* Governatore del regno di Cordova, 1260. *Garzia* Gran Maestro dell'Ordine di Alcantara. *Pietro* Alcaide de'Zierga 1317. *Sancio* Governatore di Castiglia, 1350. *Ferdinando* Governatore di Castiglia e Capitan Generale del mare, 1369. *Giovanni* Presidente del regno di Murcia, 1370, e Capitan generale del mare. *Ferdinando* Capitan generale del mare 1382. *Garzia* fu Gran Maestro dei Cavalieri d'Alcantara e poi Arcivescovo di Toledo. *Martino Fernandez* aio del Conte Fernando Gonzales figliuolo di Giovanni I Re di Castiglia, 1385. *Luigi* Ambasciatore al Duca di Savoia per la Regina Giovanna II. *Andrea* Regio Tesoriere in Abbruzzo, 1457. *Santoro* Familiare del Re, 1491. *Luigi* Balio generale del regno di Aragona, 1498. *Guglielmo* Maestro razionale del regno di Catalogna. *Luigi* combattette contro i Francesi nel 1503, sotto gli ordini del Duca d'Alba, Capitan generale pel Re Cattolico. Allo Assedio di Salsa fu ferito e fatto prigioniero. Alcuni Guasconi, poco rispettando il prigioniero, lo derubarono, mozzandogli due dita per prendersi le anella. Fu creato Tesoriere generale di Napoli e di Aragona. *Antonio* Tesoriere generale del regno. *Francesco* Cavaliere di S. Giacomo, valoroso Capitano di Re Ferdinando il Cattolico, suo Consigliere e Tesoriere generale del Regno e Decano del S. R. Consiglio, pugnò con valore sotto gli ordini di Consalvo di Cordova. *Giovanni* Cappellano del Re Ferdinando il Cattolico. *Gabriele* Cavaliere di S. Giacomo, fu tra' duecento Cavalieri scelti dalla Regina Giovanna, madre di Carlo V, per la sua custodia. *Alonso* Marchese di Grottola, Tesoriere generale del Regno ed Ambasciatore presso varii Potentati pel Re Ferdinando il Cattolico. Si cooperò con Carlo V e Papa Clemente VII per la restituzione dello Stato di Milano a Francesco Sforza, dal quale ottenne in compenso Duc. 800 annui. Venuto in Napoli Carlo V, egli diede una gran festa, alla quale intervenne lo stesso Imperatore. Tra le tante vi andarono alcune signore della casa d'Avalos, accompagnate da Don Antonio d'Aragona cognato del Marchese del Vasto, il quale trattenendosi tra quelle ed altre ivi riunite, il Viceré Don Pietro di Toledo pretese che il d'Aragona si allontanasse dalle signore, poichè tra queste eravi sua figlia Donna Eleonora de Toledo. Il d'Aragona rifiutandosi rivolse al vicerè parole violentissime, sicchè giunto il Marchese del Vasto mise la mano al pugnale. Tal fatto saputosi, lo Imperatore ordinò che que' Signori si fossero rappaciati. Ciò avvenne, ma la nobiltà indispettita, non lasciò di chiedere ripetutamente allo Imperatore, che fosse rimosso il Vicerè, cosa che non si ottenne, percui ne seguirono continue discordie. Il detto *Alonso* fu Consigliere di Stato di Re Filippo II, e sposò Caterina di Luna Contessa di Moratta e Baronessa d'Illuca ultima di sua nobilissima famiglia. Perciò i suoi discendenti aggiunsero al proprio il cognome di Luna. *Luigi* Tesoriere generale, 1529. *Alfio* Tesoriere generale, 1533. *Alvaro* Capitan generale dello Imperatore Carlo V. *Giovanni* Governatore dello Stato di Milano e Capitan generale di Carlo V. *Gaspare* Segretario di Carlo V. *Gabriele* Regio Consigliere e Tesoriere generale del Regno di Aragona. *Ferdinando* Gesuita, fu martirizzato nelle Indie, 1570. *Alonso* combattè con valore contro i Turchi nel 1571 sotto il comando di Don Giovanni d'Austria, e fu Consigliere di Stato. *Luigi* Governatore di Capitanata e Contado di Molise, 1581, e Tesoriere generale del Regno. *Giovanni* Marchese di Grottola, regio Consigliere, Giudice di Vicaria, Consigliere di S. Chiara, Presidente del S. R. Consiglio, 1591. *Gaspare* Cavaliere gerosolimitano e Priore di Exea. *Carlo* Marchese di Grottola, morto senza figliuoli, gli succedette nel titolo Francesco Caracciolo, suo fratello uterino. *Geronimo* Cavaliere di S. Giacomo e Commendatore di Marugio. *Gabriele* Cappellano maggiore del Regno, Consigliere di Stato del Re, e Protonotario Apostolico di Papa Clemente VIII, Abate di S. Giovanni Maggiore e di diverse altre Abbadie. *Teresa* (Santa), che vuolsi di questa famiglia, fu fondatrice delle Suore Scalze Carmelitane e *Gonzalo* dell'Ordine Francescano, menò vita esemplare per carità e morì in concetto di santità. *Gabriele* Giudice della Gran Corte della Vicaria, 1701. *Gaetano* Colonnello del reggimento nazionale Lucania, Maresciallo di Campo, Ispettore e Presidente del Consiglio di Guerra e di Casa reale, 1750. *Isidoro* Cassinese, Lettore negli Studii di Napoli in Teologia e matematica, fu Vescovo di Ariano ed Arcivescovo di Taranto e di Salerno, Cappellano maggiore del Regno e Prefetto dei regii studii. *Nicola* Cassinese Vescovo di Chieti e Nola. *Gennaro* Colonnello di Cavalleria e Presidente di Provincia. *Vincenzo* Generale di Brigata nello esercito napolitano, Commendatore di S. Giorgio della Riunione (1) e Cavaliere di altri Ordini Equestri, insignito della medaglia commemorativa della Guerra del Volturno e Gagliano, e di quella dello assedio e difesa di Gaeta 1860-61, morto nel 1878 fu l'ultimo di quest'ultimo ramo, essendogli premorto il suo figliuolo *Giorgio* Guardia del Corpo a Cavallo. Lasciò anche tre figliuole, la prima *Filomena* maritata al Cavaliere Michele Melendez y Pico, già Ufficiale di Stato Maggiore, la seconda *Giuseppa* sposata al Cavaliere Alfonso de Lieto e la terza monaca in S. Chiara. — ARMA: D'argento a tre bande di rosso col leone d'azzurro attraversante sul tutto. — CIMIERI: Un'Idra d'oro — Un leone di oro.

**SANFELICE.** — v. III° p. 199. — FEUDO: Mirabella. — AUTORE: Fiore (Calab. ill.) — *Giuseppe* Arcivescovo di Cosenza, 1650. — È anche rappresentata questa famiglia da S. E. Monsignor GUGLIELMO SANFELICE de' Duchi di Acquavella, Arcivescovo di Napoli.

**SANFRAMONDO.** — Famiglia che alcuni dicono di origine Normanna altri Alemanna, ed altri originata dalla casa Acquaviva e propriamente dal ramo dei Conti di Cerreto. Essa edificò nel 1139 il castello di Sanframondo. Ha goduto nobiltà in *Napoli* al Seggio di Nido ed in *Benevento*. Il ramo Conti di Cerreto e Baroni di Sanlupo, Guardiasanframondo e Montepetroso si estinse in una donna sposata nella famiglia Santagnese nobile di Benevento. — MONUMENTI: *Benevento* Chiesa S. Francesco, *Napoli* Chiesa dell'Annunziata. — FEUDI: Boiano, Campochiaro, Cannapino, Cantalupo, Capriata, Casavatore, Casignano, Casoria, Castelluccio, Castelmusi, Castelponte, Ciorlano, Civitella, Coffiano, Corinto, Cornacchisi, Corneto, Cusano, Ducenta, Faicchio, Fassaceca, Frattola, Gallo, Ginestra, Granarulo, Guardiasanframondo (da questa famiglia edificata), Letino, Limatola, Loritello, Mancusi, Massa, Montepesolo, Montepetroso, Monterone, Monterotaro, Monteurso, Muto, Olivola, Orsara, Pagliara, Perticaro, Petrella, Pettorano, Pianosi, Pietraroia, Pietrarossa, Ponte, Prata, Pretorio, Quatrano, Sangiorgio, Sangiuliano, Sanlorenzello, Sanlorenzo, Sanlupo, Sanmartino, Santinotta, Sarcone, Sassinoro, Solopaca, Spineto, Supino, Telese, Terranova, Tino, Torello, Tortaino, Turri, Valle, Verniata, Volturara. — CONTEE: Acerra, Caiazzo, Cerreto, Fossa-

---

(1) Ordine militare fondato il 1° Gennaio 1819 dal Re di Napoli Ferdinando IV per ricordare la riunione ne' due Regni di Napoli e Sicilia.

ceca. — PRINCIPATO: Conca. — PARENTELE: Acquaviva, Aquino Cast., Balzo (del), Candida, Caracciolo, Carafa, Dragone, Filangieri, Galeota, Gianvilla, Leonessa (della), Mòlise, Mormile, Origlia, Palma (di), Pandone, Pipino, Ratta (della), Rossi, Sangro, Sanseverino, Santagnese, Sus (di), Tufo (del). — AUTORI : Albino, Aldimari, Almagiore, Bacco, Campanile Fil., Ciarlante, Galluppi (Arm. ital.), de Lellis, Lumaga, della Marra, Mazzella, Pacicchelli, Ricca, Summonte, Terminio, Tutino (I sette uff.), Vincenti, Vipera.— *Guglielmo* signore di Cerreto, 1152 donò alcuni beni al Monastero di S. Maria delle Grotte di Vitulano, e combattè in Terrasanta. *Guglielmo* Giustiziere di Terra di Lavoro e Molise, 1286. *Pietro* Cameriere e Ciambellano di Giovanna I. *Giovanni* Conte di Cerreto Giustiziere di Abbruzzo, 1284. *Giovanni* fu tra' Cavalieri che la Regina Giovanna Iª mandò in Alemagna per accompagnare Ottone di Brunswich che veniva nel Regno. Fu poi tra' Baroni dichiarati ribelli da Re Carlo III di Durazzo nel 1382, per essersi recato in Maddaloni unitamente ad altri a prestare omaggio al Duca Luigi d'Angiò. Lo stesso *Giovanni* fu fatto Cavaliere dell'ordine della Luna Crescente istituito dal Re Renato d'Angiò unitamente a'seguenti: Duca Giovanni figlio del Re Renato, Bertando del Balzo, Ottino Caracciolo Conte di Nicastro Gran Cancelliere, Battista Caracciolo Conte di Geraci e di Terranova, Giorgio d' Alemagna Conte di Pulcino, Perdicasso Barrile Conte di Montodorisio, Giovanni Cossa Conte di Troja, Baldassarre della Ratta Conte di Caserta, Ciarletta Caracciolo Signore di Monteleone, Giovanni Antonio Orsini del Balzo Principe di Taranto, Marino Marzano Duca di Sessa e Principe di Rossano, Giovan Paolo Cantelmo Duca di Sora, Giovanni Caracciolo Duca di Melfi, Giacomo Caracciolo Conte di Avellino, Antonio Centelles Marchese di Cotrone, Roberto Sanseverino Conte di Marsico e Sanseverino, Gasso Camponesco Conte di Montorio, Nicolò Monforte Conte di Campobasso, Alfonso di Lagonessa Conte di Montesarchio, Carlo di Sangro, Onorato Gaetani Duca di Sermoneta, Francesco e Giovanni Caracciolo. *Nicolò* Conte di Cerreto avendo seguite le parti di Luigi d'Angiò fu dichiarato ribelle da Ladislao e privato de'suoi stati. *Guglielmo* Conte di Cerreto, dichiarato ribelle da Giovanna IIª fu privato de' feudi i quali poi gli furono ridonati. *Giovanni* Conte di Cerreto per aver seguite le parti di Giovanni d' Angiò fu spogliato de' feudi da Ferrante II di Aragona il quale donò la Contea di Cerreto a Diomede Carafa. — ARMA: Diazzurro alla croce di S. Andrea di oro.

**SANGINETO.** — Famiglia originata dalla Casa Sanseverino, avendo preso nome dal feudo di Sangineto. Ha goduto nobiltà in *Napoli* fuori Seggio ed in *Amantea*. — FEUDI : Cassano, Pisanello, Regina, Salandra, Sanmauro, Satriano. — CONTEE: Altomonte, Corigliano.—MARCHESATI : Macherate, Sangineto. — PARENTELE : Aquino Cast., di Loria, Pisanelli, Ruffo, Sanseverino. — AUTORI : Campanile Gius., Galluppi (Arm. ital.), Fiore (Calab. ill.), Lumaga, della Marra, Pacicchelli, de Pietri, Summonte, Tutino.—*Guglielmo* Giustiziere di Calabria per Federico II Svevo. *Filippo* Maestro giustiziere di Re Roberto e suo Luogotenente in Toscana, donde scacciò l' esercito dello Imperatore Ludovico che danneggiava quelle contrade, e ricuperò Pistoia ai Fiorentini nel 1330. *Goffredo* Cancelliere del Re Carlo I d' Angiò. *Ruggiero* Giustiziere di Calabria. *Gerardo* Giustiziere di Calabria nel 1311, ottenne da Re Roberto la Contea di Corigliano. — ARMI : 1° D'argento alla fascia d'azzurro sostenente un falcone di rosso al volo spiegato. — 2° Di argento alla fascia di rosso. — Si estinse questa famiglia secolo XVI in *Ruggiero di Sangineto* marito di Caterina Pisanelli.

**SANGRO.** — v. III° p. 206—vs. 3 *C* 950 non 850. — FEUDI : Casalvecchio, Firenzola, Providenti. — MARCHESATO: Rotondi. *C* Togliere il Marchesato di Castelvecchio. — PRINCIPATI: Palazzo Sangervasio, Sansevero—p. 213 vs. 21 *C* nel 1750 fu decorata —p. 215 vs. 5. *Domenico* Duca di Sangro... a lui dal Re Carlo III, partendo per la battaglia di Velletri, fu consegnata la Regina Maria Amalia, sua sposa, acciò l'avesse tenuta sicura in Gaeta, della quale città era Governatore—p. 215 v. 17. *C Carlo Domenico* del ramo di Casacalenda, diverso da *Domenico* Duca di Sangro, fu autore di più opere ecc.—v. 19. *Vincenzo* Principe di Sansevero fu Grande di Spagna di Iª Classe—p. 216 vs. 4° *C Paolo* (figliuolo di *Giov, Francesco*) dei Principi di Sansevero, esente delle Reali Guardie del Corpo a Cavallo, fratello dell'odierno Conte di Rodiano fu ascritto all'Arcadia di Roma, tra'poeti col nome Accademico di Polieno Epitodico, scrisse varie commedie in prosa ed in versi—p. 217 vs. 4. Principe di Gesualdo e Marchese di Rotondi.

**SANMARTINO.** — Famiglia originaria della Catalogna, discendente da *Raimondo Sanmartino* signore di Miger e Tourpes valoroso cavaliere che in Terrasanta nella prima Crociata fu il primo a piantare lo stendardo della Croce sulle mura di Gerusalemme, per lo che ottenne dallo Imperatore Federico II nel 1235 il privilegio di alzare l'Aquila imperiale nello scudo. Questa famiglia fu portata in Sicilia da *Antonio Sanmartino* Cameriere maggiore di Re Pietro II d'Aragona. Ha goduto nobiltà in Sicilia ed ha vestito l'Abito di Malta. Il ramo della famiglia Notarbartolo Baroni di Carcaci e Marchesi di Buonfornello si estinse nei *Sanmartino*. Il ramo dei Duchi di Fabrica si estinse in *Isabella Sanmartino*. — MONU-MENTI: *Palermo* nella Chiesa di S. Domenico. — FEUDI: Arsalemi, Barleata, Burginissimo, Campobello, Carcaci, Cugno d'Agostino, Gemia, Ragagliusi, Santacaterina, Secrezie di Naro, Sericaldo, Spadafora, Tinturia, Tuzia. — CONTEA: sul cognome. — MARCHESATO: Bonfornello. — DUCATI: Amati 1713. Fabbrica 1694. Montalbo 1710. Sanmartino detto Miserendino 1682. — PRINCIPATO: Pardo 1684. — PARENTELE: Blasi (de), Chianello, Colonna, Filangieri, Impellizzeri, Mari, Mulè, Notarbartolo, Quintana y Escudero, Romero, Spucches (de), Statella. — ARMA: Amely (Stor. di Lucera), Galluppi (Arm. it.), Galluppi (Nob. di Messina), Lumaga, Minutolo, Mongitore, Mugnos (Sic. nob.), Palizzolo, Sacco (Diz. geogr. di Sicilia), Villabianca. — *Guglielmo* fu tra' Cavalieri che accompagnarono a Bordeaux il Re Pietro d'Aragona, pel duello da farsi con Carlo I d'Angiò. *Ramondetto* familiare di Re Martino e Governatore della Camera reginale. I suoi discendenti si dissero *Ramondetto Sanmartino*. *Rodrigo* Ammiraglio di Maiorca. *Pietro* Vice ammiraglio di Aragona in Romania. *Raimondo* insigne letterato e Reggente del Supremo Consiglio d'Italia nel 1580. *Ramondo* primo Principe di Pardo, 1684. *Giovanni* Duca di Sanmartino, Reggente del Consiglio d'Italia nella Spagna, Presidente e Luogotenente del Maestro giustiziere del Regno. *Vincenzo* Duca di Sanmartino e Cavaliere di S. Giacomo della Spada. *Raimondo* diede origine al ramo de'Duchi di Montalbo. *Giov: Maria* primo Duca di Montalbo, 1710, Maestro razionale del regio patrimonio, Maestro portulano del Regno, Tesoriere ed amministratore generale della S. Crociata in Sicilia, Intendente generale degli Eserciti, Pretore di Palermo, Cavaliere gerosolimitano e Gentiluomo di Camera, Colonnello dell' Esercito, Pretore di Palermo e Maestro razionale del Tribunale del regio Patrimonio in Sicilia. *Stefano* Cavaliere gerosolimitano, gentiluomo di Camera e Maresciallo di Campo. *Giovanni* Duca di Montalbo, e di Sanmartino, Cavaliere gerosolimitano e dello I. R. O. di S. Gennaro (1), gentiluomo di Camera con esercizio, Tesoriere ed Amministratore generale della S. Crociata, Capitano giustiziere, Colonnello dei Cacciatori di Licata e Pari del Regno di Sicilia. Sposò Marianna Notarbartolo Baronessa di Carcaci e Marchesa di Buonfornello, ultima del suo ramo. *Stefano* Duca di Sanmartino e di Montalbo, Marchese di Buonfornello, Gentiluomo di Camera, Cavaliere Gerosolimitano e della Corona di Ferro d'Austria, Commendatore dell'Ordine di Francesco I, Pari del Regno di Sicilia, Intendente di Catania, di Messina e di Palermo, Ministro Segretario di Stato degli Affari esteri, Interno, Finanze e Polizia nel 1838, presso S. A. R. il Conte di Siracusa Vicerè in Sicilia e nel 1848 presso S. A. R. il Conte d'Aquila Luogotenente generale del Re in Sicilia, fu Presidente della Camera dei Pari, Direttore generale del Gran Libro e Tesoriere ed Amministratore della S. Crociata. *Giuseppe* Maggiordomo di Settimana, Colonnello nei reali eserciti ed Intendente di Siracusa. *Raimondo* Maggiordomo di Settimana e Gentiluomo di Camera, Consigliere della Commissione dei titoli di nobiltà, Cavaliere G. C. dell'Ordine Costantiniano. Con real decreto 11 maggio 1857 ottenne il titolo di Conte per sè e suoi discendenti. — ARMA: D'oro con una banda di rosso accompagnata da due rose del medesimo gambute e fogliate di verde. Lo scudo accollato dall'aquila bicipite di nero al volo abbassato, tenente negli artigli lo stendardo gerosolimitano. — Questa famiglia è rappresentata dal Duca di Sanmartino STEFANO SANMARTINO e *Romeo*, Gentiluomo di Camera con esercizio, già Inviato straordinario e Ministro Plenipotenziario di Sua Maestà Siciliana, Cavaliere Gran Croce degli Ordini Costantiniano e di Francesco I di Napoli, d'Isabella la Cattolica di Spagna, di Francesco Giuseppe d'Austria, Commendatore con placca di Carlo III di Spagna ed Uffiziale dell'Ordine Imperiale della Rosa del Brasile; e da suo fratello GIOVANNI SANMARTINO e *Romeo* Cavaliere degli Ordini di Francesco I di Napoli e di Carlo III di Spagna, già Cavallerizzo di Campo del Re di Napoli.

(1) Ordine istituito dal Re Carlo III di Borbone il 6 Luglio 1738, in memoria del suo matrimonio con la principessa Amalia di Sassonia.

**SANSEVERINO.** — v. II° p. 110.—FEUDI: Albano, Calciano, Flumari, Larderia, Mandarino, Mela, Scilla, Stabia.—AUTORI: Amato (Pantop. Cal.), Garubba (Serie crit. dei Pastori Baresi), Lombardi, Litta (Fam. ill. d'Italia). I Principi di Bisignano edificarono in Corigliano il Monastero dei Carmelitani. I *Sanseverino* edificarono in Bonifati nel 1535 la Chiesa di S. Maria di Loreto, ed in Acri nel 1725 il Monastero di S. Pietro d'Alcantara—p. 111 vs. 21. Il Re Ladislao ingelosito della potenza dei *Sanseverino* che aveano dato e tolto il Regno a due Re precedenti, e dimenticando i servigii a lui resi, ordinò di sorprenderli segretamente e distruggerli. Fece strozzare tutti quelli che gli capitarono fra le mani e tra essi il Conte di Potenza Gran Camerario ed il suo figliuolo, *Venceslao* Conte di Tricarico e di Chiaromonte e Duca di Amalfi, *Gaspare* Conte di Lauria, *Luigi* Conte di Mileto e Belcastro, *Stefano* Conte di Matera. *Ruggiero* figlio di *Venceslao* con altri fratelli si rifuggiarono in Taranto ove si tennero nascosti, finchè morto il Re, furono ingraziati da Giovanna II—p. 117 vs. 24. *Ruggiero* Gran Protanotario del Regno fu anche Arcivescovo di Bari ed intervenne alla incoronazione di Giovanna I in S. Chiara nel 1344. Tenne al battesimo per delegazione del Pontefice Clemente VI il figlio della Regina e di Andrea di Ungheria, e fu tra quelli che domandarono la punizione degli assassini di Andrea suddetto—p. 119 vs. 29. C Mariotto Corso—p. 122, vs. 38 C... salì al Trono il suo Zio Federico d'Aragona — *Febo* Vescovo di Cassano 1399. *Antonio* fabbricò nel 1448 in Cosenza il Monastero di S. Domenico. *Carlo* fu Conte di Mileto e signore di Pizzo, ove edificò la Chiesa di S. Antonio di Padova nel 1474. *Antonio* fu Duca di S. Marco e signore di Morano, ove edificò nel 1452 il Monastero di S. Berardino. *Pietrantonio* Principe di Bisignano fu signore di Cassano, ove nel 1551 edificò il Monastero di S. Maria della grazia, ed in Bisignano edificò la Chiesa di S. Maria di Loreto. L'attuale rappresentante Luigi Sanseverino decorato de' titoli di Principe di Bisignano, di Paceco, di Luzzi e di S. Giorgio, Duca di Ielsi, Marchese di Sansa, Sangineto e Casalbore e Conte di Chiaromonte ed Altomonte non ha figliuoli maschi, e la sua primogenita fu sposata al Signor Francesco de' Marchesi Costa (1) nel 1864.

**SANSONE.** — v. III° p. 218. — AUTORI: Capaccio (Il forestiere), Ughelli (It. sacra).—*Francesco* Giudice della Vicaria nel 1325. *Giov. Luigi* Maestro Portulano di Terra di Lavoro. *Giovannantonio* Capitano di Corazze in Fiandra.

**SANTAPAU o SANTAPAZ.** — Famiglia originata in Catalogna da *Ademaro Santapau* nell'anno 810. Fu portata in Sicilia da *Ugone* e *Porsio* che nel 1282 seguirono Re Pietro I d'Aragona. Ha goduto nobiltà in *Palermo* ed ottenne l'Ordine del Toson d'oro (2). — MONUMENTI: *Palermo* Chiese del Gesù e di S. Zita, *Messina* Chiesa del Gesù. — FEUDI: Alfano, Biveri, Bombiscuro, Calatabiano, Carrubbo, Castelluccio, Catania, Delera, Diliella, Faccilestri, Faina, Falconeri, Francavilla, Magaluffo, Malcantone, Marchetta, Margaravit, Milione, Milite, Minneta, Moliseno, Motta, Noto, Occhialà, Palizzano, Palizzolo, Pernicenera, Pozzo soprano e sottano, Radali, Randazzo, Sangiacomo, Sangiovanni, Sannicolò, Stagno, Tauromenico, Turco, Turcotto, Vizzini. — MARCHESATO: Licodia 1509. — PRINCIPATI: Butera 1567, Pietrapersia. — PARENTELE: Balzo (del), Barrese, Benavides, Branciforte, Carafa, Filangieri, Pignatelli, Ruffo. — AUTORI: Aldimari, Ansalone, Barellas, Bauter, Cannizzaro, Crescenti, Engenio, Fazzello, de Gregorio, Inveges, Leontino, Lumaga, Mugnos (Nob. d'Eur.), Mugnos (Nob. di Sicilia), Mugnos (I Vespri), Palizzolo, Pirri, Sanchez, Villabianca, Zurita.—*Raimondo* Presidente del Regno di Sicilia, 1485. *Ugone* primo Marchese di Licodia, 1509. *Ponzio* Marchese di Licodia, Capitan generale e Presidente del Regno di Sicilia, 1516. *Matteo* Viceré di Sicilia, 1516. *Ambrogio* Marchese di Licodia e primo Principe di Butera, Cavaliere dell'Ordine del Toson d'oro, Straticò di Messina, Maestro giustiziere, Capitan generale e Presidente del Regno di Sicilia, 1546. Si distinse per valore contro i Turchi, che dettero l'assalto a Messina. *Carlo* Straticò di Messina, 1560. *Ponzio* Straticò di Messina, 1573. *Francesco* Marchese

---

(1) Si ha nel volume VI Nobiltà e Civiltà nell'Archivio di Stato che la distinta famiglia Costa nel 1765 domandava di esser dichiarata nobile fuori seggio della città di Napoli, adducendo la ragione di essersi sempre mantenuta con carrozza e servitù, allegando alla domanda un certificato, rilasciato dal Duca di Loratino Antonio Vitagliano e da Giuseppe di Grazia Marchese di Limosano, che convalidava lo asserto.

(2) Ordine istituito il 10 Gennaio 1430 da Filippo il Buono Duca di Borgogna. Sono le insegne: una collana composta di pietre focaie, dalla quale pende una pelle di agnello.

di Licodia, Principe di Butera e Cavaliere del Toson d' oro, morì senza eredi, lasciando i suoi beni ad una figliuola naturale legittimata nel 1576. Con lui si estinse la famiglia, ed il Principato di Butera passò a sua sorella *Antonia* sposata a Girolamo Barrese Marchese di Pietrapersia. — ARMI: 1° Fasciato d'oro e di rosso. — 2° Di oro alla losanga di rosso a quattro fasce di argento.

**SANTOMANGO.** — Famiglia, detta prima *delle Grotte* originata dalla d'Aquino Castiglione, avendo preso nome dal feudo di Santomango che possedeva. Altri la dice originaria di Salerno. Essa si divise in due rami: Baroni di Santomango e Filetta e Baroni di Sancipriano e Castiglione. Ha goduto nobiltà in *Salerno* al Seggio di Portanova, ed ha vestito l' abito di Malta. Per aver donata una sua proprietà per far costruire la Chiesa di S. Matteo, il Clero di Salerno in ogni anno portava processionalmente al più anziano della famiglia un mondo d'oro, avente l'effigie di S. Matteo nonchè le armi dei *Santomango*. Ebbe in Salerno il padronato delle Chiese di S. Maria della Melongola, di S. Lucia, di Montevetrono e di S. Matteo d'Offiano. — MONUMENTI: *Salerno* nel Duomo, *Capaccio* nel Duomo. — FEUDI: Acerno, Altobello, Calabritto, Camerota, Camino, Castiglione, Filetta, Merola, Muro, Piedimonte, Pigna, Sancipriano, Sannazzaro, Sanseverino, Santomango, Vignale. — PARENTELE: Alessandro (d'), Annese, Anzani, Boccapianola, Brancaccio, Calce (della), Capano, Capece, Castellomata, Comite, Coppola, Diano, Dura, Filomarino, Gentilcore, Leonessa, Pagano, Pezzo (del), Prignano, Ristalda, Ruggiero, Sanseverino, Somma (di), Tufo (del), Vicariis (de), Villani. — AUTORI: Almagiore, Bacco, Beltrano, Bonazzi (I reg. della nob.), Borrello, Campanile Gius., Capaccio (Il forest.), Capaccio (Storia), Capece (Decis.), Caracciolo (De patria), Prignano (MS.), Crispo (Vita del Sannazzaro), Filamondo, Galluppi (Arm. ital.), Giustiniani, de Lellis (Fam. nob.), de Lellis (Nap. sacra), Lumaga, della Marra, Mazza, Mugnos, Ponga, de Pietri (Storia), de Pietri (Consigli), Summonte, Testa del Tufo, Ughelli. — *Ruggiero* fu tra'Cavalieri di Carlo I d'Angiò. *Malgerio* fu tra'Baroni che Re Carlo II mandò in Costantinopoli nel 1287 per riporre sul trono Filippo di Courtenay. Fu Segreto di Puglia con Bartolomeo Ollopisce. *Ruggiero* Cavaliere di Carlo Illustre Duca di Calabria. *Filippo* Vescovo di Capaccio, 1336. *Pietro* nel 1337 rapì la sposa di un signore della famiglia Aiello, nobile di Salerno, nel momento che usciva dalla Chiesa dopo la cerimonia, per lo che vennesi a serie discordie tra' cittadini, che per dieci anni furono divisi in due fazioni, ed al primo fatto d'armi presero parte 19 individui della famiglia *Santomango*. *Tommaso* Vescovo di Capaccio 1340. *Nicola Landolfo* e *Riccardo* seguirono le parti di Ludovico d'Angiò contro Carlo III di Durazzo, per cui furono dichiarati ribelli. *Nicolò* fu familiare di Re Ladislao, dal quale ottenne i beni di Luigi della Porta cavaliere salernitano, dichiarato ribelle. *Matteo* Teatino e Visitatore generale dell'Ordine. *Antonio* avendo parteggiato pel Principe di Salerno, ribelle, fu spogliato dei suoi beni da Re Ferdinando I d'Aragona. *Troilo* e *Melchiorre* Regi Consiglieri nel 1481. *Onofrio* militò pel Re Ferrante II d'Aragona. *Giov: Battista* Capitano di fanti, morì combattendo in Fiandra. *Masella* fu madre al celebre poeta Sannazzaro. *Vespasiano* Cavaliere gerosolimitano nel 1568. *Battista* Priore in Lombardia dell' Ordine gerosolimitano nel 1575 fu il primo Balio di Pavia. *Fabrizio* Cavaliere gerosolimitano e di S. Giacomo, Governatore di Altomonte e Capitano di cavalli in Fiandra, 1584. *Paolo* Colonnello di fanti, 1635. — ARMI: 1° Di rosso a tre bande d'azzurro profilate d'argento.— 2° Di rosso con quattro bande d'argento.

**SARNO (di).** — Famiglia originaria della città di Sarno, dalla quale trasse il nome. Di essa si hanno memorie fin dall'epoca Sveva e leggesi tra le famiglie feudatarie del Regno in tempo della Regina Giovanna II. Ha goduto nobiltà in *Napoli* al Seggio di Montagna, *Benevento*, *Sarno* e *Sanseverino* ed ottenne il titolo di Marchese. Un ramo della famiglia Prignano si estinse nei *Sarno*. — FEUDI: Sangiorgio. — CONTEA: Maresi. — MARCHESATO: Siano.—PARENTELE: Borrello, Camerlengo, Casazza, Catania, Galiani, Gennaro (de), Guarracino, Martino (de), Palagano, Palomba di Bari, Prignano, Ram, Santomango, Sassone, Savio. — AUTORI: Aldimari, Alfano (Descr.), Almagiore, Ammirato, Bacco, Borrello (MS.), Engenio, de Lellis (Fam. nob.), Lumaga, Mugnos, Pacicchelli, Pappansogna (Cronaca del Seggio di Montagna. MS.), Sacco (Dig. geogr.), Tutino (Orig. dei Seggi). — *Ludovico* Governatore di Sarno per lo Imperatore Federico II. *Antonio* Giudice dei notai sotto Re Carlo III di Durazzo, stabilì la sua famiglia in Venosa. *Ludovico* Governatore di Sarno pel Re Ladislao, stabili in Napoli la sua famiglia. *Dionigi* notaio del Seggio di Montagna nel 1428 (1).—ARMA: Di azzurro al palmizio di verde sradicato di rosso, accostato da due leoni di oro coronati dello stesso. — Questa famiglia è rappresentata in Napoli da GIOVANNI DI SARNO *Prignano* già Guardia del Corpo a cavallo.

**SCAGLIONE.** — Famiglia originata da uno dei cavalieri Normanni che riedificarono Aversa. Da alcuni autori è creduta del Real Sangue Normanno. Altri vogliono che fosse di origine Alemanna, portata in Italia dai fratelli *Uberto, Rodolfo* ed *Errico Scaglione* Baroni di Colonia, i quali si unirono ai Normanni, e dal Conte Ruggiero ottennero insigni cariche, il primo in Abbruzzo, il secondo in Otranto ed il terzo in Calabria. *Umberto* stabilì la sua famiglia in Sicilia, ove acquistò la terra di Sperlinga. Ha goduto nobiltà in *Napoli* al Seggio di Capuana, *Aversa, Cosenza, Lecce, Gallipoli, Giovinazzo* ed in Sicilia. — MONUMENTI: *Benevento* Chiesa di S. Francesco, *Aversa* Chiesa maggiore.—FEUDI: Altilia, Cardito, Caruni, Castiglione, Centura, Cinga, Cirella, Colubrino, Confluenti, Crucoli, Filocastro, Gigliano, Giorella, Gricignano, Isernia, Licignano, Limbadi, Macchia, Mambrici, Mandaranoli, Marano, Martirano, Minervino, Mottafilocastro, Mottasantalucia, Parete, Pittarella, Presse, Rende, Salvi, Sanfelice, Sangiovanni Malcantone, Sannicolò. — CONTEE: Aversa, Martorano. — PARENTELE: Barattucci, Cantelmo, Caracciolo, Cicinelli, Cosentino, Gattola, Piscicelli, Zeuli. — AUTORI: Accattatis, Aceto, Aldimari, Almagiore, Amato, Andreotti, Bacco, Bonazzi (Cron. del Massilla), Borrello, Campanile Fil., Campanile Gius., Capaccio, Castiglion Morelli, Ciarlante, de Cristofaro, Fiore, de Lellis, Lumaga, Marchese, della Marra, Martirano, Mazzella, Mugnos, de Nicastro, Pacicchelli, Paglia, Palizzolo, de Pietri, Sambiase, Tutino, Ughelli, Ventimiglia, Volpi. — *Rodoperto* consanguineo di Re Ruggiero e Gran Contestabile del Regno. *Girolamo* Prefetto della milizia di terra di Re Ruggiero. *Errico* Capitan generale delle Calabrie. *Ruggiero* Giustiziere di Val di Crate, 1228. *Roberto*, Galvano e Federico Lancia, Corrado e Marino Capece e Ferrante de Martino, furono inviati dai Ghibellini del Regno ad offrire la Corona a Corradino, fu *Roberto* Capitano dei Passi di Gerace e di Squillace. *Tommaso* Capitano della città di Gaeta, 1301. *Francesco* Conte di Martorano e Maresciallo del Regno pel Re Luigi II d'Angiò. *Gerardo* Maresciallo del Regno, 1398. *Berardo* Capitano della Cavalleria di Re Ladislao. *Tommaso* nel 1420 portò la famiglia da Aversa in Cosenza. *Paolino* Siniscalco e Maresciallo del Regno e Condottiero di 800 cavalli. Gli fu eretta una statua in Aversa. *Marullo* Gesuita ed uomo dottissimo. *N.* Vescovo di Aversa. *Luigi* Scalco di Re Ferdinando I d'Aragona, fu tra'Baroni che partirono per la Sicilia col Duca di Calabria, con altri delle famiglie del Tufo, Latro, Asprello, Procida, Protonobilissimo, Mansella, Messanello, Sansone, Santacroce, Ventimiglia, Filangieri. *Ferdinando*: insigne teologo, filosofo, economista, ed autore di più opere, morto nel 1869..— ARMI: 1° Bandato di argento e di rosso. — 2° Di rosso con tre bande di oro. — 3° Partito: nel 1° d'argento con tre fasce di rosso; nel 2° di azzurro al leone di oro.

**SCASSA.** — Famiglia di cui si hanno memorie fin dal secolo XIII in Lucera, ove ha goduto nobiltà, e fu graduata delle 60 some di terraggio e passò all'Ordine di Malta nel 1703 come quarto di fra Alfonso Candida di Lucera. — MONUMENTI: *Lucera* Chiesa del Carmine e nel Duomo. Questa famiglia ottenne il titolo di Marchese sul cognome e si estinse in Lucera nel Marchese *Giuseppe Scassa* morto avvelenato. — PARENTELE: Candida, Casati, Castaldi, Cerisano, Giordano Lanza, Iasozzi, Lombardi, Mancini, Mobilia, Nicastro, Pagano, Pappalettere, Piccinini, Pozzo (del), Scoppa, Sesto (del), Supino, Vecchio (del). — AUTORI: Almagiore, Lumaga, Quaranta (Scritto istor. e legale in difesa dei 4 quarti di nobiltà del sig. D. Alfonso Candida di Lucera di S. Maria al fine d'ascendere alla dignità di fra Cavalieri di giustizia della Sacra Religione Gerosolimitana nella Ven. Lingna d'Italia del Priorato di Barletta, Lucera 1704). — *Allegranzio* ottenne assicurazioni dei suoi vassalli per ordine di Carlo I d'Angiò, 1270. *Sergio* e *Teodino* valorosi Capitani, che portavano a proprie spese molti balestrieri, capitanarono i Lucerini che combattettero alle Crociate sotto Luigi Re di

---

(1) Negli antichi tempi l'ufficio di notaio era dato solamente a persone nobili. I notai avevano un modo proprio di segnar gli anni facendoli cominciare chi dal Marzo, chi dal Gennaio e chi dal Settembre fintantochè ad evitare i molti sconci che le diverse segnature creavano, il vicerè Conte di Lemos emise un'apposita Prammatica obbligandoli tutti a segnare l'anno dal 1° Gennaio.

Francia. Nel 1271 ritornarono in Lucera accompagnando il Papa Gregorio X, che da To-lemaide, ove trovavasi, si recò per la via dei Marsi e della Sabina a Viterbo, ove fu incoronato. Fecero poi parte della comitiva in cui era Teobaldo di Piacenza, Arcidiacono di Liegi, che creato Papa, alloggiò in Lucera nella loro casa, e condusse seco in Roma *Teodino* che creò suo Cubiculario segreto. *Cesare* tenne a proprie spese cento Balestrieri in servigio di Re Ladislao. *Luzio* Milite e Ciambellano della Regina Giovanna II. *Allegranzio* Capitano di fanti, 1557. *Onofrio* Consigliere della G. Corte della Vicaria e della Suprema Giunta di Sicilia e Vicario generale delle Province di Terra di Lavoro, Principato Citra ed Ultra 1751. *Onofrio* insigne giureconsulto e Cappellano maggiore, 1755. *Francescantonio* e *Donato* Capitani della milizia di Lucera. Carica questa riserbata a'nobili di quella Città.— AR-MA: Di azzurro a tre fasce di argento con la banda di rosso attraversante sul tutto.

**SCATTARETICA.** — Famiglia originata in Salerno verso il 1255 da *Bernardo* Giudice e Notaio di quella Città. Ha goduto nobiltà in Salerno nel Seggio di Portanova ed in Tropea nel 1563 e trovasi ascritta al Registro delle Piazze Chiuse. Ha posseduto il feudo di Piaggine nel 1510. Il ramo di Salerno si estinse in una femina sposata a Lelio Luzzi calabrese nel 1560 circa. — MONUMENTO: *Salerno* Chiesa del MM. OO. — PARENTELE: Bovio, de Ruggiero, Comite, Capograsso, del Doce, Scillato ed altri. — AUTORI: Almagiore, Bacco, Bonazzi (I Reg. della nob.), Campanile, Galluppi, Lellis, Lumaga, de Pietri (Consigli), Prignano MS., Panza, della Marra. — Fra *Matteo* Cavaliere Gerosolimitano, 1402. *Emilio* Vescovo di Ravello, 1578. — ARMA: Spaccato: nel 1° di azzurro al leone uscente di oro; nel 2° scaccato di oro e azzurro.

**SCONDITO.** — Famiglia che antepose al proprio il cognome Capece, e vuolsi da questa casa originata, poichè un cavaliere Capece avendo tolto di sella in una giostra lo Imperatore Federico II fu decapitato, ed i suoi parenti uccisi per essersi ribellati, salvandosi solo una donna incinta, che il figliuolo nato chiamò *Abscondito*. Però degli *Scondito* si hanno memorie sotto la dominazione Sveva. Essi godettero nobiltà in *Napoli* al Seggio di Capuano e vestirono l'abito di Malta. Si estinsero nel Duca *Ottavio Capece Scondito*, marito di Livia Sanseverino di Bisignano, al quale morto senza figliuoli, successero le due sorelle delle quali la prima *Carmela* sposata a Nicola Carmignano col quale procreò Giuseppe e Maddalena, ed in seconde nozze poi al Generale Giuseppe Chiarizia. — MONUMENTI: *Napoli* nel Duomo e nelle Chiese del Gesù, di S. Domenico e di Regina Coeli. — FEUDI: Campora, Centola, Pontelandolfo, Ripa. — CONTEA: Melito. — DUCATO: sul proprio. — PARENTELE: Ayerbo d'Aragona, Caracciolo, Chiarizia, Gambacorta, Marra (della), Ratta (della), Rossi, Sanchez de Luna, Sanseverino, Sersale, Spasiano. — AUTORI: Almagiore, Ametrano, Bonazzi (I reg. della nob.), Bonazzi (La Cron. del Massilla) Borrello (MS.), Borrello, Campanile Gius. Capaccio, Donnorso, Engenio (Fam. nob. del Regno MS. vol. VIII), Galluppi (Arm. ital.), de Lellis, Lumaga, della Marra, Mazzella, Pacicchelli, de Pietri, del Pozzo, Rinaldi, de Stefano, Torelli — *Andrea* leggesi tra' feudatari del Regno sotto Carlo I d'Angiò. *Pietro* fu tra' Sindaci della città di Napoli inviati a parlamentare Carlo I d'Angiò nel 1271. *Giacomo* familiare di Re Roberto. Egli e *Nicolò* diedero principio alla Chiesa e Stabilimento della SS. Annunziata nel 1322. *Pietro* Cameriere, maggiordomo e familiare della Regina Giovanna I. Portolano di Calabria e Protomedico del Regno. *Giovanni* Cameriere, familiare e maggiodomo della Regina Giovanna I. *Francesco* familiare e Cameriere della Regina Giovanna I e Castellano del Castello d'Ischia. *Iacopo* tenne lance in servigio di Re Alfonso I d'Aragona. *N.* Vescovo di Pozzuoli. *Giovanni* rappresentò il Seggio di Capuano alla cavalcata fatta dal Re il 23 maggio 1479. Gli altri furono: per Portanova Lancillotto Agnese, per Montagna Pietro Pignone, per Nido Baldassarre..... e per Porto Severo Moccia e Pietro Liguori. *Giulio Cesare* Cavaliere gerosolimitano, 1577. *Giuseppe* Cavaliere gerosolimitano, 1687. — ARMA: Di oro al leone di nero armato e lampassato di rosso.

**SECONDO.** — Famiglia originaria dell'Albania, venuta in Napoli con le soldatesche condotte da Scanderbech Duca di Croia, in aiuto di Re Ferrante d'Aragona per difenderlo contro i Baroni del Regno congiurati. Sedata la guerra civile, *Giorgio Secondo* stabilì la sua famiglia in Lucera, ove godette nobiltà. Egli ottenne il feudo di Palmori, fu Maestro giurato, carica di spettanza dei nobili, e poi Luogotenente del Governatore di Lucera. — PARENTELE: Auria, Fattoroso, Grisone, Lombardi, Mondelli, Scoppa, Strangia. — AUTORI:

Amely, Lumaga, Dizionario (stor. ital.). Nuova enciclopedia popolare, Troyli, Vocabolario letter. ital.—*Nicolò* Cacciatore maggiore della provincia di Capitanata, 1598. *Diego* ottenne in Lucera le 60 some di terraggio spettanti ai nobili. Fu mandato dalla città nel 1702 in Napoli a prestare omaggio a Filippo V, al quale donò 500 scudi per la riconferma dei privilegî. *Domenico* uomo eruditissimo. *Giuseppe* insigne autore della « Vita pubblica dei Romani » fu Governatore di Provincia e Giudice della Sommaria. — ARMA: Partito: nel 1º di argento al braccio destro tenente un fascio di grano; nel 2º di azzurro alla scala di oro posta in banda accompagnata da due stelle del medesimo. — Questa famiglia si estinse in Lucera nel principio del secolo XIV.

**SENERCHIA.** — Famiglia oggi estinta, originata dalla Gianvilla, e secondo altri dalla Filangieri. Prese nome dal feudo di Senerchia che possedeva nel 1322. Ha goduto nobiltà in *Salerno* al Seggio di Portaretese, ed in Napoli fuori Seggio. — MONUMENTI: *Salerno* Chiesa di S. Francesco. — FEUDI: Cogliano, Quagliotta, Santangelo all'Esca, Vallebeneventana. — PARENTELE: Capograsso, Gesualdo, Maza, Vivaldi.—AUTORI: Almagiore, Campanile Gius. Lumaga, Pacicchelli, Prignano (MS.), Tutini.—*Litterio* Giustiziere di Terra d'Otranto, 1301. *Angelo* familiare e fedele del Re Ladislao. — ARMA: D'argento alla banda di rosso, sostenente un leone dello stesso coronato d'oro.

**SERIPANDO.** — Famiglia di origine greca. Trovasi feudataria dal tempo di Re Manfredi. Ha goduto nobiltà in *Napoli* al Seggio di Capuana, *Bari* e *Giovinazzo* ed ha vestito l'abito di Malta. — MONUMENTI: *Napoli* nel Duomo e nelle Chiese di S. Lorenzo, di S. Gaudioso e di S. Giovanni a Carbonara.—FEUDI: Bugnano, Casapuzzano, Cecinoro, Forcavecchia, Mottola, Pontecese, Sangiacomo di Lannoy, Satriano, Teverolaccio, Ugnano.—CONTEA: Mottola.— DUCATO: Mottola. — PARENTELE: Antinoro, Baraballo, Bonito, Bozzuto, Brancaccio, Caracciolo, Carafa, Doce (del), Faccipecora, Galeota, Gatta (della), Gennaro (de), Guevara, Latro, Loria, Pontiaco, Sanfelice, Tufo (de). — AUTORI: Aldimari, Almagiore, Aloe (Tesoro Capidario), Amely, Ammirato, Bacco, Bonazzi (I reg. della nob. delle prov. nap.), Borrello, Capaccio, Contarino, di Costanzo, Engenio (Nap. sac.), Lumaga, Marchese, Mazza (Stor. di Salerno), Mazzella, Mugnos, Paglia, Parrino (Vite di vicerè), de Pietri, Platina, del Pozzo, Soave, de Stefano (Luoghi sac. di Nap.). — *Pietro* e *Riccardo* si leggono tra'feudatari di Re Manfredi, e tra quelli inquisiti per ordine di Carlo I d'Angiò. *Berardo* cavaliere della Corte di Carlo I d'Angiò. *Gualtiero* Cameriere di Re Carlo I e Preposto alle regie fabbriche del Regno. *Arrigo* Giustiziere di Abbruzzo e Principato fu tra' cavalieri che accompagnarono Re Roberto alla impresa di Sicilia. *Matteo* e *Bernardo* valletti di Re Roberto, seguirono il Duca di Calabria in Toscana. *Riccardo* Vicario in Abbruzzo e Principato di Taranto. *Lisolo* Vicario in Abbruzzo per Giovanna I. *Berardo* Giustiziere di Capitanata per la Regina Giovanna I. *Roberto* Cavaliere dell'Ordine del Nodo, con Guglielmo del Balzo, Luigi Sanseverino, Francesco Loffredo, Giovanni Bozzuto, Matteo Boccapianola, Gurello di Tocco, Giovanni Caracciolo. *Iacopo* Cancelliere e Cameriere di Re Ladislao. *Giovannello* Segretario di Re Ladislao. *Antonio* Maggiordomo di Re Ladislao e della Regina Giovanna II. *Luigi* tenne lance proprie in regio servizio pel Re Alfonso I d'Aragona. *Sergio* Ammiraglio di Rodi, Balio di S. Eufemia, Tesoriere generale dell'Ordine gerosolimitano e Luogotenente del G. Maestro di Malta in Castellamare, 1468. *Teseo* Commendatore di Orta dell'Ordine gerosolimitano 1502. *Fra Girolamo* Generale dell'Ordine Agostiniano e poi Arcivescovo di Salerno e Cardinale, intervenne al Concilio di Trento. Fu Ambasciatore pei Napoletani allo Imperatore Carlo V, che morto nel monastero di Vagliadolid dove menava vita religiosa fu in Napoli fatto solenne funerale per ordine del Vicerè Cardinal della Cueva nel Duomo dove *Girolamo* lesse una splendida orazione. Presero parte alla funebre cerimonia i primi Signori del regno, tra' quali si leggono Ferrante Loffredo Marchese di Trevico, che portava lo stocco imperiale, Ettore Pignatelli Duca di Monteleone lo Scettro, Indico d'Avalos Gran Camerlengo il Mondo d'oro, Innico Piccolomini Duca d'Amalfi Gran Giustiziere, la Corona imperiale ed il Marchese di Lauro rappresentava la città di Napoli. *Pompeo* Valoroso Capitano, con Tiberio Brancaccio, Raffaele della Marra, Paolo Ghislerio e Ascanio Cantelmo, 1572. *Francesco* valoroso condottiero di armati, 1582. *Giov: Battista* nel 1652 pagava alla regia Corte pel feudo di Pontecese un paio di guanti e tre carlini. *Girolamo* Cardinale e Prefetto della Propaganda, nel 1715 donò una bellissima biblioteca al Monastero di S. Giovanni a Carbonara; ajutò molto il P. Matteo

Ripa nella istallazione del Collegio de' Cinesi in Napoli pel quale quest' ultimo non risparmiò fatica alcuna, ottenendo valido ajuto da'Cardinali Pignatelli, Petra, Pico, Firrao, Pastore, Gentile, Corsini, Spinelli, Spinola ed Imperiali, dal Duca Borgia Reggente del Consiglio Collaterale e da moltissimi Signori Napolitani. — ARMA: Di rosso al leone di oro tenente con la zampa destra un crescente dello stesso; col rastrello a tre pendenti di azzurro posto in fascia attraversante sul tutto.

**SERSALE.** — V. III° p. 221. — Godette nobiltà in Teano (1). — FEUDI: Luzzi, Sebastio. — AUTORI: Fiore (Cal. illus.). *Cesare* Principe di Castelfranco nel 1602 edificò in Cosenza il Monastero di S. Maria di Costantinopoli. *Giovanni* Vescovo di Cariati. Il ramo di Cerisano è rappresentato in Cosenza dal Principe di Castelfranco, Duca di Cerisano GIUSEPPE SERSALE Patrizio Napoletano.

**SETARO e SETARIO.** — Famiglia originaria di Amalfi. Si hanno memorie di *Nicola Setaro* al quale nel 1337 furono concesse 15 once di oro annue da Re Roberto. Ha goduto nobiltà in *Napoli* al Seggio di Montagna, in *Amalfi* ed in *Salerno*. — MONUMENTI: *Napoli* Chiese di S. Lorenzo e di S. Croce dei Riformati. *Salerno* Chiesa dei Conventuali.—BARONIE: Carinola, Santangelo Radicinoso, Soffotavetere. — PARENTELE: Cavalieri, Mastrogiudice, Pinto, Yssapica. — AUTORI: Almagiore, Engenio, de Franchis, Galluppi (Arm. ital.), de Lellis, Lumaga, Panza, Prignano (MS.), Summonte, Toppi (Orig. Trib.), Ughelli.—*Matteo* Milite stipendiario, 1340. *Nicola* medico del Re, 1346. *Giovanni* Regio Segretario, 1347. *Francesco* Maestro razionale della Regina Giovanna I. *Giovan Maria* Razionale della regia Camera, 1358. *Gabriele* Vescovo di Nardò. *Giovannello* familiare della regina Giovanna II. *Cosmo* Vescovo di Ravello, 1506. *Francesco* Vescovo di Avellino, 1515. *Giovan Francesco* Dottore in legge, 1593. — ARMA: Cottisato d'argento e di rosso di dieci pezzi, al capo di oro caricato dal leone uscente di rosso.

**SEVERINO.** — Famiglia che alcuni autori dicono originaria di Siena, ed altri venuta da Francia. Le prime memorie di essa si trovano in tempo di Carlo I d'Angiò, leggendosi tra le feudatarie del Reame. Non mancano però autori che la credono di origine napoletana. Ha goduto nobiltà in *Napoli* ai seggi di Porto e Montagna, *Lucera* ove fu graduata dalle 60 some di terraggio, *Sanseverino* e *Siena* ed ha vestito l'abito di Malta. Trovasi ascritta al Libro d'Oro nei rami Duchi di Secly e Marchesi di Gagliati. Il ramo di Lucera si estinse ed un altro ramo vivea in Massalubrense. Quello dei Duchi di Secly e Marchesi di Pieschici si estinse nella nobile famiglia Torres. — MONUMENTI: *Napoli* Chiese di S. Maria la Nuova e S. Giovanni maggiore, ed in *Roma*. — FEUDI: Arvaro, Casteltorre, Gildone, Muzzo, Palmoli, Pascoli, Ravecanina, Santangelo. — CONTEE: Pisignano, Tamarano. — MARCHESATI: Gagliati, Pieschici. — DUCATO: Secly. — PARENTELE: Angelis (de) Auria, Ajerbo, Balzo (del), Caracciolo, Ciampolino, Giordano, Leo (de), Lollio, Lupo, Miroballo, Pappacoda, Pellegrini, Petris (de) Pignatelli, Pipino, Rodio, Storrente, Torres, Venato, Villani. — AUTORI: Accattatis, Almagiore, Amely, Bacco, Beltrano, Bonazzi (I Reg. della nob.) Bonazzi (La Cron. del Massillo), Capaccio (Storia), Caputo, Ciarlante, Facio (De gest. reg. Arag.), Fatio (Gest. Alf. I° Arag.), Fiore, Galluppi (Arm. ital.), Genesio (Vita del Card. Albornogio), Giacobbe, Grutero, de Lellis (Fam. nob.), Lumaga, della Marra, Mazzella, Pacichelli, de Pietri, Sacco, Terminio, Tettoni e Saladini, Torelli, Troyli, Ventimiglia, Villiers.—*Benvenuto* possedeva feudi sotto Carlo I d'Angiò, con Riccardo de Rebursa, Mario dell'Aquila, Pietro Galluccio, Francesco Evoli, Armando Carbone, Peregrino di Capua e Guglielmo Gentile. *Alberico* Castellano di Gerace nel 1269 con l'annuo assegno di once cento. *Oddone* nel 1278 chiese al Re Carlo I d'Angiò lo assenso per far sposare suo figlio *Riccardo* a Maria Pipino, figliuola di Giovanni signore di Nocera. *Filippo* Maestro ostiario e Consigliere di Stato di Re Roberto. *Matteo* Cavaliere e familiare di Re Roberto e Giustiziere di Abbruzzo. *Stefano* Giustiziere di Calabria, 1325. *Errico* Giustiziere di Terra d'Otranto, 1346. Per essersi a lui ribellata la città di Brindisi fu condannata a pagare 350 once. *Giovanni* valletto di Re Roberto. *Riccardo* prode

---

(1) Altre famiglie che godettero nobiltà in *Teano*: Abenavolo, Amore, d' Angelo o de Angelis, Barattucci, Cariglio, Centonze, Cepulli o Filisbonis, Diano (di), Filomarino, Galeota, Galluccio, Garofalo, Lotterii, Magni, Martino (di), Martino de Carles, Monte (de), Petrucci, Pio, Prignano, Renzis (de), Scalaleone, Valle (della).

Capitano di mare. *Luigi* Ciambellano della Regina Giovanna I*, dalla quale ottenne la terra di Santangelo. *Amelio* Vicario regio di Terra d'Otranto, Molise ed Abbruzzi. *Smeduccio* donò al Pontefice molte terre e città della Romagna, delle quali erasi reso assoluto padrone. *Lan cellotto* Paggio di Re Renato d'Angiò, con Gurello Caracciolo, Antonio Azzia, Renzo della Marra e Cola Tomacello. *Francesco* Capitano di Cavalli pel Re Alfonso I nella fazione di Troja, fu valoroso soldato ed allievo del celebre Sforza. *Giovanni* Giustiziere di Abbruzzo, 1476. *Alessandro* Consigliere di Stato di Re Alfonso II d'Aragona. *Lancellotto* Giustiziere di Calabria, Prefetto dell'Arsenale di Napoli e Luogotenente del Grande Ammiraglio, 1480. *Pietro* Credenziere e Soffondano dei sali in Sansevero, e poi Reggente della G. Corte della Vicaria nel 1484. *Geronimo* favorito dello Imperatore Carlo V, Luogotenente della regia Camera, Presidente del S. R. Consiglio, Reggente della Cancelleria, Viceprotonotario e Sindaco della città e regno di Napoli nel Parlamento tenutosi nel 1535. *Fabrizio* Vescovo di Acerra e Trirento, intervine al Concilio di Trento. *Giacomo* Presidente del S. R. Consiglio, 1540. Fu insigne giureconsulto. *Marco Aurelio* uomo dottissimo, ed *Antonio* (detto Corona) autori del Manoscritto « Fatti tragici ed amorosi ». *Domenico* Marchese di Gagliati, Ministro plenipotenziario in Sardegna 1834. — ARMA : Fasciato d'oro e d'azzurro al capo di rosso caricato da tre gigli d'oro.

**SICOLA.** — Famiglia di origine napolitana. Si trovano memorie di *Pandolfo Sicola* fin dal tempo di Niceforo Imperatore greco. Leggesi tra le feudatarie sotto Re Carlo I d'Angiò. Asseriscono alcuni autori che S. Aspreno fosse appartenuto a questa famiglia. Ha goduto nobiltà in *Napoli* ai seggi di Forcella e di Montagna ed in *Taranto*. — BARONIE : Arielli, Sanmarcellino, Villanova. — PARENTELE : Cicinelli, Gramatico, Maldacea, Mormile, Origlia, Sangiorgio, Seripando, Vincenti. — AUTORI : Almagiore, d'Anna, Bacco, Borrello, Campanile Gius., Caracciolo, Chioccarello, Confuorto, Contarino, Engenio, de Franchis, de Lellis (Fam. nob.), Lumaga, Pappansogna (Cron. del Seggio di Montagna MS.), Reggio, Sorgente, Summonte, Terminio, Toppi (Orig. Trib.), Tutino.—*Aspreno* Contestabile di Re Guglielmo II Normanno, fu ucciso con suo cognato Ruggiero del Buono dal popolo napolitano, sollevato contro di essi, avendo il *Sicola* presa per violenza una donna bellissima di forme con la scusa da dover servire quale nutrice di un suo figliuoletto. *Cesareo* Cardinale di Napoli, 1182. *Sergio* Cardinale di Napoli in tempo dell'Imperatore Federico II Svevo. *Leone* Gran Protonotario di Re Carlo I d'Angiò, fondò la Chiesa di S. Maria da Sicola presso il Ponte della Sanità, detta poi S. Maria Antesaecula. Nella detta Chiesa fondò una associazione religiosa alla quale furono ascritti Carlo I e Carlo II d'Angiò e Re Ladislao. Ivi la Regina Giovanna II, in ogni sabato recavasi a fare orazione, ed il Papa Clemente VII nel 1513 assistito da quattro Cardinali ed alcuni Vescovi celebrò messa solenne. *Petronilla* fondò la Chiesa di S. Nicola a Forcella nel 1275. *Pietro* Giudice ad anno di Napoli nel 1276 con Giovanni Piscicello, Angelo Orefice ed Errico Ferrillo. *Filippo* e *Roberto* leggonsi tra i Baroni nella inquisizione fatta da Re Carlo I. *Paolo* fu tra gli inquisitori dei Baroni nel 1285. *Berardo* Scudiere di Re Carlo II con altri individui delle famiglie Liguoro, Severino, Crispano, Griffo, Bozzuto, Minutolo, Pignatelli, Brancaccio, Tomacelli e Dentice. *Riccardo* fu incaricato dal Re Carlo II della esazione del sale, con Giovanni Castagnola, Goffredo Gattola, Nicola Baraballo, Jacopo di Transo, Giovanni Francipane e Alessio d'Afflitto. *Tarsilia* Abbadessa del Monastero di S. Marcellino, 1302. *Berardo* e *Giovanni* accompagnarono Carlo Illustre Duca di Calabria alla guerra di Toscana. *Teseo* Gran Contestabile di Re Carlo III di Durazzo. *Marino* Giustiziere di Abbruzzo pel Re Ladislao. *Giannotto* Abate e Canonico napolitano. *Errico* Capitano di Re Ladislao. *Pietro Paolo* Cortigiano e Segretario della Regina Giovanna II. Il fratello di lui *Antonello* stabilì la sua famiglia in Taranto, ove fu ascritta al ceto dei nobili. *Giulio Cesare* Razionale della regia Camera, 1585.— ARMA : Di oro al leone di rosso con la bordura dentata dello stesso.

**SIFOLA.** — Famiglia che credesi di origine Longobarda, le cui memorie risalgono all'anno 1048. Ha goduto nobiltà in *Napoli* fuori Seggio, *Caserta* e *Trani* al Seggio di S. Marco, quale città ebbe quasi in assoluto dominio con la famiglia Palagano, sicchè per la gran potenza di esse ne venne il detto: « per li Sifola e Palagani non si può vivere in Trani ». I *Sifola* vestirono l'abito di Malta e sono ascritti al Registro delle Piazze Chiuse.—MONUMENTI : *Napoli* Duomo e Chiesa di S. Restituta e *Bari* Chiesa di S. Pietro maggiore. Questa famiglia con la Orsino, la Filangieri ed altre, nel 1637 domandarono di fondare un nuovo Seggio non volendo chiedere d'essere ammesse a quelli già esistenti, ma respinta la loro domanda furono d'ordine del Re ascritte ai Seggi. — BARONIE: Arboraggio e Molino di Galla, Castelpetroso, Entrate feudali sulla scafa di Garigliano, Pietrapertosa Piscina di Trani, Poppano, Sanmartino. — CONTEA: S. R. I. — PARENTELE: Acciapaccia, Aiossa, Balzo (del), Carafa, Carmignano, Cavalcanti, Dentice, Ferrillo, Filangieri, Guindazzo, Liguoro (de), Marzano, Monaco d'Aragona, Montecuccoli, Natale, Origlia, Palagano, Palma (di), Pico della Mirandola, Pignatelli, Sangro, Sanseverino, Suardo, Vulcano, Zurlo. — AUTORI: Almagiore, Bacco, Bonazzi (I reg. della nob.), Borrello (MS.), Campanile Giuseppe, Engenio (Nap. Sac.), Galluppi (Arm. ital.), de Lellis (Fam. nob.), Lumaga, della Marra, Pacicchelli, Recco, Sacco (Diz. geog.), Sansovino. — *Giulio* leggesi tra' Baroni che nel 1282 furono inquisiti per ordine di Re Carlo d'Angiò. *Filippo* Ciambellano di Filippo di Courtenay Imperatore di Costantinopoli, fu valoroso condottiero di gente d'armi e sposò Giulia Pico della Mirandola. *Sergio* Capitano della Regina Giovanna II, dalla quale fu molto amato ed ebbe concesso l'Arboraggio ed il Molino della Galla e la Piscina di Trani. Egli stabilì la sua famiglia in Napoli. *Luigi* Cavaliere di Calatrava e Cavallerizzo di Ferdinando il Cattolico. *Francesco Maria* familiare dello Imperatore Carlo V e Colonnello di mille fanti nello Stato di Milano, fu creato Conte del S. R. I. ed ebbe il privilegio di legittimare figliuoli naturali, portare armi proibite, crear notari e giudici. Per le sue virtù fu creato Governatore di Ravenna da Clemente VII. *Vincenzo* Vescovo della Mirandola. *Muzio* Protonotario Apostolico. *Fabio* Paggio di Re Filippo II di Spagna. *Giov. Battista* insigne avvocato e Dottore in legge. *Luigi* ed *Emmanuele* Cavalieri gerosolimitani. — ARMA: Di rosso con tre teste di leone di oro recise e sanguinolenti, poste 2 e 1, e la bordura composta d'argento e d'azzurro. — Questa famiglia è rappresentata in Napoli da FABIO SIFOLA già Guardia del Corpo a cavallo ed Ufficiale di cavalleria.

**SIGINULFO** — Famiglia di origine greca. Si hanno memorie di *Filippo* Barone di Zuncoli, che nel 1240 leggesi tra' Baroni del Regno, chiamati al Parlamento generale in Foggia. Ha goduto nobiltà in *Napoli* al Seggio di Capuana. La famiglia Passarelli fu originata da *Passarello Siginulfo*, i cui discendenti li dissero semplicemente Passarelli, godettero nobiltà in *Catanzaro*, possedettero le BARONIE di Brocentoro, Motta e Paganica ed usarono per arme: Di argento con tre monti di verde nutrienti tre arboscelli di verde, caricato ciascuno da tre passeri al naturale. La famiglia Passarelli si estinse. I *Siginulfo* hanno posseduto i FEUDI: Atina, Balanzano, Brusciano, Casalvatico, Castelmercurio, Ciminola, Gallo, Grignano, Melito, Mondragone, Montuoro, Pascarola, Pettorano, Poggiogirardo, Santacroce, Soleto, Teverola, Zuncoli. — CONTEE: Caserta 1308, Telese 1296. — PARENTELE: Afflitto, Caracciolo, Carafa, Galeota, Gianvilla, Leonessa (della), Mele, Tufo (del). — AUTORI: Aldimari, Almagiore, Amato, Bacco, Campanile Gius., Ciarlante, Galluppi (Arm. ital.), Ginanni (Arte del Blasone), de Lellis (Fam. nob.), Lumaga. della Marra, Mazzella, Monteleone, Tutino, Vincenti. — *Bolardo* prese parte alla giostra data in Barletta Re Manfredi in onore dello Imperatore Baldoino. *Giovanni* fu tra' feudatarii de' Re Manfredi: fu poi armato Cavaliere da Carlo I d'Angiò e creato Secreto di Principato, Maestro portulano in Puglia e Viceré di Terra di Lavoro e Molise. *Gualtiero* Sindaco di Napoli pel Re Carlo I. *Pietro* e *Paolo* furono tra' feudatarî di Carlo I al quale prestarono danaro. *Cesare* Grande Ammirante di Carlo II d'Angiò. *Giovanni* (detto Passarello) Maestro Razionale della G. Corte, Maestro Ostiario e Vice-Ammiraglio del Regno. Fu carissimo a Carlo II dal quale ebbe concesse 340 once annue. *Sergio* Sindaco di Napoli, Ciambellano, Consigliere e Cavallerizzo maggiore di Carlo II e poi Grande Ammiraglio del Regno. *Bartolomeo* Conte di Caserta e di Telese, servì valorosamente il Re Carlo II nella guerra di Sicilia, ove fu fatto prigioniero e riscattato dal Re in cambio di Giovanni Chiaromonte, fu creato Gran Camerlengo e Grande Ammiraglio del Regno nel 1301. Fece liberare Napoli da molti balzelli. Avendo pratica amorosa con la Principessa Tomar, moglie di Filippo Principe di Taranto e fratello di Re Roberto, mandò sicari per uccidere il Principe, che trovavasi in Puglia. Il Re ordinò che fosse arrestato e sottoposto ad un Tribunale di Baroni e giudici. Egli cercò fuggire, ma preso fu rinchiuso in Castel S. Angelo presso Pozzuoli, dal quale riuscì ad evadere. Chiamato a comparire non volle presentarsi, e quindi fu condannato nel capo. La Contea di Caserta fu data a Diego della Ratta e gli altri beni a Nicolò de Niana di Aversa. *Lisolo* e *Giovanni* si leggono tra' feudatarî di Re Roberto. Il secondo fu Luogotenente del Gran Camerario del Regno. *Gurello* Ciambellano di Re Roberto, Vicerè e Capitan generale in Abbruzzo. *Filippo* familiare di Carlo Illustre, Vicerè in Abbruzzo e Maresciallo nella guerra di Sicilia. *Marino* (detto Casocavallo Passarello) fu tra i Baroni che accompagnarono Re Ladislao in Abbruzzo, fu suo familiare, come pure della Regina Giovanna II[a]. — ARMI 1: Fasciato di oro e di azzurro di quattro pezzi.—2. Fasciato di argento e di rosso di quattro pezzi, alla banda di azzurro caricata da tre aquilotti di argento al volo abbassato.

**SILICEO**. — Famiglia di origine francese portata in Regno da un *Giovanni*, che seguì Carlo I d'Angiò e fu suo Cameriere nel 1267. Ha goduto nobiltà in Troia ed in *Lucera* e nel 1645 fu graduata delle 60 some di terraggio. Vestì l'abito di Malta e fu insignita dell'Ordine Costantiniano. — PARENTELE : Abbadessa, Boccapianola , Bonelli, Bozzuto, Blasio (de), Campana, Cattaneo, Chiarizia, Gemma (di), Gennaro (de), Gioioso, Giordano Lanza, Indelli, Locascio, Lombardi, Mobilia , Palma (di), Pisani , Planelli ; Proto, Protonobilissimo , Quarto, Scondito, Sindico, Storrente , Sylos , Vico. — AUTORI : Almagiore , Bonazzi (La Cron. del Massilla), Granata (Stor. Capua), Lumaga, Pacichelli, Tuano, Zazzera.—*Giovanni* Cameriere del Re Carlo I d'Angiò 1267. *Roberto*, pei servigi resi nella guerra contro gli Svevi, fu Castellano della fortezza di Orgeno. *Giovanni* Consigliere e Cameriere di Carlo illustre Duca di Calabria e suo Vivario nel regno. *Ettore* insigne dottore. *Trionfo*, pel suo valore ebbe varie concessioni da Re Ferdinando I d'Aragona. *Geronimo* Castellano di Gaeta e Capitano di cavalli pel Re Ferdinando I d' Aragona. *Giacomo* uomo eruditissimo, da Troia stabilì in Lucera la sua famiglia quando quella città cadde sotto il dominio degli Avalos e così fecero anche le famiglie Lombardi, del Vasto e d'Afflitto. *Felice* Vescovo di Troia, ove fondò il monastero delle monache nobili dell'Annunziata, fu poi Protonotario Apostolico, Nunzio nella Spagna ed Arcivescovo di Capua. *Aloisio* valoroso Capitano di Re Ferdinando II d'Aragona, dal quale ottenne i beni di Leonardo Barone di Troia dichiarato ribelle. Militò sotto Consalvo di Cordova, che lo nominò Regio Squadrario. *Ottaviano* autore d' un libro « *De equitum disciplina* ». *Giovanni* Precettore di Re Filippo II di Spagna , fu Arcivescovo di Toledo e poi fu fatto Cardinale da Paolo IV. *Filippo* e *Girolamo* Capitani della milizia urbana di Lucera. Tal carica era devoluta ai nobili. — ARME: Di verde con tre losanghe di oro poste in fascia caricate da un fascio di grano di verde. — MOTTO : *Percussa vivit.* — Questa famiglia si estinse in Lucera nel volgente secolo ne'fratelli *Felice* e *Giuseppe*.

**SYLOS**. — v. VI° p. 234. — p. 235 vs. 3 *C* le famiglie Vulpano e Fenice — vs. 13 *C* Agera — vs. 26 *C* Baronie di Fiego e Torricella.

**SILVA (de)** — Famiglia che da alcuni vuolsi di origine Spagnuola e da altri originaria Portoghese e credesi che discenda dai Re di Alba. Venne in Regno seguendo il gran Capitano Consalvo di Cordova. In Sicilia un ramo fu portato da *Ferdinando* ed *Andrea* cavalieri portoghesi. Il primo fu nel 1559 Marchese di Favara, Deputato del Regno, Presidente e Capitan generale, il quale morto senza figliuoli, la famiglia fu seguitata da *Andrea*. Ha goduto nobiltà in *Napoli* al Seggio di Capuana, *Aversa*, in Sicilia e nella Spagna. Vestì l'abito di Malta nel 1551 ed ottenne il Grandato di Spagna. Il ramo nobile al Seggio Capuano si estinse in *Alfonso* marito di Marianna Montalto di Fragnito, della quale non ebbe figliuoli. Il ramo Duchi di Hijar si estinse in *Giovanna* maritata a Ferrante Pignatelli Vicerè di Gallizia e di Aragona. Il ramo primogenito dei Mendoza si estinse nei *de Silva*, che ne aggiunsero il cognome. — MONUMENTI : *Palermo* Chiesa di S. Antonio alla Zisa; *Napoli* Chiesa di S, Caterina a Formello e nella Spagna. — FEUDI : Angitola, Arena, Bandinelli , Camusca, Caridà, Castelles, Ceda, Cerro de la Greda, Francica, Iumela, Montesanto, Pennaranda, Rapolla, Ulme, Ulzeda, Villalvenga, Villasecca — VISCONTEA : Salinas. — CONTEA : Castroponce, Cifuentes, Galbe, Portallegra, Ribadeo, Salvias, Sanleonardo. — MARCHESATI: Alenguer, Algezilla, Canneto, Castel de Aguila, Favara, Liseda, Montemaggiore, Orani. — DUCATI : Francavilla, Hijar, Infantado, Lerma, Pastrana. — PRINCIPATI : Evoli, Melito, Pizzo. — PARENTELE: Acugna , Alarcon , Aiala , Avalos , Caracciolo , Capece , Concublet, Marra (della), Mascambruno, Mendoza, Minutolo, Montalto , Mormile, Origlia, Pignatelli, Regina (de), Revertera, Ribera, Rossi, Toledo, Tufo (del), Vega (de), Venato, Zunica. — AUTORI : Alfano, Almagiore, Bonazzi (I reg. della nob.), Campanile fil., Chiesuole, Danza, Galluppi (Arm. ital.), de Gama, de Gregorio, Inveges, de Lellis, Lopez de Haro, Lumaga, Mazzella, Mugnos (La nob.

di Sic.), Pacicchelli, Palizzolo, Pietrasanta, del Pozzo, Rossi, Salazar, Torelli—*Rui-Gomez* aio, di Ferdinando Re di Portogallo. *Consalvo* Ambasciadore al Pontefice pel Re di Portogallo 1424. *Michele* Cardinale sotto Papa Paolo III. *Giorgio* Regio Consigliere. *Ario* Vescovo Portuense. *Giovanni* Altere maggiore e Capitan Generale di Don Giovanni Re di Castiglia e suo Ambasciadore al Concilio di Basilea. Pel valore dimostrato in guerra fu creato Conte di Cifuentes. *Rodrigo* Capitan Generale della Cavalleria in Fiandra. *Diego* Maggiordomo maggiore del Re di Portogallo ed Ambasciadore al Concilio di Trento. *Giovanni* Generale del Re Cattolico in Navarra ed Ambasciadore in Francia, fu creato Marchese di Montemaggiore da Carlo V. *Rui-Gomez* Consigliere di Stato e Guerra di Re Filippo II di Spagna, Maggiordomo maggiore e Cavaliere di Calatrava. Fu creato Principe di Eboli e Duca di Pastrana e sposò D. Anna di Mendoza Principessa di Melito e Duchessa di Francavilla. *Rodrigo* Marchese di Angesilla e Capitan Generale negli Stati di Fiandra, Ambasciadore di Re Filippo III° al Re di Francia per conchiudere il matrimonio tra il figliuolo di quello ed Isabella di Borbone figlia di Errico IV, e tra Luigi figliuolo di questo e Donna Anna Maurizia d'Austria figliuola del detto Filippo III, per lo che fu creato Cacciatore maggiore. *Maurizio* Capitan Generale di Re Filippo III e suo Ambasciadore in Portogallo, sposò *Felida de Silva* Contessa di Portallegre e fu Maggiordomo maggiore del Regno pel Re Filippo III di Spagna, dal quale fu creato Marchese di Liseda, Cavaliere di Calatrava e Commendatore di Bexi., Sposò Girolama de Hyar Contessa di Galbe. *Diego* Cavaliere di Alcantara e Commendatore di Palaceda, ebbe concesso dà Re Filippo III il Marchesato di Orani. *Cesare* Provveditore e Revisore Generale di tutte le fortezze del Regno. *Francesco* Capitano di fanteria, Senatore e Sindaco della città di Palermo. *Andrea* Cavaliere di S. Giacomo e Capitano di fanteria. *Alfonso* istituì un Monte pei *de Silva* ed in mancanza di questi chiamò a goderne gli Altemps Principi Romani, i Sanfelice di Lauriana e i Petra di Vastogirardi. Il detto Monte non fu aperto, perchè sotto le leggi francesi, ed *Alfonso* chiamò a succedergli le dette famiglie. — ARMA: (Ramo di Napoli): D'argento al leone di rosso coronato di oro — (Ramo di Sicilia): D'argento al leone di nero.

**SISCAR o SISCARA.** — Famiglia che credesi originata in Castiglia dalla famiglia Manuel o Emanuele. Prese questo cognome, perchè il suo progenitore Alfonso Emanuele in un torneo, usò per cimiero una canna, che in ispagnuolo chiamasi siscar. Venne nel Reame seguendo Alfonso I d'Aragona. Ha goduto nobiltà in *Napoli* nel Seggio di Portanova nel 1640. Si estinse il ramo primogenito in otto femine. — MONUMENTI: *Napoli* Chiese dell'Annunziata e di S. Maria la Nuova, *Aiello* Chiesa di S. Francesco. — FEUDI: Casallago, Celenza, Fossaceca o Terranova, Laghitello, Limina, Litterrati, Montalto, Motta, Pietrancala, Pietrastornina, Saurello, Savuto. — CONTEE: Aiello 1452, Martorano. — PARENTELE: Aquino Cast., Azzia, Ayerbo, Capua, Caracciolo, Carafa, Citarella, Correale, Filangieri, Filomarino, Frezza, Gaeta, Gambacorta, Gargano, de Gennaro, Giffone, Marchese, Monsolino, Minutolo, Pappacoda, Piccolomini, Sersale, Tufo (del), Ventimiglia, Zurlo. — AUTORI: Aldimari, Almagiore, Ammirato, Ansalone, Bianco, Campanile Fil., Caracciolo Tristano, Contarino, di Costanzo, Engenio, Fiore (Calabria illustr.), Galluppi (Arm. ital.), de Lellis, Lumaga, della Marra, Mugnos, Pacicchelli, de Pietri, Pontano, Ruffo, de Stefano, Summonte, Testa, Zazzera—*Francesco* stabilì in Napoli la sua famiglia. Morto Alfonso I e successa la guerra tra gli Angioini e Ferdinando I d'Aragona, la Calabria si ribellò, percui il *Siscar* si rinchiuse nella Rocca di Cosenza ove si difese per otto mesi, venendo poi liberato da Roberto Sanseverino e Roberto Orsino. Ottenne in premio la Contea di Aiello fu Consigliere e Cameriere di Re Alfonso II, Vicerè e Capitan Generale delle Calabrie. *Paolo* Giustiziere di Calabria e Maggiordomo di Re Ferdinando I d'Aragona e suo Consigliere e Cameriere, ed Ambasciatore a molti Principi d'Italia. Edificò in Aiello il regio castello. *Antonino* Consigliere di Re Ferdinando III d'Aragona. *Lorenzo* servì con molto valore lo Imperatore Carlo V e fu Condottiero di 600 fanti e 200 cavalli morì combattendo nelle Fiandre.—ARMA: Inquartato: nel 1° e 4° d'oro con la canna di cinque foglie di verde posta in palo; nel 2° e 3° spaccato d'oro e di rosso. — Questa famiglia si estinse in otto femine di cui la prima *Giulia* maritata a Scipione Filomarino.

**SOLIMELE o SOLIMENE.** — Famiglia che vuolsi tragga la sua origine da un guerriero andato a combattere in Terrasanta. Di essa si hanno le prime memorie nel 1251. Ha goduto nobiltà in *Salerno* al Seggio di Campo ed in *Venosa*. — MONUMENTI: *Salerno* nel Duomo. — BA-RONIA: Sanmartino. — CONTEA: Sarno. — MARCHESATI: Altavilla 1791, Guardiabruna 1629. — PARENTELE: Aiello, Cantelmo, Comite, Galliciano, Granito, Grillo, Lombardo, Mariconda, Nave, Piergiovanni. — AUTORI: Almagiore, Bacco, Beltrano, Campanile Giuseppe, Capaccio, Galluppi (Arm. ital.), Lumaga, Mazzella (Antich. di Pozzuoli), Mormile (Antich. di Pozzuoli), Petrarca, Pontano, Prignano (MS.), Rota (Consigli), Sacco, Sicola (Vita di S. Apreno), Toledo (Medicina), Toppi (Orig. Trib.), Ughelli, Villano (Storia) — *Matteo* ed *Antonio* Militi nel 1251. *Matteo* Maestro razionale nel 1381. *Guglielmo* Medico e Familiare di Re Ladislao, Presidente della R. C. della Sommaria e Luogotenente del Gran Cancelliere. *Nicola* Arcidiacono di Salerno e Vescovo di Acerno e di Venosa, 1436. *Francesco* Giudice della G. C. della Vicaria. *Antonio* Maestro razionale della Gran Corte della Vicaria, 1481. *Giov. Francesco* Vescovo di Acerno 1611. *Antonio* Conte di Sarno e Marchese di Guardiabruna Comandante di Salerno, 1653. — ARMA: D' azzurro all' agnello pasquale d' argento sostenuto dal monte a tre cime di oro movente dalla punta. — Questa famiglia si estinse in *Antonio* Marchese di Guardiabruna marito di Giovannella Ajello, ultima di un ramo della famiglia Ajello nobile di Salerno.

**SOLLIMA.** — Famiglia originata in Messina da un cavaliere tedesco nel 1232. Ha goduto nobiltà in *Palermo* ed in *Messina*. Ha vestito l' abito di Malta nel 1543 e trovasi ascritta alla Mastra Nobile di Messina. — MONUMENTI: *Palermo* Chiese del Gesù, di S. Giovanni, di S. Giuseppe e dei SS. Confessori. La famiglia Papardo Principi del Parco si estingue in Angela sposata a *Carlo Sollima* Cavaliere Mauriziano e della Corona d' Italia. — BARONIE: Acquasanta, Badalami, Barilo, Cartolari, Castania, Guardalame, Portadimare, Rincione, Risignuolo, Saline di Valdemone, Sollia. — MARCHESATI: Casale, Sanmarino. — PRINCIPATO: Roccacolomba. — PARENTELE: Corvino, de Domenico, Manganelli, Papardo, Spadafora, de Stefano, Trigona. — AUTORI: Bonfiglio, Galluppi (Stato pres. della nob. messin.), Inveges, Lumaga, Mugnos (Nob. di Sic.), Mugnos (I Vespri), Palizzolo, Villabianca. — Questa famiglia si divise in due rami: *Sollima* degli Orinali e *Sollima* dei Merli. — *Antonio* Senatore di Messina, Protonotario del Regno e Segretario del Vicerè, 1513. *Giuseppe* primo Marchese di S. Marino, Governatore della Compagnia dei Bianchi, 1648. — ARMA: (*Sollima* degli Orinali). D' azzurro con due bande d'argento caricate da dieci orinali posti 3, 4, 3. — (*Sollima* dei Merli). D' oro con due bande di rosso, la prima portante un merlo del medesimo. — Questa famiglia è rappresentata in Messina dal Signor FEDERICO SOLLIMA patrizio messinese e dal Signor FRANCESCO SOLLIMA *Novi* Principe del Parco.

**SOMMA (di).** — v. V° p. 188. — AUTORI: Alfano (Descrizione del Regno), Sacco (Dizionario geografico).

**SORBELLONE.** — Famiglia originaria della Spagna. Ha goduto Nobiltà in *Napoli*, *Milano*, Sardegna e Valenza ed ha vestito l' abito di Malta. — BARONIA: Murnasso. — CONTEE: Castiglione, Cedula, Orta. — MARCHESATO Romagnano. — PARENTELE: Carafa, Diaz, Manriquez, Marino, Medici, Nero (del), Pimiento. — AUTORI: Aldimari, Campanile Gius., Corio (Stor. di Milano), Crescenti, Gualdo, Lumaga, Morigia — *Fabrizio* Governatore di Avignone e Capitan generale di S. Chiesa. *Giovan Antonio* Cardinale, 1560. *Gabrio* Capitan generale dello esercito Lombardo contro il Duca di Sassonia, Generale di Santa Chiesa, Governatore di Milano, di Tunisi e di Barberia, Governatore di Sicilia, Tenente generale di Giacomo dei Medici e Priore d'Ungheria dell' Ordine gerosolimitano, 1572. *Giovanni* Maresciallo di Campo, Commissario generale in Lombardia e Piemonte, Governatore del Monferrato e Consigliere del Supremo Consiglio di Guerra. *N.* Straticò di Messina. — ARMA: Di argento a due bande di rosso, col capo di azzurro all' albero di quercia al naturale sostenuto da due grifi di oro.

**SORRENTINO-AFFLITTO.** — Questa famiglia è originaria di Amalfi, ove si trovano memorie di essa fin dal 1098. Da Amalfi, come attestano il Bolvito ed il Camera, passò in Napoli, diramandosi in Ravello, Scala, Cava, Vietri, Gragnano e Vico. Ha goduto nobiltà nelle Città di *Amalfi*, *Cava*, *Sorrento*, *Scala* e *Vico*, e nel 1536 fu aggregata al Patriziato romano. Il ramo passato a Napoli provò la sua nobiltà generosa nel 1856, riconosciuta dalla Real Commissione dei titoli di nobiltà, in persona del sig. *Giuseppe Sorrentino* d' Afflitto, ammesso nello squadrone delle Reali Guardie del Corpo a Cavallo. — MONUMENTI: *Amalfi* nel Duomo, *Scala* nel Duomo, *Cava* nelle Chiese dei MM. OO., di S. Sebastiano e di S. Rocco, *Pasciano* nella Chiesa del Salvatore ed in *Napoli* nella Chiesa del Rifugio. — PARENTELE: Afflitto, Celentano, Donnorso, Labonia, Miro (di), Nastaro, Turboli ed altre. — AUTORI: Andreotti (Stor. Cosen.), Bolvito (MS. nella Bibl. Naz.), Camera (Storia di Amalfi), Camera (Cron.), Collinet (Monum. Doct.), Giustiniani (Diz. geogr.), Polverino (Descr. di Cava), Recco Muzio (Super privilegio a Joanna II concesso sacro Doctorum Collegio), Repertorium S. Laurentii de Amalplica (MS. nella Brancacciona), Ricca (la Nobiltà delle Due Sicilie), Sacco (Diz. geogr), Toppi (Bibl. Nap.), Ughelli (It. Sac.), Volpicella (Consuetudini di Amalfi) — *Tauro* figlio di Sergio Sorrentino, Antipato Imperiale in Amalfi nel 1098. *Giovanni* Giudice di Amalfi nel 1259. Il titolo di Giudice davasi in quel tempo e particolarmente in Amalfi a tutti i Dottori in Legge. *Pietro* Giudice di Amalfi nel 1274, sottoscrisse le Consuetudini Amalfitane. *Andrea* Giudice di Amalfi nel 1301. *Matteo* Baiulo di Amalfi nel 1330. *Francesco* (seu *Lenzolo*) nel 1420 fondò la Cappella gentilizia di sua famiglia nel Duomo di Amalfi. *Cosmo* Commissario apostolico e Vicario generale della Chiesa di Scala nel 1523. *Cesare* nel 1536 fu aggregato al patriziato romano. *Giov. Battista* Sindaco di Scala nel 1553. *Giov. Domenico* Consigliere del Rione di Ripa in Roma nel 1584. *Sebastiano* Dottore in Legge e Vescovo di Troja. *Domenico* Dottore in Legge e Vescovo di Ruvo e poi di Volturara, fu Consigliere Cesareo. *Luca Matteo* insigne giureconsulto ed autore d'importanti opere legali. *Orazio, Scipione* e *Giov. Battista* Razionali della R. Camera della Sommaria. *Antonio* Guardia del Corpo a Cavallo del Re di Napoli nel 1824. — ARMI: (Ramo di Scala). Di azzurro con tre girelli di oro posti in banda col capo cucito di azzurro caricato da una stella d'oro accompagnata da due rose di rosso—(Ramo di Cava). Di azzurro al leone d'oro rampante ad un albero di verde nodrito su di un monte a tre cime di oro—Questa famiglia è rappresentata, pel ramo di Scala dal sig. GIUSEPPE SORRENTINO d' Afflitto già Guardia del Corpo a Cavallo ed Ufficiale di Cavalleria nello Esercito Italiano.

**SORRENTINO MOLIGNANO.** — Questa famiglia è una diramazione della famiglia Molignano Patrizia di Sorrento di cui si è innanzi discorso. Fu originata da *Mariano Molignano* nobile sorrentino, il quale avendo ottenuti importanti uffici dal Re Ferrante I d'Aragona trasferì in Napoli la sua famiglia; e siccome il Re, per la grande dimestichezza di cui l'onorava, soleva appellarlo il *Sorrentino*, il di lui figliuolo *Francesco* per ricordo di tal fatto ottenne dal Re Cattolico di aggiungere ai proprio il cognome di *Sorrentino*, il quale in prosieguo fu anteposto al cognome di Molignano e finì per essere usato esclusivamente. Godette nobiltà in Amalfi, in Napoli ed in Sorrento. Dal Re Ferdinando il Cattolico ottennero i *Sorrentino* dichiarazione di originaria nobiltà proveniente da quattro avi paterni e materni, la concessione di aggiungere altre pezze nell'arme, e la dichiarazione di nobiltà generosa per tutti gli eredi e successori col godimento degli onori e prerogative proprie alle più nobili famiglie del Regno. Le quali cose tutte furono nel 1805 riconosciute dalla Commissione de' Titoli di Nobiltà per le prove fatte da' fratelli Achille ed Enrico Cosenza de' Baroni di Tammarone aspiranti a servire nelle R. Guardie del Corpo a cavallo. Il ramo della famiglia Bernalli Marchesi di S. Lucia si estinse nella prima metà di questo secolo in Marianna sposata a *Filippo Sorrentino* bisavolo della vivente *Flora* ed in Irene maritata nella famiglia Roscio di Benevento. Il ramo primogenito di questa famiglia si estingue in *Flora Sorrentino* Marchesa di S. Lucia, dimorante in Napoli. — MONUMENTI: *Napoli* Chiesa del Rifugio. — FEUDI: Pomigliano d'Atella, Corcumello, Poggio Filippo, Beni feudali in Bagnoli, Cassano, Castellana, Monteroduni, Noci, Orsara, e Quaglietta. — PARENTELE: Abrescia, Acconciajoco, Affaitati, Annubba, Bernalli, Bonazzi, Codignac, Comes, d'Elia, Gentile, Lumaga, Mele, Milano, Napodano, Origlia, Pagano, Paparo Filomarino, Pio, Revertera, de Rosa, Santamaria, Sifanni, Vasquez, Vitolo, ed altre. — AUTORI: Camera (Mem. stor. dipl. di Amalfi), Capaccio (Il Forastiere), Celano (Descr. di Napoli), Donnorso (Mem. della città di Sorrento), Giustiniani (Diz. geog.), de Sarno (De vero modo studendi in utroque jure), Tutino (Apol. al Terminio)—*Mariano* nobile di Sorrento, milite valoroso e familiare di Re Ferrante I. *Francesco* prode cavaliere militò sotto Consalvo di Cordova, e pel valore dimostrato alla battaglia del Garigliano e per la nobiltà di sua famiglia nel 1507 da Ferdinando il cattolico ottenne di aggiungere alla sua arma un leone al naturale. *Fabrizio* eminente giureconsulto. *Francesco* valoroso capitano di mare, per gl'importanti servigi resi alla Corona di Spagna ebbe nel 1610 una provvisione di ducati duecento annui sugl'introiti straordinari del Regno. *Giuseppe* Dottore in Legge, chiaro avvocato. *Domenico* Dottore in Legge ed illustre avvocato, pe' suoi meriti personali e pe' servigi resi allo Stato da' suoi maggiori, ottenne nel 1656 dal Re Filippo IV la promessa di un *ufficio nobile corrispondente alla nobiltà de' suoi natali. Arcangelo* Canonico Lateranense, Abbate di S. M. di Piedigrotta nel 1764. *Giovan Tommaso* Generale dell'Ordine de' Somaschi. — ARMA: Diviso da una fascia di rosso; nel 1° di azzurro a tre stelle di oro ; nel 2° di oro con tre melanzane al naturale, e sopra il tutto un leone al naturale.

**SPATAFORA** — v. II,° p. 128 — *Giovanni* per discordie con la famiglia Barrese stabilì la sua famiglia nel 1444 in Cosenza. *Sempronia* è ricordata tra le donne illustri dal Capaccio. — AUTORI: Amato (Pantopologia calabra).

**SPAVENTA.** — Famiglia originaria di Atessa. Di essa si hanno notizie sin dai primi del secolo XIV, e trovasi feudataria dall'anno 1595. Ha goduto il patriziato di *Bologna* ed ha vestito l'abito di Malta. — MONUMENTI : *Scoppito* Chiesa principale, *Atessa* Chiesa di S. Leucio con Cappella gentilizia e nella Cattedrale, *Aquila* nella Colleggiata di S. Maria di Paganica e nelle Chiese di S. Agostino e Basilica di S. Maria di Collemadio. — MARCHESATI: Gaudo, Sogliano. — PARENTELE: Antonini, Castiglione, Cappelli, Cardone, Doddi, Giptis, Ritis, Rodinò, Testa.— AUTORI: Accademica in morte di Monsignor *Girolamo Spaventa*, Bartoletti (Uom. illus. Atessani), Crollalanza (Annuario nob. ital.), Crollalanza (Giorn. Aral, Geneal.), Memorie Atessane, Montefuscolo (Impr. ovvero Stemmi delle fam. ital.), Nuova Antologia, Orazioni funebri in morte di *Giuseppe Spaventa. — Andrea* familiare e regio Cappellano 1322. Leggesi nello Archivio di Stato Rep. Carlo II L B fol. 78 e L. D. fol. 119, che al di lui fratello viene accordato il real permesso per alienare alcuni beni feudali in Atessa ed altri luoghi di Abruzzo. *Guindazzo* milite 1326. *Altemario* milite e Tesoriere della Regina moglie di Re Roberto, 1327. *Paolo* regio familiare, ebbe privilegio di poter costruire una nuova strada da Casalrinforzato a Perano. *Eusebio* nel 1348 ebbe confermati i beni feudali in Casalrinforzato e Perano. *Masio* nel 1498 liberò il suo paese da molti pesi fiscali, rivendicando le proprietà in beneficio del Comune di Atessa. *Francesco* regio e nobile familiare del Re Filippo II di Spagna nel 1560 per privilegio del 1° maggio. Nel 1581 ottenne dallo stesso Re il titolo di Marchese sul feudo di Gaudo, ossia Ceppeto e Pantano presso Atessa. *Cesare* capitano di cavalli e poi Maestro di Campo di fanteria in Fiandra 1603. *Girolamo* Dottore in Dritto Canonico, nel 1790 fu creato da Re Ferdinando I di Borbone Preposito della Chiesa di Atessa. *Vincenzo* Domenicano, uomo eruditissimo. *Giov. Francesco* pagò varie somme di danaro a Giov. Berardino Camdolo per liberare Atessa dalle noie di questo suo creditore. *Giuseppe Maria* Ricevitore generale di Aquila, nel 27 novembre 1832 ottenne il titolo di Conte del S. Palazzo Apostolico, il 12 novembre 1834 fu ascritto con tutta la famiglia al patriziato e Libro d'oro di Bologna, ed il 25 maggio 1841 ebbe concesso il titolo di Marchese sul cognome in memoria del titolo di Marchese di Gaudo. *Luigi* Cavaliere dell'Ordine di S. Giorgio 1871. *Nicola* Cavaliere gerosolimitano 1843. *Giuseppe* Cavaliere gerosolimitano 1857. *Vincenzo* Cavaliere gerosolimitano, 1860. *Filippo* Cavaliere gerosolimitano e dell'Ordine di Francesco I, 1865. Il 21 settembre 1855 fu riconosciuto nel titolo di Marchese di Sogliano per successione della famiglia Testa. — ARMA: Di azzurro al leone di oro linguato di rosso, guardante un sole nel cantone destro, con la banda di argento, profilata di rosso e caricata da un monte di verde a tre cime, attraversante sul tutto. — Questa famiglia è rappresentata in Aquila dal Marchese GIOVAN ANGELO SPAVENTA patrizio di Bologna, già Ciambellano del Gran Duca di Toscana, Commendatore dell'Ordine di Francesco I e di S. Gregorio Magno e Cavaliere dell'Ordine dei SS. Maurizio e Lazzaro.

**SPINA.** — Famiglia originaria di Amalfi, passata a Scala, e di là in Napoli. Essa si diramò in Firenze ed un ramo si stabilì in Cosenza. Alcuni autori la dicono di Firenze donde venne in Napoli sotto Re Roberto d'Angiò. Però di essa si hanno memorie in Regno fin dall'epoca degl'Imperatori greci, trovandosi un *Pietro Magno Spina,* il quale possedeva poderi in Napoli, limitrofi a quelli dei signori Boccatorti. È da notare che dai più remoti tempi vi furono più famiglie di tal cognome: tra queste una della Costiera d'Amalfi ed un'altra nobile Fiorentina venuta in Regno, e questa, secondo il de Pietri (Storia napolitana) potè essere un ramo della prima, passato a Firenze per la facilità che le famiglie della Costiera d'Amalfi, addette al Commercio, avevano di spargersi, non solo in tutta l'Italia, ma sibbene nelle più lontane regioni. Ha goduto nobiltà in *Amalfi, Scala, Napoli* a' seggi di Nido e di Portanova, *Messina, Cosenza, Catanzaro, Firenze, Genova* e *Milano*.—MONUMENTI: *Napoli* Chiese di S. Agostino, S. Gaudioso, S. Lorenzo e S. Domenico, *Amalfi* Chiese dell'Annunziata e di S. Giovanni. *Lecce* nella Cattedrale. — FEUDI : Bagliva di Aversa , Bagnano , Bombiti , Brignano, Calimera, Carpignano, Castelrosso, Copertino, Ginestra, Mammola, Pietragiannizzera, Pietravalle, Rivalli, Sanluca, Sanmartino, Sannicola. — MARCHESATO : Saliceto 1621. — PARENTELE : Acquaviva, Afflitto, Brancaccio, Brancia, Caracciolo, Carafa, Carbone, Confalone, Folliero, Francipane , Galeota , Loffredo , Marra (della), Mendoza ; Piscicelli, Rossi, Sanseverino, Tufo (del), Vulcano. — AUTORI : Aldimari, Almagiore, Ammirato (Fam. fior.), Andreotti, Ansalone, Borrello , Camera , Campanile Fil., Campanile Gius., Contarini , Donnorso, Engenio, Fiore, Galluppi (Arm. ital.), Infantino, de Lellis (Fam. nob.), Lumaga, Marchese, della Marra, Mazzella, Mugnos, Pacicchelli, de Pietri, Testa del Tufo, Ughelli.—*Falcone* Vice Ammiraglio in Calabria, prestò danaro a Carlo I d'Angiò e ·fu Maestro della Zecca di Messina con Marino Platamone. *Egidio* fu preposto alla distribuzione della nuova moneta, 1271. *Errico* Maestro portulano di Napoli 1289. *Riccardo* con molti cavalli propri andò alla impresa di Sicilia sotto Re Roberto d'Angiò. *Pietro* leggesi tra' Baroni in Calabria, con Riccardo Barrile, Guglielmo Pagano, Rinaldo e Rainiero Galluccio e Bertoldo Messanelli. *Geri* Cavaliere della Corte di Re Roberto d'Angiò. *Riccardo* prode cavaliere di Re Roberto, pel quale militò in Sicilia. *Bartolomeo* Cameriere maggiore di Re Roberto e Preposto alle regie razze dei cavalli. *Leonardo* fu preposto con Bonavita Coscia , alla costruzione delle galere in Brindisi, 1335. *Giorgio* teneva galere a proprie spese con Raimondo Natale, 1336. *Tommaso* Cameriere maggiore della Regina Giovanna I suo Ambasciatore e Visitatore generale dei Magistrati del Regno. *Errico* Consigliere e Cameriere della Regina Giovanna I. *Tommaso, Luca, Cola* e *Giovanni* tennero lance proprie in servizio di Re Alfonso I d'Aragona. *Battista* ed *Antonio* Cavaliere della guardia dei Re Alfonso I e Ferdinando I d'Aragona, e con essi Leone di Gennaro, Riccardo d'Alessandro, Troiano Origlia, Giov. Antonio Caldora, Giovanni Milano, Marino Gaetani , Antonello Grisone , Carlo Francipane, Iacopo Agnese, Francesco Filangieri, Fabrizio ed Annibale Aiossa, Lancellotto Mele, Margaritone, Annibale e Troiano Pappacoda, Michele Pignatelli, Matteo Gargano, Giovanni Serra ed altri. *Andrea* Cardinale di Santa Chiesa. *Angelo* insigne avvocato del Foro napoletano e regio Cortigiano, 1488. *Giovan Tommaso* Cavaliere di Calatrava, Consigliere del Collaterale Consiglio, Presidente in Calabria e Maresciallo di campo nelle guerre di Fiandra. Egli pagava al Fisco un paio di guanti per la Bagliva di Aversa, che avea in feudo. *Arrigo* e *Marchisio* Cavalieri stipendiarii in Capitanata. — ARMA: Di oro a tre fasce increspate d'azzurro e la banda di argento caricata da tre rose di rosso attraversante sul tutto.

**SPINELLI.** — v. V. p. 191. C Togliere i Marchesati di Spinoso e S. Maria a Gallo i quali feudi si possedettero da questa famiglia senza alcun titolo.

**STATELLA.** — v. II. p. 132. C ARMA : Inquartato nel 1° e 4° di rosso alla torre al naturale; nel 2° e 3° di oro all'alabarda di argento manicata di nero.

**SPIRITI.** — Famiglia originaria di Germania, passata poi in Viterbo, donde nel 1300 fu portata in Cosenza, ove ha goduto nobiltà. Vestì l'abito di Malta nel 1617 e trovasi ascritta al Registro di Malta nel ramo de' Marchesi *Spiriti* di Gaeta. Il ramo de' *Spiriti* Marchesi di Montorio si estinse nella famiglia Vasaturo. La famiglia Pisciotta Marchesi di Casabona si estinse in Cornelia sposata ad *Alfonso Spiriti* patrizio di Cosenza. — La famiglia Marotta Duchi di Castelnuovo si estinse nella famiglia *Spiriti*. — MONUMENTI: *Napoli* Chiesa di S. Maria la Nuova *Cosenza* Chiesa S. Domenico con Cappella gentilizia. — FEUDI : Altavilla, Callecaruno, Macchiaiacova, Marucola, Pozzodivalle, Vallepiola, Vallesangiovanni. — MARCHESATI : Casabona, Montorio, Mortara. — DUCATO : Castelnuovo. — PARENTELE : Cavalcanti, Cianciulli, Colonna, Masci, Nunziante, Orsini, Passalacqua, Pisciotta, Ricciardi, Spina, Vasaturo. — AUTORI : Araldo 1881, Accattatis, Almagiore , Amato , Bacco , Bònazzi (I reg. della nob.), Bussi, Campanile Gius. , Castiglione Morelli, Daniele, Genovesi, Giustiniani, Guicciardini, Lumaga, Migliore, Monaldeschi, Muzio de Cava, Nardi, del Pozzo, Sacco, Soria, Zavarrone. — *Andrea* Membro dell'Apostolica Camera di Papa Innocenzo VIII e Generale del Pontefice Alessandro VI. *Giov. Battista* Ambasciatore per la città di Viterbo al Papa Giulio II, e Duce dello esercito dello Imperatore Massimiliano, dal quale ottenne il

privilegio di mettere nello scudo l'aquila imperiale. *Ottavio* pei servigi resi allo Imperatore
Carlo V, ottenne il feudo di Mortara col titolo di Marchese. *Cristofaro* Vescovo di Cosenza
e Patriarca di Costantinopoli creato da Papa Giulio III. *Antonio* Cavaliere gerosomilitano,
1617. *Salvatore* uomo dottissimo ed insigne giureconsulto, Consigliere del Supremo magistrato
del Commercio, Giudice della G. C. della Vicaria, Segretario della real Camera di S. Chiara
e regio Consigliere, 1770. *Giuseppe* insigne per dottrina ed autore di più opere, 1780.—ARMA:
Di argento a tre pali di azzurro, col capo partito, nel 1º di oro con mezz' aquila di nero
movente dalla partizione; nel 2º di azzurro a due gigli ed un mezzo di oro.—Questa famiglia
è rappresentata in Cosenza da BENEDETTO SPIRITI Patrizio di Cosenza Marchese di Casabona
ed in Napoli dal Duca di Castelnuovo LUIGI SPIRITI Patrizio di Cosenza.

**SPITAMETA.** — Famiglia originaria di Benevento. Ha goduto nobiltà in Benevento e Co-
senza.—AUTORI: Falconio, Lumaga, Vipera (MS).—*Posone* nel 1128 fu mandato in esilio dal
Senato di Benevento, con altri nobili per aver seguito le parti di Guglielmo Rettore di
Benevento, ucciso dal popolo pel suo cattivo governo. *Pietro* insigne letterato 1289.—ARMA:
Di rosso con tre fasce di oro caricate ciascuna da una testa di leone recisa e sanguinolenta
al naturale. — Questa famiglia si estinse.

**SPUCCHES (de).** — Famiglia originaria della Spagna, dove era detta *Despuig*. Ad essa appartenne *Raimondo Despuig* Gran Maestro dell'Ordine di Malta. Passò in Sicilia col Re Pietro I d'Aragona, rimanendo un ramo in Maiorca rappresentato dal ramo dei Conti di Montenero. Ha goduto nobiltà in *Messina* ed in *Taormina*, e vestì più volte l'abito di Malta.
La famiglia Amato Principi di Galati si estinse nei *de Spucches*. — MONUMENTI: Messina
nella Chiesa di S. Francesco. — FEUDI: Asti, Caggi, Calamonaci, Castellaccia, Castellanie
di Taormina e della Mola.—MARCHESATO: Schisò.—DUCATI: Asti, Caccamo, Santostefano.—
PRINCIPATO: Galati. — PARENTELE: Amato, Brancoli, Cirino, Corvaia, Denti, Filangieri,
Franco (di), Gregorio (de), Iuveges, Lanza, Lavia, Marchese, Merula, Montaperto, Palermo,
Pilo, Ruffo, Sammartino, Turrisi Colonna, Vaconi ed altre. — AUTORI: Araldi (It. nob.), Ansalone (Sua de fam. opp. rel.), Aprile (Sicilia sacra), Bonfiglio (Stor. di Sic.), Brusoni (Stor.
ital.) Caruso (Stor. di Sic.) Crollolanza, Escolano, Gaetani (Arm. ed Alb. geneal. dei Cav.
del G. P. di Messina), Galluppi (Arm. ital.), Galluppi (Nob. di Messina), Lumaga (Teatro
della nob. d'Eur.), Minutolo (Prior. di Messina), Mongitore (Bibl. Sic.), Mugnos (Nob. di Sic.),
Palizzolo (Il Blas. in Sicilia), Palizzolo (La nobiltà siciliana nelle armi ecc.), Sacco (Diz.
geog.), Tettoni e Saladini, Villabianca (Sic. nob.).—*Berengario* nel 1296 ebbe concessa da
Re Federico II di Sicilia la terra baronale di Colamonaci. *Guglielmo* castellano del castello
di Mola, 1498, portò la sua famiglia in Taormina. *Marco* Giudice della Magna Curia, 1540,
Deputato del Regno ed Ambasciatore a Carlo V. Fu fondatore dei due paesi Cavallaro e
Molara, insigne giureconsulto e Stratico di Messina. *Vincenzo* regio Consigliere e Giudice
della Magna Curia. *Vespasiano* Deputato del Regno, giureconsulto ed egregio scrittore. *Biagio*
Presidente del Concistoro e del Tribunale del regio patrimonio, edificò la terra di Castel
laccia. *Biagio* letterato e scrittore, fece disotterrare il prezioso teatro di Taormina, fu
socio dell'Accademia del Buon Gusto di Palermo e fece molto bene in occasione della peste
di Messina. *Antonino* Commendatore dell'Ordine gerosolimitano. *Giov. Battista* Marchese di
Schisò, Maggiordomo di Settimana, Cavaliere gerosolimitano e Costantiniano e Senatore
della città di Palermo. *Giuseppe* Principe di Galati e Duca di Asti, Governatore della città
di Palermo, difese valorosamente l'Isola d'Elba contro i Francesi nel 1799. *Antonino* Duca
di Caccamo e di Asti, Gentiluomo di Camera, Presidente del Supremo Magistrato di salute
pubblica, Cavaliere gerosolimitano, Inquisitore e Gran Croce dell'Ordine Costantiniano, ebbe
una sola figliuola, *Francesca*, che sposò Raimondo Sammartino Principe di Pardo. *Giuseppe*
Principe di Galati Cavaliere gerosolimitano e gentiluomo di Camera, 1847, fu distinto letterato e poeta. — ARMA: Di azzurro al monte di tre cime di oro movente dalla punta, sormontato nel capo da un giglio dello stesso. — SUPPORTI: Due guerrieri armati di argento,
l'elmo chiuso, impugnanti uno lo stendardo dell'Ordine di Malta e l'altro lo stendardo del-
l'Ordine di Montese. — CIMIERO: Un vescovo uscente vestito di bianco mitrato dello stesso,
tenente lo stendardo dell'Ordine di Montese. — Questa famiglia è rappresentata in Palermo da
GIUSEPPE DE SPUCCHES e *Ruffo* Principe di Galati, Gentiluomo di Camera con esercizio,
Cavaliere dell'Ordine Gerosolimitano e di S. Maurizio e Lazzaro, Commendatore dell'Ordine

Costantiniano e della Corona d'Italia, Presidente di R. Accademia di Scienze, Lettere ed Arti di Palermo e Deputato al Parlamento Italiano, grecista e poeta insigne.

**STOCCO.** — Famiglia originaria di Cosenza, dove ha goduto nobiltà, diramandosi in Scigliano, Taverna e Nicastro. Ha vestito l'abito di Malta e trovasi ascritta a questo registro. Lo Imperatore Carlo V le concesse di usare nel capo dello scudo l'aquila imperiale, riconfermando l'antica arma. — FEUDI: Ciambia (presso il quale sorge un villaggetto chiamato *Stocchi*), Notarroberto, Porta. — PARENTELE: Boccuto, Cavalcanti, Furgiuele, Grandinetti, Le Piane, Migliarese, Morizia, Serafini, Sersale.—AUTORI: Accattatis, Andreotti, Bonazzi (I reg. della nob.), Castiglion Morelli, Greco (Ann. di Cal.), de Lande, Lumaga, Muzio de Cava (Nob. Cosen.), Pacicchelli, Roseo (Stor. del regno), Sambiase (Fam. nob. Cosen.)—*Ferdinando* uomo eruditissimo, filosofo, matematico e poeta insigne, versatissimo nell'astronomia ed astrologia. Restaurò l'Accademia Cosentina e fu Principe di essa. *Ignazio* insigne per dottrina e socio dell'Accademia Cosentina. *Nicola* e suo figlio *Paolo* combatterono valorosamente nella guerre a favore degli aragonesi. A *Paolo* fu concesso da Ferdinando II d'Aragona il feudo di Porta, che poi gli fu riconfermato da Re Federico nel 1497. *Anselmo* uomo dottissimo, prese parte alla congiura di Tommaso Campanella, ed uscì incolume dai rigori dello Spinelli, che allora reggeva le Calabrie, per la protezione di Roberto Dattilo Marchese di Santacaterina e Maestro di Campo del Duca d'Alba. *Edoardo* ed *Antonio* Cavalieri gerosolimitani. — ARMA: Di verde a due spade al naturale passate in croce di S. Andrea, le punte in giù, accompagnate da tre gigli di oro, due ai lati ed uno in punta, col capo di oro all'aquila imperiale bicipite di nero. Questa famiglia è rappresentata da LUIGI STOCCHI patrizio Cosentino. Il ramo di Scigliano da PAOLO e dal Generale FRANCESCO STOCCO Deputato al Parlamento.

**STRAMBONE.** — Famiglia di origine napoletana. Se ne hanno memorie fin dal tempo Angioino in persona di *Pietro* Collettore di Carlo II d'Angiò per riscuotere le doti d'Isabella, figliuola del Re sposata al Re di Ungheria. Essa fu una delle sei famiglie Aquarie. Ha goduto nobiltà in Napoli al seggio di Porto ed ha vestito l'abito di Malta nel 1566. — MONUMENTI: *Napoli* Chiese di Donnalbina, S. Severino e Sossio e S. Pietro a Fusariello. — FEUDI: Campochiaro, Montemarano, Parolisi, Pomigliano d'Arco.—DUCATO: Salsa 1620. — PRINCIPATO: Volturara 1654. — PARENTELE: Aquino Castiglione, Bacio Terracina, Beltrano, Bilotta, Brancato, Cacciaconte, Caponsacco, Caputo, Caracciolo, Carafa, Casatino, Eboli, Gaeta, Gambacorta, Gennaro (de), Giordano, Griffo, Landolfo, Macedonio, Marano, Marzano, Minutolo, Moles, Narni Mancinelli, Pagano, Pisano, Sasso, Scotio, Scrignario, Suardo, Turri (de), Valdetaro. — AUTORI: Aldimari, Alessandro (d'), Almagiore, Bacco, Borrello (MS.), Campanile Gius., Cautillo, Contarino, di Costanzo, Costo, Engenio, Galluppi (Arm. ital.), de Lellis (Fam. nob.), de Lellis (Nap. sac.), Lumaga, Maione, Marchese, della Marra, Mazzella, Pontano, del Pozzo, de Rinaldo, Sacco, de Sanctis, Spinelli, Summonte, Terminio, Torelli, Ughelli, Villani—*Baldassarre* Capitano di 16 galere per ricuperare il regno di Sicilia dopo il famoso Vespro. *Matteo* fu armato Cavaliere, 1382. *Sergio* Paggio di Re Alfonso I. *Scipione* familiare di Re Ferdinando I, Capitano a guerra e Giustiziere di Capri. *Giovannotto* Scalco e cortigiano di Re Ferdinando d'Aragona, e Presidente della R. Camera della Sommaria, 1440. *Pietro* Vescovo di Nocera, 1480. *Orazio* fu tra gli Ambasciatori inviati dalla città di Napoli ad ossequiare in Aversa il Re di Francia Carlo VIII. *Antonio* Cavaliere gerosolimitano, 1566 e Capitano di fanteria, che per la morte di Marzio Brancaccio fu destinato a guardia della Goletta di Tunisi, 1573. *Tito* Cavaliere gerosolimitano 1578. *Giovan Vincenzo* Duca di Salsa, Consigliere di Stato e Presidente di più province. Fu decollato in Ariano in una sommossa popolare, unitamente a Carlo Rossi del Barbazzale, al Principe di Sangiorgio Spinelli, al Marchese di Bonito, a Giovanni Spinola nobile genovese ed a Francesco Magrone nobile Beneventano, 1648. *Camillo* Governatore e Capitano a guerra di Barletta 1657. *Andrea* Principe di Volturara, Duca di Salsa, Cavaliere di Calatrava, andò Ambasciatore per la città di Napoli ad ossequiare Maria d'Austria sposa di Re Filippo IV. *Giov. Francesco* Straticò di Salerno. *Andrea* Duca di Salsa, Consigliere del Re e suo Ambasciatore, Presidente e Governatore delle Armi. — ARMA: Spaccato: nel 1º di azzurro alla colonna di argento coronata di oro trattenuta da due leoni controrampanti di oro; nel 2º bandato di oro e di azzurro. — Questa famiglia di estinse in *Girolamo Strambone* Principe di Volturara e Duca di Salsa morto nel 1749, il quale non avendo lasciati eredi successibili ne'feudi e titoli furono questi devoluti alla R. Corte che se ne impossessò con decreto del 4 Aprile 1759 e cedette i beni feudali al Principe di S. Nicandro Domenico Cattaneo. Egli lasciò erede di suoi beni liberi il Monte della Misericordia.

**TAFURI.** — Famiglia originaria di Terra d'Otranto. Ha goduto nobiltà in *Nardò* ed in *Foggia*. Il ramo secondogenito si estingue in GABRIELLA moglie del Cavaliere Angelo Tozzoli erudito raccoglitore di patrie memorie, discendente da Luca Tozzoli, che fu Presidente del S. R. C. e Vice Protonotorio del Regno in tempo di Re Ferdinando I di Aragona. — BARONIE: Altomonte, Feudospezzato, Grottella, Melignano, Mollone, Persano. — AUTORI: Afflitto (Decisioni), Coda (Difesa della nob. di Foggia), Frezza (De Subfeudis), Sacco, Toppi (Orig. Trib.) — *Giov. Berardino* e *Michele* uomini insigni per dottrina, pubblicarono alcune stimate ed erudite opere. — ARMA: Di verde alla scala a piuoli posta in banda col leone saliente, il tutto di oro, e la crocetta di argento nel capo a sinistra. — Questa famiglia è rappresentata in Nardò dal Barone ANTONIO TAFURI.

**TAGLIAVIA.** — Famiglia di cui si hanno le prime memorie in persona di *Costanzo Tagliavia* che nel 1255 fu eletto arbitro per le questioni tra il Monastero di S. Francesco di Assisi in Palermo ed alcuni Ministri di Federico II Svevo. Vuolsi che fosse figliuolo di un *Guido* celebre Capitano dello Imperatore Arrigo VI. Un ramo fu portato in Napoli da *Vincenzo Tagliavia*. Ha goduto nobiltà in *Palermo, Girgenti* e *Napoli* fuori seggio. Vestì l'abito di Malta nel 1590, fu insignita dell'Ordine del Toson d'oro ed ottenne il Grandato di Spagna nel 1624. Il ramo della famiglia Vanni Marchesi di Roccabianca si estinse nei *Tagliavia*. — MONUMENTI: *Napoli* Chiesa S. Giorgio maggiore; *Palermo* nel baluardo di Tramontana. — FEUDI: Borgo, Grotte, Mellusio, Mufio, Pietrabelcina, Pozzuoli, Sanbartolomeo, Sanmartino, Santangelo. — CONTEE: Borgetto, Priego. — MARCHESATI: Avola, Favara, Roccabianca, Sangiacomo, Valle Oaxara. — DUCATI: Alagona, Tagliavia, Terranova. — PRINCIPATI: S. R. I. 1606, Castelvetrano 1564. — PARENTELE: Aquino Cast., Aragona (d'), Barrese, Branciforte, Carafa, Carrillo Mendoza, Cortes, Costanzo (di), Filangieri, Gaetani, Gonzaga, Morcaldi, Pignatelli, Pignone, Raho (de), Requesens. — AUTORI: Accattatis, Aldimari, Ansalone, Aviles (Ciencia heroica), Bentivoglio (Stor. di Fiandra), Bonfiglio (Stor. di Sic.), Caruso, Ciacconio, Confuorto, Doglioni (Comp. stor.), Engenio, Fazzello, Galluppi (Arm. ital.), Ginanni (Arte del Blasone), de Gregorio, Inveges, Leontino, Lumaga, Mugnos (Nob. d'Eur.), Mugnos, Mugnos (I vespri), Pacicchelli, Palizzolo (Il Blas. in Sic.), Panvinio, Parrino, Pirri, Platina (Vite dei Pont.), del Pozzo (Ruolo gen. de'Cav. geros.), Sacco, Sancetta, Spanò Bolani, Villabianca (Sicilia nobile) — *Pietro* Giudice di Palermo, 1257. *Nicola* Regio Secreto di Calabria, fu tra' Cavalieri di Palermo che prestarono danaro a Re Carlo I d'Angiò. *Bartolomeo* Cameriere maggiore di Re Carlo II d'Angiò, Aio e Balio della figliuola del Re, Eleonora, che accompagnò in Sicilia nel 1303, andando in moglie al Re Federico d'Aragona. *Nino* nel 1391 si ribellò con altri Baroni al Re Martino di Sicilia, per cui fuggì in Gaeta presso Re Ladislao, che allora era in guerra con Luigi d'Angiò. *Francesco* fu figliuolo di Beatrice d'Aragona Marchesa di Avola e Duchessa di Terranova e figlia di Giovanni, naturale di Re Federico III di Sicilia. Egli lasciò il proprio cognome e prese quello della madre, perciò di lui fu detto che « *per andare in Aragona tagliò la via* ». *Francesco* Governatore di Catalogna e di Milano, Gran Contestabile e Presidente di Sicilia, 1516. *Pietro* Cardinale Arcivescovo di Palermo e Reggente di Sicilia, 1553. *Carlo* Marchese di Avola, Duca di Terranova, Principe di Castelvetrano e Conte di Borgetto, Cavaliere del Toson d'oro e Grande di Spagna di 1ª Classe, Gran Contestabile e Grande Ammiraglio, Presidente e Capitan Generale del regno di Sicilia, Governatore di tutta la Monarchia Spagnuola e Ministro del Re Filippo III di Spagna. Fra *Ferrante* (figliuolo del precedente) Commendatore della Guilla dell'Ordine gerosolimitano. *Carlo* Cavaliere del Toson d'oro e Capitan generale della Cavalleria. *Giovanni* Cavaliere del Toson d'oro, Grande di Spagna, Grande Ammiraglio di Sicilia, e Gran Contestabile e Reggente di Sicilia. *Diego* Generale di Cavalleria in Napoli ed Ambasciatore al Papa pel Re Filippo IV di Spagna. *Giov. Luigi* Capitano di Corazze sotto il comando di Alessandro Farnese nelle guerre di Fiandra. *Didaco* Ammiraglio di Sicilia, 1624. *Simone* Cardinale. *Diego* Principe del S. R. I., Grande di Spagna, Commendatore di S. Giacomo, Grande Almirante e Gran Contestabile di Sicilia, Cavallerizzo maggiore, Generale della Cavalleria napolitana e Capitan generale della milizia del Regno, Principe di Castelvetrano, Duca di Terranova, Marchese di Avola e Conte di Borgetto, sposò Stefania Cortes Contessa di Priego e Marchesa di Valle Oaxara, ultima di sua famiglia e discendente da Fernando Cortes, e procreò una sola figliuola *Giovanna* unica erede degli stati paterni e materni, la quale andò in moglie ad Ettore Pignatelli, Duca di Monteleone e Gran Camerario del regno, estinguendosi così il ramo principale della famiglia *Tagliavia*. *Emanuele* (Marchese) nel 1790 provò alla G. Corte della Vicaria, la sua discendenza, per linea di femmina, da Giovanni d'Aragona, figliuolo naturale di Re Federico III di Sicilia. — ARMI: Di oro alla palma sradicata di verde, fruttifera del campo. — Di azzurro alla palma sradicata di verde fruttifera di oro. — Di rosso alla palma sradicata di verde fruttifera di oro.

**TALAMANCA.** — Famiglia originaria di Catalogna, portata in Sicilia nel 1282 da *Gilberto* ed *Uberto*, che seguirono il Re Pietro I d'Aragona. *Uberto* nel 1302 fu Capitano e Baiulo di Palermo. Ha goduto nobiltà in Sicilia. — FEUDI: Ambigalli, Ambuali, Delia, Elna, Imbaccari, Misilmeri, Mussomeli, Montagilepre, Montraene, Oliveri, Ragalcidi, Sanbenedetto, Sortavilla, Sutera, Terrafini. — CONTEE: Lipari, Vicari. — MARCHESATO: Malta, Regalmici. — DUCATI: Grotte, Miraglia 1650, Villareale 1641. — PRINCIPATO: Carini 1622. — PARENTELE: Aiutamicristo, Bellacera, Castagna, Crisafi, Filangieri, La Greca, Sanfilippo, Tocco (di), Ventimiglia. — AUTORI: Aprile, Auria, Candido (Fam. nob. di Catalogna), Carrillo, Caruso, de Lellis, Lopez de Haro, Lumaga, Mariano, Mendoza de Vengas (Nob. di Spagna), Palizzolo, Sacco, Villabianca, Vespertillo (Stor. di Catalogna). — *Matteo* Capitano di Re Federico II di Sicilia pei servigi resi ottenne la Castellania di Naro ed il feudo di Delia. *Perrone* Conte di Lipari e Marchese di Malta, Capitano del Re di Sicilia. *Bernardo* Capitano ed Amministratore di Re Martino. *Guglielmo* Capitano e Gentiluomo di Re Martino. *Gilberto* Capitano e Gentiluomo di Re Martino e Camerlengo del Regno, sposò Ilaria La Greca, ed il suo figliuolo *Ubertinello* fu istituito dall'avo materno erede universale, con l'obbligo di assumere il cognome e l'arma della famiglia La Greca. — ARMI: Fusellato di oro e d'azzurro. — Scaccato di argento e di azzurro.

**TARSIA (di).** — Famiglia originata dal Conte *Boemondo* normanno, il quale ebbe in consegna i soldati affidati da Re Guglielmo I al Gran Camerario Adenolfo Mansella, che fuggendo le insidie tesegli dallo Ammiraglio Maione Gran Cancelliere, e da Roberto Conte di Loritello Gran Contestabile, riparò nei suoi feudi in Abbruzzo. Alcuni autori però credono che questa famiglia sia di origine greca. Essa prese nome dalla terra di *Tarsia* edificata in Calabria. Ha goduto nobiltà in *Monopoli*, *Conversano* e *Cosenza*, ove si divise in due rami detti *Tarsia* di Alto e *Tarsia* di Basso. Ha vestito l'abito di Malta. — MONUMENTI: *Fano* Chiesa dei MM. OO. — FEUDI: Belmonte, Bonifati, Busignano, Canina, Casalnuovo, Castiglione, Corigliano, Crucoli, Falconara, Fuscaldo, Latruca, Nucara, Riccaro, Santabarbara, Santangelo, Terranova. — CONTEE: Rossano, Sancineto, Tarsia. — PARENTELE: Carafa, Caselli, Cavalcanti, Marra (della), Martirano, Orsino, Sambiase, Sanseverino, Saraceno, Sersale, Toraldo. — AUTORI: Accattatis, Aldimari, Almagiore, Bacco, Campanile Gius., Castiglion Morelli, Cava, Galluppi (Arm. ital.), Imsilla, de Lellis, (Fam. nob.), Lumaga, della Marra, Martirano, Rossi, Sacco, Sambiase, Summonte, Tarsia, Toppi (Orig. Trib.). — *Paolino* e *Matteo* Baroni in Calabria sotto Federico II Svevo. *Roberto* Castellano di Barletta per lo Imperatore Federico II. *Giacomo* Consigliere di Re Carlo I e suo Legato al Re di Tunisi, fu Giustiziere del Regno. *Carlo Goffredo* fu inviato da Re Carlo I al Papa, col Duca del Balzo, Bartolomeo Pignatelli Arcivescovo di Salerno e Roberto di Lavagna, per ottenere dilazione al pagamento delle 8 mila once di oro dovute per censo alla Corte di Roma. *Odoardo* Giustiziere di Principato e di Calabria, 1300. Fu armato Cavaliere da Carlo II e creato suo Consigliere. *Roberto* Castellano di Barletta e familiare di Carlo Illustre con Guglielmo Carbonelli, Ugone Ferrerio, Giacomo de Podio, Pietro Natale, Bertrando Lombardo, Alberto Griffone ed altri nell'anno 1320. *Nicolò* Capitano dei Franchi, i quali erano 484 soldati del Distretto di Cosenza, che erano esenti da qualsiasi pagamento, per ordine di Re Alfonso I d'Aragona. In seguito di tempo il comando di tali soldati fu concesso alla famiglia Spinelli. *Cesare* Giustiziere di Abbruzzo e Reggente della Vicaria. *Matteo* Giustiziere di

Calabria. *Tiberio* uomo dotto ed insigne poeta. *Giacomo* Priore di Messina e di Barletta dell'Ordine gerosolimitano e Generale della Repubblica Veneta contro i Pisani. *Galeazzo* Consigliere di Re Federico d'Aragona e suo Ambasciatore al Re di Francia. Pei servigi resi ottenne da Re Ferdinando il Cattolico ducati 300 di pensione annua, e fu Capitano di Pago, Reggente della Vicaria e Luogotenente del G. Giustiziere del Regno, e Capitano a guerra di Cosenza. *Francesco* Giustiziere di Abbruzzo, Reggente della G. Corte della Vicaria e Condottiero di mille fanti per lo Imperatore Carlo V. *Fiordaliso* Giustiziere di Calabria e Prefetto della milizia — ARMA: Scaccato di oro e di rosso di 20 pezzi. — È rappresentata questa famiglia dal Barone FEDERICO TARSIA patrizio di Cosenza e Vice Segretario al Ministero della Guerra.

**TERMINE.** — Famiglia originaria della Catalogna e discendente dai Conti di Narbona. Fu portata in Sicilia nel 1209 da *Giovanni* ed *Oliviero di Termens*, i quali accompagnarono Costanza moglie di Federico II Imperatore, ed in compenso dei servigi resi *Giovanni* ottenne la carica di Prefetto della Casa imperiale, la Castellania di Termine e il Giustizierato di Val di Girgenti, ed *Oliviero* fu Grande Scudiere della Imperatrice. Trovasi feudataria fin dal 1260, ha goduto nobiltà in Sicilia ed in Francia, ove un ramo passò a stabilirsi ed ha vestito l'abito di Malta. Essa si divise in due rami, originati dai fratelli *Berardino* e *Girolamo*: il primo diè principio ai Principi di Casteltermine ed il secondo ai Duchi di Vatticani, il ramo Principi di Baucina si estinse in *Domenico* la cui figliuola *Rosalia*, sposò Giovanni de Maria, col quale procreò un'unica figlia, Francesca, maritata nella famiglia Licata. Il ramo della famiglia Migliano Marchesi di Montemaggiore si estinse nel 1771 in Eleonora maritata nei *Termine*, nei quali finirono pure le famiglie Playa e Santacolomba Conti di Isnello. — MONUMENTI: *Palermo* Chiese S. Domenico, S. Zita, S. Tommaso, S. Chiara e nel Duomo, *Siracusa* nel Duomo. *Siena* Chiesa di S. Agostino. — FEUDI: Birribaida, Borghetto, Calamonaci, Casa, Casteltermine, Conteraineri, Foresta, Gagliano, Noce, Salvatore, Scorciavacca, Tonnara di Trapani. — CONTEA: Isnello. — MARCHESATO: Montemaggiore. — DUCATO: Vatticani. — PRINCIPATO: Baucina, Casteltermine. — I *Termine* possedettero pure la Signoria del Terminese nella Linguadoca. — PARENTELE: Angullo, Bologna, Campo, Cordova, Emanuele, Ferreri, Iacï, Maria (di), Marinis (de), Migliaccio, Playa, Santacolomba, Valdina, Valguarnera. — AUTORI: Armorial, Auria, Barellas, Beuter, Caruso, Engenio, Fazzello, Galluppi, (Arm. ital.), di Giovanni, Inveges, Lumaga, Mongitore, Montoner, Moreri, Mugnos (Nob. di Sic.), Palizzolo (Il Blasone in Sicilia), Palizzolo (Geneal. della fam. Termine), Sacco — *Matteo* Giustiziere di Palermo, armò a proprie spese delle galere in servizio di Re Manfredi, del quale fu Ministro e prese parte alla battaglia di Benevento. Fu Gran Giustiziere del Regno di Sicilia nel 1293. *Agostino* dell'ordine Agostiniano, e detto Agostino novello, fu beatificato e sepolto nella Chiesa di S. Agostino in Siena, 1309. *Oliviero* Castellano di Palermo pel Re Ludovico d'Aragona, 1354. *Francesco* Arcivescovo di Palermo, 1411. *Antonio* Governatore della Camera reginale di Siracusa per Bianca di Navarra. *Berardino* Pretore di Palermo e Capitano giustiziere, e Vicario generale in Sicilia con gli onori di Capitan generale, 1545, sposò Giovanna de Marinis Baronessa di Birrabaida. *Matteo* Maestro Giustiziere di Palermo, 1547. *Asdrubale* Preside di Lucera. *Girolamo* uomo dotto fu Vescovo di Mazzara e poi Arcivescovo di Palermo, 1561. Fra *Francesco* Cavaliere Gerosolimitano 1566. *Antonino* Senatore di Palermo, 1568. *Giov. Vincenzo* edificò la terra di Casteltermine, della quale fu il primo Principe, 1629. *Asdrubale* primo Duca di Vatticani, Capitano giustiziere di Palermo e Governatore della Compagnia dei Bianchi. Il Vicerè Marchese des Los Veles, scelse lui ed altri tre Baroni a Governatori della Sicilia dopo la rivoluzione popolare del 1648. *Asdrubale* insigne letterato e Vescovo di Siracusa, 1723. *Ignazio* Duca di Vatticani e Cavaliere dell'Ordine di S. Gennaro e Gentiluomo di Camera, Maresciallo di campo, Governatore di Siracusa e poi Tenente generale e Governatore della compagnia dei Bianchi, 1781. *Antonino* Principe di Baucina, Colonnello dei reali Cacciatori *Termine*. *Girolamo* Gentiluomo di Camera con esercizio e Senatore di Palermo, 1820. *Asdrubale* Gentiluomo di Camera con esercizio, 1828. *Ferdinando* Colonnello di Cavalleria. — ARMA: D'azzurro alla fascia d'oro accompagnata da tre stelle del medesimo, poste due nel capo ed una nella punta. — Questa famiglia è rappresentata in Napoli da GUGLIELMO TERMINE Duca di Vatticani.

**TERZI.** — Famiglia originaria di Parma, della quale città e di Piacenza fu signora. Ha goduto nobiltà in *Castelvetere* (1), *Lauria, Roccella, Maratea* e *Ferrara*, il cui ramo fu detto *Tersi Sataguaini.* — MONUMENTI: *Isernia* Chiesa dei Cappuccini.—CONTEE: Castellone 1710. Castelpizzuto 1722. — PARENTELE : Basile, Corigliano, Eboli, Lanzilao, Lotti, Monticelli, Berico, Vincentiis (de). — AUTORI: Giustiniani, Lumaga, Maresti (Teatro geneal. di Ferrara), Monca (Cat. dei Vescovi di Salerno), Sacco.—Il feudo di Castelpizzuto fu comprato dai *Terzi* nel 1575 da Silvia d'Agostino, che per patto stabilito, lo ricomprò nel 1597; passò poi nelle famiglie di Blasio e Sommaia, e da questa nella famiglia de Vincentiis, la quale si estinse nel 1713 in Francesca, che sposò il Conte *Carlo Terzi* Cavaliere di S. Giacomo—*Ottobuono* era signore di Parma nel 1404 con Pietro Rossi Marchese di Sensecondo e Conte di Berceto e di Coniglio. *Luigi* Gentiluomo di Camera del Duca di Ferrara. *Emilio* Luogotenente del Maestro di Campo di fanti Italiani in Fiandra nell'anno 1574. *Giovanni* nel 1623 ebbe riconosciuto dal Re Filippo di Spagna lo stemma e la nobiltà di sua famiglia, e nel 1639 gli fu concesso dallo stesso Re il titolo di Conte per sè suoi eredi e successori. *Giuseppe* Guardia nobile dello Imperatore Leopoldo d' Austria nel 1695, dal quale fu creato Conte del S. Palazzo Lateranense per sè e suoi eredi e successori, con facoltà di crear notari e legittimar bastardi. Nel diploma è ricordato come discendente de' *Terzi* di Parma e dimorante in Lauria. *Francesco* Giudice della G. Corte della Vicaria 1697. *Biagio* Vescovo d'Isernia 1698. *Giovanni* Castellano del Castello Micilarem in Lituania e prefetto dei Cavalieri della Corte di Giovanni Re di Polonia. *Eleuterio* nel 1797 ottenne dal Re Ferdinando I di Borbone la cittadinanza napoletana.—ARMA: Di argento alla banda di rosso accompagnata da tre rose dello stesso, poste 2, 1. — Questa famiglia è rappresentata in Napoli dal Conte di Castelpizzuto CARLO TERZI.

**TOCCO (di).**—Vº IIº p. 137.—FEUDI: Campochiaro, Castelguarda, Malicalzati, Montefalcione, Pietrabbondante. — CONTEA: Roccavalloscura, Zacinto — Togliere da'Ducati *Zacinto* e da'Principati *Scogna* — pag. 137 vs. 9 *C: Rostaino di Tocco* Principe di Montemiletto ecc. vs. 16 *C* la Contea di San Giacomo era dei Dentice e non dai *Tocco* portata in quella famiglia — pag. 139 vs. 28 *C... della* Casa *Tocco* fino al 1480 circa — *Teodora* sposò Costantino Paleologo, che fu poi Imperatore ultimo di Oriente. Era essa figliuola del Conte *Leonardo di Tocco* e nipote di *Carlo II* Conte di Cefalonia e di Zacinto. Alle fortezze e castelli avuti in dote aggiunse la città di Patra, della quale era stata spogliata la famiglia Malatesta. Il rappresentante di questa casa ha inoltre i titoli di Conte di Roccavalloscura e Principe di Pettorano.

**TODARO.** — Famiglia originaria di Monte S. Giuliano presso Trapani, portata nella Spagna da *Vincenzo Todaro*, che colà stabilissi avendo sposata una signora della nobile famiglia Ossorio. Nel 1668 fu riportata in Trapani, dove ha goduto nobiltà. — MONUMENTI: *Monte S. Giuliano* Chiesa di S. Domenico. — BARONIE: Foresta, Galia. — PARENTELE : Burgio, Fardella, Lofaso, Ossorio, Pastore, Pepoli, Prisco, Staiti, Tommasi, Vanni, Vannucci.—AUTORI: Lopez (Nobil. general de los Reyes de España), Lumaga, Padiglione (Bibl. del Museo naz.), Palizzolo (Il Blasone in Sic.), Palizzolo (La nob. Sic.), Villabianca (Sic. nob.).—*Benedetto* Cavaliere di S. Giacomo e Maestro razionale della città di Madrid. Nel 1667 riportò la sua famiglia in Trapani, ove acquistò uno stagno incolto, che nel 1673 il Re Carlo IV di Spagna glielo eresse in feudo col mero e misto impero innalzandolo a Baronia. *Vincenzo* Vescovo di Cefalù, 1819. *Felice* Commendatore dell'Ordine di Francesco I e Presidente della G. Corte Civile di Palermo. — ARMA : D'azzurro con un'aquila spiegata e coronata di oro, portante in bocca un ramoscello d'olivo al naturale accompagnato nel capo da tre stelle di oro. — Questa famiglia è rappresentata in Trapani dal Barone della Galia BENEDETTO TODARO e *Pepoli* e dal suo figliuolo VINCENZO TODARO e *Burgio*. In Palermo è rappresentata dall' avvocato AGOSTINO TODARO Senatore del Regno, Grande Uffiziale degli Ordini di S. Maurizio e Lazzaro e della Corona d'Italia, Cavaliere della Rosa del Brasile, di Carlo III di Spagna, della Stella polare di Svezia, dell'Aquila rossa di Prussia, Commendatore

---

(1) In *Castelvetere* hanno goduto nobiltà anche le seguenti famiglie : Aiona, Alonia, Arcadi ossia Falletti, Cremona, Cricelli, Falcomata, Fiore, Fonte, Gerace, Maggio, Maris, di Minico, Musco, Oppidisano, Pangallo, Papazzo, Protospataro, Scarala, Sergio, di Siena, Tarraca, Vitale.

della Legion d'Onore, di Leopoldo del Belgio e di S. Stanislao di Russia, Professore di Botanica della R. Università di Palermo e Socio di molte Accademie scientifiche italiane e straniere, e Presidente dell'Istituto d'Incoraggiamento; e dal suo figliuolo avvocato ANTONIO TODARO Cameriere Segreto di Cappa e Spada de' Pontefici Pio IX e Leone XIII, Ufficiale dell'Ordine della Corona d'Italia, Cavaliere di S. Maurizio e Lazzaro e Socio di varie accademie scientifiche.

**TORALDO.** — Vº IIº p. 142. — FEUDI: Mottafilocastro, Plotino, Tollo. — AUTORI: Fiore (Cal. illus.). Ha goduto nobiltà anche nella città di Stilo.

**TORRES.** — Famiglia originaria della città di Malaga in Catalogna. Un ramo fu portato in Roma ed un altro in Aquila. Ha goduto nobiltà in *Roma, Aquila, Trani* al seggio dell'Arcivescovado, *Lucera* ove fu graduata delle 60 some di terraggio, in Sicilia, nella Spagna ed in Portogallo. Vestì l'abito di Malta nel 1574. Il ramo nobile in Portogallo si estinse nella famiglia de Ponte di Lima: quello dei Marchesi del S. R. I. finì in *Michele, Antonio e Nicola* morti celibi, la cui sorella *Teresa* sposò il Duca di Casalaspro Milazzi; quello dei Marchesi di Pizzoli si estinse in *Bartolo e Ferdinando* morti senza discendenza e la sorella di essi fu maritata nella famiglia Dragonetti, nobile di Aquila. Finì pure il ramo di Civita di Penne. Il ramo della famiglia Severino Duchi di Secly e Marchesi di Peschici finì in Luisa maritata a *Francesce Torres*. La famiglia Sanguini, nobile di Roma si estinse nei *Torres*.— MONUMENTI : *Napoli* Chiese di S. Domenico e di S. Ferdinando.—FEUDI: Barete, Cagnano, Capograsso, Crucoli, Pitto, Scorrano, Tufà. — CONTEA: Villadonpardo. — MARCHESATI: S. R. I., Marialva, Peschici, Pizzoli.—DUCATO: Secly. — PRINCIPATO: Miraflore. — PARENTELE: Aliprandi, Ansalone, Aquino Cast., Campanile d'Arezzo, Coppola, Dragonetti, Flauti, Lacerda, Mandarini, Manrique de Lara, Milazzi, Nigliafuerte, de Ponte di Lima, Salazar, Severino, Tozzi, Ventimiglia. — AUTORI : Alfano, Amely (Storia di Lucera), Barellas, Baronio, Cancellieri (Storia dei Pontefici), Cardelli, Cascales, Ciacconio, Engenio, Galluppi (Arm. ital.), Inveges, de Lellis (Fam. nob.), Lumaga, Mazza (Stor. di Salerno), Mugnos (Nob. di Sicilia), Pirri, Platina (Vita dei Card.), del Pozzo, Sacco, Sterlich (Commem. di pers. ragg.), Tiraboschi, Troyli, Ventimiglia (Uomini illus. del Carmelo), Zurita (Ann. di Aragona). — *Francesco* Regio familiare, e fedele e Doganiere di Castellammare di Stabia, 1465. *Martino* Maestro di Campo e Governatore di Trani, ove stabilì la sua famiglia nel 1530, e da quella città si diramò nel 1700 in Lucera. *Garsia* Maresciallo di Campo, militando con suo fratello *Giuseppe* per Carlo V diedero prova di gran valore sì nel difendere Vienna attaccata da Solimano nel 1529, che nella spedizione di Tunisi ed Algeri nel 1541. *Egidio* e *Cosmo* Cardinali. *Ferdinando* Cavaliere di S. Giacomo, stabilì la sua famiglia in Roma, ove fu inviato da Re Filippo di Spagna per presentare a Papa Pio IV la chinea che il Reame annualmente pagava al Pontefice. *Ludovico* Cardinale e Legato straordinario del Papa presso i Re di Spagna e di Portogallo, per trattare la lega di Lepanto. *Baldassare* Cavaliere gerosolimitano, 1574. *Luca* Cavaliere di Calatrava e Uditore della regia Dogana di Foggia, 1685. *Giov. Simone* Generale di Artiglieria e di Cavalleria, Presidente della provincia di Chieti, Capitan generale del mare, Maestro di Campo generale e Governatore delle armi, 1689. *Tommaso* Colonnello dello Imperatore d'Austria, 1703. *Gabriele* Colonnello di fanti, Capitano a guerra e Comandante la piazza di Pescara, 1707. — ARMA : Di rosso a cinque torri di oro ordinate in croce di S. Andrea. Per concessione dello Imperatore Giuseppe I usa mettere lo stemma in cuore dell'aquila bicipite coronata. — Questa famiglia è rappresentata in Napoli dal Duca di Secly e Marchese di Peschici ALFONSO TORRES del ramo nobile in Trani. In Ispagna è rappresentata dai Principi di Miraflores.

**TORTA.** — Famiglia originaria di Abbruzzo. Si hanno memorie di *Lorenzo* che fu tra'Cavalieri che presero parte alla giostra data in Bari da Re Manfredi in onore dello Imperatore Balduino. — BARONIE: Bugnara, Castelnuovo, Castropomario, Tocco. —PARENTELE: Camponesco, Caracciolo, Manieri, Orsino, Pappacoda, Poderico, Severino. — AUTORI : Campanile Filib., Galluppi (Arm. ital.), de Lellis (Fam. nob.), Lumaga. — *Antonio* valoroso capitano di Re Ladislao. *Giovanni* Maresciallo del Regno pel Re Ladislao, suo Consigliere e Governatore di Abbruzzo. *Luigi* fu tra'più illustri capitani di Giacomo Caldora. *Pietro* e *Ludovico* Consiglieri, fedeli e diletti di Re Ferdinando I d'Aragona, dal quale ottennero l'ufficio di Mastrodatti di Aquila con potestà di armare soldati: il primo ebbe 25 once di pensione annua ed il secondo 100 once.—ARMA: D'azzurro alla corona di foglie d'oro, ritorta in palo in doppia croce di S. Andrea. — Questa famiglia si estinse in LUCREZIA signora di Tocco, la quale nel 1502 sposò Camillo Caracciolo.

**TORTELLA.** — Famiglia di origine napoletana, di cui si hanno le prime memorie in tempo di Re Carlo I d'Angiò, nel qual tempo trovasi feudataria. Ha goduto nobiltà in *Napoli* nei Seggi di Capuano e Portanova. Un ramo passò a stabilirsi in Firenze. — MONUMENTI: *Napoli* Chiese di S. Domenico maggiore, e di S. Gaudioso.—FEUDI: Campana, Montemarano, Sanpietro, Sanstefano, Serifato, Striano, Terragiordana. — PARENTELE: Ansalone, Coscia, Sanframondo. — AUTORI: Aldimari, Almagiore, Campanile Fil., Campanile Gius., Engenio, Galluppi (Arm. ital.), de Lellis (Fam. nob.), Lumaga, della Marra, Mazzella, de Pietri, Tutino.—*Guglielmo* Straticò di Salerno e Maestro portulano dei Porti di Puglia, 1314. *Tommaso* militò in Calabria con quattro scudieri e fu Straticò di Salerno, 1324. *Matteo* Secreto della provincie di Puglia, 1326. *Bartolomeo* Vicerè di Calabria, 1327. *Tommaso* ed *Arrigo* militarono in Toscana con Carlo Illustre Duca di Calabria. Si vuole che essi originarono il ramo di Firenze. *Cecco* Maggiordomo di Re Carlo III di Durazzo. *Marino* Cameriere di Re Ladislao, dal quale ottenne i beni di Perino Scondito. *Luigi* Cavaliere, familiare e fedele di Re Ladislao. *Tommaso* Vescovo di Tricarico fu creato Cardinale da Papa Giovanni XXII, suo zio. — ARMA: D'oro al leone di nero coronato dello stesso.—CIMIERO: Una cometa d'argento.

**TRARA (di).** — Famiglia originaria della costiera d'Amalfi, di cui si hanno memorie fin dal tempo del primo Re angioino. Ha goduto nobiltà in *Amalfi, Ravello* e *Scala*. Essa edificò in Ravello la Chiesa di S. Angelo di *Trara*. — MONUMENTI: *Napoli* Chiesa S. Chiara. — PARENTELE: Ansalone, Campanile, Muscettola, Pasta (di), Rufolo. — AUTORI: Ansalone, Camera, Campanile Filib., Campanile Gius., Engenio, Lumaga.—*Ruggiero* Secreto di Puglia, Calabria e Terra di Lavoro, 1275. *Manfredi* (fratello del precedente) stabilì la sua famiglia in Messina. *Federico* Paggio di Re Carlo III d'Angiò ottenne molti feudi. *Ansaldo* Avvocato fiscale, Consigliere, familiare e fedele di Re Carlo II d'Angiò. *Angelo* Cavaliere di Re Roberto d'Angiò, e Luogotenente di Raimondo del Balzo Vicerè e Capitan generale del Regno.— ARMA: Partito: nel 1º di oro al drago alato di nero rivoltato; nel 2º di nero al drago alato di oro.

**TRESCA.** — Famiglia originaria di Boemia, venuta in Regno seguendo i Normanni. Trovasi feudataria fin dai primi del secolo XI ed ha goduto nobiltà in *Bari, Lecce* e *Giovinazzo*; vestì l'abito di Malta nel 1587 e trovasi ascritta al Registro delle Piazze Chiuse. La famiglia Zevaglios Principi di Valenzano e Duchi di Ostuni si estinse nei *Tresca*, i quali successero pure alla famiglia Giustiniani di Lecce, Marchesi di Caprarica. — MONUMENTI: *Bari* nella Chiesa dei Conventuali di S. Francesco. — FEUDI: Acquaborrana, Bagnuoli, Balneolo, Erchie, Giugliano, Sanmauro, Vastogirardi, Zagarise. — MARCHESATI: Caprarica. — DUCATO: Ostuni. — PRINCIPATO: Valenzano.—PARENTELE: Aiello, Bacile, Bozzicorso Colonna, Calò Carducci, Castriota, Doce (del), Frisari, Galeota, Giannone, Girardi, Giustiniani, Gizzinoso, Lopez y Roio, Lubelli, Mancarella, Maramonte, Massilla, Paglia, Palmieri, Passaro, Puoti, Quaranta, Reina, Saracena, Stanco, Tafuri, Toraldo, Ventura, Voghera, Zevaglios. — AUTORI: Almagiore, Araldi, Bacco, Beatillo, Bonazzi (Cron. del Massilla), Bonazzi (I Registri della nob.), Lumaga, de Ninno, Paglia (Stor. di Giovin.), del Pozzo, Ricca.—*Leonardo* Milite e Giustiziere della Provincia di Principato ultra, 1309. *Donato* con altri individui di sua famiglia militarono per la Repubblica Fiorentina, 1326. *Ferdinando* militò sotto il comando dello Imperatore Rodolfo Re de'Romani, 1381. *Giacomo* da Giovinazzo portò la sua famiglia in Bari, 1400. *Giovanni* Milite e Giustiziere di Terra di Lavoro, 1404. *Fabrizio* Patrizio Barese, avendo sposata Andronica Castriota, figliuola di Ferrante Duca di S. Pietro in Galatina, stabilì la sua famiglia in Provincia di Terra d'Otranto. *Nardo* Abbate e cantore dell'Arcivescovado di Bari. *Colamaria* Cavaliere gerosolimitano, 1587. *Berardino* Cavaliere gerosolimitano, 1649. *Francesco* faceva parte dall'Accademia degli Spioni, fondata in Lecce nel 1683. *Benedetto* Abate Cassinese. *Giuseppe Giacomo* Cavaliere gerosolimitano e Colonnello di un Reggimento in Puglia pel Re Ferdinando I di Borbone. *Vincenzo* Cavaliere gerosolimitano, si distinse pel suo valore allo assedio di Tolone nel 1792. *Andrea* Comandante della milizia Urbana di Lecce. *Michele* Abate Cassinese e Priore del Monastero di S. Lorenzo di

Aversa. — ARMA : Di azzurro alla fascia d'oro accompagnata nel capo da tre rose d'argento poste in fascia e nella punta da tre bande d'oro.

**TUFO (del).**—Vº IIº p. 184.—AUTORI: Fiore (Cal. illus.)—*Angelo* Vescovo di Gerace 1410. *Pietro* e *Tommaso* regi familiari e commensali, 1460. *Marcantonio* Vescovo di S. Marco e poi di Mileto 1589. *Idelfonso* Vescovo di Gerace 1730 — pag. 190 vs. 2 *C.* lambello di tre pendenti di rosso — vs. 9;... e Marchese di Giuliana.

**TURBOLO.** — Famiglia originaria di Sorrento, donde passò in Napoli. Nel secolo XVII un ramo ritornò in Sorrento e si estinse alla fine del secolo XVIII. Ha goduto nobiltà in *Sorrento* ai seggi di Dominova e di Porta ed in *Massalubrense* con le seguenti famiglie: Cangiani, Caputo, Fontana, Liparulo, Maggio o Maio, Martino (di), Pastena, Pisani, Vespoli. — MONUMENTI: *Napoli* Chiesa di S. Maria della Nuova.—BARONIE: Ischitella, Sanchirico.—MARCHESATO : Peschici 1622. — PARENTELE : Donnorso , Caracciolo, Gennaro (de) , Guevara , Latro , Pignatelli , Santomango , Sarno (de) , Severino. — AUTORI : Almagiore , Campanile Gius., Capaccio (Il forest.), Donnorso (Stor. di Sorrento), Engenio , de Lellis (Fam. nob.), Lumaga, Maldacea (Storia di Sorrento), Maldacea (Storia di Massa). — *Scipione* e *Prospero* soccorsero molto la città di Napoli durante la carestia sofferta all'epoca del Viceré Enriquez de Ribera. *Angelo* insigne matematico. — ARMA : Di oro al monte di nero cimato da una gazza al volo spiegato al naturale. — Questa famiglia si estinse in una femmina maritata nella famiglia Severino Duchi di Secly.

**TUTTAVILLA.** — Famiglia originaria di Francia, e che vuolsi del sangue di quei Re, Prese nome dalla signoria di *Estouteville* che possedeva. Di Francia passò in Inghilterra e poi in Roma, donde si portò in Napoli regnando Alfonso I. Ha goduto nobiltà in *Napoli* al seggio di Porto ed in *Benevento*, e trovasi ascritta al Libro d'Oro. Ha vestito l'Abito di Malta nel 1778 e fu insignita dell'Ordine di S. Michele di Francia.—FEUDI: Celenza, Castiglione in Inghilterra, Esteuteville in Francia, Francavilla, Frascati, Genzano, Remi.—CONTEE: Imola, Sarno 1515. — MARCHESATO : Spinazzola. — DUCATI : Calabritto 1600, Mignano, Minervino, Montemilone, Nigliano, Ogliastro, Oliva 1649, Sangermano, Sassona. — PARENTELE : Caracciolo, Colonna, Gambacorta, Iorio (de), Lannoy, Ligneville, Orsino, Palagano, Pappacoda, Pignatelli, Poderico, Sanseverino, Story, Tufo (del). — AUTORI: Aldimari, Almagiore, Araldo (Alm. nob. 1880), Bacco, Bonazzi (I reg. della nob.), Campanile Gius: Capaccio (il forest,), Ciacconio, Contarino, Costo, Crescenti ( Cor. della nob.), Duhesne (Hist. Norman.), Filamondo (Gen. bellic.), Lumaga, della Marra, Mazzella, Normandia (Stor. di Sarno), Pacichelli, Panvinio, de Pietri, Recco, Sacco, Terminio, Torelli (Splend. della nob.), Troyli—*Agostino* Vescovo di Sarno, 1498. *Girolamo* Capitan generale di Carlo V in Catalogna, morì ucciso in Tunisi mentre era al seguito dello Imperatore. *Guglielmo* Vescovo di Sarno, 1548, fu poi Cardinale ed edificò la Chiesa di S. Agostino in Roma. *Prospero* Maestro di Campo di un Terzo di fanti durante la rivolta di Masaniello. *Ottavio* Ambasciatore per la nobiltà napoletana al Re di Spagna, 1600. *Francesco* Tenente generale di Cavalleria in tempo della rivolta di Masaniello, fu Viceré e Maestro di Campo in Gallizia ed in Sardegna, e sposò una Principessa Borbone. *Vincenzo* Conte di Sarno e Duca di Calabritto, Maresciallo di Campo 1690. *Francesco* Conte di Sarno e Duca di Calabritto, Gentiluomo di Camera con esercizio e Ministro Plenipotènzio presso il Re di Polonia, 1764. *Vincenzo* Conte di Sarno e Duca di Calabritto, Cavaliere dell'Ordine di S. Gennaro e Gentiluomo di Camera con esercizio, 1780.—ARMA: Inquartato nel 1º e 4º di rosso con tre fasce d'argento col leone nero attraversante sul tutto; nel 2º e 3º di argento a tre fasce di rosso, e sopra il tutto di azzurro con tre gigli di Francia, brisati dal bastone di rosso posto in banda. — Questa famiglia è rappresentata in Napoli dal Duca di Calabritto e Duca di Sangermano LUIGI TUTTAVILLA patrizio napoletano.

**VAAZ.** — Famiglia originaria di Portogallo, passata in Napoli per ragione di negozio, in tempo di Re Filippo II di Spagna. Ha goduto nobiltà in *Napoli* fuori Seggio. — MONUMENTI: *Napoli* Chiesa dell'Ascensione a Chiaia, cioè di S. Michele Arcangelo, fondata da questa famiglia ed affidata alle cure dei PP. Celestini. Una strada in Napoli in Sezione S. Ferdinando porta il nome di *Conte di Mola*. Il ramo Duchi di Bellosguardo si estinse in *Fiorenza* maritata a Giacomo Pignatelli di Monteleone: il ramo Conti di Mola finì nella famiglia Liguori Principi di Presicce, dalla quale il titolo per via di femmina passò nei Caracciolo di Rodi. — FEUDI: Rutigliano, Sancesario, Sanmichele, Sannicandro. — CONTEA: Mola 1613. — DUCATI: Bellosguardo, Casamassima 1645, Sandonato 1633. — PARENTELE: Adorno, Brancaccio, Carmignano, Liguori, Muscettola, Pignatelli, Ponte (de), Rota, Sersale.—AUTORI: Confuorto (Not. di fam. popol. nap. MS.), Galluppi (Arm. ital.), Lumaga, Mugnos, Parrino, Sacco.—*Michele* Duca di Casamassima e Conte di Mola, fondò il paese di S. Michele con 90 famiglie di emigrati schiavoni, fu Consigliere di Stato e salvò Napoli dalla carestia in tempo del Vicerè Conte di Benavente, facendo venire a sue spese 750 mila tomola di grano. Soccorse altresì la città quando finito il governo del Benavente e trovatosi un deficit di molti milioni, pagò del suo le soldatesche napolitane. In memoria di ciò fu chiamato *Conte di Mola* uu vicolo presso la via Toledo. Al suo ramo successe una famiglia di cognome de Ponte, ed a questa i Caracciolo Duchi di Vietri.—*Simone* Presidente della regia Camera della Sommaria.—ARMI: — 1.º Di oro a tre fasce ondate e nebulose di rosso — 2.º Spaccato d'argento e di rosso al leone dell'uno nell'altro.

**VALVA.** — Famiglia che fu originata dai Conti di Marsi; quantunque non manchino autori che la dicono di origine normanna. Essa prese nome dalla signoria di Valva e trovasi feudataria in Abbruzzo fin dal tempo di Federico II Svevo. Ha goduto nobiltà in *Napoli* fuori Seggio, vestì l'abito di Malta nel 1611, e trovasi ascritta al Registro dei Feudatari. — FEUDI: Caiano, Pescopagano, Pietrapalomba, Ruvo. — MARCHESATI: Valva 1654, e sul cognome.— PARENTELE: Aiala, Arcuccio, Azzia, Caiano, Capece, Caracciolo, Carafa, Cioffo, Fraginella. — AUTORI: Aldimari, Bonazzi (I reg. della nob.), Campanile Gius., de Lellis (Fam. nob.), Lumaga. — *Prospero* Cavaliere Gerosolimitano 1611. *N.* Marchese di Valva, Cavaliere Gerosolimitano, Maggiordomo di Settimana e Gentiluomo di Camera, Direttore delle strade nel 1806. In lui si estinse il suo ramo, essendo morto senza lasciar prole, per lo che ereditò la sorella *Gaetana* moglie a Diego d'Ayala di Taranto.—ARMI — 1ª Di argento alla fascia d'azzurro. — 2ª Di argento alla fascia di rosso accompagnata da otto uccelletti di nero senza becchi e senza piedi, de' quali i quattro della parte posteriore sono capovolti.

**VARGAS- Maciucca** — Famiglia antica della Spagna. Vuolsi da qualche Autore che il cognome derivi dal fiume *Vargas* presso il quale un individuo di questa famiglia riportò una segnalata vittoria. Il d'Aloe ed altri autori riportano che S. Isidoro fosse vissuto in casa di un signore di nome *Vargas*. Si divise tal famiglia in più rami. Ha goduto nobiltà nella Spagna e nelle città di *Napoli* fuori seggio e *Salerno* nel seggio di Portanova. Vestì l'abito di Malta; nel 1575 il ramo di Spagna, ed il ramo di Napoli nel 1692. Trovasi aggregata al Monte Manso fin dal 1794, ottenne il Grandato di Spagna e fu investita degli Ordini di Calatrava, Alcantara e S. Jago. Il ramo della famiglia Bonito Principi di Casapesenna, Duchi d'Isola e Marchesi di Positano si estinse in Carmela maritata al Conte *Ferdinando de Vargas Maciucca*, il cui figliuolo *Tommaso* nel 1858 fu investito dei sudetti titoli. Il ramo della famiglia Galluccio Baroni di Hôpital finì in Sofia, che sposò il cavaliere Gaetano Ravaschieri Fieschi, la cui figliuola primogenita, erede della baronia, andò moglie al Duca *Tommaso Vargas Maciucca*. — MONUMENTI: *Madrid* nelle Chiese di S. Maria Atocha, S. Pedro, S. Francisco ed in una Cappella attigua alla sepoltura di S. Isidoro nell'Alhambra in Granata: *Napoli* nelle Chiese di S. Giacomo degli Spagnoli, della Solitaria, S. Teresa a Chiaia, e nel Rosario di Palazzo: *S. Giovanni a Teduccio* in una Cappella gentilizia: *Vatolla* nelle due Chiese di patronato della famiglia. — BARONIE: Hôpital, Varguillas. — CONTEE: Bedmar, Porto, Urgel: MARCHESATI: Positano, Vatolla. Villa S. Vincenzo. — DUCATI: sul cognome 1732, Isola. — PRINCIPATI: Casapesenna — PARENTELE: Avila (de), Belii, Bonito, Bovadilla, Cabrera Canizares, Caracciolo, Cardenas, Carvajal, Catalano, Confalone, Deasque, Dias, Fonseca, Gomez, Guevara, Gutierez, Lago (de), Lerma (de), Manrique, Martinelli, Martinez, Mastrilli, Medici (de), Medina, Mendoza, Messina, Milazzi, Molina, Monroy, Monsolino, Morens, Negron. Perez, Porta (della), Portacarrero, Quarto, Quiros (de), Rinaldis (de), Rocca, Rogadeo, Rossi, Sanchez, Sotomayor, Sersale, Suarez, Tomaio, Tassis, Tommasi, Torres, Vivero, Nimenes, Zunica.— AUTORI: Adriani (Stor. di Firenze), Advocat (Dictionnaire), Alfano, Alfeni, Vario, (Istit. Juris Neap.), Aldimari, Aloe (Tes. lap.), Aloe (Stor. della Compagnia della S. Croce). Andrea (Guerre di Roma e del regno di Nap.), Anonimo (Storia eccles.), Anonimo (Hist. univ.), Anonimo (Diz. di uom. illus.), Anonimo (Vita di S. Isidoro), Anonimo (Nobiliario della Spagna), Anonimo (Geneal. dei Vargas), Anonimo (Paneg. stor. dei Vargas), Anonimo (Diz.

geogr. dell' India), Antonius (Bibl. di Spagna), Araldi (Ital. nob.), Araldo (Alm. nob. 1881),
Argote de Molina (Nob. di Andalusia), Ariani (Vita di suo padre), Baronio (Annali), Bisaccio-
ne (Guerre civ.), Borrello (App. Hist. Ms.), Bosio (Stor. di Malta), Bossuet (Stor. di Francia),
Campanile Gius., Campolongo (Amicabile Sepulchretum), Cantù (Stor. univ.), Capaccio (Il
Forestiere), Celano, Cervantes (D. Chisciotte de la Mancia), Cyrilli (Cod. Neap.), Engenio,
(Nap. sac.), Galante, Gastaldo (Storia), Giannone (Opere postume), Guarani (Jus regni Neap.),
Guardiola (Trattato della nob. di Spagna) Laurenti (Stor. di Ferdinando III il santo), Lopez
(Trofei di Saragozza), Lumaga, Mariana (Hist. de rebus Hisp.), Marchant (Dict hist.), Morelli
(Diz. degli uomini ill.), Moreno (Disc. della nob. di Spagna), Moreri (Diction. hist.), Mugnos
(Nob. del mondo), Muratori (Annali), Paggi (Brev. hist.), Piatti (Stor. dei Pontefici), Platina
Vite dei Pontefici), Recco, Rocaberti (Vol. inedito nella Bibl. Vaticana), Rogatis (Stor. di
Spagna), de Ruggiero (Stor. giudiz.), de Sandoval (Stor. di Carlo V), de Sanctis (Tumulti di
Napoli), Sarpi (Stor. del Conc. di Trento), de Sayas (Ann. di Aragona), Sforza Pallavicino
(Stor. del Conc. di Trento), Summonte (Storia), Tassoni (de Antefato), Tomasio (Dissert.),
Toppi (Orig. Trib.), Toscani (De causis rom. juris), de Torres (Stor. degli Ord. eq. Spag.),
de Turri (Mem. ai posteri), Troisi (Storia), Ughelli, Le Vassor (Lett. e docum. di *Francesco
Vargas*), Vecchione (Dritti delle famig. relig.), Vertot (Istit. dei cav. di Malta), Zaccaria (Apol.
del primato del Papa), Znarlò (Cron. di Aragona).—*Iacopo Gabriel* nel 1084 tenne la reggenza pei figli di Re Alfonso VI. *Martino* Superiore dell'ordine di S. Bernardo di Erlstal, rifor-
matore dei conventi di sua religione in Castiglia e Portogallo, eresse il Convento di S. Bernardo di Toledo. *Garzia Perez* si segnalò allo assedio di Siviglia messo da Re Ferdinando III nel 1247. In memoria di lui fu messa la seguente iscrizione sulla porta di Siviglia: *Er-
cules me edificò; Julio Cesar me cercò; De muros y torres largas; El Rey Santo me gagnò; Con
Garcia Perez de Vargas*. *Diego Perez* Capitano della città di Madrid combattette in Orano
sotto il comando di Alfonso figliuolo di Re Ferdinando III. Pugnando valorosamente contro
i Mori, rottasi la sua asta, strappò un ramo di ulivo dal quale seguitò a battere i nemici,
tanto che il Principe Alfonso gridò: *Assi Vargas machuca, machuca*, che significa: Così
*Vargas percuoti, percuoti*. Dal che i suoi discendenti aggiunsero al cognome Maciuca, e
nello stemma un braccio armato d'un ramo d'ulivo ed intorno a quello il motto: *Assì
Vargas machuca*. Da *Diego* discende il ramo trapiantato in Napoli. *Ferdinando* fu detto il
Barbaro Affricano per aver ucciso un leone con due colpi di spada. *Felice Nicola* nel 1346
da Re Alfonso XI ottenne la Contea di Urgel ed il patriziato di Castiglia. *Alfonso* Vescovo di Osma e Badaiva e poi Arcivescovo di Siviglia. *Fernando* insigne nelle scienze, Arcivescovo di Burgos. *Gutierres* dottissimo teologo e Vescovo di Placemia. *Alonso* Cavaliere
di Calatrava e di S. Jago, Generale di Spagna nelle guerre di Aragona, assediò ed espugnò
Chapelle ed Ostenda. *Ernano* difensore del Re Don Pedro contro lo Infante Don Errico,
dal quale preso, ottenne la grazia di non essere decollato. *Diego* Regidor della città di Madrid. *Giovanni* Ambasciatore per la Spagna presso il Re di Francia. *Francesco* Paggio della
Regina Isabella, Ispettore generale della gente di guerra, Regidor di Madrid ed Intendente
della Reggia. *Diego* Paggio dello Imperatore Carlo V e Regidor di Valladolid. *Francesco*
Cavaliere di S. Jago, gentiluomo di Bocca dei Principi Alberto e Vinceslao, seguì in molti
viaggi Don Giovanni d'Austria. *Diego* servì nella Cavalleria in Fiandra. *Francesco* Cavaliere
di Alcantara, andò al soccorso di Malta assediata da Solimano II, e combattette con tanto
valore che con diploma del 20 settembre 1565 ottenne dal Gran Maestro Giovanni della
Valletta il privilegio che l'Ordine gerosolimitano fosse *de iure* tramandato ai discendenti e
successori della sua famiglia senza pagare i dovuti dritti. Tal privilegio e per la stessa causa
fu anche accordato al Generale D. Giovanni de Cardona, a D. Pietro di Mendoza, a D. Diego di Carvajal e D. Pedro de Acugna. *Ruis* combatté valorosamente alla Goletta contro
i Mori. *Francesco* Tesoriere generale di Castiglia. *Pietro* Arcivescovo di Siviglia. *Francesco*
Consigliere di Stato. Nel 1548 andò Ambasciadore al Papa Pio IV e poi a Bologna per pro-
testare a nome dell'Imperatore contro la translazione che volevasi fare del Concilio di Trento,
al quale poi assistette nel 1550 unitamente a Martin Velasco. *Bernardo* uomo eruditissimo. *Diego*
Canonico di Porto Ricco, fu autore d'importanti notizie riguardanti quell'isola. *Alfonso* Generale
in Aragona per Filippo II di Spagna. *Ferdinando* Vescovo di Calatrava e poi Arcivescovo di
Siviglia. *Martino* (Santo) fu martirizzato per ordine del corsaro Barbarossa in Tunisi, perchè,

per non abiurare la sua religione, rifiutò di sposare una figliuola di quello. *Alfonso* Professore dell' Università di Pamplona, scrisse le vite di S. Sisto II Papa, S. Flora, S. Dionigi e S. Innocenzo. *F, derico* Cavaliere di S. Jago, gentiluomo di Bocca e maggiordomo del Cardinale Infante ottenne il titolo di Marchese di Villa S. Vincenzo, che fu poi riconfermato a *Giov.* *Crisostomo* una a quelli di Conte del Porto e di Urgel. *Bernardo* uomo di grande pietà, frate dell' ordine del Redentore, fu Procuratore di detto Ordine nella provincia Betica. *Giovanni* autore di un dotto manoscritto sulla nobiltà della Spagna. *Giov. Crisostomo* luogotenente della giustizia in Aragona pel Re Filippo IV di Spagna, che poi lo mandò Avvocato fiscale in Sardegna, e da ultimo nel 1645 lo creò Reggente del Supremo Consiglio Collaterale in Napoli ove egli stabilì la sua famiglia e fu il progenitore degli attuali *Vargas*. *Michele* (figliuolo del precedente) Reggente pel Supremo Consiglio d'Italia e di quello Collaterale, Consigliere del Re ed insigne giureconsulto, Cavaliere di Calatrava e Reggente della G. Corte della Vicaria fu ascritto al seggio di Portanova della città di Salerno. *Alfonso* capitano in tempo della rivoluzione di Masaniello, fu inviato contro il Duca di Guisa per liberare quei signori spagnuoli che erano prigionieri. *Tommaso* con diploma del 10 maggio 1732 ottenne dallo Imperatore Carlo VI il titolo di Duca ed il privilegio di usare nello scudo le insegne imperiali. Fu Presidente del S. R. Consiglio. *Agostino* Cavaliere gerosolimitano di giustizia, dal Re Carlo III di Borbone fu creato Maresciallo delle armi per aver combattuto strenuamente alla giornata di Bitonto. *Francesco* insigne legista, Delegato della regia Giurisprudenza dal Re Ferdinando IV. *Francesco* insigne filosofo e giurista, Consigliere della Corte Suprema di giustizia col grado di Presidente. Con diploma del 1.º marzo 1788 ottenne il titolo di Marchese di Vatolla. ARMA: Diviso: nel 1.º di argento al braccio armato al naturale tenente un ramo di ulivo, e movente dalla sinistra dello scudo; nel 2.º ondato ad onde acute di argento e di azzurro. Lo scudo in cuore dell'aquila bicipite imperiale austriaca. — Questa famiglia è rappresentata in Napoli dal Duca AGOSTINO DE VARGAS MACIUCCA Marchese di Villa S. Vincenzo, Marchese di Vatolla, Conte del Porto, Conte di Urgel; dal Conte FERDINANDO DE VARGAS MACIUCCA Cavaliere Gerosolimitano già Magistrato e dal suo figliuolo TOMMASO DE VARGAS MACIUCCA Principe di Casapesenna, Duca d'Isola, Marchese di Positano, Cavaliere gerosolimitano, Commendatore dell'Ordine d'Isabella la Cattolica e Maggiordomo di Settimana.

**VARISANO.** — Famiglia originaria della città di Firenze, donde un ramo fu portato in Sicilia in tempo di Re Alfonso I d'Aragona. Ha goduto nobiltà in *Firenze, Venezia e Castrogiovanni*, ed ha vestito l'abito di Malta. Il ramo de'Baroni di Pasquasia si estinse in *Giovanna*, maritata nella famiglia Militello Baroni di Castagna.— BARONIE: Balata grande, Pasquasia.— PARENTELE: Grimaldi, Imperatore, Militello, Baia. — AUTORI: Galluppi (Nob. di Messina), Mi· nutolo, Mugnos, Palizzolo (Blasone di Sicilia), Palizzolo (La nob. di sicil. nelle armi ecc.)— Fra *Bartolomeo*, Cavaliere gran Croce dell'Ordine Gerosolimitano, combattè valorosamente per la Repubblica di Venezia, col grado di Sergente Maggiore, alla guerra di Candia contro i Turchi. Fu anche Capitano d'armati in Dalmazia ed in Epiro, ed uomo eruditissimo, 1676. *Pietro* Barone di Balata grande fu a capo del popolo di Castrogiovanni nel movimento insurrezionale del 1820. *Gioacchino*, Benedettino, fu versatissimo nelle lingue antiche e fu Vicario generale in Castrogiovanni, ove completò il tempio di S. Cataldo ed istituì un monte pei poveri, e per soccorrere gli agonizzanti. *Angelo* Barone di Balata grande, dotato di animo impetuoso, mosse la città di Castrogiovanni contro i Borboni nel 1848 e seppe frenare il popolo nei suoi insani disegni. Partecipò alla spedizione delle milizie nazionali sopra Milazzo. Nel 1849 soccorse i profughi di Catania e Messina, accogliendoli in sua casa, sacrificando ogni suo avere per patriottici principii pe'quali ebbe molto a soffrire. Venuto il 1860 e sbarcato Garibaldi in Sicilia, il *Varisano* riuniti in Castrogiovanni i rappresentanti di circa 30 Comuni dell'Isola, fu a capo del Comitato che sollevò l'interno. Tenne in freno la guarnigione di Caltanisetta, contribuendo molto alla buona riuscita dell'impresa, perlocchè da Garibaldi, suo ospite, fu nominato Governatore di Piazza, il cui ufficio tenne a sue spese. Ottenne la cittadinanza di Piazza e di Valguarnera. Fu poi col Generale Garibaldi in Aspromonte per prendere Roma; ed il detto Generale lo chiamò il veterano della libertà italiana in una lettera che gl'indirizzava. Di animo ferventemente repubblicano odiava i moderati, e per le guerre che ad essi faceva nelle elezioni, si meritò l'odio di quel partito, che accusando lui, onorando patriota vecchio ed infermo, di esser manutengolo del brigantaggio che affliggeva la Sicilia, trovò modo di trarlo in carcere! — ARMI: — 1.º Di oro all'aquila spiegata di nero. — 2ª Partito: nel 1º di rosso al leone di argento: nel 2º di oro con due bande di azzurro — 3º Di oro con una fascia di verde caricata da tre stelle del campo. — CIMIERO: Un'aquila uscente di nero. — MOTTO: *Frustra nuunt.* — È rappresentata questa famiglia in Castrogiovanni dalla Baronessa ROSALIA VARISANO.

**VENATO.** — Vº IIº p. 194 *C*, Barone di Salsa e non Duca di Salsa.

**VENTIMIGLIA.** — Vº IIº p. 197 — FEUDI: Mastromatteo — Il ramo di Messina è rappresentato in Milazzo dal Barone di S. Marco GIACINTO VENTIMIGLIA e *Lucifero* dei Baroni di Sinagra e Conti e Marchesi di Gerace, e del suo fratello PIETRO Cavaliere dell'Ordine Gerosolimitano, Primo Presidente onorario della Suprema Corte di giustizia.

**VETRO** (de) — Famiglia diramata dalla Casa Filangieri, che prese nome dal feudo di Vietri che possedeva di unito a quello di Castelvetere. Ha goduto nobiltà in *Benevento* e *Sulmona*. Il MONUMENTO che era nel Duomo di *Benevento* fu distrutto dalla famiglia Perrotti, che vi fondò una sua cappella. — AUTORE: Vipera (M.S. sulle fam. nob Beneventane). — ARMA: Di rosso al castello turrito di argento sormontato da tre stelle di oro — Questa famiglia si estinse.

**VICARIIS** (de). — Famiglia che alcuni dicono venuta in Regno coi Normanni ed altri con gli Svevi. Altri infine la vogliono originaria di Venosa, percui prima fu detta *de Venusio*, e dalla quale città si diramò in Salerno. Trovasi feudataria fin dal 1400. Ha goduto nobiltà in *Bari, Campagna, Oppido* e *Salerno* al Seggio di Portanova, per lo che trovasi ascritta al Registro delle Piazze Chiuse. Vestì l'Abito di Malta nel 1624. MONUMENTI: *Napoli* Chiesa di S. Agostino e *Salerno* nel Duomo, — FEUDI: Cicerale, Monteforte, Monticelli, Quaglietta, Sanmauro, Sanpietro, Vallonesicco. — MARCHESATO: Santalucia. — PARENTELE: Aquino, Avalos, Brancaccio, Calenda, Capano, Caposcrofa, Caracciolo, Carrara, Chiarizia, Comite, Coppola, Correale, Fellecchia, Giudice (del), Guardato, Guardo, Issapica, Longo, Marescotti, Monforte, Moscati, Pagano, Prignano, Pinto, Rossi, Ruggiero, Sacco (del), Sanseverino, Tarancone, Vecchio (del). — AUTORI: Almagiore, degli Angeli (Rime), Bacco, Beltrano, Bonazzi (I reg. della nob.), Capaccio (Storia), Donnorso, Filippis (Dissert.), de Franchis (Decis.), de Lellis (Fam. nob.), de Lellis (Nap. sac.), Lumaga, Mascilla (Consuetudini), Mazza (Stor. di Salerno), Mazzella, Mugnos, de Nigris (Capitula), Pacicchelli, del Pozzo (Ruol. geros.), Prignano (MS.), Rota (Annotaz.), Toppi (Bibl. nap.) — *Roberto* (detto de Venusio) Imperiale Giustiziere di Venosa, ove stabilì la sua famiglia, 1197. *Francesco* Giudice e familiare della Regina Giovanna I. *Roberto* e *Giacomo* Cavalieri e Ciambellani della Regina Giovanna I nel 1362. Il secondo ottenne da Americo Sanseverino Gran Contestabile del Regno i feudi di Monteforte, Monticelli e Sanpietro, e portò la sua famiglia in Salerno, ove si divide in due rami, uno dei quali si estinse nella famiglia Correale nobile di Sanseverino. *Francesco* nel 1456 ottenne dal Re Alfonso I d'Aragona l'Abito di Cavalleria e la Divisa della Stola e Giarra. *Dionisio* Regio familiare, 1498. *Biagio* Vescovo di Melfi. *Isabella* Abbadessa del Monastero di S. Marcellino in Napoli, 1600. *Giuseppe* col Padre Aniello dei Minimi e Suora Giulia di Supino furono incarcerati e condannati a morte dal Tribunale dell'Inquisizione nel 1614, perchè facevansi credere di santa vita; però ritrattatisi, fu loro comutata la pena nel carcere perpetuo. Fra *Gennaro* Cavaliere gerosolimitano, 1624. Fra *Fabrizio* Cavaliere gerosolimitano, 1669. *Filippo* teatino andò in missione nella Mingrelia, ove morì per la fede. *Ferrante* Cavaliere di S. Giacomo. *Girolamo* Vescovo di Muro. — ARMI: — 1ª Di oro alla banda di azzurro caricata da tre mazze ferrate di oro — 2ª Di azzurro alla banda di argento caricata da tre scettri di nero. — Questa famiglia è rappresentata in Salerno dal Marchese di Santalucia FAUSTINO DE VICARIIS patrizio di Salerno.

**VISCHI.** — Vuolsi da alcuni autori che questa famiglia fosse originaria della Moravia: altri la dicono di origine romana, passata in Siponto verso la fine del decimo secolo. Distrutta Siponto passò in Manfredonia all'epoca della sua fondazione, ne fuggì nel 1620 per la invasione dei Turchi, ed alcuni di essa famiglia si stabilirono in Barletta, ed altri in Trani. — Questa famiglia ha goduto nobiltà in *Manfredonia, Montesantangelo, Barletta* e *Trani* al Seggio dell'Arcivescovado e poi a quello di Portanova, perlochè trovasi ascritta al Registro delle Piazze Chiuse. — MONUMENTI: Basilica di S. Michele sul Gargano, *Tremiti* Chiesa dei Canonici regolari, con cappella gentilizia, *Trani* nel Duomo, con cappella gentilizia, e nella Chiesa di S. Chiara, nella quale ha il patronato dell' Altare di S. Lucia. — FEUDI: Dogana di Manfredonia, 1504, Lama di Melo, 1431, Montesantangelo, 1552, Sannicola del Muto, 1431, Sfilza. — PARENTELE : de Bello, Bonismiro, Rufis, Carcano, Cessa , Comedi, Corrado, Dentice, Derubis, Freda, Galgani, Giorgi (dei), Melodia, Nicastro, Nicodemo, Palagano, Perruzzi, Rocca , Staffa , Tarantini , Tontoli, Toni , Torelli , Vania ed altre. — AUTORI : Almagiore (Giunte al Summonte), Araldo (Alm. nob. 1882), Bacco (Descr. del Regno), Beltrani e Sarlo (Docum. relativi agli ant. Seg. dei nob.), Bonazzi (I reg. della nob. delle prov. nap.), Cletto Arrighi (I 450), Gagliardi (Sul regio decreto relativo alla Cons. Aral.), Gerardini ( Nob. di Barletta), Lumaga (Teatro della nob. d'Europa), Manfredi (Zibaldoni ms.), Pacichelli (Regno di Nap. in prosp.), Prologo (Ant. ordin. intorno al governo mun. di Trani), Sarnelli (Cron. dei Vesc. Sipontini ), Sarti (I rappr. del Piemonte e d' Italia) , Seccia (Descr. della città di Barletta), Summonte (Storia), Toppi (Bibl. nap.), Trerotoli (Vita di *Nicola Vischi*).— *Giulio* ebbe concessioni feudali da Re Manfredi nel 1263 e fu creato Conte Palatino regnando Carlo II d'Angiò. *Melchiorre* ottenne concessioni feudali da Re Ladislao nel 1414. *Nicolò* acquistò nel 1431 le Baronie di Sfilza, S. Nicola del Muto e Lama di Melo, e ne ottenne assenso dalla Regina Giovanna II. *Antonio* ebbe in feudo la Dogana di Manfredonia dal Re Ferdinando il Cattolico nel 1504. *Vincenzo* nel 1552 acquistò il feudo di Montesantangelo. *Tarquinio* insigne per dottrina, fu Maestro dei Carmelitani e Commissario generale dell'Ordine in Napoli. *Francesco* Conte Palatino. *Nicola* Giureconsulto e Socio di varie Accademie scientifiche.— ARMA: Di azzurro alla fascia di oro accompagnata nel capo da un crescente di argento e nella punta da un capriolo di oro.—CIMIERO: Un braccio destro armato di spada.— Vive di questa famiglia il solo ramo nobile in Trani ed e rappresentato ivi dal Cavaliere NICOLA VISCHI patrizio di Trani.

**ZEULI**. — Questa famiglia nel 1772 domandò ed ottenne d' essere dichiarata nobile in Napoli fuori Seggio, per lo che provò al Tribunale di S. Lorenzo essere originaria della terra di Brisighella vicino Faenza, e discendere da *Sigismondo Zeuli*, che nel 1450 combattè valorosamente in Africa contro i Mori. Essa fu aggregata alla nobiltà di Bari nel 1787, e trovasi ascritta al Registro delle Piazze Chiuse. È stata ricevuta nell' Ordine di Malta per giustizia come quarto del Cav. Gabriele Tanzi patrizio di Bari nel 1791. La famiglia Nastaro nobile di Scala Baroni della Portolania e Zecca dei pesi e misure di Scala , si estinse in Tommasina, che sposò *Ferdinando Zeuli* verso la metà del secolo XVII.— PARENTELE : Anzani, Avellaneda, Calì, Calò, Carducci, Casamassima, Gallo, Marino, Nastaro, Scaglione, Sforza, Spagnoletti, Tanzi ed altre. — AUTORI : Bonazzi (Cron. di Vinc. Massilla), Bonazzi (I reg. della nob. delle prov. nap.), Giustiniani (Diz. geogr.). — *Andrea* Valoroso soldato e Generale delle fortificazioni, in premio del suo valore ottenne dal Re Ferrante d'Aragona annue once quaranta di oro. *Sigismondo* combattè alla battaglia di Pavia, e si distinse contro i Luterani di Germania col grado di Generale. Pel suo valore fu decorato del cingolo militare dallo Imperatore Carlo V e gli fu concesso di poter usare l' aquila imperiale nello scudo con privilegio del 20 Ottobre 1548, esecutoriato a' 2 Agosto 1549. *Ferdinando*, pei meriti dei suoi maggiori , ottenne da Re Filippo IV con diploma del 24 Gennaio 1635 il titolo di Marchese, da doverne godere allorquando avesse acquistato un feudo con vassalli. *Giacomo* Capitano di armi. *Pietro, Ferdinando* e *Sigismondo* Canonici della Cattedrale di Bari. *Giuseppe* Capitano di Cavalleria sotto Ferdinando IV. *Mariangela* sposò nel 1799 Ferdinando Spagnoletti Ufficiale Superiore nell'esercito di Ferdinando IV. Da essi nacquero i viventi Onofrio e Pasquale che nel 16 Marzo 1876 ottennero di aggiungere al proprio il cognome *Zeuli* ed inquartarne le armi con le proprie. A' detti fratelli Spagnoletti Zeuli va dovuta la conservazione ed abbellimento dello storico e monumentale castello presso Andria. — ARMA: Diviso: nel 1.º di rosso al giglio di oro; nel 2.º d'azzurro a tre monti di oro moventi dalla punta, sul maggiore dei quali una pianta di rose fiorita di tre, similmente di oro. Lo scudo inclinato è cimato da corona castrense e posto in cuore dell'aquila imperiale austriaca. — Questa famiglia è rappresentata dal Barone FRANCESCO ZEULI patrizio di Bari.

**ZOFFO o CIOFFO** — Famiglia che alcuni dicono di origine Normanna ed altri originaria di Pozzuoli, donde un ramo passò a stabilirsi in Salerno. Ha goduto nobiltà in *Pozzuoli*, *Messina*, *Napoli* nel Seggio di Porto e *Salerno* nel Seggio di Campo, ed ha vestito l' abito di

Malta nel 1685.—MONUMENTI: *Napoli* Chiesa S. Domenico maggiore; *Salerno* Chiesa S. Francesco e *Pozzuoli* Chiesa di S. Giacomo. — FEUDI: Aquaro, Montecorvino, Sancipriano. — MARCHESATO: Oliveto, 1655. — PARENTELE: Aiello, Ambrosini, Brancaccio, Carafa, Gennaro (de), Guindazzo, Macedonio, Marchese, Marzato, Miradois, Origlia, Pagano, Pagliara, Raimo, Ratta (della), Valva. — AUTORI: Aldimari, Anna (Allegazioni), Beltrano, Brunetti (Giurisd.), Campanile Gius., Capaccio, Capobianco (Bar.), Donnorso, Engenio, Galeota (Resp. fiscali), Galluppi (Arm. ital.), de Lellis (Nap. sacra), Lumaga, de Marinis (Risol.), della Marra, Pacichelli, Petra (Riti), de Pietri (Stor. nap.), del Pozzo, Prignano (MS.), Sraibano (Risol.), Toppi (Orig. Trib.), Zurita (Annali di Aragona) — Le famiglie Ajello e Pagliara, nobili di Salerno si estinsero nella *Cioffo.* — *Landulfo* fu tra' Baroni che combatterono in Terrasanta nel 1191. *Giovanni* Camerario di Federico II Svevo. *Nicolò* e *Tommaso* feudatarii e militi di Re Carlo I d'Angiò. *Nicola* Ambasciatore al Re di Sicilia, 1300. *Giovanni* Giustiziere e Provveditore delle fortezze della Provincia di Bari, 1309. *Landulfo* leggesi tra' feudatari del Regno, 1322. *Andrea* Ambasciatore al Re di Aragona, 1338. *Bartolomeo* Scudiere di Re Roberto d'Angiò. *Donato* Cappellano maggiore di Re Ladislao. *Tommaso* Domestico di Re Ladislao, milite e familiare della Regina Giovanna II. *Pasquale* Segretario della Regina Giovanna II ed Ambasciatore presso il Papa, con Malizia Carafa. *Scipione* familiare di Re Ferdinando II d'Aragona dal quale ebbe concessa la immunità dei pagamenti fiscali. *Ignazio* Cavaliere di Calatrava. *Diomede* Auditore del Principe di Salerno Ferrante Sanseverino. *Antonio* Marchese di Oliveto, e regio Consigliere, 1655. *Domenico* Marchese di Oliveto, Cavaliere di Calatrava, patrizio napolitano, Giudice della G. Corte della Vicaria, Luogotenente del Regno ed Ambasciadore al Gran Duca di Toscana, 1675. Fra *Gio. Battista* Cavaliere gerosolimitano, 1685. — ARMI: — 1ª Bandato di oro e di rosso al leone leopardito del primo, attraversante sul tutto. — 2ª Di rosso con tre sbarre di oro col capo del medesimo caricato da un leone sedente al naturale. — Questa famiglia si estinse nella Macedonio.

**ZUNICA.** — v.º II. p. 210—AUTORI: Aponte (Nob. dei legnaggi di Guevara e de Leyva).— pag. 214 *Diego Lopez* Gran Giustiziere di Castiglia, Grande del Regno e signore degli Stati di Arevalo, Palencia od altri, fondò con la moglie Donna Giovanna de Leyva la Trinità di Villadolid. Da esso discendono i Duchi di Vescar e di Pennaranda, Conti di Monterey e di Nieva ed il ramo de' *Zunica* che si disse de Leyva signori di Torralva in Sicilia.

**ZURLO.** — v° II. p. 219. — FEUDI: Acquavella, Galdo.

**FORGES DAVANZATI.** — Famiglia originaria di Chalons in Francia. Passata nel Regno di Napoli col Re Carlo I d'Angiò, ha goduto nobiltà in Trani nel Seggio di S. Marco e perciò trovasi ascritta al Registro delle Piazze Chiuse. La famiglia Davanzati di Firenze, patrizia di Trani, si estinse in Agata sposata al nobile *Domenico Forges* sul declinare del secolo XVII, per lo che i suoi discendenti aggiunsero al proprio il cognome Davanzati e ne inquartarono le armi. — MONUMENTI: *Trani* nel Duomo e nella Chiesa di S. Domenico, *Bari* nella Basilica di S. Nicola, *Palo del Colle* nella Chiesa Parrocchiale e di S. Domenico e nel palazzo municipale.—Ottenne il titolo di Conte Palatino nel secolo XVI.—PARENTELE: Calia, Capitaneo, Chieco, Crocco Sofia, Davanzati, Diedo, Falangola, Folinea, Giannone de Maioribus, de Iudicibus, Maiorano, Mura (della) Nicolai, Rocca (della), Santacroce, Savino, Staffa, Vernaleoni. — AUTORI: Araldo (Alm. nob. 1881), Avellino (Atti dell'Accademia Pontan. 1810), Baile (Dizion.), Beatillo (Stor. di Bari), Beltrani (Liberali tranesi massacrati), Bonazzi (I reg. della nob. delle prov. napol.), Cantù (Stor. degli Ital.), Colletta (Storia del Reame), Dumas (Stor. del 1799), Garubba (Serie critica dei Pastori Baresi), Metastasio (Epistolario), Napoli Signorelli (Oraz. funebri), Pedone (Elogio funebre di Monsignor Forges Davanzati), Pittorise (Agg. alla vita di S. Pasquale Baylon) — *Roberto* Ciambellano della Regina Giovanna I, fu mandato con truppe e viveri a difendere l'isola di Lipari, minacciata dai partigiani di Ludovico Re di Ungheria. *Sebastiano* Preposto della Chiesa Collegiata di S. Nicolò Trimodien di Andria, Conte Palatino, Protonotario Apostolico e regio Cappellano. *Giuseppe* Arcivescovo di Trani e Nazaret, Patriarca di Alessandria, Giudice conservatore dei privilegi della Religione di Malta nella provincia di Trani, fu scienziato e letterato. Dal Pontefice Clemente XI fu mandato Ambasciatore allo Imperatore Carlo VI, scrisse varie opere in versi ed in prosa molto lodate dal Metastasio e dal Pontefice Benedetto XIV. Tra esse sono da ricordare la Dissertazione sopra i vampiri e la Lettera al detto Pontefice

per la riduzione delle feste. *Nicolò*, si racconta che avendo abbracciata la religione orto-
dossa, venendo salvato da grave infermità miracolosamente da S. Pasquale Baylon, si rav-
vide dei suoi errori e morì in fama di santità nel 1722. *Alessandro* valente letterato, appartenne all' Accademia Sebezia ed a quella degli Oziosi di Napoli. *Domenico* dottissimo
nella storia e nella archeologia greca e latina, eletto Canonico del Duomo di Trani da
Monsignor Capece vi rinunziò portandosi in Napoli, ove fu Bibliotecario della reale Accademia di Scienze e Lettere. Amico del Pagano, del Cirillo e della Fonseca, partecipò alle
congiure contro del governo. Arrestato e detenuto nel castel S. Elmo, alla proclamazione
della Repubblica fu uno dei 25 della Giunta che resse lo Stato. Mutato l'ordine delle cose
riuscì a fuggire in Francia donde ritornò seguendo l'esercito francese, e rinunziando a qualsiasi ufficio si rìtirò in Palo del Colle, ove morì nel 1810. Lasciò moltissime opere di storia
ed archeologia, tra le quali ricordevole la Dissertazione sulla seconda moglie di Re Manfredi e la Vie d'Andrè Serrao. Il Municipio di Palo del Colle fece apporre in sua memoria in una sala del palazzo Municipale una lapide marmorea. *Giuseppe* e *Lorenzo* vennero massacrati con altri nobili tranesi nella reazione promossa dalle armi del Cardinale
Ruffo in Trani. *Alessandro* distinto storico, implicato nei fatti politici del 1848 ebbe a soffrire non poche persecuzioni, fu socio di diverse Accademie letterarie e scientifiche, Presidente della Giunta metrica delle Puglie e della Commissione di Statistica e Cavaliere dei
SS. Maurizio e Lazzaro. — ARMA : Di oro alla fascia di rosso caricata del motto *Tria
haec*, accompagnata nel capo da un'aquila di nero al volo abbassato e nella punta da un
palo di azzurro caricato da una foglia di palmizio di argento, accompagnata da altre due
uguali foglie, una di verde ed una di rosso nel campo. Lo scudo accostato con l'arma dei
Davanzati, cioè: Di verde al leone di oro tenente una croce di argento — Questa famiglia è
rappresentata in Palo del Colle dei fratelli MICHELE e SCIPIONE FORGES DAVANZATI patrizii di Trani.

# FAMIGLIE

## DELLE QUALI SI FA DISCORSO NEL PRESENTE VOLUME

# FAMIGLIE

## NOMINATE NEL QUINTO E SESTO VOLUME

~~~~~~~

**A**

Abadessa, VI 31, 137, 170.
Abate, V, 53 — VI, 97, 135, 144.
Abatelli, VI, 43.
Abbamonte, V, 61 — VI, 78.
Abbenante, V, 45, 68, 170 — VI, 38, 43, 55, 130, 148, 151.
Abbruzzese, VI, 27.
Abenavolo, V, 40, 127, 152 — VI, 8, 59, 72, 99, 131, 167.
Abendagno, V, 151.
Abignente, VI, 16, 57, 125, 126.
Abisso, V, 68.
Abrescia, V, 38 — VI, 173.
Abrignano, VI, 135.
Abrola (de), VI, 152.
Acaja, VI, 108, 109.
Accardi, V, 53.
Accascina, VI, 145.
Accetto, VI, 148.
Acciaiuolo, V, 87, 90, 176 — VI, 91, 109, 138, 151 157.
Acciapaccia, V, 20, 68, 82, 87, 143, 202, 229 — VI, 8, 118, 129, 169.
Acclavio, V, 127.
Acconciaioco, V, 176, 185 — VI, 12, 65, 82, 92, 133, 173.
Accrocciamuro, V, 22, 146, 152 — VI, 74, 79, 130, 154.
Accursio, V, 53.
Acebaio, V, 60.
Acebedo (de), V, 220.
Acerno, VI, 157.
Acerra, V, 20, 60, 87 — VI, 18.
Acerris (de), V, 26.
Aceto, V, 102 — VI, 88.
Acquaviva, V, 20, 34, 40, 41, 68, 79, 93, 102, 103, 107, 112, 133, 156, 158, 170, 188, 193, 196, 226 — VI, 15, 56, 72, 91, 126, 151, 160, 175.
Acton, V, 63, 178.
Acugna, VI, 143, 170, 186.
Acuna (de), V, 221 — VI, 54.
Acunto, VI, 85.
Adese, V, 121 — VI, 59, 110.
Adilardj, V, 121, 137, 138 — VI, 59, 110.
Adimaro o Altomare vedi Aldimari.
Adinolfi, V, 25 — VI, 38.
Adisio, V, 138.

Admiratus, VI, 152.
Adorno, VI, 185.
Adria (de), V, 53.
Aclesiis (de), VI, 65.
Aeroli, V, 121.
Afan de Rivera, V, 143, 185, 196, 220 — VI, 127, 133.
Affaitati, V, 48, 105, 127 — VI, 27, 92, 98, 133, 148, 155, 173.
Afferio vedi Offieri.
Afflitto (d'), V, 20, 79, 87, 90, 93, 100, 112, 121, 123, 124, 126, 127, 137, 138, 141, 157, 177, 184, 185, 229 — VI, 8, 12, 17, 59, 61, 64, 65, 72, 78, 80, 82, 84, 92, 93, 99, 100, 101, 105, 118, 125, 126, 129, 133, 140, 143, 148, 149, 153, 156, 157, 168, 169, 170, 173, 175.
Agaldo, V, 20, 87.
Agallo, V, 71.
Agati, VI, 94.
Agnello, V, 68.
Agnese, V, 60, 79, 108, 144 — VI, 17, 92, 115, 120, 163, 165, 175.
Agni, VI, 67.
Agnifili, V, 53.
Agnone, V, 188.
Agostino (de), VI, 64, 65, 119, 124, 181.
Aiello, V, 21, 68, 87. 88, 105, 135 — VI, 12, 19, 57, 59, 69, 91, 99, 128, 139, 142, 163, 172, 183, 190.
Ainz, V, 155.
Aiona, VI, 181.
Aiossa, V, 21, 87, 157, 161 — VI, 17, 58, 59, 74, 119, 153, 169, 175.
Airola, V, 61 — VI, 106, 142.
Aitoro (de), VI, 65, 146.
Aiutamicristo, VI, 179.
Alagno, V, 20, 21, 88, 93, 100, 112, 144, 184, 229 — VI, 14, 18, 19, 27, 59, 65, 84. 88, 120, 129, 139.
Alagona, V, 60, 93 — VI, 59, 79, 97, 104, 114, 117, 120, 141, 158.
Alamanno V, 170 — VI, 109.
Alanni, VI, 109.
Alarcon, V, 97, 170, 195 — VI, 79, 170.
Alatro vedi Latro.
Alba, V, 204.
Albamonte VI, 97.
Albani, V, 60, 93 — VI, 55, 134.
Albergati, VI, 79, 135.

25°

Campolongo, VI, 43.

Camponesco, V, 53, 102, 151 — VI, 151, 160, 182.

Camuto (de), VI, 152.

Canani o Cananea, V, 34 — VI, 23, 154.

Cancelliere, V, 53, 148.

Candela, VI, 43.

Candida, V, 34, 35, 48, 49, 61, 68, 79, 90, 100, 105, 108, 127, 152, 204 — VI, 31, 37, 38, 61, 63, 65, 78, 82, 115, 118, 124, 125, 126, 145, 150, 156, 160, 164.

Candido, VI, 23.

Caneggiano, V, 148.

Cangiano, V, 148 — VI, 184.

Canibus, V, 25.

Cannicchi, VI, 123.

Cannizzaro, V, 135 — VI, 55, 104, 130, 141.

Cannuto, V, 68.

Canofilo, V, 25.

Cant'imo, V, 20, 35, 41, 54, 55, 56, 60, 87, 93, 107, 124, 130, 144, 154, 170, 202, 204, 222, — VI, 17, 19, 31, 74, 75, 116, 140, 143, 160, 164, 164, 166, 172.

Cantilena, V, 60.

Canzano, V, 135, 164 — VI, 85.

Capaccio, V, 148, 218.

Capano, V, 20, 35, 64, 83, 88, 105, 112, 141, 157, 176 — VI, 8, 20, 70, 111, 120, 154, 163, 188.

Caparelli, V, 148.

Capassino, V, 60 — VI, 31, 137.

Capasso, V, 60, 79 — VI, 61, 68, 72, 127.

Capece, V, 19, 20, 64, 68, 71, 78, 79, 82, 83, 87, 88, 93, 100, 104, 105, 108, 121, 124, 141, 143, 149, 177, 193, 196, 229 — VI, 7, 8, 17, 58, 70, 72, 74, 78, 89, 90, 101, 107, 108, 110, 118, 120, 128, 137, 143, 149, 154, 156, 163, 164, 165, 170.

Capece Aprano vedi Aprano.

Capece Bozzuto vedi Bozzuto.

Capece Galeota vedi Galeota.

Capece Latro vedi Latro.

Capece Minutolo vedi Minutolo.

Capece Piscicelli vedi Piscicelli.

Capece Scondito vedi Scondito.

Capece Tomacelli vedi Tomacelli.

Capece Zurlo vedi Zurlo.

Caperuso, V, 68.

Capitaneo, VI, 59, 94, 141.

Capite (de), V, 25, 53.

Capizucco, V, 60, 226.

Capobianco, V, 61, 79, 80, 126, 229 — VI, 27, 127.

Capodarso, V, 170.

Capoferro, V, 79 — 46, 61.

Capograsso, V, 25, 83, 88, 141 — VI, 85, 128, 156, 165, 166.

Capogreco, VI, 153.

Capomazza, V, 133 — VI, 16.

Caponsacco, VI, 55, 151, 177.

Caposcrofa, V, 88 — VI, 66 112, 156, 188.

Capozzi, VI, 127.

Cappa, V, 53 — VI, 138.

Cappabianca, V, 25 — VI, 112.

Cappadociis, V, 79.

Capparelli, V, 35, — VI, 125.

Cappasanta, V, 20, 36, 68, 87, 124 — VI, 65, 90, 155.

Cappella, V, 60 — VI, 62, 92, 174.

Cappellano, VI, 57.

Cappellari, V, 135, 148.

Capponi, VI, 73, 135.

Cappuccia (della), VI, 74.

Capranica, V, 127, 226 — VI, 46.

Capriglione, V, 30,

Caprini, V, 53.

Caprofico, VI, 84.

Caprucci, V, 53.

Capua (di), V, 20, 26, 40, 51, 54, 64, 68, 78, 87, 89, 93, 97, 100, 105, 124, 133, 151, 170, 175, 190, 193, 202, 204, 216, 217, 218 — VI, 58, 59, 60, 68, 70, 74, 78, 79, 80, 81, 91, 95, 108, 117, 120, 129, 138, 167, 171.

Capuano, V, 20, 36, 41, 60, 83, 87, 89, 97, 100, 107, 124 — VI, 42, 65, 131, 143, 147, 151.

Caputo, V, 34, 45, 60, 68, 121, 126, 138, 148, 157, 164, 213 — VI, 12, 16, 17, 55, 68, 76, 88, 115, 140, 177, 184.

Caracciolo, V, 20, 21, 22, 24, 27, 34, 35, 40, 64, 67, 68, 70, 79, 85, 87, 88, 93, 95, 97, 100, 105, 108, 112, 121, 122, 124, 127, 133, 141, 144, 145, 154, 156, 158, 161, 170, 176, 177, 184, 188, 190, 192, 193, 194, 195, 196, 202, 204, 205, 216, 218, 223, 226, 229 — VI, 8, 12, 15, 17, 18, 19, 20, 21, 23, 27, 31, 51, 53, 58, 59, 60, 64, 65, 68, 70, 71, 74, 75, 79, 80, 81, 82, 83, 85, 89, 91, 92, 93, 98, 99, 100, 101, 105, 109, 110, 114, 116, 118, 120, 122, 125, 126, 127, 128, 129, 131, 140, 142, 143, 144, 147, 153, 154, 155, 157, 158, 159, 160, 164, 165, 166, 167, 168, 169, 170, 171, 175, 177, 182, 184, 188.

Carafa, V, 20, 21, 25, 34, 35, 40, 53, 54, 56, 61, 68, 69, 70, 79, 83, 85, 87, 88, 89, 93, 96, 97, 100, 105, 108, 112, 121, 124, 127, 133, 135, 141, 144, 154, 156, 161, 162, 170, 177, 184, 189, 190, 192, 193, 195, 196, 205, 216, 218, 223, 229 — VI, 8, 12, 15, 17, 18, 19, 20, 21, 23, 27, 28, 31, 48, 52, 55, 56, 59, 60, 68, 70, 71, 73, 74, 75, 79, 82, 83, 84, 89, 91, 92, 98, 99, 101, 107, 108, 111, 114, 115, 116, 117, 118, 120, 126, 129, 133, 137, 139, 140, 142, 143, 145, 146, 148, 151, 153, 156, 157, 158, 160, 162, 166, 169, 171, 172, 175, 177, 178, 190.

Caramanno, VI, 68,

Caravaglio, V, 151.

Caravello, VI, 94.

Caravita, V, 63, 124, 126 — VI, 16, 17, 20, 28, 56, 78, 133.

Carbonara, V, 138 — VI, 110.

Carbone, V, 25, 68, 87, 88, 93, 144, 161, 184 — VI, 59, 91, 110, 119, 167, 175.

Carbonelli, VI, 94, 133, 179.

Carbutto, VI, 148.

Carcani, V, 34, 35, 174 — VI, 92, 94, 130 189.

Cardamone, V, 184.

Cardes (di), V, 105.

Cardillo, V, 135 — VI, 97.

Cardinale, VI, 121.

Cardines, V, 20, 57, 97, 170, 221 — VI, 74, 75, 137.

Cardino, V, 127, 148.

Cardoino, V, 20, 68, 151 — VI, 57,

Gioele o Joele, VI, 105.
Gioeni, V, 156 — VI, 23, 79, 88, 97.
Gioffredo, VI, 149.
Gioiosa, VI, 64, 170.
Giontoli, V, 68.
Giordano, V, 34. 35, 45, 102, 148, 149 — VI,
  55, 92, 145, 164, 167, 170, 177.
Giorgio (di), V, 25 — VI, 42, 189.
Gioseppe (di), V, 100 — VI, 59, 72.
Giovanni (di), V, 45, 105, 111, 112, 135 —
  VI, 32, 54, 59, 122.
Giove (di), VI, 131.
Giovinazzi, V, 45.
Giovine, V, 34, 87, 92, 112, 138, 148 — VI,
  8, 32, 59, 65, 67, 68, 78, 92.
Giptis, VI, 174.
Girardo, V, 90 — VI, 64, 148, 183.
Girifalco, VI, 100, 128,
Giron, V, 20, 58.
Gironda, V, 34 — VI, 17, 23, 27, 28, 32, 100,
  148.
Gisonda, V, 17.
Gisulfo, VI, 125.
Giudice (del), V, 20, 36, 87, 88, 95, 124, 141,
  144, 189 — VI, 12, 28, 59, 65, 68, 71, 81,
  84, 91, 97, 100, 110, 128, 148, 151, 154, 155,
  188.
Giudice Caracciolo, V, 48, 123 — VI, 128.
Giugnano, V, 40, 64, 133.
Giugno, VI, 148.
Giuliano, VI, 16, 55, 59.
Giulio (de), VI, 87, 125.
Giusso, V, 100.
Giustiniani, V, 158 — VI, 30, 32, 97, 100, 110,
  182.
Giusto, V, 174.
Giuvo, V, 148.
Gizzanello, V, 30.
Gizzinosi, VI, 27, 80, 183.
Gizzio, V, 112, 157 — VI, 84, 147.
Gliri, VI, 27.
Goff, VI, 47.
Goffredi, V, 45.
Goglia, VI, 147.
Golano, VI, 59.
Golino, V, 148.
Gomez, V, 221 — VI, 122, 185.
Gonzaga, V, 20, 35, 60, 68, 71, 190, 198, 201,
  221, 222 — VI, 58, 76, 79, 91, 99, 102, 108,
  118, 120, 125, 136, 156, 178.
Gonzales, VI, 132
Gordone, V, 135.
Gori, VI, 134.
Gotho, V, 170.
Goyon, VI, 24.
Gozzadino, VI, 136.
Gozzono, V, 79, 102.
Gradeli, V, 79.
Graffina, V, 60.
Gramatico, V, 152 — VI, 17, 168.
Gramitto, VI, 88.
Granai, VI, 157.
Granata, V, 135, 203 — VI, 43, 85, 97, 117.
Granchi, VI, 105.
Grande, V, 137 — VI, 85.
Grandillo, V, 95.
Grandinato, VI, 116, 143.

Grandinetto, V, 177.
Granito, V, 88 — VI, 32, 38, 72, 156, 172.
Grannelais (de la), V, 184.
Grappina, VI, 61, 78, 83.
Grassanelli, V, 53.
Grassoglietto, VI, 110.
Grasset (de), V 158.
Grassi, V, 68, 148, 161 — VI, 8, 19, 78, 124.
Grata, VI, 125.
Gravile, VI, 110.
Gravina, V, 100, 170, 193 — VI, 15, 33, 96,
  104, 125, 140, 149.
Grazia (di), V, 148, 149 — VI, 138.
Graziano, V, 64.
Grech, VI, 47.
Gregorio (de), V, 25, 34, 53, 58, 79, 83, 105,
  135, 213 — VI, 81, 97, 109, 122, 145, 175.
Grifeo, V, 156 — VI, 15, 23, 110, 149, 150.
Griffo, V, 41, 61, 68, 79, 87, 89, 90, 97, 157,
  216 — VI, 12, 17, 65, 106, 111, 115.
Grifone vedi Grisone.
Grigis, VI, 32.
Grillo, V, 88, 93, 126, 156 — VI, 11, 15, 23,
  38, 68, 81, 83, 89, 91, 112, 128, 153, 172.
Grimaldi, V, 34, 68, 79, 92, 126, 127, 135, 140,
  141, 148, 155, 170 — VI, 32, 33, 38, 66, 72,
  87, 89, 92, 99, 104, 106, 109, 110, 113, 119,
  122, 124, 130, 136, 137, 151, 153, 187.
Grione, V, 204.
Grislerio, VI, 166.
Grisone, V, 20, 108, 124, 144 — VI, 12, 27,
  82, 143, 165, 175, 179.
Gritti, VI, 92.
Grolée (de), VI, 143.
Groppo, VI, 121.
Grotta, V, 170.
Grottaminarda, V, 204.
Grua, V, 25.
Grugno, VI, 85, 103.
Grumo, V, 19.
Grutter, V, 148 — VI, 153.
Gruzalma, VI, 18,
Guadagni, VI, 148.
Gualandi, V, 152, 188 — VI, 74, 140.
Gualano, VI. 18.
Gualtieri, VI, 53, 127 — VI, 75, 92, 130, 140.
Guardati, V, 82, 88 — VI, 38, 153, 188.
Guardia, VI, 82, 116, 148.
Guarinelli, VI, 38.
Guarino, V, 184 — VI, 80, 92, 108, 110, 112.
Guarna, V, 189 — VI, 32, 65, 72, 139, 148.
Guarnieri, V, 68, 138.
Guarracino, V, 68 — VI, 163.
Guascone, VI, 74.
Guastaferro, V, 144 — VI, 37, 155.
Guavaras, V, 126.
Guercius, VI, 152.
Guerillo, V, 64.
Guerrera, VI, 126, 136.
Guerriero V, 30.
Guerritore. V, 88 — VI, 94.
Guevara, V, 20. 24, 41, 92, 93, 105, 112, 127,
  170, 177 — VI, 23, 47, 56, 59, 74, 82, 97,
  99, 126, 127, 140, 157, 158, 166, 184, 185.
Guglielmini, V, 126 — VI, 98.
Guglielmona, V, 68.
Guibeligna, V, 68.

Orso, VI, 16, 105, 136.
Orsoleone, V, 138.
Ortiz de Letona, V, 112, 126, 151.
Ortolano, VI, 121.
Ossa (d'), V, 157.
Ossorio, V, 61, 127, 193, 220, 221, 223 — VI, 72, 181.
Ottaviani, VI, 137.
Ottoboni, VI, 81.
Ozias, VI, 131.

## P

Pacca, V, 79, 149 — VI, 78, 89.
Pace, V, 34, 53, 149 — VI, 47.
Pacecco o Pacheco, V, 68, 221, 127, 157 — VI, 75, 141.
Pacella, V, 52 — VI, 90.
Pacifici, V, 79 — VI, 12, 72.
Paduli, VI, 148.
Paganetta, VI, 16.
Pagano, V, 35, 61, 88, 105, 108, 112, 126, 127, 130, 133, 138, 149, 157, 170, 189, 193— VI, 17, 18, 38, 55, 59, 65, 68, 70, 72, 73, 82, 87, 92, 97, 110, 119, 128, 143, 163, 164, 173, 175, 177, 188, 190.
Paglia, VI, 124, 183.
Pagliara (della), V, 88, 141 — VI, 12, 32, 83, 99, 134, 155, 190.
Pagliarete, V, 53.
Paladini o Palladino, V, 20, 34, 68, 71, 102, 127 — VI, 87, 108, 110, 146, 154.
Palagano, V, 34, 126, 127 — VI, 32, 98, 163, 168, 169, 184, 189.
Palazzo, V, 145.
Palazzolo, V, 79.
Palear vedi Pagliara.
Paleologo, VI, 20, 109, 181.
Paleotti, VI, 136.
Palermo, V, 135, 172 — VI, 176.
Paletti, V, 53.
Palizzi o Palizzolo, VI, 80, 96, 121, 122, 136, 137.
Pallamolla, V, 132.
Pallavicino, V, 126, 226 — VI, 23, 59, 111, 136.
Pallone, V, 34.
Pallotta, VI, 103.
Palma (di), V, 30, 35, 71, 80, 126, 127, 135, 138, 141, 157 — VI, 17, 32, 52, 54, 59, 78, 82, 92, 105, 111, 112, 115, 116, 125, 127, 140, 156, 169, 170.
Palmara, VI, 24.
Palmerino, VI, 121.
Palmieri, V, 92, 126, 153, 161, 229 — VI, 77, 78, 92, 94, 110, 126, 129, 133, 136, 183.
Palo, V, 127, 149, 184 — VI, 8, 139.
Palofernis, V, 79.
Palombi o Palomba, V, 68, 153 — VI, 12, 42, 92, 163.
Palsembi, VI, 153.
Palumbo, VI, 27, 78, 111, 146.
Pamfilio, V, 20.
Pamphili, V, 170.
Pando o Pardo, V, 79 — VI, 12, 59, 65
Pandolfelli, V, 34, 229 — VI, 56, 92.
Pandolfo, VI, 99.

Pandone, V, 35, 40, 41, 83, 87, 88, 127, 133, 144, 153 — VI, 12, 32, 57, 78, 89, 91, 105, 119, 125, 137, 156.
Pangallo, VI, 181.
Panizzuto, V, 157.
Pannola, VI, 38.
Pannone, V, 149.
Pannulli, V, 35.
Pansa, V, 29.
Pansoni, V, 40.
Pantasia, V, 79 — VI, 61.
Pantusi, V, 45.
Panzano, V, 204.
Panzuto, V, 149.
Paola (di), V, 53 — VI, 19, 154.
Paoletti, VI, 146.
Paolino, V, 25.
Paolizzi, VI, 147.
Paolucci, V, 53, 126.
Paoni, VI, 98.
Papa, VI, 131.
Papai, VI, 124.
Papalia, VI, 59.
Papardo, V, 135 — VI, 122, 145, 172.
Paparatti, V, 121.
Paparo, V, 34, 126 — VI, 173.
Paparone, V, 87, 157.
Papazzo, VI, 181.
Papazzoni, VI, 136.
Papè, V, 44, 170 — VI, 104.
Papirio, V, 20.
Pappacarbone, V, 35, 88 — VI, 72.
Pappacoda, V, 22, 34, 35, 56, 69, 89 100, 127, 133, 157, 218 — VI, 17, 18, 32, 98, 114, 126, 167, 171, 175, 182, 184.
Pappalepore, VI, 27.
Pappalettere, V, 52, 127 — VI, 92, 94, 164.
Pappanzogna, V, 68.
Paragrani, V, 53.
Paravanta. V, 149.
Paredes, VI, 130.
Parisano, V, 149.
Parisiano, VI, 78.
Parisi o Parisio, V, 17, 45, 61, 80, 105, 135, 149 — VI, 59, 106, 144.
Parone, VI, 12.
Parriccioli, V, 34.
Parrilli, V, 88.
Pasa d'Avalos, VI, 131.
Pasca, V, 80, 132, 149 — VI, 58, 123, 151.
Pascale (di), V, 45, 79, 127, 135, 184 — VI, 67, 124, 127.
Pascasiis (de), VI, 67.
Pasquali, V, 53 — VI, 43, 114.
Pasqualino, VI, 27, 136.
Passalacqua, V, 45, 213 — VI, 175.
Passaponeri, VI, 136.
Passano, VI, 23
Passarelli. V, 34, 204 — VI, 87, 110, 133.
Passaro, V, 149 — VI, 67, 183.
Passi, VI, 62.
Pasta (di), VI, 183, 184.
Pastore, VI, 167, 181.
Paternò, V, 80, 149 — VI, 65, 78, 103, 104, 113, 122.
Pati, VI, 126.
Patomia, VI, 59.

Taschifelloni, VI, 21.
Tassino, V, 53.
Tasso, V. 85 — VI, 155.
Tattoli, VI, 67.
Tauppirchen, V, 52.
Taurisano, VI, 27.
Taveri, VI, 133.
Tavuli, V, 65.
Taxis o Tassis, V, 127, 165 — VI, 28.
Teano (di), VI, 19.
Tedeschi, VI, 154,
Telesio. V, 22. 45 — VI. 59, 130, 133.
Tendo, VI, 148.
Tenore, V, 64.
Teodini, V, 53.
Teodoro, V, 82 — VI, 17, 65, 99.
Terenzio, V, 68.
Termine, VI, 141,
Terradilavoro, V, 88, 149.
Terragillas, V, 135.
Terragnoli, V, 79.
Terrusio, V, 149.
Terula, VI, 18.
Tescreo, VI, 65.
Tesone o Tisone vedi Tosone.
Tesorieri, VI, 148.
Testa, V, 149.
Testaferrata, V, 135.
Tetis (de), V, 153 — VI, 59.
Teuma, VI, 47.
Teutonico, VI, 133.
Tevenone, VI, 106.
Texada, VI, 54.
Tiene, VI, 136.
Tiglie, V, 165.
Timpanaro, VI, 122.
Tinto, V, 25.
Tipaldi, V, 65.
Tirelli, V, 45 — VI. 68.
Tiriolo o Tirolo, V, 34.
Tocco (di), V, 17, 20, 21, 61, 79, 83, 87, 88, 90, 97, 105, 121, 137, 144, 153, 156, 170, 216, 226 — VI, 12, 15, 56, 59, 110, 151, 157, 166, 179.
Tofano, V, 53.
Toledo o Alvarez de Toledo, VI, 54, 63, 121, 158, 170.
Tolfa (della), V, 17, 20, 64, 88, 93, 133, 193, 216, 229 — VI, 23, 61, 151.
Tolomei, V, 133 — VI, 134.
Tomacelli, V, 20, 69, 87, 105, 121, 133, 144, 158, 170, 177, 184, 196, 204 — VI, 58, 71, 103, 131, 140, 168.
Tomarchelli, V, 121 — VI, 105, 109.
Tomasi (del), V, 40.
Tomaso (di), VI, 85.
Tomasselli, V, 53.
Tomassino, V, 53.
Tomei, V, 53.
Tommasi, V, 52, 64, 135, 144, 189 — VI, 15, 78, 119, 118, 181, 185,
Tommasini, V, 127, 189,
Toni, VI, 189.
Tonta, V, 83, 144.
Tontoli, VI, 42, 68, 92, 189.
Toppi, VI, 84.
Tora (di), V, 60.

Toraldo, V, 20, 35, 41, 61, 96, 121, 153, 170, 196 — VI, 12, 59, 63, 68, 74, 79, 99, 109, 120, 129, 131, 179, 183.
Torci, VI, 136.
Torelli, V, 127 — VI, 92, 130, 139. 189.
Torfanini, VI, 136.
Torno, V, 127, 128 — VI, 120.
Toro (di), V, 68.
Torre o Turre, V, 140, 155 — VI, 42, 147, 177.
Torres, V, 35, 127 — VI, 58, 125, 146, 167, 185.
Torriani, V, 170 — VI, 8
Torricelli, V, 221.
Tortello, V, 36, 60, 87, 89 — VI, 78.
Tortis, V, 53.
Tortora, VI, 78.
Tortora Brayda, V. 88 — VI, 131.
Tortorella, V, 68.
Toscano (del), V, 17, 45 — VI, 151.
Tosi, V, 60, 68.
Tosone, V, 79, 92, 133, 149 — VI, 38.
Tosti, V, 45, 170 — VI, 131.
Tota, V, 68.
Tovar, V, 170, 221 — VI, 137.
Tozzi, V, 80 — VI, 182.
Tozzoli, VI, 178.
Tramontano, V, 30, 149 — VI, 92.
Tranfo, V, 58, 68, 121, 137, 138, 170, 213 VI, 37, 59, 97, 109, 131.
Trano (de), V, 61.
Transo, V, 127, 193, 229 — VI, 97, 140, 168.
Trara (di) vedi Tara.
Trasmondi, V, 25, 53, 149, 216 — VI, 146.
Treccia, V, 36.
Trentacapilli, V, 88 — VI, 66,
Trentacinque, V, 53.
Trentamolli, VI, 105.
Trentenaria, V, 165.
Tresca, V, 71, 128 — VI, 27, 28, 38, 110, 124, 130.
Trevich, V, 173.
Trezze (delle), V, 22, 153.
Tricarlenio, V. 79.
Trigiano, V, 38.
Trigona, V, 138, 184 — VI, 23, 104, 105, 122, 136.
Trimarchi, V, 135, 151 — VI, 90.
Triples, VI, 124.
Trischitta, V, 135.
Tristano, V, 175.
Trivulzio, V, 52.
Trofeo o Trofo, V, 68.
Trogisio, V. 153, 203.
Trojano, VI, 16, 94.
Troisi, V, 92.
Trombatore, V, 34.
Tropeano, V, 121, 138, 165.
Trotti, VI, 125, 136.
Tuara, V, 127.
Tuccari, V, 135.
Tudone (del), V, 68.
Tuella, V, 79.
Tufo (del), V, 20, 27, 41, 61, 68, 79, 100, 105, 124, 127, 133, 141, 170, 184, 193 — VI, 8, 12, 32, 55, 56, 65, 68, 71, 73, 78, 91, 101, 118, 129, 133, 137, 142, 143, 145, 148,

# INDICE

DEI FATTI PRINCIPALI E DELLE FAMIGLIE I CUI DISCORSI GENEALOGICI
SONO CONTENUTI NELL'OPERA

～～～～～～～

N. B. Le lettere *vs* dinotano verso; la lettera *c* dinota correzione.

29*

BLANCO famiglia, I, 114 — VI, 61 (1).
BLASIO (de) famiglia, VI, 61.
BOCCAPIANOLA famiglia, IV, 36 — VI, 61.
Borbardamento di Genova per le armi francesi nel 1684. IV, 107.
BOMBINI famiglia, V, 45 — VI, 61.
BONANNO famiglia, I, 117 — VI, 62 (2).
BONAZZI famiglia, III, 34 — VI, 62.
BONELLI famiglia, V, 47.
*Bonello* Matteo uccide lo Ammiraglio Maione, V, 49.
BONIFACIO famiglia I, 120 — VI, 62.
BONITO famiglia, I, 123 — VI, 62.
BORGIA famiglia, I. 125 — VI, 62.
BORRELLO famiglia, I, 129 — VI, 92.
BOZZUTO famiglia, I, 131 — VI, 63.
*Bozzuto* (Cardinale). Le sue case vengono spianate per ordine della Regina, II, 221.
BRACAMONTE famiglia, VI, 63.
BRANCACCIO famiglia, I, 134 — VI, 63.
BRANCIA famiglia, I, 140 — VI, 63 (3).
BRANCIFORTE famiglia, I, 142 — VI, 64,
BRAYDA famiglia, I, 146 — VI, 64.
BUCCA famiglia, I, 148 — VI, 64.
BUDETTA famiglia, VI, 64 (4)
*Buonaccolsi* Passerino signore di Mantova, cacciato, III, 128.

### C

CALDORA famiglia, I, 150 — VI, 65.
CALENDA famiglia, VI, 65.
CALO' famiglia, III, 38.
CALVELLO famiglia, VI, 66.
Camerieri di Re Ladislao, IV, 82.
— di Giovanna II, V, 69.
CAMPONESCO famiglia V, 53.
*Candol* famiglia di Svizzera, I, 151.
CANDIDA famiglia, I, 217 — VI, 67.
— Carlo, Luogotenente del Magistero del S. M. O. Gerosolimitano, VI, 70.
— Giovanni, Vincenzo e Maddalena Mazzaccara salvano la città di Lucera nel 1799, VI, 70.

Candidati proposti da varii Priorati dell' Ordine di Malta a Gran Maestri dopo la morte di Paolo I di Russia, V, 52.
*Candido* famiglia, VI, 67.
CANTELMO famiglia, I, 156 — VI, 71.
CANZANO famiglia, V, 57.
CAPANO famiglia, I, 160 — VI, 71.
CAPASSO famiglia, V, 60 — VI, 71.
CAPECE famiglia, I, 163 — VI, 72.
*Capece* della Somaglia famiglia, VI, 72.
CAPECELATRO famiglia, VI, 7.
CAPITANEO famiglia, IV, 41.
Capitani di Re Roberto, I, 51.
— napoletani nelle Fiandre , I, 137 — II, 195.
— sotto Don Giovanni d'Austria, I, 188 — IV. 63.
— Generali in Lombardia, II, 217.
— sotto Re Ladislao, IV, 130 — V, 22.
— di Carlo 5° Imperatore, V, 27
— delle Ottine di S. Pietro e dell' Arcivescovado durante la rivoluzione di Masaniello, V, 65.
— Generali a guerra nel Ducato di Amalfi, V, 84.
— nel Terzo di 3000 fanti napoletani, VI, 19.
— mandati a guardia del Regno contro i Turchi, VI, 127.
— della Milizia Urbana di Lucera; carica riservata a' Nobili, VI, 165.
CAPOGRASSO o GRASSO famiglia, VI, 71.
CAPOSCROFA famiglia, VI, 72.
CAPPABIANCA famiglia, VI, 72.
Cappella dei Minutolo nel Duomo, V, 107.
CAPUA (di) famiglia, I, 67 — VI, 73.
CAPUTO famiglia, I, 171 — VI, 73.
CARACCIOLO famiglia, III, 41 — VI, 73.
*Caracciolo* Sergianni Gran Siniscalco (sua vita), III, 53.
— Antonello, decapitato, III, 59.
— Francesco (Santo), III, 61.
— (Ammiraglio), III, 65.
CARAFA famiglia, I, 173 — VI, 74.
*Carafa* Ettore Conte di Ruvo, I, 183.

(1) Con Reali rescritti 25 maggio 1858 e 19 aprile 1859, *Vincenzo Blanco* Marchese di Sangiovanni fu ascritto in linea di reintegra al Libro d' Oro col suo figlio *Lorenzo* e col cugino *Lorenzo*, avendo dimostrato alla Commissione dei titoli di nobiltà di discendere da *Michele Blanco* Signore dell' Oliveto, che trapiantò la sua famiglia in Napoli da Barcellona nel principio del secolo XVI, dal quale discese *Nicola* Presidente della Camera della Sommaria , che era ascritto al Seggio di Portanova. *Lorenzo* Marchese di Sangiovanni, Cavaliere di giustizia dell'Ordine Costantiniano e di S. Michele di Baviera, con Rescritto del 23 aprile 1862, fu riconosciuto nello Infanzonato o Patriziato di Spagna e negli altri dritti nobiliari. Usa questa famiglia la stessa Arma dei *Blanco* Marchesi di Campolattaro ed il molto *Molo morì quam foedari*, ed è rappresentata in Napoli dal Marchese di Sangiovanni FRANCESCO BLANCO.

(2) Vive ora in Napoli una famiglia dello stesso cognome Bonanno originaria di Abbruzzo la quale non ha nulla di comune con la nobile siciliana.

(3) Nello scorso dicembre fu pubblicato un opuscolo pe' tipi Giannini, dal titolo *Alberi Genealogici de' Brancia*. Avremmo voluto nelle Aggiunte a pag. 63 citare questo lavoro tra quelli riguardanti la famiglia Brancia, ma per la mancanza totale di documentazione, e del nome dell'autore e per la contraddizione con documenti noti e con fatti risaputi, crediamo qualificare il detto opuscolo come stampa del tutto inutile.

(4) Lo attuale rappresentante *Carlo Federico Budetta* con Bolla del 14 giugno 1882 è stato nominato Cavaliere di giustizia dell'Ordine Gerosolimitano.

(1) *C.* Il solo ramo principale Conti di Chiaromonte si estinse nella casa Sanseverino, mentre un altro ramo si estinse in seguito.

(2) Nel 21 febbraio 1721 il Cardinale Orsini Arcivescovo di Benevento, per delegazione del Pontefice Innocenzo XII, Pignatelli, emanò Decreto di ascrizione in linea di reintegra alla nobiltà di Benevento per la famiglia *de Cillis*, e divenuto Pontefice, con una Bolla del 1727 riconfermò il precedente Decreto. Sebbene la prima ascrizione non è stata trovata, è da supporsi che la famiglia suddetta fosse stata ascritta alla nobiltà Beneventana verso i primi anni del secolo XVIII.

(1) I Registri nobiliari trovansi in copia al Tesoro di S. Gennaro, mentre gli originali sono conservati nel Grande Archivio di Stato in Napoli. Essi furono scrupolosamente copiati e pubblicati nell'Almanacco nobiliare *L'Araldo* dell'anno 1879.

(2) Dizionario Araldico vol. 1° pag. 17. Correzioni:

| | | ERRATA | | CORRIGE |
|---|---|---|---|---|
| Pag. | 9, vs. 25 . . | Bailonato . . . . . . . . | | Bailonato |
| » | 9, vs. 55 . . | Banderuolato . . . . . . | | Bandervolate |
| » | 10, vs. 14 . . | Palè . . . . . . . . | | Paté |
| » | 12, vs. 36 . . | Curletto . . . . . . . . | | Burletto |
| » | 14, vs. 52 . . | una ornata . . . . . . . | | una pezza ornata |

| | | | | |
|---|---|---|---|---|
| Pag. | 16, vs. 46 | ne'loro stemmi | | de'loro stemmi |
| » | 16, vs. 25 | rintricciata | | ritrinciata |
| » | 16, vs. 27 | Santoir | | Sautoir |
| » | 16, vs. 42 | unite | | cucite |
| » | 17, vs. 33 | Le même | | De même |
| » | 17, vs. 41 | e sopra | | o sopra |
| » | 18, vs. 41 | Oliée | | Pliée |
| » | 18, vs. 43 | Coubé | | Courbé |
| » | 19, vs. 10 | il lato dell'arma | | il lato destro dell'arma |
| » | 13, vs. 13 | annesse | | ammesse |
| » | 19, vs. 51 | Fire | | Tire |
| » | 21, vs. 38 | Pigroné | | Pignoné |
| » | 22, vs. 53 | pendenti | | denti |
| » | 23, vs. 43 | Lacet | | Lacs |
| » | 23, v. 54 | Lioncorno | | Liocorno |
| » | 24, vs. 17 | cambio | | rombo |
| » | 24, vs. 40 | cervo | | uomo |
| » | 25, vs. 10 | coppa | | cappa |
| » | 26, vs. 22 | messe | | messa |
| » | 27, vs. 25 | Pati | | Pal |
| » | 28, vs. 6 | viceverso | | viceversa |
| » | 29, vs. 11 | nella bassa | | nella punta bassa |
| » | 31, vs. 1 | ha la punta | | hanno la punta |
| » | 31, vs. 13 | Riflesso | | Riflesso |
| » | 31, vs. 32 | composte | | son poste |
| » | 32, vs. 1 | Bastello | | Rastello |
| » | 32, vs. 27 a 38 | Walson, Tillet, Trouffoy, Bauton, Gousdòn, Hauteriae, Carlè | | Wulson, Fillet, Iouffroy, Bouton, Gourdon, Hauterive, Carli. |
| » | 34, vs. 5 | Solo | | Sole |
| » | 34, vs. 30 | Spinature | | Spinatura |
| » | 35, vs. 3 | grande | | grandi |
| » | 35, vs. 3 | tai stelle | | tre stelle |
| » | 35, vs. 10 | Armoirie | | Armoiries |
| » | 36, vs. 11 | Vedi Torto | | Vedi Torta |
| » | 36, vs. 16 | Bisante-Torto | | Bisante-Torta |

(1) Le provincie Napoletane sono state sotto il Dominio de' seguenti Re: — 1130 Ruggiero Normanno — 1154 Guglielmo 1° — 1166 Guglielmo 2° — 1189 Tancredi — 1194 Guglielmo 3° — 1194 Arrigo 6°, Svevo — 1197 Federico 2° — 1250 Corrado — 1258 Manfredi — 1266 Carlo 1° d'Angiò — 1285 Carlo 2° — 1309 Roberto — 1343 Giovanna 1ª — 1382 Carlo 3° di Durazzo — 1386 Ladislao — 1414 Giovanna 2ª — 1435 Renato d'Angiò — 1441 Alfonso 1° di Aragona — 1458 Ferrante 1° — 1494 Alfonso 2° — 1495 Ferrante 2° — 1496 Federico — 1503 Ferdinando 3° detto il Cattolico — 1516 Carlo 5° Imperatore — 1556 Filippo 1° — 1598 Filippo 2° — 1621 Filippo 3° — 1665 Carlo 4° — 1700 Filippo 4° di Borbone — 1707 Carlo 6° Imperatore — 1734 Carlo di Borbone — 1759 Ferdinando 4° di Borbone — 1806 Giuseppe Bonaparte — 1808 Gioacchino Murat — 1815 Ritorna Ferdinando 4° o 1° di Borbone — 1825 Francesco 1° — 1830 Ferdinando 2° — 1859 Francesco 2° — 1860 Vittorio Emanuele di Savoia Re d'Italia — 1878 Umberto di Savoia Re d'Italia.

(1) *Aggiungi le famiglie*: Affaitati, di Capua, Durazzo, Orsileo.

(2) *Aggiungi le famiglie:* Abenavolo, Amato, Barone, Boccardo, Caracciolo, Ceva Grimaldi, Dentice, Filomarino, Friozzi, Gianfrotta, Granito, Imbriani. Latilla, de Luca, Macedonio, della Marra, Marzano, delli Monti, Palmieri, Pepe, de Renzis, Ricca, Sanseverino, di Tocco. *Correggi:* Rossi e non Rospi.

(3) *Aggiungi le famiglie:* Mayo, Paula, Rossi, di Somma.

(4) *Aggiungi le famiglie:* Granito, Rossi.

(5) *Aggiungi le famiglie:* Crivelli, Fazzini, Gagliardi, della Motta, Pandera, Ruffo, Sanseverino.

(6) *Aggiungi le famiglie:* Brancaccio, Pignatelli, Pinto, Rocco.

(7) *Aggiungi le famiglie:* Macrì, Migliorino, Pellizzeri, Serra, Zuccaro.

(8) *Aggiungi la famiglia:* Di Luce.

(1) *Aggiungi le famiglie*: Guarna, Procida, Rossi.

(2) *Aggiungi le famiglie*: Acconciajoco, Comite, Rossi.

(3) *Aggiungi la famiglia*: Natale.

(4) *Aggiungi le famiglie*: Alitto, de Mari.

(5) La famiglia *Filangieri* ha posseduto anche i seguenti feudi: Calvi, Cancelleria, Castellammare, Gesualdo, Gragnano, Lettere, Lucullano, Montuori, Nusco, Pomigliano d'Atella, Scafati, Simbano, Viario. A p. 222 del v. 1. dicemmo l'ultimo Principe di Arianiello chiamarsi *Michele*; egli invece si chiamò *Cesare*. La sua erede signora Giulia Romaldo ha ottenuto il titolo di Principe di Arianiello e l'uso dello Stemma della Casa *Filangieri* in forza delle seguenti concessioni: Umberto 1. ecc. Ci piacque con decreto del 29 giugno p. p. concedere a D. Giulia Maria Francesca Romaldo nei Monaco, Principessa di Arianiello, ed ai suoi discendenti legittimi e naturali di ambo i sessi la facoltà di usare per arma gentilizia lo stemma del Casato Filangieri, di cui essa è discendente ed erede per mezzo materno, distinguendolo con una bordatura sì e come viene qui appresso descritto, salvi i dritti dei terzi interessati. Ed essendo stato questo Nostro Decreto trascritto, come avevamo ordinato nei Registri della Consulta Araldica, degli Archivii di Stato e della Corte dei Conti, vogliamo ora spedire solenne documento dell'accordata grazia alla Concessionaria. Perciò, in virtù della Nostra Autorità Reale e Costituzionale, dichiariamo che D. Giulia Maria Francesca Romaldo nei Monaco Principessa di Arianiello nata in Napoli il 4 ottobre 1840, ha facoltà di usare e trasmettere ai figli di ambo i sessi avuti dal suo matrimonio ed ai discendenti dei medesimi lo Stemma; che è: D'oro all'aquila bicipite di nero coronata con diadema imperiale al naturale caricata in cuore di uno scudetto d'argento crociato d'azzurro. Lo scudo con una bordatura composta d'argento e d'azzurro; salvo i dritti dei terzi interessati. Esso scudo sarà sormontato dalla corona principesca e posto entro un manto di velluto di porpora sparso di stelle d'oro, foderato di seta bianca, bordato di oro. Per la titolare e per le femmine chiamate alla successione del titolo principesco: sormontato da elmo e da corona principesca con gli svolazzi d'oro, d'argento, di nero e di azzurro ed il manto anzi descritto pei successori maschi nel titolo, e quanto agli altri sarà se maschi sormontato dall'elmo o dalla corona di nobile con gli svolazzi sudetti omesso il manto, e se femmine, cimato dalla sola corona di nobile, omessi gli ornamenti, e posto entro due rami di palma al naturale, decussati sotto la punta dello scudo. Comandiamo alle Nostre Corti di giustizia, ai Nostri Tribunali ed a tutte le potestà civili e militari di riconoscere e di mantenere alla Principessa Romaldo ed ai suoi discendenti suindicati i dritti specificati in queste Nostre Lettere Patenti, le quali saranno sigillate col nostro Reale Sigillo, segnate da Noi, dal Nostro Ministro Segretario di Stato per gli Affari dell'Interno Presidente del Consiglio dei Ministri e veduto la Consulta Araldica. Dato in Torino addì 30 del mese di Luglio dell'anno 1882. quinto del Nostro Regno. *Umberto*, Il Ministro Segretario di Stato ecc. Veduta la domanda di D. Giulia Romaldo nei Monaco ad ottenere il riconoscimento del titolo di Principe di Arianiello, già posseduto da D. Cesare Filaugieri suo avolo materno e

la conseguente iscrizione nei Registri della Consulta Araldica; veduto il voto del Regio Commissario presso la Consulta medesima del 9 marzo ultimo; veduto il Regio Beneplacito del 9 aprile successivo con cui, conformemente ad antiche massime, tuttavia vigenti, per il passaggio dei titoli nobiliari da una famiglia ad un'altra, la detta signora è stata autorizzata ad assumere quello succennato di Principe di Arianiello. Veduto lo articolo 16 del Regolamento, approvato con R. Decreto degli 8 maggio 1870; Dichiara; 1. Spettare a D. Giulia Maria Francesca Romaldo nei Monaco, nata in Napoli addì 4 ottobre 1840 il titolo di Principe di Arianiello, trasmissibile ai suoi successori legittimi e naturali di ambo i sessi, col privilegio di sesso e di età, e salvo i dritti dei terzi interessati, ed il Sovrano Beneplacito in caso di nuovo passaggio del titolo in altro casato; 2. Dovere la menzionata Principessa essere ascritta in conformità nei Registri della Consulta Araldica. Roma 6 agosto 1882. *Depretis*.

(1) La banda usata nell'arme dalla famiglia *Gagliardi* è stata sempre rossa. Seguendo un moderno Autore che ha parlato diffusamente di tal famiglia, la dicemmo verde nel vol. 3. pag. 91.

(2) Erroneamente fu detto di essersi estinta questa famiglia in *Nicola*. Essa invece si estinse in *Fabio Gargano*.

(3) Dall'Imhoff (Geneal. vig. in Italia ill. fam.) dicesi originata da *Ugo* Giudice della città di Genova nel 1190. — MARCHESATI: Gavio 1279. Longobucco, Voghera.—*Marino* Legato in Sardegna 1116. *Melchiorre* Senatore di Genova 1116. *Guglielmo* Console di Genova 1116. *Ottone* Legato allo Imperatore Federico 1. 1122. *Ugo* Console di Genova 1143. *Ottobono* Legato al Re d'Aragona 1222. *Guarnerio* Console di Genova 1248. *Pietro* Legato al Papa ed al Re di Sicilia 1250. *Galeotto* Capitano di Famagosta 1355. *Nicolò* Senatore di Genova 1514. *Marco Antonio* Marchese di Voghera e Longobucco, Barone di Rossano, Maestro delle Poste del Regno di Napoli. *Giuseppe* Commissario generale della Cavalleria napolitana 1692. *Giovanni* Cavaliere di S. Giacomo, Vicerè del Regno di Aragona 1694 — PAREN-

TELE: Borghese, Fieschi Fornari, Franche, Inova, Montenegro, Palagano Pinelli—A p. 98 vs. 49. N. ossia *Nicolò* primo Principe di Cellammare e Duca di Giovinazzo nel 1651 ebbe affidata la custodia del Duca di Guisa prigioniere in Gaeta. Egli oltre delle figliuole monache ebbe *Domenico, Zenobia* sposata a Filippo Caracciolo principe di Villa, Chiara moglie di Carlo Pignatelli Duca di Bisaccia, e Francesco che fu Cardinale. *Domenico* sudetto nel 1686 fu aggregato con la sua famiglia al seggio di Capuano. Fu Consigliere del Collaterale Consiglio, Tesoriere del Regno di Napoli, Ambasciadore di Spagna al Duca di Savoia ed a'Re di Francia e di Portogallo. Fu anche Viceré di Aragona e nel 1706 fu del Consiglio d'Italia in Ispagna. Ebbe per primogenito *Antonio* che nel 1680 fu Legato in Baviera. Dopo la battaglia di Luzzara fu fatto Maresciallo di Campo delle milizie di Spagna. Difese Gaeta contro gli imperiali che l' assediavano. Nel 1715 fu Ambasciadore per Filippo V in Francia dove fu il capo ed il promotore della congiura che da lui prese nome, per privare della Reggenza Filippo d'Orleans. Scoperta la congiura, e cacciato di Francia fu fatto Capitan Generale della Vecchia Castiglia. Ebbe solo una figliuola, *Costanza Eleonora*, che sposò prima Salvatore Pappacoda Principe di Centola e poi Francesco Caracciolo Principe di Villa. In lei, che non lasciò figliuoli, estinsi la linea feudale, i feudi furono devoluti alla Regia Corte, ed i beni liberi soggetti a fedecommesso, istituito dal suddetto *Nicolo*, ricaddero agli eredi di *Zenobia* e di Filippo Caracciolo Principe di Villa, i quali alla loro volta si estinsero in una femina che sposò un altro Caracciolo secondogenito del Principe di S. Buono, dal quale discendono gli attuali principi di Villa e Cellammare.

(1) Da documenti recentemente osservati risulta che la detta famiglia fu una diramazione della Casa Sanseverino e non della casa Aquino come fu detto nel v. I, pag. 90.

(2) Nel discorso di questa famiglia erroneamente al vs. 48 furono attribuite le parole « Reggente di Vicaria e Ministro delle Finanze » a *Carmine Lancellotti*.

(1) Pag.115, *Troiano Miroballo* Duca di Campomele sposò Livia Zattera erede del Marchesato di Agropoli

(1) Nel v. IV p. 177 fu segnata tra' Marchesati posseduti dalla famiglia Pignatelli quello di Tertiveri, mentre una tale terra doveva segnarsi tra' feudi, imperocchè i Duchi di Montecalvo si sono sempre intitolati Utili Signori e non mai Marchesi di Tertiveri.

(1) Per meglio dichiarare quanto fu detto a pag. 146 di questo volume circa la successione della famiglia *Procaccini* al titolo goduto dalla famiglia Cattaneo della Volta, diciamo che Carlo Cattaneo ivi citato, ottenne rinunzia con atto pubblico nel 1805 del titolo di Marchese di Montescaglioso del suo fratello primogenito Ferdinando. In forza di tale cessione e perchè detto titolo nel 1652 fu concesso alla sudetta famiglia dal Re Filippo IV di Spagna con la facoltà al godente di disporne a vantaggio di qualunque individuo della medesima, il Re Carlo IV di Spagna con diploma del 3 giugno 1807 concesse al detto Carlo Cattaneo il titolo di Marchese di Montescaglioso ora ricaduto alla famiglia *Procaccini.*

(2) Le tre stelle che trovansi nell'arme de' Rossi del Barbazzale sono di oro e non di argento come fu scritto a pag. 154.

(1) Il monumento nella Chiesa del Rifugio attribuito da noi a questa famiglia, si appartiene alla famiglia Sorrentino Molignano.

(2) Gli Stazionari, Continui od Uomini d'arme del Re, furono in prosieguo detti Guardie del Corpo come si è accennato nel presente volume a pag. 60. La prima istituzione di tali Guardie si deve a Re Carlo di Borbone, il quale formò la sua Corte a simiglianza di quella dei Sovrani della Spagna e nel 1734 nominò Capitano delle Guardie del Corpo il Marchese di Arienzo D. Lelio Carafa. Nel 1815 Re Ferdinando IV, ritornato dalla Sicilia ricostituì la Compagnia col seguente decreto nel 1° agosto 1815. — Ferdinando IV ecc. Abbiamo decretato e decretiamo quanto segue: Art. 1. Sarà formata una Compagnia di Guardie del Corpo, la quale sarà composta come siegue. 1 Capitano — 1 Tenente — 1 Secondo Tenente — 2 Esenti primi — 4 Esenti proprietari — 4 Esenti soprannumeri — 4 Brigadieri — 8 Sotto Brigadieri — 1 Sotto Brigadiere Portastendardo — 2 Trombettieri — 120 Guardie. 2. Tutti gli individui, così napoletani come siciliani, che dovranno comporre questo Corpo, debbono essere di nobiltà tal quale è stato sempre l'aspirante a far le pruove di giustizia dell'Ordine Gerosolimitano. 3. Delle Guardie per ora metà saranno montate, ed altra metà a piedi, per turno, per cui tutti debbono essere buoni cavalieri. Regolarmente, per antichità accompagnata da buona condotta, da guardia si farà l'ascenso a Sotto-Brigadiere, Brigadiere, Esente soprannumerario, Esente proprietario, Esente primo, secondo Tenente, Tenente ed anche a Capitano, essendo primogenito d'illustre famiglia. Per particolari circostanze e buoni servigi avranno anche degli ascensi nella Linea. Alla Compagnia saranno addetti i garzoni corrispondenti pel governo dei cavalli. 4. L'uniforme che dovrà vestire questa Compagnia, non meno che i soldi di cui dovrà godere, saranno determinati con altro Nostro Decreto. 5. Il Presidente del Supremo Consiglio di Guerra è incaricato della esecuzione del presente Decreto.
*Ferdinando.*

In forza di tal Decreto fu istituita la Compagnia delle Reali Guardie del Corpo a Cavallo, la quale nella rivista passata dal Maresciallo di Campo Commissario Ordinatore D. Antonio Manuel e Arriola il 1. quatrimestre dell'anno 1816, si componeva dei seguenti individui e con la seguente anzianità — Principe di Ruoti D. Giuseppe Capece Minutolo Tenente Generale Capitano, Principe di Migliano D. Gerardo Loffredo Maresciallo di Campo Tenente, Marchese di Miano D. Michele Capano Maresciallo di Campo Sotto Tenente, D. Giovanni Caracciolo del Sole Maresciallo di Campo 1. Esente, D. Domenico Transo Maresciallo di Campo 1. Esente, Marchese d'Arcambal Colonnello 2. Esente, D. Vincenzo Gaeta Tenente Colonnello 2. Esente, D. Giuseppe Gaetani Tenente Colonnello 2. Esente, D. Paolo Caracciolo Turchiarolo Tenente Colonnello 2. Esente, D. Luigi Pescara Tenente Colonnello 2. Esente, D. Domenico Tuttavilla Tenente Colonnello 2. Esente, D. Luigi Lucchesi Tenente Colonnello 2. Esente, D. Leopoldo Grifeo Tenente Colonnello 2. Esente, D. Domenico Revertera Tenente Colonnello Esente soprannumero, D. Errico Statella Tenente Colonnello Esente soprannumero — Brigadieri D. Salvatore Gentile, D. Raffaele Mazzacane, D. Francesco Paolo Calvello, D. Girolamo Daniele — Sotto Brigadieri D. Odorisio di Sangro, D. Antonio Caracciolo, D. Giacomo Zattera, D. Ferdinando Gaetani. D. Giuseppe Scotti Vigolino, D. Nicola Mazzacane, D. Raffaele Guindazzi, D. Antonio Dentice, D. Alfonso Alfano, Portastendardo — *Guardie;* D. Natale Musitano, D. Benedetto Sartorio Lanzillotti, D. Francesco Lanzina y Ulloa, D. Raffaele de Maio Durazzo, D. Andrea Candida, D. Francesco de Clario Finocchito, D. Matteo de Vicariis, D. Baldassarre Vulcano, D. Vincenzo Palmieri, D. Antonio Muscati, D. Giuseppe Ruggiero, D. Carlo Ghezzi, D. Biagio Palamolla, D. Francesco Maria Mirelli, D. Gennaro Como, D. Francesco Saverio Andreassi, D. Francesco Saverio Primicile Carafa, D. Domenico Andreotti, D. Luigi del Balzo, D. Luigi Carafa Traetto, D. Giovanni de Vera d'Aragona, D. Antonio Crescimanni; D. Michele

Andreotti, D. Michele Vulcano, D. Diego Sartorio Lanzillotti, D. Raffaele Venusio di Turi, D. Michele Paternò Asmondo, D. Giovanni Antonio de Ildaris, D. Antonio Vulcano, D. Nicola Sarriani di Casalduni, D. Gaetano Esperti, D. Francesco del Pezzo, D. Matteo Beneventano del Bosco, D. Michele Pignone del Carretto, D. Pasquale Mastrilli, D. Settimio Caracciolo, D. Bartolomeo Tresca, D. Luigi de Lerma, D. Carlo Consentino d'Aieta, D. Gaetano Mastrilli, D. Achille Paternò, D. Vincenzo Gaetani di Cirigliano, D. Benedetto Celesti, D. Luigi Scotti Vigolino, D. Antonio de Franchis, D. Giuseppe Petrone, D. Giovambattista Cigala, D. Gennaro d'Afflitto, D. Antonio Maria Quarto di Belgioioso, D. Domenico Pescara, D. Luigi Caracciolo di Venosa, D. Pietro de Franchis, D. Diego Candida, D. Nicola Pagano di Melito, D. Raffaele Lottieri, D. Vincenzo Castiglion Morelli, D. Benedetto Palmieri, D. Francesco Antonio Andreassi, D. Luigi Primicile Carafa, D. Giuseppe Catalano, D. Francesco Quattromani, D. Alessandro Tarallo Ferla, D. Filippo Carafa Traetto, D. Gennaro Bonito di Casapesenna — Di tutti i sopraddetti individui vivono solamente D. Achille Paternò e D. Diego Candida.

Dopo varie disposizioni e facilitazioni intorno alla ricezione degl'individui per la detta Compagnia, fu pubblicato il Decreto del 13 marzo 1843, i cui articoli 6° e 7° sono così espressi: art. 6.° Dopo sei anni di servizio potranno le guardie esaminarsi per uscire dalla Compagnia con la nomina di Alfieri nella Cavalleria e Fanteria dello Esercito, secondo che da Noi verrà indicato: art. 7.° Quelle guardie che preferiranno di fare la loro carriera nella Compagnia, prima di ascendere a Sotto Brigadiere subiranno una revisione su i titoli della loro nobiltà, la quale sarà del più stretto rigore. Tutte le esenzioni a questo riguardo già da Noi accordate, o che in seguito potremo accordare s'intendono, e s'intenderanno semplicemente concedute per entrare nella Compagnia, ma non farvi gli ascensi.

La Compagnia adunque, cui era commesso la guardia della persona del Re, cessò di aver vita col finire della dominazione Borbonica. E qui giova ricordare che della intera Compagnia composta di ottantasei individui solo i seguenti diciassette si sovvennero di essere soldati, seguendo il Re a Capua e poi a Gaeta nel 7 settembre 1860: Conte Luigi Milano Esente Maggiore, Giovanni Castellano, Giuseppe Mazzara, Carlo Mazzara, Cesare Mayer, Giuseppe Scalese, Filippo Pironti, Luigi Natale Galiani, Luigi Siciliani, Antonio Grosso, Francesco Altieri, Antonio Ciccarelli, Giulio Pugliese, Alfredo Friozzi, Benedetto Andreassi, Francesco Landi, Giovanni Caracciolo del Sole, Carmelo Rodinò.